Funktionaler Analphabetismus im Kontext
von Familie und Partnerschaft

Alphabetisierung und Grundbildung

herausgegeben vom
Bundesverband Alphabetisierung
und Grundbildung e.V.

Band 8

Bundesverband Alphabetisierung
und Grundbildung e.V.
Joachim Bothe (Hrsg.)

Funktionaler Analphabetismus im Kontext von Familie und Partnerschaft

Waxmann 2011
Münster / New York / München / Berlin

Bibliografische Informationen der Deutschen Nationalbibliothek
Die Deutsche Nationalbibliothek verzeichnet diese Publikation in der
Deutschen Nationalbibliografie; detaillierte bibliografische Daten sind
im Internet über http://dnb.d-nb.de abrufbar.

Das dieser Veröffentlichung zugrundeliegende Vorhaben wurde mit Mitteln
des Bundesministeriums für Bildung und Forschung gefördert.

GEFÖRDERT VOM

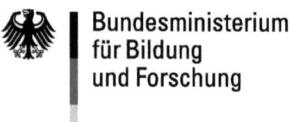

Bundesministerium
für Bildung
und Forschung

Alphabetisierung und Grundbildung, Band 8

hrsg. vom Bundesverband Alphabetisierung und Grundbildung e.V.

ISSN 1865-1623
ISBN 978-3-8309-2536-1

© Waxmann Verlag GmbH, 2011
Postfach 8603, D-48046 Münster

www.waxmann.com
info@waxmann.com

Umschlaggestaltung: Christian Averbeck, Münster
Satz: Stoddart Satz- und Layoutservice, Münster
Herstellung: BoD-Books on Demand, Norderstedt
Gedruckt auf alterungsbeständigem Papier,
säurefrei gemäß ISO 9706

Inhalt

Projekte zur Lese- und Schreibförderung im Kontext von Familien und Generationen

Lernangebote – Methoden – Beratung

Standortbestimmung: Sieben Jahre Bernburger Thesen – Fünf Jahre Integrationskurse mit Alphabetisierung

Berichte und Auswertungen zur Tagung

Vorwort

Joachim Bothe

Dieser Band bildet die Dokumentation der achten deutschen „Fachtagung Alphabetisierung", die vom 28. bis 30. Oktober 2010 in Weinheim im Rahmen der UN-Weltalphabetisierungsdekade stattfand. „Alphabetisierung und Grundbildung in Deutschland: Familie – Partnerschaft – Generationen" war das Thema der Tagung, die vom Bundesministerium für Bildung und Forschung gefördert und in Zusammenarbeit mit dem Bündnis für Alphabetisierung und Grundbildung in Deutschland durchgeführt wurde.

Lernen findet immer in sozialen Kontexten statt. Die eigene Herkunftsfamilie, aber auch eine partnerschaftliche Beziehung und eine selbst gegründete Familie gehören unter diesen sicher zu den einflussreichsten. Wie diese Beziehungen Lernprozesse insbesondere beim Erwerb der Schriftsprache prägen, war die leitende Fragestellung der Tagung.

Dank gilt dem Bundesministerium für Bildung und Forschung für die Förderung der Tagung und die Förderung von Satz und Layout dieser Veröffentlichung. Dank gilt Beate Plugge vom Waxmann Verlag für die engagierte und zielführende Betreuung der Veröffentlichung auf Verlagsseite. Dank gilt Jürgen Genuneit für die Unterstützung beim Zustandekommen dieser Veröffentlichung. Dank gilt Marcel Menzinger, der das Tagungsbüro leitete und die organisatorische Planung der Tagung unterstützte. Dank gilt mit ihm den Mitarbeiterinnen des Tagungsbüros, ohne sie alle wäre die Durchführung der Tagung nicht möglich gewesen: Juliane Averdung, Alexandra Ernst, Annika Friedemann, Kerstin Schnepper und Heike Urban. Dank gilt allen Teilnehmerinnen und Teilnehmern der „Fachtagung Alphabetisierung" in Weinheim für produktiven Austausch und konstruktive Diskussionen.

Abschließend gilt mein Dank den Autorinnen und Autoren dieses Bandes.

Münster, im Mai 2011
Joachim Bothe

Grundlagen – Forschungsergebnisse – Erfahrungen

Probleme mit dem Lesen und Schreiben und die Rolle der Familie

Peter Hubertus

Wenn Erwachsene mit dem Lesen und Schreiben Schwierigkeiten haben, stehen sie vor einer doppelten Herausforderung: Sie müssen den schriftsprachlichen Anforderungen gerecht werden, wie sie in einer von Schrift geprägten Gesellschaft gang und gäbe sind – obwohl die dafür erforderlichen Kompetenzen nicht ausreichen. Und sie müssen dafür Sorge tragen, dass die Umwelt von den Lese- und Schreibschwierigkeiten nichts bemerkt.

Unterstützung bei der Bewältigung dieser Herausforderung bieten Vertrauenspersonen. Menschen aus dem Freundes- und Kollegenkreis und insbesondere Familienangehörige übernehmen das Lesen und Schreiben. Sie tragen maßgeblich dazu bei, dass Betroffene z.B. ihre Ansprüche auf Sozialleistungen geltend machen. Und sie ermöglichen durch ihre Hilfe, dass die Probleme mit der Schrift Außenstehenden nicht bekannt werden. Nicht immer ist den Vertrauenspersonen bekannt, wie gering die schriftsprachlichen Kenntnisse sind. Sie wissen aber, dass die oder der Betroffene Schwierigkeiten mit der Schrift hat und übernehmen es, an ihrer bzw. seiner Stelle zu lesen und zu schreiben.

In den meisten Familien bildet sich nach und nach eine Aufgabenverteilung heraus und das ist durchaus sinnvoll: Wer gießt die Pflanzen? Wer schreibt die Urlaubsgrüße? Wer kümmert sich darum, dass der Internetzugang wieder funktioniert? Eine arbeitsteilige Beziehung, die die jeweiligen Interessen und Fähigkeiten berücksichtigt, ist vernünftig und üblich.

Die Zuordnung der Lese- und Schreibaufgaben auf eine Person innerhalb der Partnerschaft ist allerdings schwieriger. Situationen, in denen gelesen oder geschrieben wird, lassen sich nur begrenzt planen. Lese- und Schreibanforderungen stellen sich immer wieder, lassen sich nicht auf bestimmte Zeiten oder Aufgaben konkretisieren, sind „unberechenbar". Deshalb kann die Übernahme dieser Verpflichtung durch die Partnerin bzw. den Partner nicht immer gewährleistet werden. Betroffene sehen sich auch dann Lese- und Schreibanforderungen ausgesetzt, wenn ihre Vertrauensperson nicht zur Verfügung steht. Straßenschilder, Fahrkartenautomaten, Plakate – Schrift ist allgegenwärtig, und es kann sich jederzeit eine Situation ergeben, in der etwas gelesen werden muss. Wenn die schriftsprachlichen Anforderungen in derartigen Situationen nicht an die Vertrauensperson delegiert werden können, hilft z.B. die Ausrede mit der angeblich vergessenen Lesebrille.

Gleichwohl ist die Unterstützung durch eingeweihte Vertrauenspersonen für Menschen ohne ausreichende Schriftbeherrschung unerlässlich. Sie sind in zahlreichen Lebensbereichen extrem benachteiligt und Vertrauenspersonen können diese Benachteiligung abmildern. Sie helfen dabei, die theoretische Führerscheinprüfung zu bestehen oder das Medikament richtig dosiert einzunehmen. Den Betroffenen ist meistens sehr bewusst, dass ihnen wichtige Kompetenzen fehlen. Und sie wissen, dass andere selbstverständlich davon ausgehen, dass sie über diese Kompetenzen verfügen. Unzureichende Lese- und Schreibkenntnisse werden häufig mit geringer Intelligenz in Verbindung gebracht und weil auch den Betroffenen dieses Vorurteil bekannt ist, leben viele in ständiger Angst vor Entdeckung. Ihr Selbstbewusstsein ist oft gering, sodass sich Probleme mit dem Lesen und Schreiben auf die gesamte Persönlichkeit auswirken.

Zum Glück wird die Vertrauensstellung nur selten ausgenutzt. Aber es kommt durchaus vor, dass Betroffenen eine angebliche Versicherungspolice zur Unterschrift vorgelegt wird, die sich später als Kontovollmacht zu Gunsten der Vertrauensperson herausstellt.

Ist die Beziehung austariert, ist sie häufig relativ stabil. Die Partnerin bzw. der Partner liest und schreibt und für die Betroffene bzw. den Betroffenen besteht kein Grund, diese fehlenden Kompetenzen zu erwerben. Das Beziehungsnetz trägt und es besteht kein Veränderungsdruck.

Erst wenn die Vertrauensperson nicht mehr zur Verfügung steht – durch Trennung, Tod oder Verweigerung der Hilfe –, besteht Handlungsbedarf. Dann muss eine neue Vertrauensperson gefunden werden oder die Entscheidung zum Kursbesuch fallen. Manchmal wollen lese- und schreibschwache Partnerinnen bzw. Partner aber auch von sich aus die Situation verändern und selbständig werden. Der Weg zum Lernen kann jedoch auch maßgeblich von der Vertrauensperson befördert werden: Sie kann lesen und erfährt in der Zeitung vom VHS-Kurs. Sie kann im Internet recherchieren und findet das Alfa-Telefon oder das Lernportal www.ich-will-lernen.de. Sie ermutigt ihr Gegenüber, lesen und schreiben zu lernen und zeigt damit Wege, die zu mehr Selbständigkeit führen und damit die bestehende Beziehung verändern.

Bei der Aufnahme eines Lernprozesses haben die Vertrauenspersonen häufig unrealistische Vorstellungen über das Lerntempo und den Lernerfolg in Alphabetisierungskursen. Viele erwarten, dass ihre Partnerin bzw. ihr Partner bald so gut lesen und schreiben kann wie sie selbst. Aber auch bei besten Lernerfolgen und mehreren Lernjahren wird die Vertrauensperson immer noch die besseren Lese- und Schreibkompetenzen aufweisen.

Im Kurs begegnen die Lernerinnen und Lerner Fremden – der Kursleitung und den anderen Lernenden. Sie erfahren, dass es außer ihnen andere Erwachsene mit Lese- und Schreibproblemen gibt. Sie offenbaren in dieser begrenzten Öffentlichkeit, was sie können und was sie nicht beherrschen. Sie erleben, wie Lehrkraft und Lernende auf ihre Fehler reagieren. Und es wird ihnen deutlich, dass viele andere Betroffene ähnliche Erfahrungen wie sie selbst gemacht haben – im Elternhaus, in der Schule oder als funktionale Analphabetinnen bzw. funktionale Analphabeten. Die Lerngruppe der gleichermaßen Betroffenen fungiert für viele Lernende auch als Selbsthilfegruppe.

Das Vertrauen zur Kursleitung ist meistens stark ausgeprägt. Ihr kann man einen Satz stockend vorlesen. Ihr kann man fehlendes Wissen offenbaren, ohne für dumm gehalten zu werden. Ihr verdankt man jeden Lernerfolg und sie setzt sich für ihre Lernenden ein.

Die Vertrauensperson kann höchstens ahnen, wie die Partnerin bzw. der Partner sich im Kurs verhält, was sie bzw. er dort lernt oder von sich preisgibt. Für sie ist die Zeit der Kursaufnahme oft schwierig. In das Familiengeheimnis „Analphabetismus" sind nun auch Außenstehende eingeweiht. Ihre Rolle als Vertrauensperson teilt sie nun mit anderen. Die Partnerin bzw. der Partner spricht über Erfahrungen oder Ängste im Kurs, die sie bzw. er ihr nie mitgeteilt hat. Früher hat sie beim Lesen und Schreiben geholfen, jetzt lernt es die Partnerin bzw. der Partner selbst.

Damit im Kurs erworbene Kompetenzen im Alltagsleben eingesetzt, erprobt und durch Gebrauch gesichert und erweitert werden, muss nicht nur die Kursleitung entsprechende Anleitung und Unterstützung geben. Auch die Vertrauensperson muss bereit sein – entsprechend dem Kompetenzzuwachs ihrer Partnerin bzw. ihres Partners – Lese- und Schreibarbeiten abzugeben. Und nicht zuletzt müssen die Lernenden die Situationen bewerten, in denen sich Lese- und Schreibanforderungen ergeben. Können sie diese bereits bewältigen? Ist das Risiko zu scheitern gering? Sollten sie ihren Text der Vertrauensperson noch einmal vorlegen, bevor sie ihn anderen aushändigen? Oder ist die schriftsprachliche Anforderung so hoch, dass die Vertrauensperson – immer noch – um Unterstützung gebeten werden muss?

Um den Transfer des Gelernten zu vollziehen, müssen Lernende den Mut finden, immer wieder begrenzte Risiken einzugehen. Wenn die schriftsprachliche Kommunikation gelingt, wird sie das bestärken, diesen Weg weiterzugehen. Wenn sie dabei immer wieder scheitern, wird sie das vielleicht entmutigen. Auf jeden Fall wird das Leben komplizierter und anstrengender, wenn sie auf die eigenen – immer noch begrenzten – Kompetenzen setzen.

Gelingt der Lernprozess, gelingt der Transfer und gelingt die Bewältigung schriftsprachlicher Anforderungen im Alltag, dann hat das Einfluss auf die Persönlichkeit. Die Lernenden werden selbständiger und selbstbewusster. Sie lösen sich aus bestehenden Abhängigkeiten, auch aus der Abhängigkeit zu ihren Vertrauenspersonen. Die Paar-Beziehung verändert sich, wenn Arbeitsteilung und Aufgabenverteilung beim Lesen und Schreiben neu ausgehandelt werden. Beziehungsarbeit ist angesagt.

Der Alphabetisierungsprozess ist eine Herausforderung: nicht nur für Kursleitung und Lernende, sondern auch für die Lernenden und ihre Vertrauenspersonen.

Familie und Illiteralität

Über die Transmission von schriftkultureller Praxis im familiären Alltag

Sven Nickel

„Bildung fängt in der Familie an und Bildung kommt nicht ohne ergänzende familiale Unterstützungspotentiale aus" (Büchner/Krah 2006, 124). Beschränkte sich der Bildungsdiskurs bis vor wenigen Jahren auf Prozesse der formalen Bildung, wie sie in der Schule erworben wird, werden zunehmend auch nonformale und informelle Bildungsprozesse beachtet. Letztere finden u.a. in der Familie statt. Ihr kommt eine Art Schlüsselrolle zu, denn die Familie ist biographisch gesehen der früheste und wichtigste Ort des Bildungserwerbs. Sie ist der Ort, an dem unbewusst und beiläufig zahlreiche Kenntnisse, Fähigkeiten und Fertigkeiten erworben, aber auch Einstellungen, Haltungen und Orientierungen ausgebildet werden, die wie eine Folie auf alle weiteren Bildungsprozesse wirken, d.h. im Laufe der Biographie in anderen Kontexten weiterentwickelt werden. Die Soziologie spricht vom Möglichkeitsraum Familie und ihrer Gatekeeper-Funktion (vgl. Betz 2006).

Wenngleich sich der Einfluss der Familie auf die Bildung der Kinder seit Einführung der Schulpflicht massiv verringert hat, offenbaren empirische Untersuchungen den noch immer engen Zusammenhang von sozialer Herkunft und schulischem Bildungserfolg. Dass dieser Zusammenhang in Deutschland besonders stark ausgeprägt ist, belegen u.a. die PISA-Studien. Auch in der neuesten Erhebung PISA 2009 hat sich nichts an diesem Zusammenhang geändert. Die Rolle der Familie für Bildung und Bildungsteilhabe ist daher kaum zu unterschätzen. Bereits der Zehnte Kinder- und Jugendbericht der Bundesregierung sprach 1998 von einer bildungsmächtigen Kultur des Aufwachsens, die es im Rahmen einer ressortübergreifenden Bildungspolitik zu schaffen gelte (vgl. Büchner/Krah 2006), um so die Reproduktion sozialer Ungleichheit in familialen Bildungswelten zu verhindern.

Der familiale Alltag mit seinen sozialen und kulturellen Praxen kann in Anlehnung an Bourdieus Konzept des kulturellen Kapitals als biographisches Zentrum für Familienmitglieder mehrerer Generationen verstanden werden. Die Übertragung eines kulturellen Kapitals auf die nachfolgende Generation beschreibt die Bildungssoziologie als Transmission. Selbstredend wird das kulturelle Kapital nicht direkt auf die nachfolgende Generation übertragen, sondern muss von dieser inkorporiert, d.h. sich aktiv einverleibt werden. Das familiale Transmissionsgeschehen entfaltet dabei eine Art normsetzende Kraft, die den Raum begrenzt, in dem sich die Weitergabe und die Aneignung des familialen Bildungserbes vollzieht. Bourdieu geht davon aus, dass Sprache – und damit auch Literalität – als Teil des einverleibten kulturellen Kapitals zu einem Merkmal der Person, zu einem Habitus wird. Der Habitus eines Menschen ist kein angeborenes Merkmal, sondern wird von der frühen Kindheit an in der sozialen und kommunikativen Auseinandersetzung mit der Umwelt herausgebildet. „Der Mensch ist nicht auf die individuelle Erfahrung beschränkt. Er eignet sich die gesellschaftliche Erfahrung jener sozialen Gruppe an, in der er erzogen wird und in der er lebt, und nutzt sie" (Galperin 1980, 172). Kinder orientieren sich ausdeutend an der Kultur, von der sie umgeben sind.

Die Orientierung auf die Bildungsleistung der Familie muss berücksichtigen, dass wir es in der sozialen Realität mit einer beobachtbaren Diversität von familialen Lebensstilen und einer damit verbundenen Pluralität sozialer und kultureller Alltagspraxen zu tun haben. Transmissionsprozesse unterliegen zudem stets den Wechselwirkungen einzelner Handlungslogiken. So hat jedes Subjekt seine Handlungslogik, zugleich existieren aber auch familienspezifische, genderspezifische oder generationenspezifische Logiken. Ferner kann festgestellt werden, „dass es unterschiedliche milieuspezifische Logiken der Transmission von Bildung und Kultur, aber auch einen interessanten Variantenreichtum von familialen Transmissionsvorgängen innerhalb der einzelnen Milieus gibt" (Büchner/Brake 2006, 256). Es ist durchaus möglich, dass ein Familienhabitus in modifizierter Form über Generationen tradiert und reproduziert wird, was Bourdieu mehrfach als familiale Habitusträgheit beschrieben hat.

Literalität in der Familie

Diese einleitenden Ausführungen zur intergenerationalen Vermittlung von Bildung in der Familie stellen eine geeignete, anschlussfähige Folie dar, um den Stellenwert der Familie für den Erwerb von Literalität als einer sozialen Praxis zu beschreiben. Denn auch die Weitergabe und Aneignung von Literalität erweist sich als ein komplexes Transmissionsgeschehen, das sich durch wechselseitige Austauschbeziehungen zwischen den Generationen im familialen Alltag realisiert.

Zunächst ist jedoch der Begriff „Literalität" theoretisch zu fassen. Als deutsches Äquivalent zu „Literacy" wird er im aktuellen Diskurs auf unterschiedliche Weise genutzt:

– Literalität kann eine Kompetenz im Umgang mit Schriftsprache beschreiben, die sich in ihrer Ausprägung messen lässt. Dieses Verständnis liegt beispielsweise PISA oder der „Level-One"-Studie (Grotlüschen/Riekmann 2011) zu Grunde. Mit einem Testverfahren lässt sich messen, welches Niveau ein Mensch auf einer zuvor bestimmten Skala erreicht hat.

   Literalität kann zudem als Summe von Fertig- und Fähigkeiten bezeichnet werden, die man benötigt, um lesen und schreiben zu können. Dazu zählen z.B. die visuelle Wahrnehmung, die Auge-Hand-Koordination, die phonologische Bewusstheit, die Kenntnis von Graphemen und von Phonem-Graphem-Beziehungen, die Leseflüssigkeit usw. Auch hier lassen sich Tests entwickeln, mit denen gemessen werden kann, inwieweit die Fertigkeit bzw. Fähigkeit ausgebildet wurde. Beiden Varianten liegt die gemeinsame Auffassung zu Grunde, Literalität sei eine innere Eigenschaft des Menschen.

– Literalität ist jedoch auch ein Merkmal unserer Gesellschaft und damit eine kulturelle und soziale Praxis, an der Menschen teilhaben. Vereinfacht gesagt: Literalität ist das, was Menschen mit Schrift tun. Auch das lässt sich quantitativ bestimmen, z.B. in Erhebungen, wie häufig die Menschen lesen oder vorlesen (vgl. diverse Studien auf www.stiftunglesen.de/grundlagenforschung). In qualitativer Hinsicht wäre nach den Sinnsetzungen der Akteure zu fragen, also warum die Menschen Schrift in welchen biographischen Momenten ihres Lebens nutzen und was das mit der Befriedigung ihrer Bedürfnisse zu tun hat. Literales Handeln wird somit als gedeutete, sinnhafte kulturelle Tätigkeit der Handelnden aufgefasst.

Für die folgenden Ausführungen ist das soziokulturelle Verständnis von Literalität als einer sozialen Praxis maßgebend. Hierbei wird Literalität als ein soziales Handeln verstanden, das schriftsprachliche Aktivitäten und Artefakte einbezieht. Der Begriff der familialen Schriftkultur beschreibt Handlungen, in denen Menschen innerhalb des häuslichen Alltags Schrift nutzen sowie sich in literalen Praxen engagieren. Familiale Literalität stellt somit eine spezifische Form der vielfältigen Literalitäten dar, die wir in den unterschiedlichsten sozialen Kontexten vorfinden (vgl. auch Barton 1993; Barton/Hamilton 1998; Linde 2008).

Aus Sicht der Kinder beginnt der Erwerb von Literalität somit weit vor dem eigentlichen Lesen- und Schreibenlernen im technischen Sinne. Für sie stehen zunächst medial mündliche Formen des Umgangs mit gestalteter Sprache im Vordergrund, also literarische Formen wie Kinderreime, Kinderlieder, Kindergedichte, Märchen und andere Erzählungen. Hinzu kommen das Erfinden von Geschichten, Rollenspiele, Sprachspiele etc. Besonders förderlich sind die Formen, die das Kind selbst zum Mittun und zum Verbalisieren auffordern, wie das Erzählen, das Spielen von Sprachspielen u.a. (vgl. Hurrelmann et al. 1993). Neben diesen primär mündlichen Formen der Sprachgestaltung, die aber in sich literal organisiert sind und sich somit vom normalen Alltagsgebrauch der Sprache abheben (vgl. Günther 1997), treten allmählich auch schriftliche Artefakte in den Fokus der Kinder. Dies können Werbebanner, Firmenlogos etc. sein oder familiär organisierte Formen des Lesens und Schreibens von Briefen, Einkaufszetteln, Notizen, Zeitschriften, E-Mails etc. Für die spätere Neigung zu Büchern ist diese Modellfunktion durch lesende und schreibende Eltern besonders ausschlaggebend. Insbesondere das Vorlesen von frühester Kindheit an hat sich als eine der bedeutsamsten Formen frühkindlicher Literalität erwiesen. Beim Vorlesen wird ein besonders hohes Maß an emotionaler und körperlicher Nähe zwischen den Akteuren und damit ein begrenzter, emotional stabiler Raum der Interaktion hergestellt. Es überrascht daher kaum, dass für das Vorlesen zahlreiche förderliche Effekte gemessen wurden, vor allem auf den kindlichen Wortschatz, aber auch auf die syntaktische Entwicklung und das Verfügen über Geschichtenschemata. Dies gilt besonders, wenn die Vorlesesituation im Sinne des „Dialogischen Lesens" (vgl. Kraus 2005) organisiert wird und Offenheit für eine Anschlusskommunikation bietet, die das Kind aktiv in die Konstruktion der Geschichte einbindet (Whitehurst et al. 1988; 1994; Wieler 1997).

Schon kleine Kinder nehmen somit an Literalität als einer sozialen Praxis in der Familie teil und erleben eine elementare Form der Schriftkultur in vielfältigen Facetten. Das hier erworbene Können, das Wissen und die Einstellungen gegenüber Schriftlichkeit werden unbewusst und beiläufig erworben („Literacy happens", vgl. Hayden/Sanders 2002). Gerade diese frühen familialen Erfahrungen mit Schrift und die damit einhergehenden kognitiven Schemata prägen den Zugang der Kinder zu weiteren literalen Angeboten. Literalitätserfahrungen in der Familie wirken daher wie ein Filter auf weitere Prozesse der Aneignung und der Ausübung von Literalität. Die Familie stellt deswegen nicht nur die früheste, sondern auch die wirksamste Instanz der Vermittlung von Literalität dar (vgl. Hurrelmann 2004).

Der Umgang mit Sprache und Schrift unterscheidet sich in den einzelnen sozialen Schichten und Milieus beträchtlich (vgl. Bremer 2010). Andererseits ist belegt, dass auch Kinder aus schriftfernen und/oder unterprivilegierten Familien vielfältige Erfahrungen mit Schrift in ihrem Alltag machen (vgl. Purcell-Gates 1996). Insofern können wir annehmen, dass jeder Mensch Erfahrungen mit Literalität macht (und eine Illiteralität also faktisch nicht möglich ist). Wie reichhaltig und wie vielfältig diese Erfahrungen sind, ist jedoch sehr unterschiedlich. Zudem scheint es häufig eine Diskrepanz zu geben zwischen den Erfahrungen der „Home Literacy" und dem, was das Bildungswesen an „School Literacy" erwartet und unterrichtlich favorisiert. Dieser große Unterschied zwischen der häuslichen und der schulischen Literalität gilt gemeinhin als Begründungsfigur für die fehlende Anschlussfähigkeit der häuslichen Erfahrungen und die darauf folgenden schulischen Schwierigkeiten (vgl. Storch/Whitehurst 2001). Kinder aus bestimmten Familien können ihre literalen Erfahrungen in der Schule kaum produktiv anbringen, anders herum erwartet die Schule Facetten der Literalität von ihnen, die sie (noch) nicht kennen.

Groeben/Schroeder (2004) beschreiben die Rolle der Familie mit einem lesesoziologischen Modell. Für sie ist die Familie eine Instanz der gesellschaftlichen Meso-Ebene, die zwischen den normativen Anforderungen der Makro-Ebene (= hohe Bedeutung der Literalität in unserer Gesellschaft) und den interaktiven Prozessen auf der Mikro-Ebene steht. Dabei bilden Familien eigene Familienkulturen aus, die die Vorgaben der Makro-Ebene nicht direkt übernehmen, sondern unter Maßgabe der Wahrung ihrer eigenen Interessen und Handlungsoptionen eine für sie sinnstiftende Form des Umgangs finden. Diese Familienkulturen sind wiederum die Vorgabe für die an den einzelnen Mikroprozessen im familiären Alltag beteiligten Akteure, die sich jedoch ebenfalls nicht direkt an den Entwürfen der Familienkultur orientieren, sondern den Handlungsentwurf für sich ausdeuten.[1]

Stellte man nun zwei konträre Ausformungen der Familienkultur gegenüber, so würde sich auf der einen Seite des Spektrums ein Verständnis finden, das Lesen und Schreiben auch im Privaten bildungsrelevant findet und Kindern ein Unterstützungssystem bietet, damit diese an der elementaren Schriftkultur möglichst reichhaltig und vielfältig teilhaben können. Auf der anderen Seite wäre das Familienverständnis geprägt von einer Auffassung, die Lesen und Schreiben in den Zuständigkeitsbereich der Schulen verweist und den Kindern in der Familie einen Rückzugsort vom gesellschaftlichen Leistungsanspruch anbietet.

---

1   Ein solches Modell bezieht sich nur auf deutsche Familien. Über die literalen Strukturen von Familien mit Einwanderungsgeschichte wissen wir noch sehr wenig (so auch Hurrelmann 2003; vgl. aber Grabow 2005). Die Erfahrungen in einigen kleinen Erhebungen mit türkischen Familien zeigen, dass dort ein Trend zu dem letztgenannten Typus der Familienkulturen zu beobachten ist. Befragungen (die wegen der sozialen Erwünschtheit allerdings weniger aussagekräftig sind als ethnographische Beobachtungen im familiären Alltag, hierzu vgl. Barton/Hamilton 1998) von russischsprachigen Eltern zeichnen wiederum ein anderes Bild und machen uns deutlich, dass wir von einem Spektrum der Familienkulturen auszugehen haben und das Kriterium „Einwanderungsgeschichte" nicht trennscharf, vielleicht nicht einmal hilfreich ist.

Familiäre Lebenswelterfahrungen gering literalisierter Erwachsener

Beziehen wir diese wenigen soziologischen Betrachtungen auf Menschen, die nur wenig Erfahrung mit Literalität gemacht haben. Für die Lebenswelterfahrungen in der Vergangenheit liegen aus mehreren biographieanalytischen Studien (vgl. Egloff 1997; Namgalies et al. 1990; Döbert-Nauert 1985) Hinweise darauf vor, dass Lernende in Alphabetisierungskursen häufig aus familiären Verhältnissen kommen, in denen Sprache und Literalität nur eine untergeordnete Rolle spielten. Die häusliche Kommunikation war oft entwicklungshemmend ausgeprägt, literale Anregungen und Modelle standen kaum zur Verfügung. Eine solche rigide und interaktionsarme Kommunikationsstruktur mit einer relativ schwachen familialen Kohäsion beschreiben Hurrelmann et al. (1993) als typisches Muster eines Familienklimas, das keinen geeigneten Rahmen für eine literale Kultur hergibt. Gelegentlich finden sich in den biographischen Schilderungen auch explizite Aussagen dazu, dass Eltern- oder Großelternteile selbst nur auf elementarem Niveau lesen und schreiben konnten oder dass es im Haushalt überhaupt nichts zu lesen gab, Schrift also nicht in Gebrauch war.

Zu den Lebenswelterfahrungen der Gegenwart liegen uns lediglich Beobachtungen aus der Praxis vor, nach denen Kinder von Lernenden in Alphabetisierungskursen häufig nur einen geringen Schulerfolg haben und nicht selten einen sonderpädagogischen Förderbedarf attestiert bekommen. Es scheint so, als wenn in vielen Familien von Lernenden der Erwachsenengrundbildung eine über mehrere Generationen anhaltende Transmission von schriftkultureller Praxis existiert, die Bourdieu als Habitusträgheit beschreibt (vgl. hierzu die korrelativen Belege bei de Coulon et al. 2008; Leseman 1994 sowie eine 34-jährige Längsschnittstudie: Bynner/ Parsons 2006).[2] Einstellungen und Haltungen zum Lesen und Schreiben werden so tradiert.

Dem Bildungswesen kommt hiermit eine gewisse kompensatorische Funktion zu. Schulen, aber auch Kindertageseinrichtungen könnten Kindern die Erfahrungen ermöglichen, die andere bereits in der Familie machten. Für diesen auf Abbau von Bildungsungleichheit abzielenden Ansatz wäre aber eine stärkere Anerkennung unterschiedlicher Formen des kulturellen Kapitals, mit dem Kinder eingeschult werden, zwingend erforderlich. Zudem scheinen schulische Einflüsse nur dann erfolgversprechend zu sein, wenn die vom Kind empfangenen schulischen Impulse in der Familie zumindest wohlwollend aufgenommen werden. Denn (nur) unter dieser Bedingung scheinen literale Bildungsprozesse auch dann erfolgreich verlaufen zu können, wenn die familialen Bedingungen nicht förderlich sind (vgl. Hurrelmann et al. 1993). Insgesamt verweist vieles darauf, dass Interventionen möglichst die Familie und

---

2   So liegt auch für Klaus Hurrelmann (2002) die Vermutung nahe, dass es einen zirkelförmigen Verlauf des Sozialisationsprozesses geben kann, bei dem Bildungsaspirationen in der familialen Generationenfolge quasi „sozial vererbt" werden. Er weist jedoch auch darauf hin, dass dieser theoretisch schlüssig begründbare Zirkularitätszusammenhang empirisch überprüft werden müsse, was nur im Rahmen von Längsschnittstudien möglich sei. Die Annahme, dass sich Bildung über Generationen wie in einem Vererbungsprozess fortschreibt, dem die handelnden Subjekte mehr oder weniger hilflos ausgeliefert sind, wäre jedoch sehr verkürzt (so auch Büchner 2006; Hannon 2000). Es gilt, die komplexen Transmissionsbeziehungen zu erfassen, die zu diesem Phänomen führen können. Über die Mikrostruktur solcher Prozesse in der Familie wissen wir noch sehr wenig.

deren kulturelles Kapital mit berücksichtigen sollten. Entsprechend besteht ein alternativer Ansatzpunkt darin, direkt an der familialen Schriftkultur (im Folgenden: „Home Literacy Environment" bzw. HLE) und damit in den Familien anzusetzen.

Die Bedeutung des „Home Literacy Environment"

Die empirische Bildungsforschung hat im Prinzip drei sogenannte Risikofaktoren für die literale Entwicklung von Kindern ermittelt. Bei ihnen handelt es sich um einen niedrigen sozioökonomischen Status, ein geringes Bildungsniveau der Eltern und das Merkmal einer Zuwanderungsgeschichte (oftmals einhergehend mit einer von Deutsch abweichenden Familiensprache). Für die pädagogische Praxis sind diese Erkenntnisse nur bedingt hilfreich, weil es sich um schwer oder gar unveränderbare Parameter handelt.

Diverse Studien (z.B. McElvany et al. 2009; Christian et al. 1998; Bracken/ Fischel 2008; Farver et al. 2006; van Steensel 2006) lassen jedoch erkennen, dass es einen vermittelnden Faktor gibt, der den Zusammenhang zwischen sozialer Lage und Bildungserfolg moduliert. Bei diesem vermittelnden Faktor handelt es sich um die soziale Praxis der Literalität in der Familie. So sagt beispielsweise der Schulabschluss der Eltern statistisch signifikant den Bücherbesitz und die lesespezifischen Gespräche und Aktivitäten in der Familie vorher. Diese Merkmale wiederum stehen in einem direkten Zusammenhang mit dem kindlichen Leseverhalten. In anderen Studien wurde nachgewiesen, dass der Gestaltung der familialen Literacy-Umgebung eine noch größere Bedeutung zukommt als dem Bildungsniveau der Mütter, was wiederum einen empirisch nachweislich hohen Einfluss hat. Auch eine neuere deutsche Studie (Niklas/Schneider 2010) bestätigt eindeutig und statistisch abgesichert die Rolle des „Home Literacy Environment" als Mediator zwischen familialen Strukturmerkmalen einerseits und sprachlich-literalen Fähigkeiten der Kinder andererseits. Demnach besitzt nicht das Bündel familiärer Strukturmerkmale (Armut/Bildungsstand/Migration), sondern das „Home Literacy Environment" maßgebliche Bedeutung für die kindliche Entwicklung. Anders: Die Ausprägung literaler Kultur in der Familie senkt den an sich hochsignifikanten Zusammenhang zwischen diversen „Risikofaktoren" und dem literalen Verhalten der Kinder auf einen nichtsignifikanten Wert (vgl. Hurrelmann et al. 1993).

Eine Stärkung der literalen Kultur in der Familie könnte somit die heftig kritisierte hohe Abhängigkeit der Bildungsteilhabe von sozialen Faktoren verringern. Denn während „die Veränderung des sozioökonomischen Status und vieler begleitender Umstände nur schwer zu leisten ist, bietet HLE verschiedene gute Ansatzpunkte, um benachteiligte Kinder gezielt zu fördern" (Niklas/Schneider 2010, 162). Und es ist bekannt, dass HLE als Prädiktor zur Vorhersage späterer Lese- und Schreibkompetenzen taugt (vgl. ebd.).

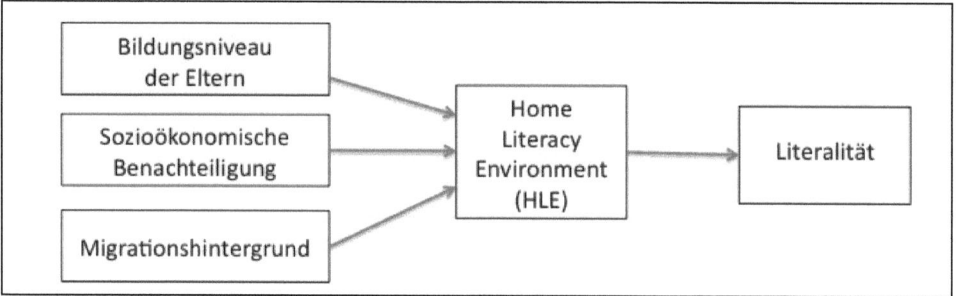

Abb. 1: „Home Literacy Environment" als Mediator, vereinfachtes Pfadmodell

„Family Literacy"

Bisher gibt es keine allgemein gültige Definition des Begriffs „Family Literacy", den Taylor (1983) erstmals verwandte. Zum einen wird er in der Literatur in deskriptiver Weise genutzt, um die literale Kultur in der Familie zu beschreiben (analog zur „Home Literacy" und zur Lesesozialisation). Des Weiteren werden mit ihm Möglichkeiten der Kooperation von Bildungseinrichtung und Familie oder auch der Einbezug der Familie in die konkreten Maßnahmen der Bildungseinrichtungen beschrieben (vgl. Wasik et al. 2001).

Grundsätzlich können solche Maßnahmen, um die es an dieser Stelle gehen soll, mehrere Generationen einbeziehen.[3] Sie können sich aber auch nur an Eltern richten mit dem Ziel, intergenerationale literale Aktivitäten in der Familie zu stärken. An dieser Stelle möchte ich daher den Ansatz der „Family Literacy" terminologisch fassen als Vielzahl der Formen einer generationenübergreifenden Literalitätsförderung und/oder intentional auf die Veränderung der literalen Praxis in der Familie zielenden Bemühungen.

Der Grundgedanke ist folgender: Bildungseinrichtungen können Schrift nicht gegen die Alltagswelt der Menschen durchsetzen. Die Alphabetisierung in Deutschland besaß daher von jeher eine starke Affinität zur Orientierung an realen oder alltagsnahen Situationen der Schriftverwendung, oft mit einer Bezugnahme auf Freire oder den Spracherfahrungsansatz (vgl. Wagener/Drecoll 1985; Nickel 2000). Purcell-Gates et al. (2002) wiesen erstmals empirisch eine hohe Korrelation zwischen der Bevorzugung authentischer Materialien und der Zunahme bzw. Erweiterung schriftlichen Handelns im Alltag nach. Wenngleich wir nur über sehr wenig empirisches Wissen im Bereich der Alphabetisierung verfügen, scheint dieser Weg ein prinzipiell sinnvoller zu sein, der mit anderen Zugängen, wie z.B. der direkten Instruktion, durchaus sinnvoll ergänzbar ist.

Familienorientierte Konzepte setzen ebenso an der vertrauten literalen Alltagspraxis (in der Familie) und den darin evident werdenden Kompetenzen der Lernenden an. Wenn Eltern und Kinder auf spielerisch-lustvolle Art und Weise einen

---

3   Zu allgemeinen Überlegungen einer generationenübergreifenden Didaktik in der Erwachsenenbildung vgl. Meese (2005), der die Formen intergenerationaler Lernsituationen differenzierte als Möglichkeiten, miteinander, voneinander oder übereinander zu lernen.

authentischen Umgang mit Sprache und Schrift erleben und dieser für sie potentiell sinnstiftend wird, besteht eine Wahrscheinlichkeit, dass die entsprechenden Aktivitäten von den Beteiligten in das alltägliche Zusammenleben übernommen werden – und sich damit auch die literale Alltagskultur in der Familie verändert. Da diese Kinder möglicherweise eines Tages Eltern werden, die ihre Erfahrungen an ihre Kinder weitergeben, sind diese Maßnahmen evtl. zusätzlich von langfristigem Effekt. Entsprechend werden „Family Literacy"-Programme oft beschrieben als „bridge to literacy – from generation to generation".

Es handelt sich also nicht um ein fest definiertes Programm, sondern um eine Art Grundidee, die vor Ort je nach den spezifischen Bedürfnissen zu einem passenden Curriculum ausgestaltet werden kann. Dadurch ergibt sich, dass sich „Family Literacy"-Maßnahmen in der Praxis hinsichtlich beträchtlicher Parameter unterscheiden können (vgl. ausführlicher Nickel 2007). Unterschiede sind möglich hinsichtlich folgender Punkte:

– Zielgruppe der Maßnahme
  (Programme für Eltern und Kinder vs. Programme, die ausschließlich die Eltern einbeziehen; ggf. gibt es Spezifizierungen für bestimmte Zielgruppen wie Menschen mit Zuwanderungsgeschichte, Kinder unter drei Jahren etc.)[4]
– Ort der Durchführung
  (prinzipiell: in der Familie vs. in anderen Institutionen wie Bibliotheken, Sozialzentren, Kindertageseinrichtungen, Schulen etc.)[5]
– Dauer der Maßnahme
  (von einem kurzen Wochenendkurs über curricular sehr gelenkte, mehrwöchige Maßnahmen bis zu zeitlich unbegrenzten Angeboten)
– Ziele
  (Verbesserung der kindlichen Lese- und Schreibkompetenzen oder Stärkung der literalen Kultur in der Familie? Zum anderen gibt es eine Bandbreite möglicher Ziele, die von konkreten Formulierungen wie „Erweiterung des Wortschatzes" bis hin zu allgemeinen Zielen wie „Verbesserung der Situation auf dem Ausbildungs- und Arbeitsmarkt" reichen)

---

4   Grundsätzlich können zwei Formen unterschieden werden: Auf der einen Seite handelt es sich um Programme, die die Kooperation mit den Eltern suchen, um die Kinder zu unterstützen und deren Bildungschancen zu verbessern. Dazu gibt es mittlerweile einige Ansätze in Deutschland. Hier wird ein systemischer Effekt angestrebt, bei dem sich die Maßnahmen mit den Eltern durch eine Veränderung der häuslichen Literacy-Aktivitäten auf die Lern- und Entwicklungsbedingungen der Kinder auswirken und deren Schulerfolg erhöhen. Davon abgrenzen lassen sich Bildungsprogramme, die beide (oder mehr) Generationen als lernende Einheit ansehen. Solche Programme sind in Deutschland noch nahezu unbekannt.

5   Differenziert wird allgemein zwischen Hausbesuchsprogrammen („home-based" oder Geh-Struktur) und Projekten, die in einer externen Einrichtung stattfinden („center-based" oder Komm-Struktur). Hausbesuchsprogramme gelten als besonders niedrigschwellig, da die Zielgruppe dort erreicht wird, wo sie sich sowieso aufhält. Programme, die in externen Einrichtungen angeboten werden, können hingegen eine größere Zahl von Familien gleichzeitig erreichen. Zudem wird durch die Gruppensituation ein Austausch der Eltern möglich. Beide Formen sind international auch im Rahmen von „Family Literacy" gebräuchlich.

Familienorientierte Alphabetisierung/Grundbildung

Wie zuvor in England (vgl. Hannon et al. 2007) nimmt auch in Deutschland der aufkommende Gedanke einer Familienorientierung seinen Ausgang von der Früh- bzw. der Schulpädagogik (vgl. z.B. Apeltauer 2004; Elfert/Rabkin 2007) und kristallisiert sich in Familienzentren, sofern diese schon eingeführt sind, besonders heraus. Auch Bibliotheken zeigen zunehmendes Interesse und verstärken ihre Aktivität in diese Richtung. In der Grundbildung Erwachsener ist das intergenerationale Lernen noch wenig etabliert (vgl. aber Noack et al. in diesem Band sowie das Essener Projekt „SIMBA" unter der Leitung von Rabia Sprenger: Kentenich/Sprenger ebenfalls in diesem Band). Das ist bedauerlich, belegen doch britische und kanadische, zudem recht aufwändig evaluierte Projekte (z.B. Nutbrown et al. 2005), dass ein familienorientiertes Lernen auch für Erwachsene sehr effektiv sein kann und dass Erwachsene mit sehr geringen Lese- und Schreibkompetenzen besonders stark von solchen Programmen profitieren.

Generell gilt: Die Erwachsenengrundbildung sollte möglichst bestehende Alltagswelten didaktisch-methodisch aufgreifen oder von vornherein aufsuchende Grundbildungsarbeit im Alltag der Menschen praktizieren. Prinzipiell wäre es möglich, Alphabetisierung im Sinne einer sprachlichen Grundbildung familienorientiert durchzuführen. Meines Erachtens sind zwei grundsätzliche Ausgestaltungen denkbar. Beide Modelle legen ihren Fokus auf die literalen Aktivitäten von Eltern mit ihren Kindern, sie unterscheiden sich hinsichtlich ihres Organisationsaufwandes und der Direktheit der Intervention.

– Lesen und Schreiben für Mütter und Väter:
  Dieses Angebot richtet sich an die Erwachsenen, die Kinder werden nur indirekt angesprochen. Ein Alphabetisierungskurs wird inhaltlich so gestaltet, dass familienorientierte Elemente wie das Lesen von Bilderbüchern (didaktisiert: „Leseförderung"), das Kennenlernen von Sprachspielen und Zungenbrechern (didaktisiert: „Förderung der phonologischen Bewusstheit") und ähnliche Aktivitäten im Vordergrund stehen. Der Kurs entspricht einem regulären Alphabetisierungskurs, lediglich die Inhalte, an denen Lese- und Schreibkompetenzen entfaltet werden, unterscheiden sich von anderen Kursen. Empfehlenswert ist es, diese Kurse an einem Vormittag durchzuführen, wenn die Kinder in Elementareinrichtungen oder Schulen betreut sind. Selbstredend ist es in diesem Modell zusätzlich möglich, beispielsweise einen monatlichen Samstagsbrunch gemeinsam mit Kindern zu veranstalten, in dessen Rahmen gemeinsame literale Aktivitäten stattfinden.

– Lesen und Schreiben für Eltern und Kinder:
  Das zweite Modell bezieht Kinder gezielt mit ein, indem zum bestehenden Alphabetisierungsangebot eine parallele Kindergruppe eingerichtet wird und zusätzlich regelmäßige, generationenübergreifende Aktivitäten vorgesehen sind. Eventuell ist ein Betreuungsangebot für Kleinkinder ratsam.

In beiden Fällen orientiert sich das didaktische Vorgehen an einer „authentic literacy" (Purcell-Gates et al. 2002), also an authentischen Materialien und Situationen innerhalb und außerhalb des Kursgeschehens. Begründet ist dies nicht nur mit der

Orientierung an einer „Home Literacy", sondern auch mit der Berücksichtigung des verinnerlichten Habitus der Lernenden. Daher würden „bloße Appelle verpuffen, die angesichts wissensgesellschaftlicher Entwicklungen einfach auf die Notwendigkeit von Schreib- und Lesekompetenzen verweisen [...]. Im Blick bleiben muss, dass der kognitive Prozess des Erlernens der Schriftsprache auch an die lebensweltliche Handlungsebene anschlussfähig gemacht werden muss" (Bremer 2010, 102).

Eine weitere Differenzierung der beiden obigen Modelle erscheint jedoch notwendig. Bildungsangebote, die gezielt den Erwerb von Literalität ansprechen, setzen eine Bildungsaspiration voraus, die vielfach nicht gegeben ist. Bremer deutet in seinen Analysen zur Milieuspezifik an, dass gering literalisierte Erwachsene häufig einem Typus zuzuordnen sind, für den Bildung entgegen dem Wertesystem einer Wissensgesellschaft als sinnloses Übel gilt und von Unsicherheit und Überforderungsängsten begleitet wird (vgl. Bremer 2010, 98). Die Erfahrungen der nationalen und internationalen Praxis im Bereich der „Family Literacy" bestätigen, dass die Adressabilität dann gegeben ist, wenn statt des bildungswissenschaftlichen Konstrukts „Literalität" Ansprachen gefunden werden, die Formen von Geselligkeit in den Mittelpunkt stellen. Darunter können auch offene Müttercafés verstanden werden. Inhaltlich fokussierte Literacy-Programme werben beispielsweise in Kanada mit Titeln wie „Have fun with your baby" – dahinter verbergen sich dann die lustvoll-spielerischen, hier: mündlichen Umgangsformen mit Literalität in Form von Sprachspielen, Kinderliedern etc. Angebote eines gezielten Schriftspracherwerbs wären dann der erst nachfolgende Schritt. Grundbildungsangebote in Deutschland müssen diese Zusammenhänge bedenken, wenn ihre Teilnehmergewinnung erfolgreich sein soll.

Schlussbetrachtung: Kinder als Lernimpuls

Oft heißt es, Eltern seien die Ko-Konstrukteure der kindlichen Entwicklung (z.B. Hurrelmann 2006), da sie diejenigen sind, die die sozialen Umgebungen für Lernprozesse gestalten und somit die eigenaktiven Lernprozesse der Kinder unterstützen. In einem pädagogisch-anthropologischen Generationenbegriff wird zwischen vermittelnder und aneignender Generation unterschieden, damit werden Rollen und Verhältnisse zwischen den Menschen beschrieben. Meist gehören die Eltern der vermittelnden Generation an. In Familien, in denen Kinder über mehr Literalität verfügen als ihre Eltern, ist dieses Verhältnis komplexer. Ähnliche Beispiele kennen wir hinsichtlich der Deutschkenntnisse in Familien mit Zuwanderungsgeschichte oder ganz allgemein im Bereich der Medienkompetenz. Hier verkehrt sich das Verhältnis vermittelnder und aneignender Generationen. Es gilt also durchaus, dass auch Kinder einen ko-konstruierenden Einfluss auf ihre Eltern haben können.

Die gering ausgebildete Literalität eines Elternteils kann als „family affair" betrachtet werden, also als Umstand, der die gesamte Familie betrifft und die Gestaltung des familiären Zusammenlebens beeinflusst (vgl. Jaehn-Niesert 1994). Ebenso kann auch die erfolgreiche Alphabetisierung eines Erwachsenen Folgen für dessen Umfeld haben. Moulton/Holmes (1995) beschreiben in einer Fallstudie eindrücklich die Auswirkungen des Alphabetisierungsprozesses eines 47-jährigen

Vaters und Großvaters in Bezug auf Erweiterung und Veränderung der familialen Leseaktivitäten und Interaktionen.

Ganz allgemein finden wir – z.B. in der Untersuchung von Wagner/Schneider (2008) – einige Hinweise darauf, dass Veränderungen im Familienleben zu einer veränderten Wahrnehmung der eigenen Persönlichkeit führen und einen Lernimpuls darstellen können. Solche Schlüsselerlebnisse, wie Egloff (1997) sie nennt, können z.B. eine neue Partnerschaft oder die Geburt oder die anstehende Einschulung eines Kindes sein. Viele Erwachsene, die Eltern werden, nehmen jetzt eine Handlungsproblematik wahr, die ihnen bisher in dieser Form nicht evident schien. Der Wunsch, die eigenen Kinder unterstützen zu können, ist häufig ein Lernanlass, also eine Begründungsfigur für die Aufnahme des Lese- und Schreiblernprozesses im Erwachsenenalter (z.B. Oswald/Müller 1982).[6] Inwieweit und unter welchen Umständen dies eine stabile und konstante Lernbegründung für Erwachsene sein kann, ist leider bisher nur wenig erforscht (vgl. Woitzick 2010).

Generationenübergreifende Angebote können übrigens ein geeigneter Einstieg in längerfristige Bildungsmaßnahmen sein und weitere Bildungsprozesse in Gang setzen. In den britischen Modellprojekten (vgl. Brooks et al. 1996) gaben 80 % der beteiligten Eltern an, im Anschluss an die zwölfwöchigen „Family Literacy"-Kurse einen weiteren Erwachsenenbildungskurs belegen zu wollen. Drei Monate später nahmen tatsächlich 70 % an derartigen Kursen teil. Dieses Phänomen ist mehrfach beschrieben und verdeutlicht, wie niedrigschwellige „Family Literacy"-Programme eine geeignete Brücke darstellen können, um Menschen mit geringer Grundbildung weitere, institutionalisierte Bildungszusammenhänge zu eröffnen. Die Erwachsenenbildung hätte so zudem die Möglichkeit, auch präventiv zu wirken und damit einen doppelt wirksamen Beitrag zur gesellschaftlichen Stärkung der Literalität beizusteuern.

Literatur

APELTAUER, Ernst (2004): Sprachliche Frühförderung von zweisprachig aufwachsenden türkischen Kindern im Vorschulbereich. Bericht über die Kieler Modellgruppe (März 2003 bis April 2004). Flensburger Papiere zur Mehrsprachigkeit und Kulturvielfalt im Unterricht, Sonderheft 1. Flensburg: Universität Flensburg, Abteilung Deutsch als fremde Sprache.

BARTON, David (1993): Eine soziokulturelle Sicht des Schriftgebrauchs – und ihre Bedeutung für die Förderung des Lesens und Schreibens unter Erwachsenen. In: BALHORN, Heiko/BRÜGELMANN, Hans (Hrsg): Bedeutungen erfinden – im Kopf, mit Schrift und miteinander. Jahrbuch „lesen und schreiben 5". Konstanz: Faude, S. 214-219.

BARTON, David/HAMILTON, Mary (1998): Local Literacies. Reading and Writing in One Community. London: Routledge.

BETZ, Tanja (2006): ‚Gatekeeper' Familie – Zu ihrer allgemeinen und differentiellen Bildungsbedeutsamkeit. In: Diskurs Kindheits- und Jugendforschung, 1. Jg., Nr. 2, S. 181-195. Verfügbar unter: http://www.pedocs.de/volltexte/2009/997/pdf/Betz_Gatekeeper_Familie_Diskurs_2006_2_D.pdf [Abruf am 21.03.2011].

---

6   Deutlich wird das u.a. auch in der Lebens- und Lerngeschichte von Mondo, die in dem Film „Das G muss weg" dokumentiert ist. Der Film ist über den Bundesverband Alphabetisierung und Grundbildung e.V. zu beziehen.

BRACKEN, Stacey Storch/FISCHEL, Janet E. (2008): Family reading behavior and early literacy skills in preschool children from low-income backgrounds. In: Early Education and Development, 19. Jg., Nr. 1, S. 45-67.

BREMER, Helmut (2010): Literalität, Bildung und die Alltagskultur sozialer Milieus. In: BUNDESVERBAND ALPHABETISIERUNG UND GRUNDBILDUNG E.V./BOTHE, Joachim (Hrsg.): Das ist doch keine Kunst! Kulturelle Grundlagen und künstlerische Ansätze von Alphabetisierung und Grundbildung. Alphabetisierung und Grundbildung 5. Münster/ New York/München/Berlin: Waxmann, S. 89-105.

BROOKS, Greg/GORMAN, Tom P./HARMAN, John/Hutchison, Dougal/WILKIN, Anne (1996): Family Literacy Works. The NFER Evaluation of the Basic Skills Agency's Family Literacy Demonstration Programmes. London: Basic Skills Agency.

BÜCHNER, Peter (2006): Der Bildungsort Familie. Grundlagen und Theoriebezüge. In: BÜCHNER, Peter/BRAKE, Anna (Hrsg.): Bildungsort Familie. Transmission von Bildung und Kultur im Alltag von Mehrgenerationenfamilien. Wiesbaden: VS Verlag, S. 21-48.

BÜCHNER, Peter/BRAKE, Anna (2006): Transmission von Bildung und Kultur in Mehrgenerationenfamilien im komplexen Netz gesellschaftlicher Anerkennungsbeziehungen. Resümee und Ausblick. In: Dies. (Hrsg.): Bildungsort Familie. Transmission von Bildung und Kultur im Alltag von Mehrgenerationenfamilien. Wiesbaden: VS Verlag, S. 255-278.

BÜCHNER, Peter/KRAH, Karin (2006): Der Lernort Familie und die Bildungsbedeutsamkeit der Familie im Kindes- und Jugendalter. In: RAUSCHENBACH, Thomas/DÜX, Wiebken/ SASS, Erich (Hrsg.): Informelles Lernen im Jugendalter. Vernachlässigte Dimensionen der Bildungsdebatte. Weinheim/München: Juventa, S. 123-154.

BYNNER, John/PARSONS, Samantha (2006): New Light on Literacy and Numeracy. Research Report. London: National Research and Development Centre for Adult Literacy and Numeracy. Verfügbar unter: http://www.nrdc.org.uk/uploads/documents/ doc_3276.pdf [Abruf am 18.04.2011].

CHRISTIAN, Kate/MORRISON, Frederick J./BRYANT, Frederick B. (1998): Predicting kindergarten academic skills. Interactions among child care, maternal education, and family literacy environments. In: Early Childhood Research Quarterly, 13. Jg., Nr. 3, S. 501-521.

DE COULON, Augustin/MESCHI, Elena/VIGNOLES, Anna (2008): Parents' basic skills and their children's test scores. Results from the BCS70, 2004 parents and children assessments. London: National Research and Development Centre for Adult Literacy and Numeracy. Verfügbar unter: http://www.nrdc.org.uk/uploads/documents/ doc_4087.pdf [Abruf am 20.04.2011].

DÖBERT-NAUERT, Marion (1985): Verursachungsfaktoren des Analphabetismus. Auswertung von Interviews mit Teilnehmern an der Volkshochschule Bielefeld. Bonn/Frankfurt am Main: Deutscher Volkshochschul-Verband e.V.

EGLOFF, Birte (1997): Biographische Muster „funktionaler Analphabeten". Eine biographieanalytische Studie zu Entstehungsbedingungen und Bewältigungsstrategien von „funktionalem Analphabetismus". Frankfurt am Main: Deutsches Institut für Erwachsenenbildung. Verfügbar unter: http://www.die-bonn.de/esprid/dokumente/doc-1997/ egloff97_01.pdf [Abruf am 18.02.2011].

ELFERT, Maren/RABKIN, Gabriele (2007): Das Hamburger Pilotprojekt *Family Literacy* (FLY). In: Dies. (Hrsg.): Gemeinsam in der Sprache baden: Family Literacy. Internationale Konzepte zur familienorientierten Schriftsprachförderung. Stuttgart: Ernst Klett Sprachen, S. 32-57.

FARVER, Jo Ann M./XU, Yiyuan/EPPE, Stefanie/LONIGAN, Christopher J. (2006): Home environments and young Latino children's school readiness. In: Early Childhood Research Quarterly, 21. Jg., Nr. 2, S. 196-212.

GALPERIN, Pjotr (1980): Zu Grundfragen der Psychologie. Beiträge zur Psychologie 4. Berlin: Volk und Wissen.

GRABOW, Annkathrin (2005): Das Leseklima in türkischen Migrantenfamilien. Eine explorative Untersuchung auf der Basis von vier Fallstudien. Flensburger Papiere zur Mehrsprachigkeit und Kulturenvielfalt im Unterricht, Sonderheft 2. Flensburg: Universität Flensburg, Abteilung Deutsch als fremde Sprache.

GROEBEN, Norbert/SCHROEDER, Sascha (2004): Versuch einer Synopse: Sozialisationsinstanzen – Ko-Konstruktion. In: GROEBEN, Norbert/HURRELMANN, Bettina (Hrsg): Lesesozialisation in der Mediengesellschaft. Ein Forschungsüberblick. Weinheim/München: Juventa, S. 306-348.

GROTLÜSCHEN, Anke/RIEKMANN, Wibke (2011): leo. – Level-One Studie. Literalität von Erwachsenen auf den unteren Kompetenzniveaus. Presseheft. Hamburg: Universität Hamburg. Verfügbar unter: http://blogs.epb.uni-hamburg.de/leo/files/2011/02/leo-Level-One-Studie-Presseheft1.pdf [Abruf am 17.03.2011].

GÜNTHER, Hartmut (1997): Mündlichkeit und Schriftlichkeit. In: BALHORN, Heiko/NIEMANN, Heide (Hrsg.): Sprachen werden Schrift. Mündlichkeit – Schriftlichkeit – Mehrsprachigkeit. Jahrbuch „lesen und schreiben 7". Lengwil: Libelle, S. 64-73.

HANNON, Peter (2000): Reflecting on Literacy in Education. London: RoutledgeFalmer.

HANNON, Peter/BROOKS, Greg/BIRD, Viv (2007): Family Literacy in England. In: ELFERT, Maren/RABKIN, Gabriele (Hrsg.): Gemeinsam in der Sprache baden: Family Literacy. Internationale Konzepte zur familienorientierten Schriftsprachförderung. Stuttgart: Ernst Klett Sprachen, S. 10-31.

HAYDEN, Ruth/SANDERS, Maureen (2002): Literacy happens. A resource manual for community literacy awareness training. Edmonton: Centre for Family Literacy.

HURRELMANN, Bettina (2003): Ein erweitertes Konzept von Lesekompetenz und Konsequenzen für die Leseförderung. In: AUERNHEIMER, Georg (Hrsg.): Schieflagen im Bildungssystem. Die Benachteiligung der Migrantenkinder. Interkulturelle Studien 16. Opladen: Leske + Budrich, S. 177-194.

HURRELMANN, Bettina (2004): Informelle Sozialisationsinstanz Familie. In: GROEBEN, Norbert/HURRELMANN, Bettina (Hrsg): Lesesozialisation in der Mediengesellschaft. Ein Forschungsüberblick. Weinheim/München: Juventa, S. 169-201.

HURRELMANN, Bettina (2006): Ko-Konstruktion als Theorierahmen historischer Lesesozialisationsforschung: sozialisationstheoretische Prämissen. In: HURRELMANN, Bettina/BECKER, Susanne/NICKEL-BACON, Irmgard (Hrsg.): Lesekindheiten. Familie und Lesesozialisation im historischen Wandel. Weinheim/München: Juventa, S. 15-30.

HURRELMANN, Bettina/HAMMER, Michael/NIESS, Ferdinand (1993): Leseklima in der Familie. Lesesozialisation 1. Eine Studie der Bertelsmann-Stiftung. Gütersloh: Bertelsmann-Stiftung.

HURRELMANN, Klaus (2002): Einführung in die Sozialisationstheorie. Weinheim/Basel: Beltz, 8., vollst. überarb. Aufl.

JAEHN-NIESERT, Ute (1994): Schrift-Sprachlosigkeit. Berlin: AOB-Verlag.

KRAUS, Karoline (2005): Dialogisches Lesen – Neue Wege der Sprachförderung in Kindergarten und Familie. In: ROUX, Susanna (Hrsg.): PISA und die Folgen. Sprache und Sprachförderung im Kindergarten. VEP-Aktuell 5. Landau: Verlag Empirische Pädagogik, S. 109-129.

LESEMAN, Paul (1994): Socio-Cultural Determinants of Literacy Development. In: VERHOEVEN, Ludo (Hrsg.): Functional Literacy. Theoretical Issues and Educational Implications. Studies in Written Language and Literacy 1. Amsterdam: John Benjamins, S. 163-184.

LINDE, Andrea (2008): Literalität und Lernen. Eine Studie über das Lesen- und Schreibenlernen im Erwachsenenalter. Münster/New York/München/Berlin: Waxmann.

MCELVANY, Nele/BECKER, Michael/LÜDTKE, Oliver (2009): Die Bedeutung familiärer Merkmale für Lesekompetenz, Wortschatz, Lesemotivation und Leseverhalten. In: Zeitschrift für Entwicklungspsychologie und Pädagogische Psychologie, 41. Jg., Nr. 3, S. 121-131.

MEESE, Andreas (2005): Lernen im Austausch der Generationen. Praxissondierung und theoretische Reflexion zu Versuchen intergenerationeller Didaktik. In: DIE Zeitschrift für Erwachsenenbildung, 12. Jg., Nr. 2, S. 39-41. Verfügbar unter: http://www.diezeitschrift.de/22005/meese0501.pdf [Abruf am 21.03.2011].

MOULTON, Margaret C./HOLMES, Vicki L. (1995): An Adult Learns to Read: A Family Affair. Journal of Adolescent & Adult Literacy, 38. Jg., Nr. 7, S. 542-549.

NAMGALIES, Lisa/HELING, Barbara/SCHWÄNKE, Ulf (1990): Stiefkinder des Bildungssystems. Lern- und Lebensgeschichten deutscher Analphabeten. Stiftung Berufliche Bildung 5. Hamburg: Bergmann und Helbig.

NICKEL, Sven (2000). Wie lernen Erwachsene lesen und schreiben? In: DÖBERT, Marion/HUBERTUS, Peter (2000): Ihr Kreuz ist die Schrift. Analphabetismus und Alphabetisierung in Deutschland. Münster: Bundesverband Alphabetisierung e.V./Stuttgart: Klett, S. 86-98.

NICKEL, Sven (2007): Family Literacy in Deutschland – Stand der Entwicklung und Gedanken zur konzeptionellen Weiterentwicklung. In: ELFERT, Maren/RABKIN, Gabriele (Hrsg.): Gemeinsam in der Sprache baden: Family Literacy. Internationale Konzepte zur familienorientierten Schriftsprachförderung. Stuttgart: Ernst Klett Sprachen, S. 65-84.

NIKLAS, Frank/SCHNEIDER, Wolfgang (2010): Der Zusammenhang von familiärer Lernumwelt mit schulrelevanten Kompetenzen im Vorschulalter. In: ZSE Zeitschrift für Soziologie der Erziehung und Sozialisation, 30. Jg., Nr. 2, S. 149-165.

NUTBROWN, Cathy/HANNON, Peter/MORGAN, Anne (2005): Early Literacy Work with Families. Policy, Practice and Research. London: SAGE.

OSWALD, Marie-Luise/MÜLLER, Horst-Manfred (1982): Deutschsprachige Analphabeten. Lebensgeschichte und Lerninteressen von erwachsenen Analphabeten. Stuttgart: Klett-Cotta.

PURCELL-GATES, Victoria (1996): Stories, coupons, and the TV Guide: Relationships between home literacy experiences and emergent literacy knowledge. In: Reading Research Quarterly, 31. Jg., Nr. 4, S. 406-428.

PURCELL-GATES, Victoria/DEGENER, Sophie C./JACOBSON, Erik/SOLER, Marta (2002): Impact of Authentic Adult Literacy Instruction on Adult Literacy Practices. In: Reading Research Quarterly, 37. Jg., Nr. 1, S. 70-92.

STORCH, Stacey A./WHITEHURST, Grover J. (2001): The Role of Family and Home in the Literacy Development of Children from Low-Income Backgrounds. In: BRITTO, Pia Rebello/BROOKS-GUNN, Jeanne (Hrsg.): The Role of Family Literacy Environments in Promoting Young Children's Emerging Literacy Skills. New Directions for Child and Adolescent Development, Nr. 92. San Francisco: Jossey-Bass, S. 53-71.

TAYLOR, Denny (1983): Family Literacy. Young Children Learning to Read and Write. Portsmouth: Heinemann.

VAN STEENSEL, Roel (2006): Relations between socio-cultural factors, the home literacy environment and children's literacy development in the first years of primary education. In: Journal of Research in Reading, 29. Jg., Nr. 4, S. 367-382.

WAGENER, Monika/DRECOLL, Frank (1985): Der Spracherfahrungsansatz. In: KREFT, Wolfgang (Hrsg.): Methodische Ansätze zur Schriftsprachvermittlung. Pädagogische Arbeitsstelle des Deutschen Volkshochschul-Verbandes, Projekt „Entwicklung und Unterstützung von Maßnahmen zur muttersprachlichen Alphabetisierung an Volkshochschulen". Bonn/Frankfurt am Main: Deutscher Volkshochschul-Verband e.V., S. 34-53.

WAGNER, Harald/SCHNEIDER, Johanna (2008): Charakteristika spezifischer Gruppen von Menschen mit unzureichender Schriftsprachkompetenz. In: SCHNEIDER, Johanna/GINTZEL, Ullrich/WAGNER, Harald (Hrsg.): Sozialintegrative Alphabetisierungsarbeit. Bildungs- und sozialpolitische sowie fachliche Herausforderungen. Münster/New York/München/Berlin: Waxmann, S. 47-62.

WASIK, Barbara Hanna/DOBBINS, Dionne R./HERRMANN, Suzannah (2001): Intergenerational Family Literacy. Concepts, Research, and Practice. In: NEUMAN, Susan B./DICKINSON, David K. (Hrsg.): Handbook of Early Literacy Research. New York: Guilford Press, S. 444-458.

WHITEHURST, Grover J./ARNOLD, David S./EPSTEIN, Jeffery N./ANGELL, Andrea L./SMITH, Meagan/FISCHEL, Janet E. (1994): A Picture Book Reading Intervention in Day Care and Home for Children From Low-Income Families. In: Developmental Psychology, 30. Jg., Nr. 5, S. 679-689.

WHITEHURST, Grover J./FALCO, Francine L./LONIGAN, Christopher J./FISCHEL, Janet E./DEBARYSHE, Barbara O./VALDEZ-MENCHACA, Marta C./CAULFIELD, Marie (1988): Accelerating Language Development Through Picture Book Reading. In: Developmental Psychology, 24. Jg., Nr. 4, S. 552-559.

WIELER, Petra (1997): Vorlesen in der Familie. Fallstudien zur literarisch-kulturellen Sozialisation von Vierjährigen. Weinheim/München: Juventa.

WOITZICK, Julia (2010): Elternschaft als Lernbegründung. Eine qualitative Studie zum Bedeutungs- und Begründungszusammenhang „Kind" als Impuls für die Aufnahme eines Lernprozesses bei funktionalen Analphabeten in der Bundesrepublik Deutschland. Unveröffentlichte Magisterarbeit. Potsdam: Universität Potsdam.

Über die Bildungsbedeutsamkeit der Familie und Mechanismen der Reproduktion von Bildungsarmut

Peter Büchner

1. Einleitung und Fragestellung[1]

In meinem Beitrag will ich mich mit Risiken und Chancen beim Erreichen von kultureller Teilhabefähigkeit und sozialer Anschlussfähigkeit von Personen auseinandersetzen, die von Bildungsarmut betroffen oder bedroht sind. Beginnen möchte ich meine Ausführungen mit einer kurzen Erläuterung dessen, was ich unter Bildungsarmut verstehe.

Bildungsarmut wird – bezogen auf das Schulkindalter – schon seit einigen Jahren als „Kompetenzarmut" in Anlehnung an das in der PISA-Studie verwendete Konzept der Basiskompetenzen diskutiert. Zwischen Kompetenzarmut und funktionalem Analphabetismus wird dabei ein enger Zusammenhang unterstellt. Funktionale Analphabetinnen und funktionale Analphabeten sind zwar keine Analphabetinnen und Analphabeten im engeren Wortsinn, weil sie z.B. über elementare Lesefertigkeiten verfügen. Ihre Basiskompetenzen halten jedoch einer praktischen Bewährung in lebensnahen Kontexten zumeist nicht stand (Baumert/Schümer 2001, 363). Ihr Kompetenzniveau liegt im Sinne der PISA-Studie unterhalb des angenommenen Mindeststandards.

In Deutschland erreichen besonders viele Schülerinnen und Schüler, nämlich ca. 5%, nicht einmal die für die niedrigste Lese-Kompetenzstufe I erforderliche Punktzahl – mit entsprechenden Folgen für die Bewältigung bestimmter Anforderungen im Lebensalltag. In solchen Fällen fehlt also zumeist der „Mindestanschluss" an die moderne Wissensgesellschaft und die Kultur der Schriftlichkeit. Zudem fehlen aber auch viele Grundkompetenzen für eine aktive Teilhabe am gesellschaftlichen Leben. So geht Bildungsarmut z.B. nicht selten mit einem geringeren politischen Interesse, mit geringeren individuellen Erfolgschancen auf dem Heiratsmarkt oder aber mit größeren Morbiditäts- und Mortalitätsrisiken einher. Kompetenzarmut (gemessen am relativen Performanzniveau) ist deshalb neben der häufiger diskutierten formalen Bildungsarmut (im Sinne von Zertifikatsarmut gemessen am Bildungsabschluss) ein sehr wichtiger Aspekt von Bildungsarmut (vgl. dazu auch Allmendinger 1999; Allmendinger/Leibfried 2002). Die Risiken und Chancen beim Erreichen von kultureller Teilhabefähigkeit und sozialer Anschlussfähigkeit ergeben sich aus dem Zusammenspiel von beidem, der Zertifikatsarmut und der Kompetenzarmut. Das wird häufig nicht hinreichend berücksichtigt und soll deshalb an dieser Stelle noch einmal eigens betont werden.

---

1 Ich danke an dieser Stelle Katrin Wahl für ihre maßgebliche Mitarbeit im Rahmen unseres von der DFG geförderten Marburger Forschungsprojekts „Familiale Bildungsstrategien als Mehrgenerationenprojekt", auf dessen Ergebnisse ich hier teilweise Bezug nehme.

Bei meinen weiteren Überlegungen ist mir wichtig, dass wir uns klarmachen, dass Bildungsarmut im Lebensalltag der Individuen sozial hergestellt wird. Ein vielleicht extremes Beispiel für die biographierelevante Herstellung von Bildungsarmut im Schulkindalter und damit verbundene Wege ins biographische Abseits ist das Sich-Entziehen von der Schulpflicht durch Schuleschwänzen und Schulverweigerung (Wagner et al. 2004). Eine Marburger Diplomarbeit zu diesem Thema hat solche Prozesse der individuellen und kollektiven Herstellung von damit verbundenen Lernergebnissen und Lernhaltungen im Spannungsfeld von Herkunftsfamilie, Schule und Gleichaltrigengruppe rekonstruiert und zeigt, welche Mechanismen dazu führen, dass Jugendliche sich selbst zu dem machen, was wir als bildungsarm etikettieren. Wie schon in den 1970er Jahren Paul Willis in seinem Buch „Spaß am Widerstand" (1979) beschrieben hat, spielt dabei zum Beispiel eine schulische Kultur der Beschämung eine wichtige Rolle. Ich will das an dieser Stelle nicht vertiefen, auch wenn ich andeuten möchte, dass der Ruf nach polizeilicher Unterstützung bei der Durchsetzung der formalen Schulpflicht bei Schulabsentismus nur selten dazu beiträgt, die erhoffte Lernbegeisterung bei diesen Jugendlichen zu fördern.

Ich komme zu einer weiteren Vorbemerkung, die sich auf Probleme bezieht, die aus einem verengten Bildungsverständnis erwachsen (können). Unser Blick auf das menschliche Bildungsgeschehen ist vielfach verengt, weil bei der Frage nach der politischen und pädagogischen Bearbeitung der Folgen von Bildungsarmut nur formale Bildungsprozesse betrachtet werden. Demgegenüber weist Rauschenbach (2009, 86ff.) z.B. auf die eminent wichtige und oft verkannte Bedeutung der „Alltagsbildung" hin, die er als große Herausforderung der modernen Wissensgesellschaft hervorhebt. Darunter versteht er eine allgemeine Lebensführungs- und Lebensbewältigungskompetenz, die Inbegriff sämtlicher Bildungsleistungen jenseits dessen ist, was in Bildungsinstitutionen einigermaßen verbindlich als Ergebnis von zertifikats- und abschlussbezogenen Lernprozessen abgefragt wird.

Um im gesamten Lebensverlauf z.B. mit den vielen praktischen Dingen des Alltagslebens zurechtzukommen, braucht jeder Mensch Grundkompetenzen, die dazu beitragen, in der modernen Wissensgesellschaft nicht als bildungsarm dastehen und ständig auf die Hilfe anderer angewiesen sein zu müssen. Dazu zählen beispielsweise kochen, sich selbst versorgen, den eigenen Haushalt bewältigen können, mit Geld, Recht oder Gesundheit umgehen oder mit der Erziehung von Kindern zurechtkommen, den Urlaub und die Freizeit selbständig planen oder einfach nur die Steuererklärung alleine erledigen können, um geringe finanzielle Ressourcen nicht noch mehr zu verknappen. Insofern werden hier jenseits der im schulischen Unterricht vermittelten formalen Bildung Bildungsanteile hervorgehoben, bei denen es um die (alltagsbezogene und gleichermaßen überlebenswichtige) Kompetenzaneignung vor und neben den standardisierten und zertifikatsbezogenen Lehr- und Lernprozessen geht. Insofern ist also nicht nur formale Bildung als Teil schulischen Unterrichts relevant, sondern Bildung vollzieht sich auch als informelle Bildung in lebensweltlichen Konstellationen, die übrigens nicht nur innerhalb der Familie stattfindet, sondern auch in geeigneten Bildungssettings in der Schule vermittelt und angeeignet werden kann.

Ein wichtiger Ort für die Aneignung von entsprechenden Kompetenzen zur Alltagsbewältigung bleibt allerdings auch weiterhin die Familie. Allein der gebetsmühlenartig wiederholte Hinweis auf das Versagen der Familien hilft hier nicht wirklich weiter (Wissenschaftlicher Beirat für Familienfragen 2002). Es kommt darauf an, schulische und außerschulische Bildungsorte und Bildungssettings so zu gestalten und miteinander zu vernetzen, dass die „andere Seite" von Bildung in der Form von Alltagsbildung in angemessener Form und in hinreichendem Umfang im Rahmen eines zivilgesellschaftlichen Unterstützungsgeflechts als Teil einer Kultur des Aufwachsens von Kindern und Jugendlichen zum Tragen kommen kann (vgl. hierzu den Zehnten und den Zwölften Kinder- und Jugendbericht, Bundesministerium für Familie, Senioren, Frauen und Jugend 1998; 2005).

Wenn die Annahme von Rauschenbach (2009, 230) auch nur im Ansatz richtig ist, dass die Frage der Alltagsbildung eine unterschätzte Dimension des gesamten Bildungsgeschehens ist und „zugleich auch eine viel größere Quelle der sozialen Spaltung bzw. der Reproduktion sozialer Ungleichheit, als dies bislang öffentlich und politisch wahrgenommen wird" (Rauschenbach 2009, 89), dann müssen „nicht nur viele Bildungsmaximen als Mythen entlarvt, manche Bildungsempfehlungen umgeschrieben und vom Kopf auf die Füße gestellt werden. Es müsste vielmehr zugleich neu und anders akzentuiert über Bildung, über Bildungskonzepte und Bildungspolitik nachgedacht werden." (ebd.) Ein Beispiel ist das (vor allem in Hauptschulen beobachtbare) soziale Abwertungsdilemma gegenüber Schülerinnen und Schülern aus bildungsfernen Milieus: Werden doch in der Schule Bildungsnormen propagiert, die der außerschulischen Lebenspraxis dieser Schülerinnen und Schüler nicht wirklich entsprechen, so dass es zu einer ständigen Degradierung der außerhalb von Schule erbrachten Bildungsleistungen kommt.

In einem nächsten Schritt gehe ich davon aus, dass das so verstandene Bildungsarmutsrisiko auch deshalb Anlass zur Sorge ist, weil wir es mit „Infantilisierung" von Armut zu tun haben, aus der sich vielfältige Belastungen und Benachteiligungen gerade auch für Kinder und Jugendliche ergeben (Beisenherz 2002; Chassé et al. 2003; Walper 2005). Gehört doch zu den Folgen des Aufwachsens unter Armutsbedingungen, dass sich frühe Kompetenzlücken im Kindesalter im weiteren Biographieverlauf weiter verfestigen und die Risiken einer nachhaltigen sozialen Benachteiligung erhöhen, weil wichtige Grundvoraussetzungen für eine verständige kulturelle Teilhabe- und soziale Anschlussfähigkeit fehlen. Aus der individuellen Lebensverlaufsperspektive bedeutet das biographische Verwundbarkeit und sich wiederholende Beeinträchtigung von Lebenschancen; sozialstrukturell führt Bildungsarmut zu verwehrten Erreichbarkeiten und Zugängen zu sozialen und kulturellen Gütern und/oder zu sozialen Positionen (Böhnisch/Schröer 2004).

Die Forderung nach einer besseren „Grundbildung" (Tenorth 2004) bezieht sich vor einem solchen Hintergrund besonders auf die Schaffung geeigneter Rahmenbedingungen, um die Aneignung basaler Kompetenzen und elementarer Kulturtechniken zu ermöglichen. Um allerdings verstehen zu können, wie und unter welchen Rahmenbedingungen sich Bildungsarmut im Biographieverlauf von Heranwachsenden entwickelt und zu verwehrten Erreichbarkeiten und Zugängen führt, die auch über schulische Bildungskarrieren hinausweisen, sind vor allem Untersuchungen erforderlich, die aus der Sicht von Heranwachsenden danach fragen, wie im Biographieverlauf Zugänge zu Bildung (in einem möglichst umfassenden Wortverständnis) erschwert oder verunmöglicht werden.

Ein Blick auf die empirische Sozialisationsforschung legt die Vermutung nahe, dass Bildungsarmut in der familialen Mehrgenerationenfolge sozial vererbt wird. Die These über die Reproduktion typischer Grundwerte und Muster der Persönlichkeitsstruktur in der Generationenfolge im Mikrokosmos der Familie beruht nach Hurrelmann (2002, 172ff.) vor allem auf der Annahme, dass die Art der Berufstätigkeit der Eltern deren Erziehungsvorstellungen und letztlich auch den jeweiligen Bildungserfolg der Kinder entsprechend beeinflusse. *Wie* allerdings die Mechanismen der Vermittlung und Aneignung von Bildung und Kultur aussehen, die u.a. auch zu Bildungsarmut führen können, werde in den (zur Stützung dieser These) herangezogenen empirischen Untersuchungen nicht aufgeklärt. Genau hierzu hat nun unsere Marburger Forschungsgruppe auf der Basis eigener empirischer Untersuchungen über den (informellen) Bildungsort Familie versucht, einen Beitrag zu leisten. Dafür will ich ein Fallbeispiel herausgreifen und näher erläutern (vgl. dazu auch Büchner/Wahl 2005; Büchner/Brake 2006).

2. „Information literacy" als wichtiges Element menschlicher Grundbildung

Wie schon angedeutet, gehen wir mit dem Fünften Familienbericht (Bundesministerium für Familie und Senioren 1994) davon aus, dass die Aneignung von Lebensführungs- oder Daseinskompetenzen zu den wichtigen informellen Bildungsprozessen am Bildungsort Familie gehört. Das schließt auch die Weitergabe und Aneignung von „information literacy" ein, die sich als Selbstregulation des Wissenserwerbs und Kompetenz im Umgang mit Möglichkeiten der Informationsbeschaffung verstehen lässt. Dieses Beispiel greife ich heraus, weil „information literacy" eine wichtige menschliche Basiskompetenz ist, die sowohl am Bildungsort Familie als auch am Bildungsort Schule vermittelt und angeeignet werden kann, so dass sich die Bedeutung des Zusammenspiels unterschiedlicher Bildungsorte verdeutlichen lässt.

Im Sinne der PISA-Studien gehört „information literacy" zum Kernbestand „kultureller Literalität" (Baumert et al. 2001, 20), ohne die eine verständige Teilhabe an Gesellschaft unmöglich ist und die erforderlich ist, um mit Wissen und Informationen lebensdienlich umgehen zu lernen. Dass entsprechende Basiskompetenzen, wie sie in der „information literacy" ihren Ausdruck finden, im Rahmen der (informellen) Grundbildung zentrale Bedeutung haben, wird auch im internationalen Bildungsdiskurs immer wieder betont.

Die American Library Association spricht z.B. von einem „set of abilities requiring individuals to recognize when information is needed and to have the ability to locate, evaluate and use effectively needed information" (American Library Association's Presidential Committee on Information Literacy 1989). Diese gesellschaftlich erwartete und individuell notwendige allgemeine Basiskompetenz lässt sich in unserem Sinne genauer fassen als Fähigkeit,

– zu erkennen, dass für bestimmte Aufgaben, Zwecke und/oder Verwendungen Informationen gebraucht werden, dass man sich mithin informieren und auch unterscheiden können muss, welche (Art von) Informationen für welche Aufgaben gebraucht werden;

– solche geeigneten Informationen zu suchen, zu identifizieren, ihre Quellen ausfindig zu machen, Suchstrategien dafür zu entwickeln und die unterschiedliche Ergiebigkeit bzw. Wertigkeit der verschiedenen Quellen einzuschätzen;

– Qualitäten der Quellen und Suchstrategien zu überprüfen und mithin Kriterien dafür zu entwickeln, die einigermaßen begründet, transparent und intersubjektiv kontrollierbar sind und – bezogen auf die jeweilige Verwendung – auch angewendet werden können;

– die gefundenen und eingeschätzten Quellen auf die vorgenommene Verwendung hin effektiv, d.h. erkenntnisfördernd und aufgabenlösend, zu gebrauchen, so dass die gestellten Aufgaben, die vorgenommenen Zwecke und die angestrebten Verwendungen bewerkstelligt werden können.

(vgl. dazu Kübler 2004)

Im aktuellen Bildungsdiskurs wird von „Domänen" bzw. Kerndimensionen von Grundbildung („kultureller Literalität") gesprochen, die als Sockelqualifikationen oder als Komponenten eines Bildungsminimums gelten. Dazu gehören insbesondere auch die Selbstregulation des Wissenserwerbs und der souveräne Umgang mit modernen Medien der Kommunikation und des Wissens im Lebensalltag (vgl. Tenorth 2004, 177f.).

In unserem Fallbeispiel lässt sich der Stellenwert des informellen Bildungsorts Familie als Strategie des „Fragen-Gehens" verdeutlichen, wie sie in der Arbeiterfamilie Fink zu beobachten ist. Der von uns detailliert untersuchte Fall der Dreigenerationenfamilie Fink steht dabei für eine „typische" bildungsferne bzw. gering qualifizierte Familie, deren „Milieu-Stammbaum" auf der Landkarte der sozialen Milieus bei den sog. unterprivilegierten Volksmilieus anzusiedeln ist (Vester 2002; Wiebke 2002). Auch wenn von einer Einzelfallstudie keine für das gesamte Milieu zutreffenden Aussagen erwartet werden können, ermöglicht derartiges Fallmaterial dennoch weit über den Einzelfall hinausweisende Einblicke in die komplexen Reproduktionsmechanismen von Bildungsarmut.

„Fragen-Gehen" ist bei den Finks als prägnante familienspezifische Variante von „information literacy" zu verstehen, ein über alle drei Generationen der Familie eingeübtes Muster des gezielten Wissenserwerbs und des Umgangs mit Möglichkeiten der Informationsbeschaffung. Die Großfamilie und der unmittelbare Freundeskreis dienen dabei als Informations- und Kommunikationszentrum. Basis für eine solche familienzentrierte Kommunikationskultur ist das große familiale Zusammengehörigkeitsgefühl, das alle drei Generationen der Familie Fink zusammenhält und von dessen maßgeblicher Bedeutung alle Familienmitglieder nachhaltig überzeugt sind. Man informiert sich bei den Finks gegenseitig und der große Familienkreis mit einem weitreichenden Erfahrungshintergrund dient dabei als verlässliche Datenbank, die persönlich überschaubar ist und allen Familienmitgliedern gute Dienste leistet. Wenn jemand etwas nicht weiß, geht er fragen. Im Zweifelsfall werden die Fragen in ein weit verzweigtes (lokales) Netz von weiteren kompetenten Informationsgeberinnen und -gebern im erweiterten Freundeskreis weitergegeben. „Wir haben immer Antworten gekriegt – und nicht erst später, wenn, dann gleich." Darauf sind alle Finks stolz und besonders Mutter Fink betont, dass sie über ihr „Schaffe" als Leiterin einer Putzkolonne bei Ärzten, Lehrerinnen oder anderen Führungskräften fragen gehen kann, um so das Familienwissen und die familienbezogene „information literacy" zu bereichern.

Besonders die Großmutter strahlt eine gewisse Selbstsicherheit aus, wenn sie betont, dass sie so doch meistens auf ihre (Lebens-)Fragen die richtigen Antworten bekommen hat. Die ihr persönlich vertrauten Informationsquellen waren dabei großenteils belastbar. Das sieht Großvater Fink, der in seinem Leben eine Reihe von biographischen Einbrüchen bewältigen musste, zwar nicht ganz so optimistisch, aber auch er ist sich sicher, dass das Großfamiliennetzwerk allemal aufgaben- und problemlösende Unterstützungsfunktion hat und notfalls dazu verhilft, weitere einschlägige Informationsquellen zu erschließen. An dieser Stelle – das sei hier nur angedeutet – sind übrigens viele Ähnlichkeiten mit dem Familienverständnis z.B. türkischer Migrantenfamilien erkennbar.

Mutter Fink betont, dass neben der Familie ihre beste Freundin Informationsquelle Nummer Eins sei, weil sie dort Herzenswärme, Menschlichkeit, Verständnis und vor allem Anerkennung erfahre. Das deutet darauf hin, wie wichtig im Kontext des Erwerbs und des Umgangs mit „information literacy" die emotionale Komponente zu bewerten ist. Während die Großeltern noch auskamen mit den in der unmittelbaren sozialen Nahwelt verfügbaren milieubezogenen Wissens- und Informationspotentialen, spricht Mutter Fink bereits Lebenssituationen an, in denen die Eltern und das unmittelbare Umfeld keine Hilfe mehr waren. Insbesondere die schulische Lern- und Erfahrungswelt der Tochter war für die Großeltern Fink ein Buch mit sieben Siegeln, denn das Fragen-Gehen bei den Lehrkräften erwies sich als besonders schwierig und oft unbefriedigend.

In der Mehrgenerationenfolge haben sich dann die allgemeinen Bedingungen in der Wissens- und Informationsgesellschaft deutlich verändert. Die Nahwelt der (Groß-)Familie Fink hat immer mehr an Bedeutung eingebüßt. Im Leben der Enkelinnen gewinnen eher unvertraute, nicht an personengebundenen Handlungsbezügen festzumachende Informations- und Kommunikationsformen an Bedeutung, die nicht mehr allein im sozialen Nahraum unmittelbar und zeitnah verfügbar sind. Die zunehmende Mediatisierung auch des Familienalltags verlangt somit Basiskompetenzen im Feld der „information literacy", die in der Familie Fink nicht so einfach vermittelt und angeeignet werden können, weil sie der Familientradition und dem spezifischen Familienhabitus nur wenig entsprechen. Der kulturelle Wandel führt zu generationenbezogenen Kulturdifferenzen, die weder familienintern noch in der sozialen Nahwelt bewältigt werden können.

Bei den Enkelinnen Fink stellten sich Wut- und Ohnmachtsgefühle ein, nachdem sie feststellen mussten, dass sich die in der Familie propagierte und angeblich bewährte Strategie des Fragen-Gehens für sie selbst als wenig problemlösend und lebensdienlich erwies. In der Hauptschule, die sie besucht haben, fühlten sie sich als unwissend und „blöde" abgestempelt und mit ihrer von zu Hause mitgebrachten informellen Bildung wurden sie nicht anerkannt. Und im Hinblick auf ihre Lehrstellensuche sagt Enkelin Daniela Fink: „Da wirste eher noch fertig gemacht! Von wegen: nicht so hohe Ansprüche stellen und so …" Aber gleichzeitig stellt sie fest: Auch „Mama kriegt es nicht auf die Reihe." Der von Mutter Fink propagierten Strategie des „Fragen-Gehens", die für sie selbst noch funktionierte, bleibt der Erfolg in der Enkelinnengeneration versagt. Und so hört die Enkelin allmählich auf zu fragen und flüchtet sich in Apathie und Resignation. Die einst anerkannte und zielführende Strategie des „Fragen-Gehens" der Finks erweist sich in dieser Form in der enttraditionalisierten, nach meritokratischen Prinzipien organisierten Gesellschaft spätestens in der Enkelinnengeneration als nicht mehr erfolgversprechend. Das auf kurzfristige Problemlösung angelegte „Fragen-Gehen" ist kaum noch kompatibel mit den längerfristig angelegten biographischen Planungsnotwendigkeiten, die zudem weit über den sozialen Nahraum hinausweisen und zunehmend auch *unpersönliche* Formen von „information literacy" voraussetzen. Das dafür notwendige Orientierungswissen kann aber im Familienrat der Finks nicht mehr bereitgestellt werden. Gleichzeitig werden die Enkelinnen aber auch mit der kulturellen und sozialen Fremdheit der Schulkultur nicht fertig, die ihre kulturellen Praxiserfahrungen und ihr Orientierungswissen abwertet, so dass die Schule letztlich aus der Sicht der Enkelinnen zu einer Art Feindesland wird, in dem ihre Informations- und Wissensstrategien auf Widerstand und Unverständnis stoßen.

Dabei liegt bei Familie Fink auf den ersten Blick noch gar kein Fall von Bildungsarmut im engeren Sinne vor. Immerhin haben beide Enkelinnen den Hauptschulabschluss erreicht. Gleichwohl erweist sich ihr „information literacy"-Niveau als problematisch – mit entsprechenden Folgen für ihre soziale Anschluss- und kulturelle Teilhabefähigkeit. War in der Großelterngeneration noch eine größere Einheit der Wissensbestände zwischen den Lernorten Familie und Volksschule gegeben, erweist sich die Diskrepanz zwischen alltagskulturellen Praxiserfahrungen und Schulkultur für die Enkelinnen als zunehmend gravierend. Der in der Schule erlebte Umgang mit kultureller und sozialer Differenz wird von ihnen als diskriminierend empfunden. Dieser „Kulturkonflikt" ist für die Enkelinnen deshalb biographisch von erheblicher Bedeutung, weil formaler Schulerfolg der Schlüssel für das Einmünden in eine Erwerbstätigkeit ist und nicht über (im sozialen Nahraum verfügbares) Erfahrungs- und Praxiswissen kompensiert werden kann, das in lebensweltlich geprägten Anwendungssituationen eingeübt worden ist.

3. Die Vermittlung und Aneignung von informeller Grundbildung im Wechselspiel der Bildungsorte Familie und Schule

Mein Fallbeispiel zeigt, dass wir (ganz allgemein) davon ausgehen müssen, dass die Aneignung der Basiskompetenz, mit Informationen und Wissen erkenntnisfördernd und aufgabenlösend lebensdienlich umzugehen und umgehen zu können, bereits lange vor der Einschulung einsetzt, so dass dem Bildungsort Familie und den dort stattfindenden informellen Bildungsprozessen zweifellos bereits vor der Einschulung eine erhebliche Bedeutung zukommt. Aber auch im Schulpflichtalter bleibt die Familie ein wichtiger (informeller) Bildungsort, an dem wichtige Basiskompetenzen vermittelt und angeeignet und im Lebensverlauf im Rahmen des alltäglichen Zusammenlebens (weiter)entwickelt werden.

Der Fall Fink zeigt, dass es bei der Aneignung von „information literacy" keineswegs nur um nonpersonale Informationsquellen geht. Vielmehr spielen auch personale Informantinnen und Informanten (also z.B. konkrete Menschen als Ansprechpartnerinnen oder aber als „Experten") eine wichtige Rolle, die als personale Medien der Informationsbeschaffung und der Erschließung von Wissen genutzt werden (können). Hier zeigt der Fall Fink, dass der verlässliche soziale Nahraum und die damit unmittelbar verbundenen sozialen Bezüge als Informationsquelle in der modernen Wissensgesellschaft an Bedeutung verloren haben, so dass für die Enkelinnengeneration die Notwendigkeit besteht, den Horizont für die Informationsbeschaffung insgesamt zu erweitern und auch das Netz der personenbezogenen Informationsquellen über den sozialen Nahraum hinaus auszudehnen. Diese von der Enkelinnengeneration zu erbringende Modernisierungsleistung kann jedoch erfolgreich nur dann erbracht werden, wenn es auch an anderen (informellen) Bildungsorten ermöglicht wird, den in der Familie angelegten Erfahrungshorizont zu erweitern. Man spricht hier von der Schaffung von geeigneten Gelegenheitsstrukturen für informelle Bildungsprozesse.

An dieser Stelle müssen wir uns allerdings fragen, ob die Logik, die die Finks mit ihrer bewährten kulturellen Praxis des „Fragen-Gehens" verbinden, mit der schulischen Logik des Wissenserwerbs und der Kompetenz beim Umgang mit Möglichkeiten der Informationsbeschaffung vereinbar ist, ohne dass in der Schule gezielte (informelle) Bildungsarbeit geleistet wird. Immerhin gibt es im Fall der Finks gute Gründe für die Vermutung, dass den Enkelinnen in der Schule die soziale Anerkennung für ihre „schulfremden" Habituselemente verweigert wird und kulturelle Praxisformen abgewertet werden, die für ihre Herkunftsfamilie selbstverständlich sind.

Dabei geht es im Kern weniger um das *Mehr* oder *Weniger*, sondern besonders um ganz andere *Formen* von „information literacy". Zugespitzt formuliert ist die soziale Nicht-Anerkennung der in die Schule mitgebrachten Basiskompetenzen gleichbedeutend mit einem Verwehren des Zugangs zu einem Mehr an Bildung. Diese These vertritt z.B. Maria Fölling-Albers (2005, 207ff.), die davon ausgeht, dass die Halbtagsschule Schülerinnen und Schüler mit (geeignetem) kulturellem Kapital begünstigt, weil deren Alltagskultur mehr Gemeinsamkeiten mit der schulischen Lernkultur aufweist und entsprechende Anknüpfungspunkte für das Weiterlernen bietet. In einer ganztägig geöffneten Schule erscheine es vor diesem Hintergrund eher möglich, gerade informelle Bildungsprozesse stärker zu betonen, die eine gezieltere Auseinandersetzung mit kulturellen und sozialen Differenzproblemen ermöglichen.

Wichtig ist hier allerdings ein Hinweis von Wolfgang Edelstein (2006, 120f.): Die Tatsache, dass Prozesse der Herstellung von Bildungsarmut in der deutschen Bildungsdiskussion nur selten Thema sind, sei darauf zurückzuführen, dass die politischen und pädagogischen Eliten, die in Deutschland die Bildungsdiskussion führen, zumeist ausschließlich von gymnasialen Erfahrungen geprägt seien. Die Bildungsarmen in Deutschland würden sich hingegen im gegliederten Sekundarschulwesen weitgehend in Haupt- und Sonderschulen konzentrieren, die die Eliten ebenso wie deren Nachkommen nur vom Hörensagen kennen. Und die in diesen Schulformen tätigen Lehrerinnen und Lehrer würden auf Grund der gravierenden Habitusunterschiede zwischen Lehrkräften einerseits und Schülerinnen und Schülern andererseits die Folgen von Deprivation häufig mit mangelnder Intelligenz verwechseln, denn für Schülerinnen und Schüler aus Armutsverhältnissen sei es schwer, in der kurzen Grundschulzeit den notwendigen Bildungshabitus (also in meinem Sinne die notwendige „information literacy") zu entwickeln, der für den gewünschten (auch formalen) Bildungserfolg unverzichtbar sei. Vielmehr werde der aus Lehrersicht als Armutshabitus wahrgenommene Bildungshabitus dieser Kinder zu einer institutionellen Armutsfalle und führe zu einer mit schulischen Mitteln perpetuierten kindlichen Bildungsarmut.

Auch Gomolla/Radtke (2002) argumentieren in eine ähnliche Richtung, wenn sie auf der Basis ihrer Daten von der Herstellung ethnischer Differenz in der Schule berichten, die für Kinder mit Migrationshintergrund gleichbedeutend mit der Herstellung von Bildungsarmut sein kann. Und auch Beate Krais (2004) hat – bezogen auf die Institution Schule – über die Umwandlung von lebensweltlichen Differenzen in soziale Hierarchien geschrieben und über die Probleme von Schülerinnen und Schülern aus bildungsfernen Herkunftsfamilien nachgedacht, die es schwer haben, in der Schule sozial anschlussfähig zu werden und Anerkennung für ihre außerschulisch erbrachten Bildungsleistungen zu finden. Insofern ist Edelsteins zentrale Forderung mehr als berechtigt, eine Bildungsforschung zu ermöglichen und zu unterstützen, die nach Möglichkeiten sucht, aus einer exklusiven Schule eine inklusive Schule zu machen – mit all den Schwierigkeiten, die damit inhaltlich und methodisch verbunden sind.

Neben der Schülerseite muss schließlich vor diesem Hintergrund auch kritischer als bisher über die Lehrerseite nachgedacht werden. Müssen doch die Lehrenden – wie Michael Vester (2006, 48ff.) betont – lernen, die vorbewussten Formen des Geschmacks, des Stils, des Sprechens, des Sich-Bewegens als symbolische Milieudifferenzen zu entschlüsseln und selbstkritisch zu reflektieren. Auch die Lehrenden selbst müssen sich – ebenso wie die Schülerinnen und Schüler oder die Elternvertretungen – als Zugehörige zu den verschiedenen Domänen hegemonialer und dominierter Bildungsmilieus sehen und verstehen lernen, die im sozialen Raum in unterrichtliche und außerunterrichtliche Beziehungen treten. Wenn dabei unreflektierte Segregationsprozesse und vorschnelle Kooptationsvorgänge in normativ vorgegebenen, diskriminierenden Fachkulturen wenigstens teilweise in eine andere Richtung gelenkt werden könnten, wäre nach Vester viel gewonnen, weil dann ein ständiges Ausbremsen von berechtigten, vermeintlich aber unpassenden Bildungsanliegen eher vermeidbar würde. Außerhalb der Schule existierende Erfahrungswelten würden dann nicht mehr oder weniger zwangsläufig von vornherein degradiert, sondern könnten in aktivierende Bildungsarrangements übersetzt werden.

Dies dürfe allerdings – so Maria Fölling-Albers (2005, 208f.) – im Schulalltag nicht als falsch verstandene „Schonraumpädagogik" umgesetzt werden, die Gefahr laufe, bestehende Chancenungleichheiten eher zu fördern statt zu beseitigen. Stattdessen plädiert sie für eine adaptiv-anspruchsvolle Bildung mit deutlich förderdidaktischer Orientierung, die vor allem Kindern aus unteren sozialen Schichten zu Gute käme.

Ich komme zum Schluss: Wenn es vor dem Hintergrund meiner Ausführungen über die Mechanismen der Reproduktion von Bildungsarmut um Möglichkeiten des Abbaus von Bildungsarmut geht, ist zwar der gegenwärtig proklamierte Ausbau öffentlicher Bildungs-, Erziehungs- und Betreuungseinrichtungen (auch für das

Vorschulalter) notwendig und zu begrüßen, weil damit Gelegenheitsstrukturen und Gestaltungschancen zur Aneignung von basalen Kompetenzen und elementaren Kulturtechniken im Rahmen der kindlichen Habitusentwicklung bereitgestellt werden, die nicht in allen sozialen Milieus angemessen mobilisiert werden können. Andererseits ist jedoch bei aller Skepsis über die Leistungsfähigkeit der Familie und deren Bildungsbedeutsamkeit zu berücksichtigen, dass Familien in Bildungsfragen auch in Zukunft eine wichtige Rolle spielen werden, so dass neben Schulreformbemühungen auch eine gezielte Familienförderung als wichtiges ungleichheitsrelevantes Bildungsanliegen anzusehen ist. Gerade familiale Bildungsleistungen müssen durch familienpolitische, kinderpolitische und sozialpolitische Maßnahmen gezielt gefördert werden (vgl. dazu auch Albright/Luke 2008; Brake/Büchner 2011). Denn das gelebte Familienleben und die damit verbundenen familialen Lebensäußerungen (wie z.B. Spielen, Essen, Wohnen, Urlaub, Gesundheit und Körperpflege oder Wochenendgestaltung als Felder des kulturellen Erlebens und Gestaltens) haben hohe Bildungsrelevanz. Dafür müssen dringend geeignete Unterstützungspotentiale bereitgestellt werden (vgl. dazu auch Bundesministerium für Familie, Senioren, Frauen und Jugend 2006). Die Debatte über geeignete Erziehungs- und Bildungspartnerschaften in zu schaffenden „Bildungsorte-Netzwerken", wie sie z.B. der Wissenschaftliche Beirat für Familienfragen (beim Bundesministerium für Familie, Senioren, Frauen und Jugend) (2002; 2008) angeregt hat, könnte da möglicherweise hilfreich sein.

Literatur

ALBRIGHT, James/LUKE, Allan (Hrsg.) (2008): Pierre Bourdieu and literacy education. New York: Routledge.

ALLMENDINGER, Jutta (1999): Bildungsarmut: Zur Verschränkung von Bildungs- und Sozialpolitik. In: Soziale Welt. Zeitschrift für sozialwissenschaftliche Forschung und Praxis, 50. Jg., Nr. 1, S. 35-50.

ALLMENDINGER, Jutta/LEIBFRIED, Stephan (2002): Bildungsarmut im Sozialstaat. In: BURKART, Günter/WOLF, Jürgen (Hrsg.): Lebenszeiten. Erkundungen zur Soziologie der Generationen. Opladen: Leske + Budrich, S. 287-315.

AMERICAN LIBRARY ASSOCIATION'S PRESIDENTIAL COMMITTEE ON INFORMATION LITERACY (1989): Final report. Verfügbar unter: http://www.ala.org/ala/mgrps/divs/acrl/publica tions/whitepapers/presidential.cfm [Abruf am 16.11.2010].

BAUMERT, Jürgen/SCHÜMER, Gundel (2001): Familiäre Lebensverhältnisse, Bildungsbeteiligung und Kompetenzerwerb. In: BAUMERT, Jürgen/KLIEME, Eckhard/NEUBRAND, Michael/PRENZEL, Manfred/SCHIEFELE, Ulrich/SCHNEIDER, Wolfgang/STANAT, Petra/TILLMANN, Klaus-Jürgen/WEISS, Manfred (Hrsg.): PISA 2000. Basiskompetenzen von Schülerinnen und Schülern im internationalen Vergleich. Opladen: Leske + Budrich, S. 323-407.

BAUMERT, Jürgen/STANAT, Petra/DEMMRICH, Anke (2001): PISA 2000: Untersuchungsgegenstand, theoretische Grundlagen und Durchführung der Studie. In: BAUMERT, Jürgen/KLIEME, Eckhard/NEUBRAND, Michael/PRENZEL, Manfred/SCHIEFELE, Ulrich/SCHNEIDER, Wolfgang/STANAT, Petra/TILLMANN, Klaus-Jürgen/WEISS, Manfred (Hrsg.): PISA 2000. Basiskompetenzen von Schülerinnen und Schülern im internationalen Vergleich. Opladen: Leske + Budrich, S. 15-68.

BAUMERT, Jürgen/KLIEME, Eckhard/NEUBRAND, Michael/PRENZEL, Manfred/SCHIEFELE, Ulrich/SCHNEIDER, Wolfgang/STANAT, Petra/TILLMANN, Klaus-Jürgen/WEISS, Manfred (Hrsg.) (2001): PISA 2000. Basiskompetenzen von Schülerinnen und Schülern im internationalen Vergleich. Opladen: Leske + Budrich.

BEISENHERZ, Heinz Gerhard (2002): Kinderarmut in der Wohlfahrtsgesellschaft. Das Kainsmal der Globalisierung. Opladen: Leske + Budrich.

BÖHNISCH, Lothar/SCHRÖER, Wolfgang (2004): Stichwort: Soziale Benachteiligung und Bewältigung. In: Zeitschrift für Erziehungswissenschaft, 7. Jg., Nr. 4, S. 467-478.

BRAKE, Anna/BÜCHNER, Peter (2011): Bildung und soziale Ungleichheit. Eine Einführung. Stuttgart: Kohlhammer [Im Erscheinen].

BÜCHNER, Peter/BRAKE, Anna (Hrsg.) (2006): Bildungsort Familie. Transmission von Bildung und Kultur im Alltag von Mehrgenerationenfamilien. Wiesbaden: VS Verlag für Sozialwissenschaften.

BÜCHNER, Peter/WAHL, Katrin (2005): Die Familie als informeller Bildungsort. In: Zeitschrift für Erziehungswissenschaft, 8. Jg., Nr. 3, S. 356-373.

BUNDESMINISTERIUM FÜR FAMILIE, SENIOREN, FRAUEN UND JUGEND (1998): Bericht über die Lebenssituation von Kindern und die Leistungen der Kinderhilfen in Deutschland. Zehnter Kinder- und Jugendbericht. Bundestagsdrucksache 13/11368. Bonn: Deutscher Bundestag. Verfügbar unter: http://www.bmfsfj.de/doku/kjb/data/download/10_Jugendbericht_gesamt.pdf [Abruf am 03.03.2011].

BUNDESMINISTERIUM FÜR FAMILIE, SENIOREN, FRAUEN UND JUGEND (2005): Zwölfter Kinder- und Jugendbericht. Bericht über die Lebenssituation junger Menschen und die Leistungen der Kinder- und Jugendhilfe in Deutschland. Bundestagsdrucksache 15/6014. Berlin: Deutscher Bundestag/Berlin: Bundesministerium für Familie, Senioren, Frauen und Jugend. Verfügbar unter: http://www.bmfsfj.de/doku/kjb/data/download/kjb_060228_ak3.pdf [Abruf am 03.03.2011].

BUNDESMINISTERIUM FÜR FAMILIE, SENIOREN, FRAUEN UND JUGEND (2006): Nationaler Aktionsplan. Für ein kindergerechtes Deutschland 2005-2010. Berlin: Bundesministerium für Familie, Senioren, Frauen und Jugend. Verfügbar unter: http://www.bmfsfj.de/RedaktionBMFSFJ/Broschuerenstelle/Pdf-Anlagen/nap-nationaler-aktionsplan.pdf [Abruf am 14.03.2011].

BUNDESMINISTRIUM FÜR FAMILIE UND SENIOREN (Hrsg.) (1994): Familien und Familienpolitik im geeinten Deutschland. Zukunft des Humanvermögens. Fünfter Familienbericht. Bundestagsdrucksache 12/7560. Bonn: Deutscher Bundestag. Verfügbar unter: http://www.bmfsfj.de/doku/familienbericht/download/5_Familienbericht.pdf [Abruf am 03.03.2011].

CHASSÉ, Karl August/ZANDER, Margherita/RASCH, Konstanze (2003): Meine Familie ist arm. Wie Kinder im Grundschulalter Armut erleben und bewältigen. Opladen: Leske + Budrich.

EDELSTEIN, WOLFGANG (2006): Bildung und Armut. Der Beitrag des Bildungssystems zur Vererbung und zur Bekämpfung von Armut. In: Zeitschrift für Soziologie der Erziehung und Sozialisation, 26. Jg., Nr. 2, S. 120-134.

FÖLLING-ALBERS, Maria (2005): Chancenungleichheit in der Schule – (k)ein Thema? Überlegungen zu pädagogischen und schulstrukturellen Hintergründen. In: Zeitschrift für Soziologie der Erziehung und Sozialisation, 25. Jg., Nr. 2, S. 198-213.

GOMOLLA, Mechtild/RADTKE, Frank-Olaf (2002): Institutionelle Diskriminierung. Die Herstellung ethnischer Differenz in der Schule. Opladen: Leske + Budrich.

HURRELMANN, Klaus (2002): Einführung in die Sozialisationstheorie. Weinheim/Basel: Beltz, 8., vollständig überarb. Aufl.

KRAIS, Beate (2004): Zur Einführung in den Themenschwerpunkt. Die Reproduktion sozialer Ungleichheit und die Rolle der Schule. In: Zeitschrift für Soziologie der Erziehung und Sozialisation, 24. Jg., Nr. 2, S. 115-123.

KÜBLER, Hans-Dieter (2004): Medienbildung zwischen „Medienverwahrlosung" und Informationsdidaktik (information literacy). Verfügbar unter: http://www.mediaculture-online.de/fileadmin/bibliothek/kuebler_medienverwahrlosung/kuebler_medienverwahrlosung.pdf [Abruf am 17.11.2010].

RAUSCHENBACH, Thomas (2009): Zukunftschance Bildung. Weinheim/München: Juventa.

TENORTH, Heinz-Elmar (2004): Stichwort: „Grundbildung" und „Basiskompetenzen". Herkunft, Bedeutung und Probleme im Kontext allgemeiner Bildung. In: Zeitschrift für Erziehungswissenschaft, 7. Jg., Nr. 2, S. 169-182.

VESTER, Michael (2002): Die sozialen Milieus der Bundesrepublik Deutschland. In: VÖGELE, Wolfgang/BREMER, Helmut/VESTER, Michael (Hrsg.): Soziale Milieus und Kirche. Würzburg: Ergon, S. 87-107.

VESTER, Michael (2006): Die ständische Kanalisierung der Bildungschancen. Bildung und soziale Ungleichheit zwischen Boudon und Bourdieu. In: GEORG, Werner (Hrsg.): Soziale Ungleichheit im Bildungssystem. Eine empirisch-theoretische Bestandsaufnahme. Konstanz: UVK, S. 13-54.

WAGNER, Michael/DUNKAKE, Imke/WEISS, Bernd (2004): Schulverweigerung. Empirische Analysen zum abweichenden Verhalten von Schülern. In: Kölner Zeitschrift für Soziologie und Sozialpsychologie, 56. Jg., Nr. 3, S. 457-489.

WALPER, Sabine (2005): Tragen Veränderungen in den finanziellen Belastungen von Familien zu Veränderungen in der Befindlichkeit von Kindern und Jugendlichen bei? In: Zeitschrift für Pädagogik, 51. Jg., Nr. 2, S. 170-191.

WIEBKE, Gisela (2002): Milieustammbaum der unterprivilegierten Volks- und Arbeitnehmermilieus: Das Traditionslose Arbeitnehmermilieu. In: VÖGELE, Wolfgang/BREMER, Helmut/VESTER, Michael (Hrsg.): Soziale Milieus und Kirche. Würzburg: Ergon, S. 391-409.

WILLIS, PAUL (1979): Spaß am Widerstand. Gegenkultur in der Arbeiterschule. Frankfurt am Main: Syndikat.

WISSENSCHAFTLICHER BEIRAT FÜR FAMILIENFRAGEN (2002): Die bildungspolitische Bedeutung der Familie. Folgerungen aus der PISA-Studie. Schriftenreihe des Bundesministeriums für Familie, Senioren, Frauen und Jugend Band 224. Stuttgart: Kohlhammer. Verfügbar unter: http://www.bmfsfj.de/RedaktionBMFSFJ/Broschuerenstelle/Pdf-Anlagen/PRM-23985-SR-Band-224.pdf [Abruf am 03.03.2011].

WISSENSCHAFTLICHER BEIRAT FÜR FAMILIENFRAGEN BEIM BUNDESMINISTERIUM FÜR FAMILIE, SENIOREN, FRAUEN UND JUGEND (2008): Bildung, Betreuung und Erziehung für Kinder unter drei Jahren – elterliche und öffentliche Sorge in gemeinsamer Verantwortung. Berlin: Bundesministerium für Familie, Senioren, Frauen und Jugend. Verfügbar unter: http://www.bmfsfj.de/RedaktionBMFSFJ/Broschuerenstelle/Pdf-Anlagen/Bildung-Betreuung-und-Erziehung-Kurzgutachen.pdf [sic; Abruf am 03.03.2011].

Analphabetismus im Alter

Jürgen Genuneit & Annerose Genuneit

1. Einleitung

Abb. 1: James Hayllar (1829-1920): Never Too Late to Learn (1897) (Privatbesitz)

„Niemals zu spät zum Lernen" – der Titel dieses Bildes des englischen Malers James Hayllar steht als Motto auch über unserem Beitrag. Dieses Motto spielt in folgender kleinen Geschichte, die der brasilianische Regisseur und Theatertheoretiker Augusto Boal (1931-2009) in seinem Buch „Theater der Unterdrückten. Übungen und Spiele für Schauspieler und Nicht-Schauspieler" (Boal 1989) berichtet, ebenfalls eine Rolle: „Auf einem Marktplatz am Stadtrand von Lima improvisierten zwei Schauspielerinnen eine Szene vor einem Gemüsestand. Die eine gab sich als Analphabetin aus und behauptete, der Händler betrüge sie, weil sie die Preise nicht lesen könne. Die andere rechnete nach und fand, es sei alles in Ordnung, riet ihr aber, an einem Alphabetisierungskurs […] teilzunehmen. Zwischen den Umstehenden, Händlern wie Kunden, entspann sich eine längere Diskussion darüber, in welchem Alter man am besten mit dem Lernen beginnen sollte. […] Dennoch behauptete die Schauspielerin nach wie vor, ‚für so etwas zu alt' zu sein. Da schaltete sich ein altes Mütterchen entrüstet ein: ‚Du redest dummes Zeug! Fürs Lernen und für die Liebe ist es niemals zu spät!'" (Boal 1989, 60f.)

Angesichts des demografischen Wandels (vgl. Motel-Klingebiel et al. 2010; Thane 2005a), der den Anteil der älteren Menschen drastisch steigen lässt, ist es erforderlich, sich mit einer Gruppe von Analphabetinnen und Analphabeten zu beschäftigen, auf die sich in mehreren Ländern die Aufmerksamkeit zu richten beginnt, die aber in Deutschland bisher noch weitgehend vernachlässigt worden ist: Gemeint sind die älteren Analphabetinnen und Analphabeten.

Es sind jedoch nicht nur demografische Veränderungen, die uns zu diesem Thema motivieren, sondern auch persönliche Begegnungen und Erlebnisse.

Jürgen Genuneit: Bei meiner ersten Hospitation in einem Alphabetisierungskurs im Dezember 1988 in Stuttgart sprach mich nach der Unterrichtsstunde eine etwa 70-jährige Kursteilnehmerin an und erzählte mir in wenigen Sätzen ihr Leben: „Als ich in die Schule kam und Schwierigkeiten mit dem Lesen- und Schreibenlernen hatte, sagte meine Mutter: ‚Du bist zu dumm. Du lernst das nie!' Als meine Mutter meinem ersten Freund – sie mochte ihn nicht und wollte ihn loswerden – steckte, dass ich nicht lesen und schreiben kann, verließ er mich mit den Worten: ‚Du bist zu dumm, du lernst das nie!' Als ich dann verheiratet war, bat ich meinen Mann, mir lesen und schreiben beizubringen. Doch der antwortete: ‚Du bist zu dumm. Du lernst das nie!' Jetzt sind sie alle tot, meine Mutter, mein erster Freund, mein Mann. Jetzt will ich selbst herausfinden, ob ich zu dumm zum Lesen- und Schreibenlernen bin!" Diese Begegnung hat mich sehr bewegt und mich seitdem nicht mehr losgelassen.

Annerose Genuneit: Mein bleibendes Erlebnis mit alten Menschen, die nicht lesen und schreiben konnten, hatte ich am Weltalphabetisierungstag 1998. Unsere Volkshochschule in Bernburg (Saale) veranstaltete aus diesem Anlass einen „Tag der offenen Tür". Unter den vielen Besucherinnen und Besuchern war auch eine etwa 60-jährige Frau mit ihrem Mann (Mitte 70), der im Rollstuhl saß. Sie baten um ein Gespräch mit mir. Die Frau konnte nicht lesen und schreiben. Der Mann wollte, dass sie dies lernt, solange er noch lebt. Bisher hatte er alles Schriftliche erledigt. Doch er wünschte sich, dass sie nach seinem Tode so selbständig sei, dass sie alles selbst regeln könne. Deshalb meldete er seine Frau bei mir für einen Alphabetisierungskurs an. Die Frau kam dann regelmäßig in den Kurs und erzielte auch Erfolge. Als ihr Mann mit 83 Jahren starb, konnte sie viele Dinge des Alltags allein regeln. Für das, was sie nicht schaffte, stand ihr eine Betreuerin zur Seite. Auf diese Weise konnte sie bis ins hohe Alter ein selbstbestimmtes Leben führen (zur Altersstruktur der Alphabetisierungskurse in Bernburg vgl. Müller 2002, 21).

2. Wer sind ältere Analphabetinnen und Analphabeten in Deutschland?

Ab wann ein Mensch als „älterer" oder „alter" Mensch bezeichnet wird, ist einem kulturgeschichtlichen Wandel unterworfen. Dieser hängt unter anderem ab von den allgemeinen Lebenserwartungen, von der eigenen und der fremden Einschätzung, aber auch von dem Kulturkreis, in dem „Alte" leben (vgl. Thane 2005b). In einer Gesellschaft, in der die Lebenserwartung kaum mehr als dreißig Jahre beträgt, ist ein Vierzigjähriger bereits alt. Oder: In einer Gesellschaft, die von der Jugend geprägt wird, „traut man keinem über dreißig" und zählt ihn „zum alten Eisen". Der

Deutsche Alterssurvey, der seit 1996 im Auftrag der Bundesregierung erstellt wird, beschäftigt sich zum Beispiel mit der Altersgruppe der 40- bis 85-Jährigen (vgl. Engstler/Motel-Klingebiel 2010, 34).

Im Folgenden bezeichnen wir als ältere Analphabetinnen und Analphabeten Menschen über fünfzig, die erhebliche Probleme mit dem Lesen und Schreiben, aber auch im Grundbildungsbereich insgesamt haben, so dass bei ihnen Schwierigkeiten in der Bewältigung des Alltags auftreten und sie nur eingeschränkt am gesellschaftlichen Leben teilhaben können. Wir haben uns für die Anfangsgrenze „über 50" entschieden, da viele Volkshochschulen inzwischen ein besonderes Kursprogramm unter der Bezeichnung „50 plus" anbieten. Nach oben ist unsere Altersgruppe offen.

Die Altersgruppe „über 50" empfehlen wir, in zwei Teilgruppen zu unterteilen:
a) 50- bis 65-Jährige und
b) Über-65-Jährige.

Diese Unterscheidung ist aus unserer Sicht notwendig, weil in beiden Teilgruppen unterschiedliche Interessen und Motivationen zum Lernen, aber auch für beide unterschiedliche administrative Voraussetzungen herrschen: Die erste Teilgruppe steht noch dem Arbeitsmarkt zur Verfügung, die zweite nicht mehr. In den nächsten Jahren wird sich auf Grund der veränderten Rentengesetzgebung die Grenze auf 67 Jahre verschieben.

Außerdem sollte man in beiden Teilgruppen zwischen Deutschen und Menschen mit Migrationshintergrund unterscheiden. Dies hat mit den unterschiedlichen Lebens- und Lernbiographien, aber auch mit dem unterschiedlichen kulturellen Stellenwert von Alter zu tun.

3. Wie viele ältere Analphabetinnen und Analphabeten gibt es?

Das ist immer die erste Frage, die Politik, Verwaltung, aber auch Medien stellen, mit dem Hintergedanken, ob sich der finanzielle, aber auch organisatorische Aufwand „lohnt". In Wirklichkeit ist dies eine zutiefst unmenschliche Frage, denn es „lohnt" sich immer, auch wenn es nur dem Wohl und der Würde eines einzelnen Menschen dient. So schreibt die berühmte Psychoanalytikerin Margarete Mitscherlich 93-jährig in ihrem Essay „Die Radikalität des Alters" zu Recht: „Dass die Würde des Menschen bis zum Tode unantastbar bleibt, ist ein Ziel, für das es sich zeitlebens zu kämpfen lohnt" (Mitscherlich 2010, 237). Und zur Würde des Menschen – auch des alten Menschen – gehört das Recht auf Schrift, das Recht auf Lesen und Schreiben.

Trotz unserer Kritik an dieser Frage wollen wir auf sie eingehen. Wie zu erwarten, lassen sich für Deutschland kaum präzise Antworten finden.

Eine Vorstellung von der möglichen Größenordnung gibt der International Adult Literacy Survey (IALS) von 1994, der 1995 erschienen ist. Hier eine Übersicht, die auf die Altersverteilung in den Ländern, die an der Untersuchung teilgenommen haben, eingeht.

	Altersgruppe	Level 1	Level 2	Level 3	Level 4/5
			(alle Angaben in Prozent)		
Kanada	16-25	10.4	22.3	36.4	31.0
	26-35	13.5	25.3	33.8	27.5
	36-45	13.8	22.0	36.8	27.4
	46-55	23.0	31.0	23.6	22.4
	56-65	43.8	23.7	23.8	8.7
Deutschland	16-25	5.2	29.0	43.0	22.8
	26-35	5.9	29.2	40.0	24.9
	36-45	9.5	30.6	38.5	21.4
	46-55	7.4	35.0	43.1	14.5
	56-65	17.7	40.9	32.6	8.8
Niederlande	16-25	6.1	16.8	51.1	26.0
	26-35	5.9	19.2	45.7	29.3
	36-45	9.2	24.2	49.5	17.1
	46-55	12.6	35.7	38.0	13.7
	56-65	22.6	40.5	30.1	6.8
Polen	16-25	32.2	33.1	26.2	8.5
	26-35	39.2	33.8	19.7	7.4
	36-45	42.6	33.6	18.1	5.7
	46-55	55.6	27.0	13.3	4.1
	56-65	70.1	20.9	7.6	1.4
Schweden	16-25	3.1	16.6	39.6	40.7
	26-35	3.9	10.4	38.1	47.6
	36-45	6.6	18.2	39.8	35.4
	46-55	6.8	19.7	43.1	30.3
	56-65	12.2	33.3	36.0	18.5
Schweiz (franz.-sprach.)	16-25	8.7	24.9	40.4	26.0
	26-35	11.5	22.4	44.5	21.6
	36-45	19.2	32.9	34.2	13.7
	46-55	18.0	29.8	42.4	9.7
	56-65	27.5	38.1	29.8	4.6
Schweiz (dt.-sprach.)	16-25	7.1	25.7	41.0	26.3
	26-35	17.4	20.7	38.8	23.1
	36-45	21.5	30.3	36.3	12.0
	46-55	21.0	33.8	35.0	10.2
	56-65	22.8	39.9	30.6	6.7
USA	16-25	24.7	30.9	28.4	16.1
	26-35	21.6	22.9	34.5	21.0
	36-45	23.5	19.7	31.4	25.4
	46-55	21.4	28.2	33.2	17.3
	56-65	29.3	32.9	26.0	11.7

Abb. 2: Verteilung der Bevölkerung auf „literacy levels" nach Altersgruppen (OECD/Statistics Canada 1995, 79, Tab. 3.11)

Die Übersicht zeigt, dass in den meisten Ländern die Anzahl der Menschen mit dem niedrigsten literacy level (level 1) mit steigendem Alter wächst. Bei der Gruppe der 56- bis 65-Jährigen ist sie mit 70,1% in Polen am höchsten, gefolgt von Kanada mit 43,8%. Deutschland hat mit 17,7% den zweitniedrigsten Anteil. Nur Schweden ist mit 12,2% niedriger (vgl. OECD/Statistics Canada 1995, 79; vgl. auch die Beiträge zum IALS in Stark et al. 1998, 55-92).

Der IALS für Kanada hat als einziger auch noch den Alphabetisierungslevel für die über 65-Jährigen erhoben. Danach besitzen 80% der kanadischen Über-65-Jährigen nur den niedrigsten literacy level (Lawless/Byrne 2008, 67).

Für die Schweiz gibt die Schweizer Tagesschau vom 02.06.2009 folgende Angaben: Von den 800.000 funktionalen Analphabetinnen und Analphabeten in der Schweiz machen die 55- bis 75-Jährigen über 20% aus.[1]

Die im März 2011 veröffentlichten Ergebnisse des Projekts „leo. – Level-One Studie", das die Literalität von Erwachsenen in Deutschland untersucht, zeigen, dass 16% der erwerbsfähigen deutschsprachigen Bevölkerung zwischen 50 und 64 Jahren funktionale Analphabetinnen bzw. Analaphabeten sind (Grotlüschen/Riekmann 2011, 5). Des Weiteren stellt die Studie fest: „Der größte Teil der Funktionalen Analphabeten ist derzeit 50 bis 64 Jahre alt, nämlich etwa 33 Prozent" (Grotlüschen/Riekmann 2011, 8).

Aus all diesen Zahlen lässt sich schließen, dass es sich bei den älteren Analphabetinnen und Analphabeten um eine größere Gruppe handelt, die nicht vernachlässigt werden sollte in einer Gesellschaft, für die „Lebenslanges Lernen" propagiert wird.

4. Folgen von Analphabetismus im Alter

Wenn wir die Folgen von Analphabetismus im Alter und im nächsten Kapitel die Folgen einer gelungenen Alphabetisierung im Alter darstellen, stützen wir uns unter anderem auf eine irische Studie aus dem Jahr 2008, die auf Interviews von 24 älteren Lernenden (16 Frauen und 8 Männer im Alter von 51 bis 80 Jahren) basiert (Lawless/Byrne 2008; Byrne/Lawless 2008a; Byrne/Lawless 2008b), auf ein Gespräch mit einer Kursleiterin, die seit Spätsommer 2010 an einer Volkshochschule eine von der ARGE finanzierte Vollzeitalphabetisierungsmaßnahme für ältere Arbeitslose (eine Frau und fünf Männer um die 50 Jahre alt) durchführt, und auf literarische Texte, die wir zum Teil etwas ausführlicher zitieren. Diese literarischen Texte entstammen nicht alle der Gegenwart und die meisten beziehen sich auch nicht auf Deutschland. Sie werden unter anderem herangezogen, um exemplarisch die emotionale Ebene der Betroffenen deutlich zu machen. Denn die Kenntnis dieser emotionalen Ebene erleichtert einerseits den Unterrichtenden, die Lernenden zu verstehen und besser auf sie einzugehen. Sie erleichtert aber auch andererseits den Lernenden, sich besser auf den Unterricht einzulassen und so Lernerfolge zu erzielen.

Vereinsamung
Alte Analphabetinnen und Analphabeten haben wenig soziale Kontakte – besonders nach dem Tod ihrer Vertrauensperson. Ein Beispiel dafür ist Hermine, die Mutter von Benno aus dem Buch „Ein Wort, zehn Cent" (Freund 2005), das im Rahmen des Projekts „Fußball. Alphabetisierung. Netzwerk. (F.A.N.)" erschienen ist.

---

1   Meldung vom 02.06.2009: 800.000 funktionale Analphabeten in der Schweiz. Verfügbar unter: http://www.tagesschau.sf.tv/Nachrichten/Archiv/2009/06/02/Schweiz/800-000-funktionale-Analphabeten-in-der-Schweiz [Abruf am 02.02.2011].

Hermine ist Analphabetin. Sie arbeitet als Klo-Frau auf Schalke. Jeden Tag besucht sie das Grab ihres verstorbenen Mannes. Dort führt sie Gespräche mit dem Toten. Das ist ihr einziger sozialer Kontakt! Was sie nicht weiß, ist, dass sie das falsche Grab besucht und schmückt, weil sie den Grabstein nicht lesen kann. Als die wahre Besitzerin des Grabes sie darauf grob hinweist, ist Hermine entsetzt: „Hermine schaut sich nun vollkommen panisch auf dem Friedhof um. Sie irrt von Grab zu Grab." (Freund 2005, 44) Die Frau, der das Grab gehört, entdeckt zwei Gräber weiter das richtige Grab. „Das Grab macht einen sehr verlotterten Eindruck. Es liegen sogar noch Reste von Kränzen und verwelkten Sträußen darauf" (Freund 2005, 44). „Nun tritt Hermine an das richtige Grab ihres Mannes. Es ist, als wäre ihr Ludwig ein zweites Mal gestorben. Hermine verbirgt ihr Gesicht hinter ihren Händen und schluchzt" (Freund 2005, 45).

Isolierung in der Familie
Familiale Generationsbeziehungen spielen im Alter eine wichtige Rolle. Dies zeigt sich besonders in den Kontakten zu den eigenen Kindern und Enkelkindern (vgl. Mahne/Motel-Klingebiel 2010).

Doch Analphabetinnen und Analphabeten fühlen sich im Alter auch besonders in der Familie isoliert. Dies manifestiert sich dann in einem gestörten Umgang mit den alphabetisierten Kindern und Enkelkindern. Wie schwierig die Beziehung zwischen dem alten analphabetischen Vater und seinem Sohn – einem Lehrer – ist, macht der Roman „Der nackte Garten" des polnischen Schriftstellers Wiesław Myśliwski deutlich. Der Sohn verspricht seinem Vater, ihm nach dem Studium das Lesen und Schreiben beizubringen. Doch der Vater lehnt ab: „Nicht nötig, Sohn. Mag es bleiben, wie es ist. So ist es am besten" (Myśliwski 2000, 224).

Stattdessen entschließt sich der Sohn, seinem alten Vater vorzulesen: „[W]enn ich einen freien Augenblick hatte, habe ich ihm vorgelesen, meist an den Abenden. Er wartete immer auf mich. Schlafen ging er nicht, selbst wenn er spät vom Feld kam, manchmal nachts, abgekämpft, daß er kaum die Schwelle überschreiten konnte, ging er nicht schlafen, sondern setzte sich [...] auf den Schemel am Küchenherd und wartete. Wenn er mich wenigstens mit einem Wort daran erinnert hätte, daß er auf unser Lesen warte: Nie, er saß nur auf dem Schemel und wartete geduldig [...] Selten gelang es mir, sein geduldiges Warten durchzustehen, obwohl ich manchmal beschäftigt war, obwohl ich selbst dringend ein Buch lesen mußte und mir wünschte, daß er schlafen ging. [...] ‚Na, dann komm', pflegte ich zu sagen. ‚Komm.' Er schlug seine erwachten oder auch dankenden Augen zu mir auf und setzte sich an den Tisch, aber so schüchtern, als befiele ihn Scham oder als erinnerte er sich an einen Schmerz, wie wenn man von fremdem Brot lebt, und er pflegte mich gewöhnlich abzuweisen: ‚Vielleicht bist du beschäftigt, Sohn, dann verlegen wir es auf einen anderen Zeitpunkt. Verlegen wir es! Es ist schon spät, du bist sicher müde'" (Myśliwski 2000, 224ff.).

Auch der Umgang mit ihren Enkelkindern ist bei analphabetischen Großeltern eingeschränkt. Er ist geprägt von der Angst, dass die Enkelkinder den Analphabetismus bei ihnen entdecken. So können sie klassische Aufgaben von Großeltern – wie Vorlesen oder Hilfe bei den Hausaufgaben – nicht wahrnehmen, was sie sehr bedrückt (vgl. Lawless/Byrne 2008, 72ff.).

Ältere Analphabetinnen und Analphabeten mit Migrationshintergrund empfinden die Isolation in der Familie besonders stark, wenn ihre Kinder und Enkelkinder eigene Wege gehen oder sich in die Kultur des Einwanderungslandes vollständig integrieren. Häufig kommt es vor, dass dann die Kinder ihre Eltern wegen ihres Analphabetismus und ihrer (vermeintlichen) Rückständigkeit verachten. Dies trifft besonders die Väter, die in vielen Kulturen das Entscheidungszentrum in der Familie darstellen. Der marokkanische, in Paris lebende Schriftsteller Tahar Ben Jelloun (geb. 1944) stellt den Machtverlust eines analphabetischen Vaters in einer in Frankreich lebenden Migrationsfamilie und den damit einhergehenden Zerfall dieser Familie in seinem Roman „Zurückkehren" sehr eindringlich dar (Ben Jelloun 2010). Hier ein Ausschnitt, in dem die Tochter gegen den Willen ihres Vaters die Schule „schmeißt":

„Ich habe sie so verwöhnt, dass sie eine sehr schlechte Schülerin geworden ist, das habe ich erst selbst gemerkt, als sie die Sekundarschule geschmissen hat. An dem Tag habe ich ganz alleine nach dem Gebet geweint. Das war für mich mehr als ein Scheitern, es war eine Demütigung. Sie hat mir gesagt: ‚Die Schule passt mir nicht, ich hau ab, ich will arbeiten!' Ich habe verstanden, dass jeder Versuch, sie auf den rechten Weg zurückzubringen, zum Scheitern verurteilt war. Ich hätte ihr am liebsten gesagt: Wenn du wüsstest, wie ich darunter gelitten habe, nicht zur Schule gegangen zu sein, als Analphabet auf so vieles verzichten zu müssen. Wenn du wüsstest, was ich heute darum geben würde, Kenntnisse, Wissen, Diplome, Bildung zu haben! Ich fühle mich wie ein Esel, ein tumbes Tier, das jeden Tag den gleichen Weg geht, die gleichen Gesten ausführt, ich kann mich nicht von der Routine entfernen aus Angst, mich zu verirren [...]. Wenn du wüsstest, wie allein ich mich fühle, weil ich von anderen abhängig bin" (Ben Jelloun 2010, 33).

Schwierigkeiten bei der Bewältigung des Alltags
Mit zunehmendem Alter wird es für Analphabetinnen und Analphabeten immer schwieriger, den Alltag zu bewältigen. Dies kann auch zur Vernachlässigung ihres Äußeren bis hin zur Verwahrlosung führen. Der italienische Schriftsteller Luigi Pirandello (1867-1936) bringt dafür ein sehr drastisches Beispiel in seiner Novelle „Der andere Sohn" (Pirandello 1973). Im Mittelpunkt dieser Novelle steht eine alte Analphabetin aus einem sizilianischen Dorf, deren zwei Söhne vierzehn Jahre vor Handlungsbeginn nach Amerika ausgewandert sind und von denen sie seitdem nie wieder etwas gehört hat. Jetzt im Alter vegetiert sie in Einsamkeit und Armut dahin:

„Die alte Maragrazia [...] ließ sich langsam, langsam auf der abgewetzten Stufe vor der Haustür nieder. Dort war gewöhnlich ihr Platz, auf dieser Stufe und auf vielen anderen vor den armseligen Häusern von Farnia.

Dort pflegte sie zu hocken, zu schlafen oder lautlos zu weinen. Dann warf ihr wohl dieser oder jener im Vorbeigehen einen Saldo oder ein Stück Brot in den Schoß. Sie ließ sich kaum im Schlaf oder beim Weinen stören, küßte den Saldo oder das Brot, bekreuzigte sich und fuhr fort, zu weinen oder zu schlafen.

Sie glich einem Bündel Lumpen. Es waren schmierige, dicke Lumpen, immer dieselben, ob Winter oder Sommer, zerfetzt, verblichen, von stinkendem Schweiß und allem möglichen Straßenschmutz durchtränkt. Das gelbliche Gesicht war ein einziges Gewirr von Runzeln, in dem die geschwollenen, vom ewigen Weinen rotgeränderten Augenlider bluteten. Doch aus Runzeln, Blut und Tränen schauten ihre klaren, aber gänzlich abwesenden Augen, die wie Augen eines Kindes waren, ohne Erinnerung. Jetzt klebten oft gefräßige Fliegen auf ihren Lidern; sie aber war so versunken und vertieft in ihr Elend, daß sie es gar nicht bemerkte; sie scheuchte sie nicht einmal fort. Ihr spärliches, sprödes Haar endete in zwei kleinen Knoten auf den Ohren, deren Läppchen zerfetzt waren von der Last der schweren Ohrringe mit Gehängen, die sie in ihrer Jugend getragen hatte. Vom Kinn über die Kehle abwärts war ihr dicker, schwammiger Hals von einer schwarzen Furche geteilt, die in den flachen Busen auslief. Von den Nachbarinnen vor den Haustüren beachtete sie niemand mehr" (Pirandello 1973, 94).

Immer wenn neue Gruppen von jungen Männern aus dem Dorf nach Amerika auswandern, versucht die Alte, ihnen einen Brief an ihre Söhne in der Ferne mitzugeben, in dem sie ihre Söhne anfleht zurückzukommen. Den Brief lässt sie von einer unwilligen Nachbarin nach Diktat schreiben. Diese tut jedoch über Jahre nur so, als ob sie schriebe. Stattdessen liefert sie unleserliches Gekrakel. Als dies der neue Arzt zufällig entdeckt, stellt er die Nachbarin zur Rede. Diese entgegnet ihm: „Aber entschuldigen Sie schon, Herr Doktor, grämen Sie sich tatsächlich um diese närrische Alte? Hier im Dorf kennt sie jeder, Herr Doktor, und niemand kümmert sich mehr um sie. Sie können fragen, wen Sie wollen, und alle werden Ihnen sagen, daß sie wahrhaftig seit vierzehn Jahren, seit ihre beiden Söhne nach Amerika gegangen sind, verrückt ist, vollständig verrückt. Sie will nicht glauben, daß jene sie vergessen haben, was sicherlich der Fall ist. Und sie beharrt darauf, immer wieder zu schreiben […]. Nun, um sie zufriedenzustellen, verstehen Sie, habe ich so getan, als schrieb ich ihr die Briefe. Und die jungen Leute, die abreisen, tun so, als nehmen sie sie mit, um sie zu überbringen. Und die arme Alte glaubt es. Aber wenn wir alle uns so betragen würden wie sie, dann, lieber Herr Doktor, würde die Welt jetzt nicht mehr bestehen" (Pirandello 1973, 104f.).

In dieser Entgegnung kommt eine sehr starke Verachtung der Dorfbewohnerinnen und Dorfbewohner gegenüber der alten Analphabetin zum Ausdruck – nicht zuletzt, weil diese ihr Leben nicht mehr allein meistern kann.

Nicht umsonst mahnt schon Cicero (106-43 v.Chr.) in seiner Schrift „Über das Alter": „Das Alter wird nur dann respektiert werden, wenn es um seine Rechte kämpft und sich seine Unabhängigkeit und Kontrolle über das eigene Leben bis zum letzten Atemzug bewahrt" (Cicero zit.n. Thane 2005a, 5; vgl. Parkin 2005). Und Christian Friedrich Daniel Schubart (1739-1791) warnt in einem Schuldiktat seine Schülerinnen und Schüler, die die Schule schwänzen und deshalb nicht lesen und schreiben lernen, vor den Folgen – besonders auch im Alter: „Ist es nicht ein Jammer, wann man einen armen Knaben sieht, der weder lesen noch schreiben und kaum das Vaterunser recht beten kann und dem der Hunger und die Dummheit zugleich aus denen Augen heraussieht? Verachtet von jedermann, verschmäht und verworfen muß er sein Brot vor der Tür suchen, und wann ihn Krankheit und Alter drückt, noch froh sein, wann er als Scheusal mit Bettelfuhren im Lande herumgefahren wird und wie ein armer Sünder sein Leben auf einem Karren endigen kann." (Schubart 1962, 240f.)

Starke Einschränkung der Mobilität

Mobilität ist nach Auflösung der Großfamilie im Alter eine wichtige Voraussetzung für das Aufrechterhalten und Knüpfen von Beziehungen. Mobilität ist deshalb besonders im Alter eine Voraussetzung für eine gelungene soziale Integration (vgl. Huxhold et al. 2010).

Wenn schon jüngere Analphabetinnen und Analphabeten Angst vor dem Reisen haben, so ist diese Angst bei älteren Analphabetinnen und Analphabeten noch wesentlich stärker ausgeprägt. Sie haben deshalb große Schwierigkeiten, familiäre Beziehungen aufrechtzuerhalten, wenn die Familienmitglieder nicht am gleichen Ort wohnen. Auch ist es für sie auf Grund der stark eingeschränkten Mobilität schwierig, neue außerfamiliäre Beziehungen zu knüpfen. Dies führt zu einer verstärkten Isolation und mangelhafter sozialer Integration. Darüber hinaus bleiben ihnen die Freuden, die ältere Menschen durch Reisen, aber auch durch Tagesausflüge – wie zum Beispiel die bei Älteren so beliebten Kaffeefahrten – erleben, versagt.

Eingeschränkte Freizeitmöglichkeiten

Analphabetismus schränkt die Freizeitmöglichkeiten ein. Dies verstärkt sich im Alter, besonders dann, wenn auch noch die Mobilität reduziert ist. Eine Tochter, deren alter alleinlebender Vater nicht lesen kann, hat sich in einem Gespräch mit uns darüber beklagt, dass ihr Vater den ganzen Tag von morgens bis abends vor dem Fernseher sitzt. In der Tat reduzieren sich die Freizeitmöglichkeiten älterer Analphabetinnen und Analphabeten häufig allein auf das Fernsehen – ein Fernsehen ohne gezielte, selbst bestimmte Programmauswahl, da die Programmzeitung nicht gelesen werden kann. Solche Zustände erinnern an Aldous Huxleys „Schöne neue Welt", in der eine teilweise analphabetische Gesellschaft angestrebt wird (Huxley 1994; vgl. Genuneit 1995a). Dort werden sieche Alte in sogenannten Moribundenkliniken untergebracht: „Am Fuß jedes Bettes, dem Sterbenden gegenüber, stand ein Fernsehapparat, der gleich einem aufgedrehten Wasserhahn von morgens bis abends lief" (Huxley 1994, 198). „Filine lag im letzten Bett der langen Reihe […]. Durch Kissen gestützt, beobachtete sie die Endspiele der […]. Feldtennismeisterschaft von Südamerika, die lautlos und verkleinert über die Bildfläche des Fernsehapparates zu Füßen des Bettes flimmerten […]. Filine sah mit verschwommenem, verständnislosem Lächeln zu. Ihr bleiches, aufgedunsenes Gesicht trug einen Ausdruck verblödeter Seligkeit" (Huxley 1994, 199).

Schwierigkeiten im Umgang mit Behörden

Schwierigkeiten im Umgang mit Behörden und anderen Einrichtungen des öffentlichen Lebens haben Analphabetinnen und Analphabeten aller Altersgruppen. Allerdings verschärfen sich diese im Alter. Dies liegt unter anderem daran, dass sich die Kontakte mit diesen Einrichtungen im Alter häufen, z.B. bei der Umsetzung von Rentenansprüchen oder Ansprüchen aus der Pflegeversicherung. Zudem steht im Alter oft die Vertrauensperson, die bisher diese behördlichen Kontakte wahrgenommen oder bei ihnen geholfen hat, nicht mehr zur Verfügung, weil sie selbst alt oder sogar verstorben ist. Hier haben es besonders analphabetische Migrantenfrauen schwer, deren Mann erkrankt oder verstorben ist, da sie oft zusätzlich zu ihrem Analphabetismus kaum Deutsch können. Einige Sozialverbände haben inzwischen darauf reagiert. So hat zum Beispiel der Sozialverband VdK Berlin-Brandenburg ein „Informationszentrum für demenziell und psychisch erkrankte sowie geistig behinderte Migranten und ihre Angehörigen" (IdeM) gegründet, das in solchen Fällen helfend einspringt (www.idem-berlin.de). In Berlin gibt es inzwischen auch interkulturelle Pflegedienste für ältere Migrantinnen und Migranten (vgl. Thams 2010). Ob diese auf die speziellen Probleme von Analphabetinnen und Analphabeten eingehen, konnte nicht ermittelt werden.

Probleme im Gesundheitsbereich

Analphabetinnen und Analphabeten haben größere gesundheitliche Probleme als Menschen, die lesen und schreiben können (vgl. Döbert 2009; Anders 2009). Diese Probleme verstärken sich dann im Alter. Schwierigkeiten gibt es unter anderem mit Terminen bei Ärztinnen und Ärzten, bei der Einnahme von Medikamenten, aber auch bei Krankenhausaufenthalten, bei denen die Betroffenen oft nicht darum herumkommen, sich als Analphabetin bzw. Analphabet zu outen. Welche seelischen Qualen ihnen dies bereitet, zeigt die Erzählung „Das Leben des alten Foucault" von Pierre Michon (2004).

Der „alte Foucault" liegt in einem französischen Provinzkrankenhaus – in einem Gemeinschaftssaal. Er ist an Kehlkopfkrebs erkrankt, könnte aber überleben, wenn er sich in eine Pariser Spezialklinik überweisen ließe. Doch er weigert sich. Die Ärzte bedrängen ihn, auch der Chefarzt, „dabei war der Chefarzt aufrichtig, er hatte ein gutes Herz unter seiner professionellen Selbstgerechtigkeit [...], der dickköpfige Alte war ihm sympathisch. Weniger den Argumenten der Vernunft als dieser Sympathie meinte der alte Foucault eine Antwort schuldig zu sein, so möchte ich glauben, denn er antwortete; und seine Antwort, so kurz sie auch war, gab mehr endgültige Auskunft als eine lange Rede; er hob die Augen zu seinen Peinigern, schien zu schwanken unter der Last seines immer neuen, von dem, was er sagen würde, noch beschwerten Staunens, und mit demselben Schulterrollen, mit dem er vielleicht einen Sack Mehl abgesetzt hätte, sagte er mit betrübter, aber eigenartig klarer und im ganzen Saal zu hörender Stimme: ‚Ich bin Analphabet'" (Michon 2004, 148).

„Der alte Foucault würde nicht nach Paris gehen. Schon diese Provinzstadt und wahrscheinlich sogar sein Dorf schienen ihm voller Gelehrter, voller Experten der menschlichen Seele zu sein, deren Währung – das geschriebene Wort – ihnen vertraut war; Volksschullehrer, Handelsvertreter, Ärzte, sogar Bauern: Mehr oder weniger aufschneiderisch wußten sie alle Bescheid, unterzeichneten und entschieden; er zweifelte nicht an diesem Wissen, das die anderen so offensichtlich besaßen. Wer weiß: vielleicht kennen diejenigen, die das Wort ‚Tod' schreiben können, den Tag ihres Todes? Er allein verstand nichts davon, entschied kaum je etwas; er fand sich ab mit dieser Unkenntnis, die etwas Ungeheuerliches hatte; und vielleicht hatte er seine Gründe: Das Leben und seine autorisierten Kommentatoren hatten ihm sicherlich vorgeführt, daß ein Analphabet heute eine Ungeheuerlichkeit ist, die einzugestehen ebenfalls ungeheuerlich ist. Wie wäre es da in Paris, wo er jeden Tag aufs neue dieses Geständnis wiederholen müßte [...]? Welche Schamgefühle würde er dort wieder hinunterschlucken müssen, ein Unwissender ohne seinesgleichen, alt und krank, in dieser Stadt, in der selbst die Mauern noch gebildet waren [...]? [...] Er würde hierbleiben und daran sterben; dort hätte man ihn vielleicht geheilt, aber der Preis seiner Heilung wäre seine Scham gewesen; vor allem hätte er nicht gebüßt, hätte das Verbrechen seiner Ignoranz nicht großartig mit seinem Tod bezahlen können" (Michon 2004, 149ff.).

Psychische Probleme
Im Alter erinnert man sich verstärkt an seine Kindheit, weil das Langzeitgedächtnis sich immer mehr in den Vordergrund drängt. Die Kindheit von alten Analphabetinnen und Analphabeten ist aber meist geprägt vom Scheitern beim Lesen- und Schreibenlernen in der Schule. Mit diesem Scheitern werden sie aus der Erinnerung im Alter erneut konfrontiert. Dies kann traumatische Ausmaße annehmen. Darüber wird dann Positives aus ihrem Leben – wie Bewältigung des Alltags und berufliche Teilhabe trotz fehlender Schriftsprachkompetenz – verdrängt und als negativ umgewertet. Das ganze Leben wird nur noch als Scheitern und Versagen gesehen. Depressive Stimmungen sind damit vorprogrammiert.

Dieser Überblick über Folgen des Analphabetismus im Alter, der keinen Anspruch auf Vollständigkeit hat, zeigt, dass Analphabetinnen und Analphabeten im Alter ähnliche Probleme haben wie Jüngere – nur treten diese Probleme im Alter verschärft auf! Und es kommen noch etliche hinzu.

5. Folgen einer erfolgreichen Alphabetisierung

Mit der Alphabetisierung erhält der alte Mensch eine Würde, die er das ganze bisherige Leben entbehrt hat (vgl. Meadows 2008, 17). Es eröffnet sich ihm eine neue Lebensperspektive.

So beobachtet eine Kursleiterin, die einen Alphabetisierungskurs für Langzeitarbeitslose im Alter um fünfzig gibt, dass diese zunächst sehr ungepflegt in den Unterricht kommen, dann aber verstärkt auf ihre Kleidung achten. Ihr ganzes Äußeres verändert sich: Sie gehen aufrechter und beginnen, ab und zu sogar zu lächeln und zu lachen. Ihr Selbstbewusstsein und ihr Selbstwertgefühl werden gestärkt. Dies gibt ihnen die Möglichkeit, sich den Herausforderungen des Alltags zu stellen.

Ein literarisches Beispiel dafür ist der Großvater Hamilka Schaß in Siegried Lenz' Erzählung „Der Leseteufel" (Lenz 1990), der sich mit einundsiebzig Jahren selbst das Lesen beigebracht hat. Doch das beschauliche Leben in dem masurischen Dorf Suleyken, in dem der Großvater lebt und liest, wird gestört durch einen bevorstehenden Überfall des versoffenen Generals Wawrila. Um sich ihm in den Weg zu stellen, verschanzen sich der Großvater und sein Nachbar Abromeit in einem Jagdhaus. Dort entdeckt der Großvater ein Buch, „ein hübsches handliches Dingchen. Ein Zittern durchlief seinen Körper, eine heillose Freude rumorte in der Brust, und er lehnte hastig, wie ein Süchtiger, die Flinte an einen Stuhl, warf sich, wo er stand, auf die Erde und las. Vergessen war der Schmerz der Kälte in den Zehen, vergessen war Adolf Abromeit [...] und Wawrila aus den Sümpfen: Der Posten Hamilkar Schaß existierte nicht mehr. Unterdessen, wie man sich denken wird, tat die Gefahr das, was sie so besonders unangenehm macht: sie näherte sich. Näherte sich in Gestalt des Generals Wawrila und seiner Helfer" (Lenz 1990, 9).

Doch immer, wenn der Nachbar Abromeit den Großvater auf das Näherkommen der Gefahr aufmerksam macht, antwortet dieser: „Das wird [...] alles geregelt werden zur Zeit. Nur noch, wenn ich bitten darf, die letzten fünf Seiten" (Lenz 1990, 10). Schließlich bricht General Wawrila in das Jagdhaus ein, in dem sich der Großvater und Abromeit verschanzt haben. „Ging natürlich gleich auf den Großvater zu, brüllte heiser und lachte, wie er das so an sich hatte, und dann sagte er: ‚Spring auf meine Hand, du Frosch, ich will dich aufblasen.' [...] Doch Hamilkar Schaß entgegnete: ‚Gleich, nur noch anderthalb Seiten.' Wawrila wurde wütend und zog meinem Großvater eine über, und dann fühlte er sich bemüßigt, so zu sprechen: ‚Ich werde dich jetzt, du alte Eidechse, halbieren. Aber ganz langsam.' ‚Eine Seite nur noch', sagte Hamilkar Schaß. ‚Es sind bei Gottchen, nicht mehr als fünfunddreißig Zeilen. Dann ist das Kapitel zu Ende.' Wawrila, bestürzt, beinahe nüchtern geworden, lieh sich von einem hinkenden Menschen aus seiner Begleitung eine Flinte, drückte den Lauf auf den Hals des Hamilkar Schaß und sagte: ‚Ich werde dich, du stinkende Dotterblume, mit gehacktem Blei wegpusten. Schau her, die Flinte ist gespannt.' ‚Gleich', sagte Hamilkar Schaß. ‚Nur noch zehn Zeilen, dann wird alles geregelt, wie es sein soll.' Da packte, wie jeder Kundige verstehen wird, Wawrila und seine Bagage ein solch unheimliches Entsetzen, daß sie, ihre Flinten zurücklassend, dahin flohen, woher sie gekommen waren" (Lenz 1990, 11f.).

Nach der Stärkung des Selbstbewusstseins sind Lesen- und Schreibenkönnen dann eine wichtige Hilfe, der Einsamkeit zu entkommen. Eine gelungene Alphabetisierung führt auch zu neuen Freizeitaktivitäten und neuen sozialen Kontakten. Daraus resultiert ein stärkeres Achten auf das Äußere und auf Hygiene.

Nach kurzer Anlaufschwierigkeit gewinnen Lernende darüber hinaus Freude am Lernen, wenn sie merken, dass sie Erfolge haben – so wie der alte analphabetische Landarbeiter Ambanelli, der sich in Luigi Malerbas Erzählung „Die Entdeckung des Alphabets" von dem Sohn des Gutsherrn das Lesen und Schreiben beibringen lässt:

„[N]ach dem Alphabet schrieben sie zusammen so viele Wörter, wie Ambanelli einfielen, kurze und lange, kleine und große, dünne und dicke. Der Alte war mit so viel Begeisterung bei der Sache, daß er nachts von ihnen träumte, von Wörtern, die in Büchern geschrieben standen, auf Mauern, am Himmel, groß und flammend wie das gestirnte All. Gewisse Wörter gefielen ihm besser als andere, und er versuchte, sie auch seiner Frau beizubringen. Dann lernte er, sie miteinander zu verbinden, und eines Tages schrieb er: ‚Landwirtschaftliche Genossenschaft der Provinz Parma'. Ambanelli zählte die Wörter, die er gelernt hatte, wie man die Säcke voll Korn zählt, die aus der Dreschmaschine kommen, und als er hundert beisammen hatte, meinte er, ein schönes Stück Arbeit geleistet zu haben. ‚Jetzt, scheint mir, reicht es für mein Alter.' Auf alten Stücken Zeitungspapier suchte Ambanelli die Wörter, die er kannte, und wenn er eines fand, war er zufrieden, als hätte er einen Freund getroffen" (Malerba 1983, 9).

Gelungene Alphabetisierung bedeutet auch größere Selbständigkeit. Sie verhindert eine frühzeitige Abhängigkeit von Pflegediensten und Altersheim. Somit verbessert Lesen- und Schreibenkönnen im Alter die Gesundheit, wodurch für den Staat die Gesundheitskosten reduziert werden.

Gelungene Alphabetisierung führt selbst im Alter noch zu sozialem und politischem Engagement. Ein literarisches Beispiel dafür ist Nikos Kazantzakis' Roman „Freiheit oder Tod" (Kazantzakis 1994), in dem die Einwohner Kretas in der zweiten Hälfte des 19. Jahrhunderts gegen die türkische Herrschaft auf ihrer Insel kämpfen. Dort lernt der hundertjährige Kapitän Sifakas schreiben, um Widerstand gegen die türkische Besatzung zu leisten.

Kapitän Sifakas winkte seinen Enkel Thrasaki heran:

„‚Nimm die Farbe, mein kleiner Thrasos. Gehen wir. Und gib mir den Pinsel.'

‚Wohin gehen wir, Großvater?'

‚Gleich wirst du es sehen. Mach schnell, solange es nicht schneit.'

Sie gelangten zum Außentor. […] Der Großvater zog aus dem Gürtel sein großes buntes Tuch und begann, das Tor vom Schnee zu säubern. Dann nahm er den Deckel von der Blechbüchse und tauchte den Pinsel ein.

‚Im Namen Gottes!' murmelte er.

‚Was machst du, Großvater?'

‚Gleich wirst du es sehen.'

Er hob den Pinsel und fing an, langsam und behutsam mit roter Farbe auf das Tor den ersten Buchstaben zu malen. Es war ein F, dann folgte ein R, dann ein E …

‚Ah', rief Thrasaki, ‚ich verstehe!'

Der Großvater lächelte. ‚Du siehst jetzt, warum es mich trieb, schreiben zu lernen. Ich hatte mein Ziel. Im ganzen Dorf werde ich keine Mauer auslassen, ich steige auch auf den Glockenturm, ich gehe in die Moschee, und überall wird stehen, ehe ich sterbe: Freiheit oder Tod!'" (Kazantzakis 1994, 343f.).

6. Adressatenspezifische Kurse für ältere Analphabetinnen und Analphabeten?

Bei so vielen positiven Folgen einer gelungenen Alphabetisierung im Alter stellt sich die Frage, ob es sinnvoll ist, adressatenspezifische Kurse für ältere Analphabetinnen und Analphabeten einzurichten – so wie zum Beispiel für Frauen oder für Jugendliche – oder ob es besser ist, ältere Menschen in allgemeine Alphabetisierungskurse zu integrieren. Für beides gibt es gute Gründe.

Anders als bei jüngeren Analphabetinnen und Analphabeten haben sich bei älteren die Lernblockaden, Ängste, Hemmungen etc. noch stärker verfestigt. Die Zeit, in der sie das letzte Mal etwas mit dem Lernen zu tun hatten, ist sehr lange her. Sie lernen deshalb anders. Sie lernen langsamer, zeigen zum Teil Konzentrationsschwäche und reduzierte Merkfähigkeit. Gesundheitliche Probleme wie zum Beispiel Seh- und Hörprobleme, Diabetes mit der Notwendigkeit, in kürzeren Abständen etwas zu essen, Blasen- und Prostataerkrankungen, die einen häufigeren Toilettengang erforderlich machen, beeinflussen das Lernen. Hinzu kommen andere Interessen und Lernmotivationen. So ist es zum Beispiel nicht sinnvoll, mit Über-65-Jährigen eine berufsorientierte Alphabetisierung durchzuführen. Auf all das muss im Unterricht Rücksicht genommen werden – zum Beispiel durch eine feste Unterrichtsstruktur mit wiederholenden Elementen, die die Angst nimmt, mit anderen Unterrichtsmethoden und auch anderen Unterrichtsmaterialien, mit festen und häufigeren Pausenzeiten und vielem mehr.

Diese Auflistung spricht eher dafür, spezielle Kurse für die Adressatengruppe der älteren Analphabetinnen und Analphabeten einzurichten. Andererseits bietet das gemeinsame Lernen unterschiedlicher Altersgruppen eine Reihe von Vorteilen: der Austausch von altersspezifischen Erfahrungen, das Lernen voneinander, die Erweiterung des sozialen Horizonts, die gegenseitige Rücksichtnahme – um nur einige Punkte zu nennen.

Wir empfehlen, so weit wie möglich den Wunsch der älteren Lernenden zu berücksichtigen. Denkbar ist auch eine vorübergehende Phase des adressatenspezifischen Lernens, die dann zu einem geeigneten Zeitpunkt zu einem adressatenübergreifenden Lernen führt.

Wie auch immer – wer in einem Alphabetisierungskurs ältere Teilnehmende hat oder für diese spezielle Kurse durchführt, sollte in jedem Fall mindestens folgende Punkte, die wir in einer Liste zusammengestellt haben, beachten:

Was müssen Kurse für ältere Analphabetinnen und Analphabeten berücksichtigen?
- Räumliches
  - Erdgeschoss
  - Nähe von Toiletten
  - Altersgemäße Sitzgelegenheiten
- Psychisches
  - Negatives Selbstwertgefühl abbauen durch Eingehen auf Lebensgeschichte (besonders Kindheit und Schule), Familie, Lerngeschichte und berufliche Tätigkeiten
  - Leistungen in Beruf und Familie (Kindererziehung und Alltagsbewältigung usw.) hervorheben
  - Gegen Vereinsamung: Selbstorganisation gemeinsamer Freizeitaktivitäten der Kursteilnehmenden (Gestaltung der Freizeit als Unterrichtsthema)
- Pädagogisches
  - „Anderes" Lernen von älteren Menschen berücksichtigen (langsamer, nachlassende Konzentration → spielerische Gedächtnisübungen)
- Gesundheitliches
  - Pausen (zum Essen/Trinken, Toilettengang)
  - Motorische Probleme
  - Konzentrationsprobleme
  - Hör- und Sehprobleme
- Inhaltliches
  - Alles, was Selbstwertgefühl und Selbstbewusstsein stärkt
  - Keine berufsorientierte Alphabetisierung bei den Über-65-Jährigen
  - Alltagsbewältigung, Freizeit
  - Stärkung sozialer Kompetenzen, sozialer Praxis und sozialen Engagements

7. Bisheriges Kursangebot für ältere Analphabetinnen und Analphabeten in Deutschland

Im Jahr 2009 gab es 9,2 Millionen Kursbelegungen an deutschen Volkshochschulen (Huntemann/Weiß 2010, 5). 22,7% der Kursteilnehmenden waren zwischen 50 und 64 Jahre alt, 13,4% waren 65 Jahre und älter (Huntemann/Weiß 2010, 41, Tab. 14). Wie viele davon Alphabetisierungskurse belegt haben, führt die Volkshochschul-Statistik leider nicht auf.

Die Monitor-Erhebung 2009, die Volkshochschulen und andere Bildungsträger nach Alphabetisierungskursen befragt hat, kommt nach Schätzungen der Bildungsanbieter zu folgender Altersgruppenverteilung – bezogen auf die Gesamtzahl der Teilnehmenden: Die Altersgruppe der 50- bis 65-Jährigen liegt bei ca. 18%. Der Anteil der Über-65-Jährigen beträgt nur etwa 1,7%.

Bei den Bildungsanbietern ohne die Volkshochschulen ist in beiden Gruppen der Anteil höher. Er beträgt für die 50- bis 64-Jährigen bei den Frauen 22,43% und bei den Männern 19,75%. Für die Gruppe über 65 Jahre liegt er bei 5,83% bei den Frauen und 3,67% bei den Männern. Bei den befragten Institutionen inklusive der Volkshochschulen geben 2009 neun Institutionen an, Alphabetisierungskurse für ältere Menschen anzubieten (Karg et al. 2010, 53). Bei den über das Bundesamt für Migration und Flüchtlinge (BAMF) geförderten Alphabetisierungskursen ergibt sich folgendes Bild: Die Hälfte der befragten 500 Kursteilnehmenden ist über 50 Jahre; über 65 Jahre sind jedoch nur 10 Personen (Rother 2010, 17f.).

Die wenigen statistischen Erhebungen machen deutlich, dass der Anteil der 50- bis 65-Jährigen in Alphabetisierungskursen wahrscheinlich bei 20% liegt. Der Anteil der Über-65-Jährigen hingegen ist wesentlich geringer.

8. Gesellschaftliche Wahrnehmung älterer Analphabetinnen und Analphabeten

Anders als zum Beispiel in den USA, in England oder Irland werden ältere Analphabetinnen und Analphabeten in Deutschland bisher nicht angemessen wahrgenommen. Im Gegenteil: Die geschichtliche Entwicklung zeigt, dass in einer zumindest teilweise alphabetisierten Gesellschaft Analphabetinnen und Analphabeten im Alter als besonders lästig empfunden werden, unter anderem weil sie verstärkt der Gemeinschaft zur Last fallen. So warnt zum Beispiel bereits im 18. Jahrhundert Christian Friedrich Daniel Schubart seine Schülerinnen und Schüler davor, dass ein Kind, das in der Schule nicht lesen und schreiben lernt, später im Alter als Bettler endet und „als ein Scheusal mit Bettelfuhren im Lande herumgefahren wird" (Schubart 1962, 240; vgl. Troyanski 2005). Und auch im 19. Jahrhundert macht man sich über sie lustig, wie eine Karikatur aus den Fliegenden Blättern von 1850 (Abb. 3, nächste Seite) zeigt (vgl. Genuneit 1995b; Cole/Edwards 2005). Und noch heute ist „alter Analphabet" bei uns ein Schimpfwort, das benutzt wird, um auszudrücken, dass jemand einen Fehler gemacht hat.

Unter den politischen Parteien fordern allein „Die Grünen" in ihrem Papier „Altenhilfe für MigrantInnen" vom Oktober 2008 Zugang auch älterer Migrantinnen

Abb. 3:   „Zur Orthographie" (Fliegende Blätter 1850, Nr. 258)

und Migranten zu Alphabetisierungskursen (Schmitz 2008). Allerdings haben sie dazu noch keine konkreten Schritte unternommen.

Auch in der Alphabetisierungsszene spielt Altersanalphabetismus bisher nur eine geringe Rolle. Das liegt unter anderem daran, dass man sich dort in den letzten Jahren nicht zuletzt auf Grund der Fördervorgaben des Bundes und der Länder verstärkt mit der berufsorientierten Alphabetisierung beschäftigt hat, um die Betroffenen ins Berufsleben zu integrieren.

Da ältere Analphabetinnen und Analphabeten sich nicht mehr auf dem Arbeitsmarkt unterbringen lassen, haben sie jedoch in den berufsorientierten Alphabetisierungskonzepten keinen Platz. Denn diese berufsorientierten Konzepte lassen eher nach dem wirtschaftlichen Nutzen von Alphabetisierungskursen fragen und vergessen dabei oft deren humanen Aspekt. So heißt es zum Beispiel in der Kritik an einer Alphabetisierungsmaßnahme für Ältere in den USA im Jahr 2000:

„Ich hasse es, krass zu sein, aber warum verschwenden wir dafür Steuergelder? Diese alten Leute sind erfolgreich aus dem Arbeitsleben ausgeschieden, ohne jemals lesen gelernt zu haben. Wen kümmert es, wenn sie es jetzt lernen? Und es ist ja nicht so, dass wir den Analphabetismus bei den Jungen beseitigt haben und das ganze Geld für die Alphabetisierung jetzt in der Ecke liegt. Außerdem, wenn diese alten Säcke noch lesen lernen, wie lange werden sie diese neue Fähigkeit noch anwenden, bevor sie blind werden oder gar aus den Latschen kippen?" (Koretzky o.J.; Übersetzung A.G./J.G.).

Die Bekämpfung von Analphabetismus im Alter führt für diese Adressatengruppe zu einer Abkehr vom Konzept der berufsorientierten Alphabetisierung hin zu einer Orientierung an dem Lebensgefühl und der Lebensqualität des Individuums. In diesem Konzept bedeutet dann – wie eine englische Kursleiterin meint, die mit älteren Analphabetinnen und Analphabeten einen Poesiekurs gemacht hat – Alphabetisierung das Gleiche wie Singen, Tanzen und Umarmen (vgl. Kazemek 2003, 76).

Das verdeutlicht auch das Zitat aus dem Roman „Der Alte, der Liebesromane las" des chilenischen Schriftstellers Luis Sepúlveda (Sepúlveda 2003), mit dem wir unseren Beitrag abschließen wollen.

Der Witwer Antonio José Bolivar Proaño lebt die meiste Zeit seines Lebens inmitten von Indianerinnen und Indianern und raffgierigen Goldsucherinnen und Goldsuchern am Amazonas. Als er alt wird und seine Zähne anfangen zu faulen, sodass er ein Gebiss braucht, entdeckt er zufällig, dass er lesen kann: „Er konnte lesen. Dies war die wichtigste Entdeckung seines Lebens. Er war im Besitz des Gegenmittels gegen das verderbliche Gift des Alterns. Er konnte lesen. Aber er hatte nichts zu lesen." (Sepúlveda 2003, 51)

Vom gelegentlich vorbeikommenden Zahnarzt bekommt er Liebesromane zum Lesen. Und so liest der Alte Liebesromane: „Er las langsam, indem er die Silben zusammenfügte, sie leise vor sich hinmurmelte, als wolle er sie im Mund zergehen lassen, und wenn er das ganze Wort beherrschte, wiederholte er es in einem Zug. Das gleiche machte er dann mit dem ganzen Satz und eignete sich auf diese Weise die auf die Seiten gebannten Gefühle und Gedanken an. Wenn ihm eine Passage besonders gut gefiel, wiederholte er sie ein ums andere Mal: so oft wie er es für nötig hielt, um zu entdecken, wie schön die menschliche Sprache sein konnte. Er las mit Hilfe einer Lupe, seines zweitliebsten Besitztums. Das liebste war ihm sein künstliches Gebiß" (Sepúlveda 2003, 30).

Literatur

ANDERS, Markus (2009): Analphabetismus und Gesundheit. In: Alfa-Forum, 22. Jg., Nr. 70, S. 14-15.

BEN JELLOUN, Tahar (2010): Zurückkehren. Berlin: Berlin Verlag.

BOAL, Augusto (1989): Theater der Unterdrückten. Übungen und Spiele für Schauspieler und Nicht-Schauspieler. Frankfurt am Main: Suhrkamp.

BYRNE, Tina/LAWLESS, Kerry (2008a): It's never too late to learn: A study of older literacy students in Dublin. Executive Summary. Dublin: National Adult Literacy Agency. Verfügbar unter: http://www.nala.ie/catalog/its-never-too-late-learn-2008-study-older-literacy-students-dublin-executive-summary [Abruf am 01.02.2011].

BYRNE, Tina/LAWLESS, Kerry (2008b): It's never too late to learn: A study of older literacy students in Dublin. Dublin: National Adult Literacy Agency. Verfügbar unter: http://www.nala.ie/catalog/its-never-too-late-learn-2008-study-older-literacy-students-dublin [Abruf am 01.02.2011].

COLE, Thomas R./EDWARDS, Claudia (2005): Das 19. Jahrhundert. Aufbruch in den Wohlfahrts-Staat. In: THANE, Pat (Hrsg.): Das Alter. Eine Kulturgeschichte. Darmstadt: Primus-Verlag, S. 211-261.

DÖBERT, Marion (2009): Alphabetisierung – Grundbildung – Gesundheit. In: Alfa-Forum, 22. Jg., Nr. 70, S. 8-12.

ENGSTLER, Heribert/MOTEL-KLINGEBIEL, Andreas (2010): Datengrundlagen und Methoden des Deutschen Alterssurveys (DEAS). In: MOTEL-KLINGEBIEL, Andreas/WURM, Susanne/TESCH-RÖMER, Clemens (Hrsg.): Altern im Wandel. Befunde des Deutschen Alterssurveys (DEAS). Stuttgart: Kohlhammer, S. 34-60.

FLIEGENDE BLÄTTER (1850): Zur Orthographie. Band XI, Nr. 258. München: Braun& Schneider, S. 142.

FREUND, Michael (2005): Ein Wort, zehn Cent. Das Kreuz mit der Schrift. Münster: Bundesverband Alphabetisierung e.V./Stuttgart: Ernst Klett Sprachen.

GENUNEIT, Jürgen (1995a): Alpha 2000: Schöne neue Welt ohne Bücher. Lesen und Schreiben in utopischen Romanen. In: Alfa-Rundbrief, Nr. 28, S. 33-35.

GENUNEIT, Jürgen (1995b): Hägar der Schreckliche läßt grüßen. Analphabetismus in der Karikatur. In: BRÜGELMANN, Hans/BALHORN, Heiko/FÜSSENICH, Iris (Hrsg.): Am Rande der Schrift. Zwischen Sprachenvielfalt und Analphabetismus. Lengwil: Libelle, S. 224-241.

GROTLÜSCHEN, Anke/RIEKMANN, Wibke (2011): leo. – Level-One Studie. Literalität von Erwachsenen auf den unteren Kompetenzniveaus. Presseheft. Hamburg: Universität Hamburg. Verfügbar unter: http://blogs.eph.uni-hamburg/leo/files/2011/02/leo-Presseheft-web.pdf [Abruf am 04.03.2011]

HUNTEMANN, Hella/WEISS, Christina (2010): Volkshochschul-Statistik. 48. Folge, Arbeitsjahr 2009. Bonn: Deutsches Institut für Erwachsenenbildung. Verfügbar unter: http://www.die-bonn.de/doks/huntemann1001.pdf [Abruf am 01.02.2011].

HUXHOLD, Oliver/MAHNE, Katharina/NAUMANN, Dörte (2010): Soziale Integration. In: MOTEL-KLINGEBIEL, Andreas/WURM, Susanne/TESCH-RÖMER, Clemens (Hrsg.): Altern im Wandel. Befunde des Deutschen Alterssurveys (DEAS). Stuttgart: Kohlhammer, S. 215-233.

HUXLEY, Aldous (1994): Schöne neue Welt. Frankfurt am Main: Fischer Taschenbuch Verlag.

KARG, Ludwig/VIOL, Wilma/WILLIGE, Mirjam (2010): Ergebnisbericht zur ersten Erhebung monitor Alphabetisierung und Grundbildung bezogen auf das Jahr 2008. Bonn: Deutsches Institut für Erwachsenenbildung. Verfügbar unter: http://www.die-bonn.de/doks/ alphamonitor1001.pdf [Abruf am 01.02.2011].

KAZANTZAKIS, Nikos (1994): Freiheit oder Tod. Frankfurt am Main/Berlin: Ullstein.

KAZEMEK, Francis E. (2003): „Now is the time to evaluate our lives". The elderly as a touchstone for adult literacy education. In: Adult Basic Education, 13. Jg., Nr. 2, S. 67-80.

KORETZKY, Michael (o.J.): Too late to learn. Verfügbar unter: http://www.koretzky.com/ michael/columns.html [Abruf am 01.02.2011].

LAWLESS, Kerry/BYRNE, Tina (2008): What can older literacy students teach us? A review of literacy social practice among older learners. In: Literacy Review. NALA Journal 2008. Dublin: National Adult Literacy Agency, S. 59-83. Verfügbar unter: http://www. nala.ie/catalog/nala-journal-2008 [Abruf am 01.02.2011].

LENZ, Siegfried (1990): Der Leseteufel. In: Ders.: So zärtlich war Suleyken. Masurische Geschichten. Frankfurt am Main: Fischer Taschenbuch Verlag, S. 7-12.

MAHNE, Katharina/MOTEL-KLINGEBIEL, Andreas (2010): Familiale Generationsbeziehungen. In: MOTEL-KLINGEBIEL, Andreas/WURM, Susanne/TESCH-RÖMER, Clemens (Hrsg.): Altern im Wandel. Befunde des Deutschen Alterssurveys (DEAS). Stuttgart: Kohlhammer, S. 188-214.

MALERBA, Luigi (1983): Die Entdeckung des Alphabets. In: Ders.: Die Entdeckung des Alphabets. Erzählungen. Frankfurt am Main: Suhrkamp, S. 7-9.

MEADOWS, Graham (2008): Literacy: an end in itself? In: reflect. The Magazine of NRDC, Nr. 11, S. 16-17. Verfügbar unter: http://www.nrdc.org.uk/publications_details.asp?ID=144 [Abruf am 01.02.2011].

MICHON, Pierre (2004): Das Leben des alten Foucault. In: Ders.: Leben der kleinen Toten. Frankfurt am Main: Suhrkamp, S. 131-152.

MITSCHERLICH, Margarete (2010): Die Radikalität des Alters: Starrsinn oder Furchtlosigkeit? In: Dies.: Die Radikalität des Alters. Einsichten einer Psychoanalytikerin. Frankfurt am Main: S. Fischer Verlag, S. 227-240.

MOTEL-KLINGEBIEL, Andreas/WURM, Susanne/TESCH-RÖMER, Clemens (Hrsg.) (2010): Altern im Wandel. Befunde des Deutschen Alterssurveys (DEAS). Stuttgart: Kohlhammer.

MÜLLER, Annerose (2002): Die Anfänge der Alphabetisierung im Landkreis Bernburg (Sachsen-Anhalt). In: Alfa-Forum, 15. Jg., Nr. 50, S. 19-22.

MYŚLIWSKI, Wiesław (2000): Der nackte Garten. München: Wilhelm Goldmann.

OECD/STATISTICS CANADA (1995): Literacy, Economy and Society. Results of the first International Adult Literacy Survey. Paris: OECD/Ottawa: Statistics Canada.

PARKIN, Tim (2005): Das antike Griechenland und die römische Welt: Das Alter – Segen oder Fluch? In: THANE, Pat (Hrsg.): Das Alter. Eine Kulturgeschichte. Darmstadt: Primus-Verlag, S. 31-69.

PIRANDELLO, Luigi (1973): Der andere Sohn. In: Ders.: Das schwarze Umschlagtuch. Novellen. Leipzig: Insel-Verlag, S. 94-117.

ROTHER, Nina (2010): Das Integrationspanel. Ergebnisse einer Befragung von Teilnehmenden zu Beginn ihres Alphabetisierungskurses. Working Paper 29. Nürnberg: Bundesamt für Migration und Flüchtlinge. Verfügbar unter: http://www.bamf.de/Shared Docs/Anlagen/DE/Publikationen/WorkingPapers/wp29-integrationspanel-alphabetisie rungskurse.pdf?__blob=publicationFile [Abruf am 23.03.2011].

SCHMITZ, Ute (2008): Altenhilfe für MigrantInnen. Verfügbar unter: http://www.gruene-alte.de/themen/aeltere-migrantinnen [Abruf am 01.02.2011].

SCHUBART, Christian Friedrich Daniel (1962): Schuldiktat Nr. 5. In: Ders.: Schubarts Werke. In einem Band. Ausgew. u. eingel. v. Ursula Wertheim u. Hans Böhm. Weimar: Volksverlag, 2. Aufl., S. 240-241.

SEPÚLVEDA, Luis (2003): Der Alte, der Liebesromane las. Frankfurt am Main/Wien/Zürich: Büchergilde Gutenberg.

STARK, Werner/FITZNER, Thilo/SCHUBERT, Christoph (Hrsg.) (1998): Wer schreibt, der bleibt! – Und wer nicht schreibt? Stuttgart: Klett.

THAMS, Susanne (2010): Familie in Berlin: Pflegedienste für ältere Migranten. In: Der Tagesspiegel, 29.07.2010. Verfügbar unter: http://www.tagesspiegel.de/berlin/familie/pflegedienste-fuer-aeltere-migranten/1893150.html [Abruf am 03.02.2011].

THANE, Pat (Hrsg.) (2005a): Das Alter. Eine Kulturgeschichte. Darmstadt: Primus Verlag.

THANE, Pat (2005b): Einführung: Der alte Mensch im Wandel. In: Ders. (Hrsg.): Das Alter. Eine Kulturgeschichte. Darmstadt: Primus Verlag, S. 9-30.

TROYANSKI, David G. (2005): Das 18. Jahrhundert. Rückhalt in Familie und Gemeinde. In: THANE, Pat (Hrsg.): Das Alter. Eine Kulturgeschichte. Darmstadt: Primus-Verlag, S. 175-209.

Familiäre Bedingungsfaktoren von Lesekompetenz und Effektivität systematischer Förderung

Nele McElvany

Vor dem Hintergrund der Thematik, dass familiäre Bedingungsfaktoren im bedeutsamen Zusammenhang mit schriftsprachlichen Kompetenzen stehen, wird in diesem Beitrag zunächst ein Überblick über den aktuellen Erkenntnisstand zur Bedeutung der sozialen Herkunft für den Erwerb von Lesekompetenz gegeben und eigene Forschungsergebnisse zur differentiellen Bedeutung von familiären Struktur- und Prozessmerkmalen für den Leseerwerb werden berichtet (Längsschnittstudie LESEN 3-6, McElvany et al. 2009). Im zweiten Teil werden Theorie, Konzeption und Evaluation eines konkreten Förderprogramms, welches in der Familie ansetzt, berichtet (Berliner Eltern-Kind-Leseprogramm, McElvany/Artelt 2009). Hierbei wird in Bezug auf die Evaluation nicht nur auf Fragen der Effektivität, sondern auch der Implementierbarkeit derartiger Fördermaßnahmen in den Zielgruppen eingegangen. Im dritten Teil werden die Ergebnisse einer aktuellen Metaanalyse zur Effektivität familiärer Interventionsprogramme im Bereich Literacy vorgestellt und somit der internationale Forschungsstand – der ein durchaus kritisches Licht auf die vorhandenen Ansätze wirft – eingebracht (van Steensel et al. 2010). Abschließend werden die Ergebnisse zusammenfassend diskutiert und Desiderate für zukünftige Forschung aufgezeigt.

1. Bedeutung der sozialen Herkunft für den Erwerb von Lesekompetenz

Schriftsprachkompetenz gilt als zentrale Voraussetzung für schulischen und beruflichen Erfolg sowie Lebenslanges Lernen (Artelt et al. 2005). Beunruhigend ist daher die wiederholt berichtete Situation, dass ein substantieller Anteil der Schülerinnen und Schüler in Deutschland erhebliche Defizite in diesem Bereich aufweist (u.a. Baumert et al. 2001; McElvany et al. 2008; vgl. Klicpera/Gasteiger-Klicpera 1993). Der systematische Erwerb der Lese- und Schreibkompetenz findet in der Regel in der Grundschule statt, gleichzeitig werden die Voraussetzungen bereits vor Schulbeginn erworben. In vielen Studien konnte die Bedeutung der häuslichen Umgebung (der sog. „Home Literacy Environment" – HLE) für die Entwicklung kindlicher Schriftsprachkompetenz dargelegt werden (Stubbe et al. 2007; Whitehurst/Lonigan 1998). Für die Schulzeit ist die Relevanz des familiären Hintergrunds sowohl für den Erwerb von Kompetenzen als auch für die Bildungsbeteiligung empirisch belegt. Insbesondere die PISA-Studie hat in Deutschland die Aufmerksamkeit darauf gelenkt, dass ein starker Zusammenhang zwischen dem sozioökonomischen Hintergrund der Familie und der Lesekompetenz besteht und dass dieser Zusammenhang im internationalen Vergleich in Deutschland besonders eng ist (Baumert/Schümer 2001).

Gleichzeitig wurde mit Blick auf die Bildungsbeteiligung zum Beispiel berichtet, dass auch bei gleicher Leistung die Chancen für ein Kind aus einer Arbeiterfamilie, auf ein Gymnasium zu gehen, deutlich geringer sind als für ein Kind mit Eltern, die zur Gruppe der oberen Dienstklasse gehören. Im Gegensatz zu einer Vielzahl von Studien, die Hinweise auf die Bedeutung der familiären Lesesozialisation *vor* Beginn der Schulzeit geben, gibt es vergleichsweise wenige empirische Untersuchungen zur Bedeutung familiärer Merkmale *während* der Schulzeit, die über den wiederholt festgestellten querschnittlichen Zusammenhang mit dem sozioökonomischen Familienhintergrund hinausgehen (vgl. Baumert et al. 2003; Retelsdorf/Möller 2008). Konzeptionell können im Hinblick auf die Bedeutung des familiären Hintergrunds einer Familie für Kompetenzerwerb und Bildungsbeteiligung Strukturmerkmale wie zum Beispiel der sozioökonomische Status oder die Familiensprache (z.B. Bradley et al. 2001; Brooks-Gunn/Duncan 1997; Helmke/Weinert 1997) von familiären Prozessmerkmalen unterschieden werden, zu denen zum Beispiel das kulturelle Kapital wie gemeinsames Lesen in der Familie oder die Vorbildfunktion der Eltern gehören (z.B. Hurrelmann 2004; McElvany et al. 2009). Aus dieser Unterscheidung heraus kann ein theoretisches Wirkmodell abgeleitet werden, welches in Abbildung 1 dargestellt ist (McElvany et al. 2009; vgl. auch Baumert et al. 2003; Möller/ Schiefele 2004): Familiäre Strukturmerkmale wirken demnach vermittelt über ihren Einfluss auf familiäre Prozessmerkmale und in Folge individuelle leserelevante Merkmale wie Lesemotivation und Leseverhalten auf das Lesekompetenzniveau und die Lesekompetenzentwicklung.

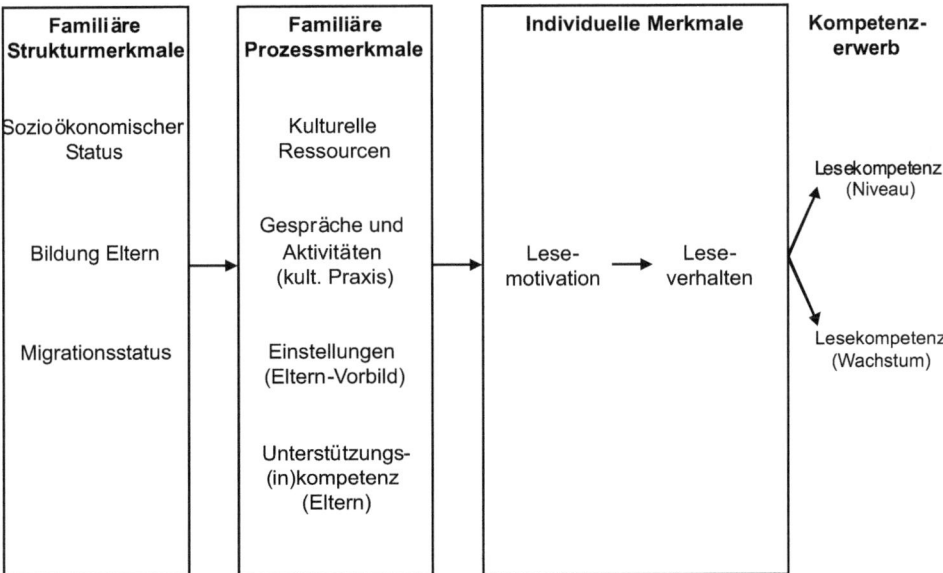

Abb. 1: Theoretisches Wirkmodell familiärer Merkmale

Zur Überprüfung dieses Modells können insbesondere zwei zentrale Forschungsfragen abgeleitet werden:

1. Stehen die familiären Strukturmerkmale in Zusammenhang mit den Prozessmerkmalen der Familien?

2. Wirken sich die familiären Strukturmerkmale mediiert über die familiären
Prozessmerkmale auf die lesebezogenen individuellen Merkmale und über diese vermittelt auf den Erwerb von Lesekompetenz in den Klassenstufen 4 bis 6 aus?

Als Datengrundlage zur Untersuchung dieser Forschungsfragen diente die
Berliner Leselängsschnittstudie (LESEN 3-6) des Max-Planck-Instituts für Bildungs-
forschung. Für die Auswertung stehen Daten von 772 Schülerinnen und Schülern zur
Verfügung. Von diesen sind 47,1 % Mädchen, 29,2 % leben mit nur einem Elternteil
zusammen und 37,0 % der Kinder sprechen zu Hause nur oder auch eine andere
Sprache als Deutsch.

Die Erfassung der familiären Struktur- und Prozessvariablen wird in Tabelle 1 als
Übersicht dargestellt (s. auch McElvany et al. 2009).

Konstrukt	Erfassung
Familiäre Strukturvariablen	
Sozioökonomischer Status	Als Indikator wurde der anhand der Berufsangaben der Eltern ermittelte Internationale Sozioökonomische Index (ISEI; vgl. Ganzeboom/Treiman 1996) der Familie herangezogen. Bei Unterschieden zwischen den beiden Elternteilen wurde jeweils der höhere Statuswert berücksichtigt.
Bildung der Eltern	Als Indikator für die elterliche Bildungsnähe wurde der Schulabschluss der Eltern mit einer Dummy-Kodierung (1 = mindestens ein Elternteil (Fach)Hochschulreife, 0 = kein Elternteil (Fach)Hochschulreife) verwendet.
Migrationsstatus	Der Schülerfragebogen enthielt die Frage „Welche Sprache(n) sprecht ihr meistens zu Hause?", wobei die drei Antwortmöglichkeiten für die Analysen in einer Dummy-Variable „Deutsch" (1 = nur Deutsch; 0 = nicht oder nicht nur Deutsch) zusammengefasst wurden.
Familiäre Prozessmerkmale	
Kulturelle Ressourcen	Als Indikator wurde der familiäre Buchbesitz der Eltern bzw. des Kindes über zwei Fragen im Elternfragebogen erhoben (z.B. „Wie viele Bücher besitzt Ihr Kind schätzungsweise?"; Cronbachs α = .76; Skala 1-5; M = 3.34, SD = 1.10).
Kulturelle Praxis	Gespräche und Aktivitäten. Es wurden sieben Items (z.B. „Meine Eltern gehen mit mir in die Bibliothek.", „Meine Eltern unterhalten sich mit mir über das, was ich gelesen habe.") von den Kindern auf einer fünfstufigen Likertskala beurteilt (Cronbachs α = .73; M = 2.93, SD .79).
Elterliche Einstellung zum Lesen	Die von den Kindern wahrgenommene Wertschätzung des Lesens durch die Eltern wurde anhand von drei Items im Schülerfragebogen ermittelt (z.B. „Meine Eltern finden Lesen eine gute Sache."), denen auf einer vierstufigen Likertskala zuzustimmen war (Cronbachs α = .69; M = 3.55, SD = .55).
Elterliche Förder-inkompetenz	Die elterlichen Selbsteinschätzungen der eigenen Unterstützungs-möglichkeiten ihrer Kinder beim Lesen wurden über die Zustimmung auf einer vierstufigen Likertskala zu drei negativ gepolten Items erfasst (z.B. „Ich weiß nicht, wie ich mein Kind darin unterstützen kann, ein besserer Leser/eine bessere Leserin zu werden"; Cronbachs α = .68; M = 1.65, SD = .64). Ein hoher Wert auf dieser Skala entspricht demnach einer fehlenden Kompetenz.

Tab. 1: Konstrukte und Erfassung der familiären Struktur- und Prozessmerkmale

Die Ergebnisse zur ersten Forschungsfrage, inwieweit die familiären Struktur-merkmale in Zusammenhang mit den Prozessmerkmalen der Familien stehen, sind in Tabelle 2 wiedergegeben (für eine ausführliche Darstellung der Studie siehe McElvany et al. 2009). Sozioökomischer Hintergrund und Schulabschluss der Eltern weisen ein ähnliches Zusammenhangsmuster auf. Beide korrelieren deutlich posi-tiv mit dem Buchbesitz als Indikator der kulturellen Ressourcen und ebenfalls posi-tiv mit der kulturellen Praxis, erfasst über Gespräche und Aktivitäten, sowie den el-terlichen Einstellungen im Sinne der Wertschätzung des Lesens. Gleichzeitig zeigt sich ein negativer Zusammenhang mit der Inkompetenz der eigenen Förderung der Kinder im Bereich Lesen. Eine Kongruenz zwischen Familien- und Schulsprache, also eine Familiensprache Deutsch, korreliert ebenfalls positiv mit dem Buchbesitz und schwach auch mit der elterlichen Wertschätzung des Lesens. Gleichzeitig gibt es eine deutlich geringere Inkompetenz in der Förderung der eigenen Kinder im Bereich Lesen, aber auch weniger Gespräche und Aktivitäten im Sinne einer kulturellen Praxis der Familie. Insgesamt zeigen sich damit die erwartbaren Zusammenhänge zwischen den familiären Struktur- und Prozessmerkmalen, wobei das Muster für die Familiensprache insbesondere im Bereich der Gespräche und Aktivitäten von den Ergebnissen der anderen beiden Strukturmerkmale abweicht.

	Sozioökonom. Hintergrund	Schulabschluss (Eltern)	Familiensprache
Buchbesitz	.51***	.47***	.29***
Gespräche und Aktivitäten	.13*	.25***	-.14*
Einstellung zum Lesen	.26***	.30***	.11*
Inkompetenz Förderung	-.23***	-.10+	-.42***

Anmerkung: N = 766. *** p < .001, ** p < .01, * p < .05, + p < .10

Tab. 2: Bivariate Korrelationen der latenten Variablen (Mplus)

Abbildung 2 zeigt die Ergebnisse hinsichtlich der Forschungsfrage, ob sich die fa-miliären Strukturmerkmale mediiert über die familiären Prozessmerkmale auf die le-sebezogenen individuellen Merkmale und über diese vermittelt auf den Erwerb von Lesekompetenz in den Klassenstufen 4 bis 6 auswirken. Einige der abgebildeten Ergebnisse sollen im Folgenden kurz berichtet werden. Dabei ist es zum Verständnis wichtig zu beachten, dass in dem komplexen Modell – anders als in den zuvor be-richteten bivariaten Korrelationen – immer mehrere Konstrukte gleichzeitig berück-sichtigt werden, um Unterschiede in den verschiedenen Bereichen zu erklären: Der *elterliche Bildungsabschluss* erweist sich auch bei gleichzeitiger Berücksichtigung al-ler drei familiären Strukturmerkmale als besonders bedeutsam und steht in positivem Zusammenhang mit dem Buchbesitz als kultureller Ressource, mit der kulturellen Praxis und der elterlichen Einstellung zum Lesen. Eine *andere Familiensprache* geht mit weniger Büchern und Wertschätzung, mit etwas mehr kultureller Praxis, aber auch mit höherer elterlicher Förderinkompetenz einher. Die *kulturelle Praxis* mit le-sebezogenen Gesprächen und Aktivitäten steht in deutlichem Zusammenhang mit der Lesemotivation und dem Leseverhalten der Kinder. Der *Wortschatz* als wichtige individuelle Voraussetzung der Lesekompetenz wird multipel von familiären Struktur- und Prozessmerkmalen vorhergesagt. Hinsichtlich der *Lesekompetenzleistung* können direkte Effekte des sozioökonomischen Hintergrunds auf die Lesekompetenz in Klasse 4 und die Veränderung der Kompetenz hin zu Klasse 6 festgestellt werden. Ebenso gibt es direkte Effekte des – familiär mitbedingten – Wortschatzes und des Leseverhaltens auf die Veränderung der Lesekompetenz von Klasse 4 zu 6. Die kulturellen Ressourcen in Form des Buchbesitzes sagen das Niveau der Lesekompetenz in Klasse 4 vorher, stehen aber in keinem direkten Zusammenhang mit einer differentiellen Veränderung hin zu Klasse 6. Neben den direkten Effekten zeigen sich noch eine Reihe indirekter Effekte der familiären Struktur- und Prozessmerkmale vermittelt vor allem über das kindliche Leseverhalten und den Wortschatz. Insgesamt lässt sich somit ein komplexes und differenziertes Wirkmodell familiärer Merkmale empirisch aufzeigen.

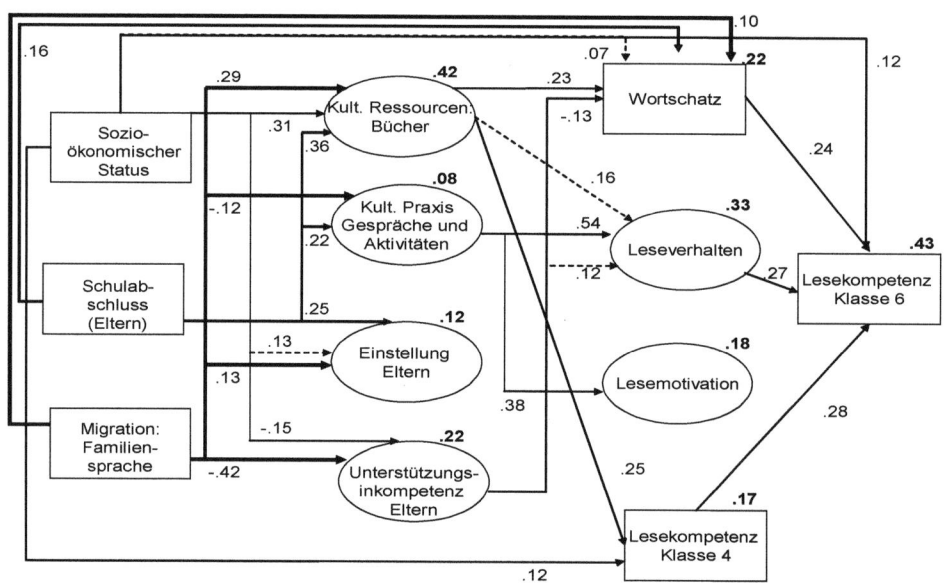

Anmerkung: Darstellung der statistisch signifikanten, standardisierten Pfadkoeffizienten aus Mplus 5.1 (zweiseitige Testung); p < .05, gestrichelte Pfade statistisch signifikant auf dem 10%-Niveau; Fettdruck einiger Pfade zur besseren Übersichtlichkeit; fett gedruckte Werte: R². Residualkorrelationen (p < .05): Bücher – Gespräche und Aktivitäten Φ =_.24; Bücher – Einstellung Φ = .27; Bücher – Inkompetenz Φ = -.28; Gespräche und Aktivitäten – Einstellung Φ = .53; Gespräche und Aktivitäten – Inkompetenz Φ = -.26; Einstellung – Inkompetenz Φ = -.15; Leseverhalten – Lesemotivation Φ = .74; Leseverhalten – Wortschatz Φ = .24; Leseverhalten – Lesekompetenz Klasse 4 Φ = .20; Lesemotivation – Wortschatz Φ = .34; Lesemotivation – Lesekompetenz Klasse 4 Φ = .28; Wortschatz – Lesekompetenz Klasse 4 Φ = .50, Korrelationen der exogenen Variablen siehe Tabelle 2.

Abb. 2: Gesamtmodell der Lesekompetenzvorhersage mit Strukturmerkmalen als unabhängigen Variablen und Prozessmerkmalen und individuellen Variablen als Mediatoren (ohne grafische Darstellung der Interkorrelationen der Variablen und Residuen untereinander) (*N* = 766)

2. Theorie, Konzeption und Evaluation des Berliner Eltern-Kind-Leseprogramms

Im ersten Abschnitt wurden die „natürlichen" Einflüsse der Familie beschrieben – im Anschluss stellt sich die Frage, welche Effekte die Familie bei systematischer Förderung im Kontext der Familie haben kann? Im Folgenden soll daher die Theorie, Konzeption und Evaluation des Berliner Eltern-Kind-Leseprogramms vorgestellt werden. Die wichtige Funktion der Familie im Rahmen der Lesesozialisation soll durch ein gezieltes Familienförderprogramm im Bereich des Lesens unterstützt und mitgestaltet werden. Dabei wird aus theoretischer Sicht viel Potential in den Familien für eine erfolgreiche Förderung gesehen: (a) die Intensität der Intervention durch die direkte Interaktion von einem Elternteil und einem Kind (gerade auch im Vergleich zu einer Lehrkraft mit einer Klasse), (b) die wichtige Vorbildfunktion der Eltern für die Kinder, (c) die Chance des lernförderlichen direkten Feedbacks für die einzelnen Kinder, (d) die mögliche lange Dauer einer Intervention in einem familiären Kontext einschließlich der Möglichkeit von „Auffrischungssitzungen", (e) die Nachhaltigkeit durch etabliertes kulturelles Kapital bzw. kulturelle Praxis, die der stabile Familienkontext bieten kann, (f) die soziokulturelle Angemessenheit, die erreicht werden kann sowie (g) praktische Aspekte wie beispielsweise eine flexible Zeitplanung der individuellen Familien (McElvany 2008; McElvany/van Steensel 2009). Gleichzeitig sind mit dem Ansatz aber auch einige substantielle Herausforderungen verbunden. Zu diesen gehört zentral die Tatsache, dass Eltern keine ausgebildeten Erzieherinnen bzw. Erzieher oder Lehrkräfte sind und daher nicht über das didaktische, pädagogische, fachliche und lernpsychologische Wissen wie diese verfügen. Außerdem bestehen zwischen Eltern und Kindern sensible Beziehungen, die durchaus durch gemeinsame Fördersituationen anders belastet werden könnten als Lehrer-Schüler-Beziehungen im schulischen Lernkontext (Grolnick 2003). Schließlich sind auch die vorhandenen familiären Belastungen und Einschränkungen zu bedenken, die durch den regulären familiären Alltag bestehen und in die eine Fördermaßnahme nicht unbedingt problemlos integriert werden kann.

Vor diesem Hintergrund gilt es zwei zentrale Forschungsfragen zu klären: Kann ein systematisches Förderprogramm in Familien (a) implementiert werden und ist es (b) effektiv? Das Berliner Eltern-Kind-Leseprogramm, welches im Rahmen dieser Fragestellungen konzipiert, implementiert und evaluiert wurde, besteht aus 43 Sitzungen, die zwei- bis dreimal wöchentlich im Elternhaus durchgeführt werden (für eine ausführliche Darstellung des Programms siehe McElvany 2008). Kurze Handbücher für Eltern und Kinder erklären die Struktur und Umsetzung der Sitzungen, deren Ziel vor allem die Elaboration des Gelesenen ist. Eltern und Kinder werden als gleichberechtigte Partner angesehen, die alle Aufgaben gemeinsam bzw. abwechselnd bestreiten. Durch das Lesen und eine begleitende Struktur aus metakognitiven Fragen, verständnissichernden Kontrollfragen und Elaborationsstrategien sowie motivationsorientierten Elementen (interessante Themen, Malaufgaben etc.) sollen die Textlesekompetenz sowie leserelevante Merkmale (z.B. der Wortschatz) gefördert werden.

Eine Evaluationsstudie (McElvany 2008; McElvany/Artelt 2009), die die Effekte des Programms durch den Vergleich der Interventionsgruppe ($N = 104$) mit einer Kontrollgruppe (N = 395) mit einem Prä-Post-Design untersuchte, ergab eine Wirksamkeit des Programms für folgende untersuchte Aspekte: den Wortschatz (d = .36), die lesebezogene Metakognition (d = .15) in Interaktion mit dem Ausgangsniveau (Gruppe niedriges Ausgangsniveau: d = .48), die wahrgenommene eigene Bildungsverantwortung der Eltern (d = .39; Gruppe niedrig: .59), das elterliche Vorbildverhalten beim Lesen (d = .37; Gruppe niedrig: .48) sowie die Textelaboration für die Gruppe mit niedrigen Ausgangswerten (Mediansplit, N = 52; d = 1.69). Ähnliche Effekte zeigten sich auch, wenn speziell die Subgruppe der Kinder mit familiärem Migrationshintergrund betrachtet wurde. Hierbei ist allerdings der explorative Charakter dieser subgruppenbezogenen Ergebnisse zu berücksichtigen, da nur 18 der 104 Kinder in der Interventionsgruppe einen familiären Migrationshintergrund hatten.

Hinsichtlich der Frage der Implementierbarkeit zeigte sich bei dem zentralen Merkmal der Stichprobe, dass die Teilnahmebereitschaft von Familien gering ist. Von allen angesprochenen Familien hatten nur 34 % überhaupt generelles Interesse. Durchgeführt wurde das Programm nur von 13 % aller Eltern. Dieses kritische Bild wird verstärkt durch vertiefende Analysen zur teilnehmenden Gruppe. Hier wird deutlich, dass es sich um eine deutlich selektive Teilnahme handelt, was sich in einem höheren sozioökonomischen Hintergrund der teilnehmenden Familien sowie einem höheren Textverständnis, höherer Dekodierfähigkeit und ausgeprägterem Leseverhalten der Kinder im Vergleich zu der Kontrollgruppe ausdrückt (d = .31-.63). Insgesamt kann man festhalten, dass das Berliner Eltern-Kind-Leseprogramm Potential für eine effektive Förderung der Kinder hat – insbesondere für die Wortschatzförderung und die gemeinsame Textelaboration. Gleichzeitig konnten in dieser Studie jedoch keine direkten Effekte auf das Textverständnis nachgewiesen werden. Zudem gab es deutliche Hinweise auf die Problematik der selektiven Beteiligung an einem freiwilligen Förderprogramm im Kontext der Familie.

3. Effektivität familiärer Förderprogramme im Bereich Literacy – Ergebnisse einer Metaanalyse

Im vorangegangenen Abschnitt wurde ein konkretes Familienförderprogramm aus Deutschland vorgestellt. Aber wie sieht es nun insgesamt aus? Was sagt die internationale Forschung zu der Frage, ob Interventionen zur Leseförderung in Familien effektiv sind bzw. wie effektiv sie sind? Zur Beantwortung dieser Fragen wurde von einer Gruppe rund um Dr. Roel van Steensel (Universität von Amsterdam, Niederlande) eine Metaanalyse zur Effektivität familiärer Interventionsprogramme im Bereich Literacy durchgeführt (für eine ausführliche Darstellung der Metaanalyse siehe van Steensel et al. 2010; Ausschnitte auch in McElvany et al. 2010). Ziel einer Metaanalyse ist es, einen „Überblick über den aktuellen Stand der Forschung" (Bortz/Döring 2006, 672) zu bekommen, indem die Ergebnisse vieler (quantitativer) Einzelstudien mit gemeinsamer Thematik zusammengefasst und gleichzeitig Aussagen über bestimmte Ansätze bzw. Programme möglich werden.

Die Literatur als Grundlage der empirischen Metaanalyse wurde über eine Suche mit den Suchmaschinen ERIC und PsycInfo sowie Literaturverweise in berücksichtigten Studien gefunden. Als Suchwörter wurden in allen Kombinationen verwendet: (i) „program", „intervention", „training", (ii) „home", „family", „parents", und (iii) „literacy", „reading". Berücksichtigt wurden Studien aus dem Zeitabschnitt 1990 bis 2010, an denen Kindergarten-, Vorschul- oder Grundschulkinder teilnahmen und in denen ein Vergleich mindestens einer Programm- und mindestens einer Kontrollgruppe ohne Training durchgeführt wurde. Die Wirksamkeit systematischer Interventionsprogramme in Familien im Bereich des Schriftspracherwerbs sollte in Bezug auf folgende übergeordnete Forschungsfragen geklärt werden:

1. Wie effektiv sind systematische Interventionsprogramme in Familien, die schriftsprachliche Kompetenzen fördern sollen in Bezug auf (a) codebezogene Maße (z.B. phonologische Bewusstheit, Dekodierfähigkeit) sowie (b) verständnisbezogene Maße (Wortschatz, Textverständnis)?

2. Gibt es Moderatoreffekte von Merkmalen (a) der Programme, (b) der Stichproben und (c) der Evaluationsstudien? Um diese Frage nach möglichen Einflussfaktoren klären zu können, wurden die Studien hinsichtlich vieler möglicherweise relevanter Merkmale kodiert (Programm: Art der Aktivität, Programmfokus, Mitarbeiterqualifikation, Hausbesuche, Gruppentreffen, Bücherbereitstellung, Ort, Dauer; Stichprobe: Alter, „at-risk"; Studie: Randomisierung, Pretest, Follow-Up).

In der Literatur konnten 30 aktuelle Studien mit insgesamt 47 untersuchten Stichproben identifiziert werden. Hinsichtlich der Effektivität ergab sich ein signifikanter, aber kleiner Effekt zu Gunsten der Förderprogramme (Cohen's $d = 0.18$). Die Effektivität für codebezogene Maße ($N = 31$; $d = 0.17$) unterschied sich nicht statistisch signifikant von der Wirksamkeit für verständnisbezogene Maße ($N = 25$; $d = 0.22$). In Bezug auf die Effektivität moderierender Einflussfaktoren wurden keine statistisch signifikanten Einflüsse von Programm-, Stichproben- oder Studienmerkmalen identifiziert. Zusammenfassend bedeutet dies für die Frage der Wirksamkeit familiärer Interventionsprogramme im Literacy-Bereich, dass aktuell nur von kleinen Effekten ausgegangen werden kann. Dies hat Implikationen für die Forschung und Praxis in diesem Bereich:

1. Programmkonzeptionen müssen zielorientiert daraufhin (um)gestaltet werden, dass vor dem Hintergrund des theoretischen und empirischen Erkenntnisstandes zur effektiven Förderung eine Effektivität des Programms zu erwarten ist.

2. Die Frage der Implementationsqualität muss in den Mittelpunkt der Aufmerksamkeit rücken, in der Praxis berücksichtigt und in der Forschung umfassend untersucht werden.

3. Vorhandene Ansätze müssten zukünftig konsequent durch Studien begleitet werden, die die Implementationsqualität und Effektivität der Programme mit adäquaten Methoden untersuchen.

4. Diskussion

Der Beitrag hat die umfassende Bedeutung der Familie für die Lesesozialisation und den Kompetenzerwerb im Bereich Lesekompetenz aufgezeigt. Deutlich wurde in diesem Zusammenhang auch, dass eine systematische Förderung im Kontext der Familie möglich, aber durchaus kein Selbstläufer ist. Nötig sind effektive und breit einsetzbare Interventionen, um den wiederholt dokumentierten Kompetenzdefiziten eines substantiellen Teils der Kinder und Jugendlichen in Deutschland zu begegnen. Für diese Interventionen in Familien sind theoretisch fundierte, zielgruppenspezifische Konzeptionen zu erstellen. Hierzu gehört auch, die Elternkompetenzen realistisch einzuschätzen und so zu fördern, dass eine Umsetzung der Förderansätze in den Familien wirklich möglich ist. Viele weitere Aspekte der Implementierungsqualität gilt es zu bedenken und in Evaluationsstudien zu berücksichtigen (vgl. McElvany/ van Steensel 2009). Schließlich ist es auch an der Zeit, die Chance der Kooperation zwischen der Institution Schule und den Familien verstärkt zu nutzen.

Literatur

ARTELT, Cordula/McELVANY, Nele/CHRISTMANN, Ursula/RICHTER, Tobias/GROEBEN, Norbert/ KÖSTER, Juliane/SCHNEIDER, Wolfgang/STANAT, Petra/OSTERMEIER, Christian/SCHIEFELE, Ulrich/VALTIN, Renate/RING, Klaus (2005): Förderung von Lesekompetenz. Expertise. Bildungsforschung Band 17. Bonn/Berlin: Bundesministerium für Bildung und Forschung (BMBF). Verfügbar unter: http://www.bmbf.de/pub/bildungsreform_band_ siebzehn.pdf [Abruf am 11.11.2010].

BAUMERT, Jürgen/KLIEME, Eckhard/NEUBRAND, Michael/PRENZEL, Manfred/SCHIEFELE, Ulrich/SCHNEIDER, Wolfgang/STANAT, Petra/TILLMANN, Klaus-Jürgen/WEISS, Manfred (Hrsg.) (2001): PISA 2000. Basiskompetenzen von Schülerinnen und Schülern im internationalen Vergleich. Opladen: Leske + Budrich.

BAUMERT, Jürgen/SCHÜMER, Gundel (2001): Familiäre Lebensverhältnisse, Bildungsbeteiligung und Kompetenzerwerb. In: BAUMERT, Jürgen/KLIEME, Eckhard/NEUBRAND, Michael/PRENZEL, Manfred/SCHIEFELE, Ulrich/SCHNEIDER, Wolfgang/STANAT, Petra/ TILLMANN, Klaus-Jürgen/WEISS, Manfred (Hrsg.): PISA 2000. Basiskompetenzen von Schülerinnen und Schülern im internationalen Vergleich. Opladen: Leske + Budrich, S. 323-410.

BAUMERT, Jürgen/WATERMANN, Rainer/SCHÜMER, Gundel (2003): Disparitäten der Bildungsbeteiligung und des Kompetenzerwerbs. Ein institutionelles und individuelles Mediationsmodell. In: Zeitschrift für Erziehungswissenschaft, 6. Jg., Nr. 1, S. 46-71.

BORTZ, Jürgen/DÖRING, Nicola (2006): Forschungsmethoden und Evaluation für Human- und Sozialwissenschaftler. Berlin/Heidelberg/New York: Springer, 4., überarb. Aufl.

BRADLEY, Robert H./CORWYN, Robert F./McADOO, Harriette Pipes/COLL, Cynthia García (2001): The Home Environments of Children in the United States. Part I: Variations by Age, Ethnicity, and Poverty Status. In: Child Development, 72. Jg., Nr. 6, S. 1844-1867.

BROOKS-GUNN, Jeanne/DUNCAN, Greg J. (1997): The Effects of Poverty on Children. In: The Future of Children, 7. Jg., Nr. 2, S. 55-71. Verfügbar unter: http://futureofchildren.org/futureofchildren/publications/docs/07_02_03.pdf [Abruf am 11.11.2010].

GANZEBOOM, Harry B. G./TREIMAN, Donald J. (1996): Internationally Comparable Measures of Occupational Status for the 1988 International Standard Classification of Occupations. In: Social Science Research, 25. Jg., Nr. 3, S. 201-239.

HELMKE, Andreas/WEINERT, Franz Emanuel (1997): Bedingungsfaktoren schulischer Leistungen. In: WEINERT, Franz Emanuel (Hrsg.): Psychologie des Unterrichts und der Schule. Göttingen/Bern/Toronto/Seattle: Hogrefe, S. 71-175.

HURRELMANN, Bettina (2004): Sozialisation der Lesekompetenz. In: SCHIEFELE, Ulrich/ARTELT, Cordula/SCHNEIDER, Wolfgang/STANAT, Petra (Hrsg.): Struktur, Entwicklung und

Förderung von Lesekompetenz. Vertiefende Analysen im Rahmen von PISA 2000. Wiesbaden: VS Verlag für Sozialwissenschaften, S. 37-60.

KLICPERA, Christian/GASTEIGER-KLICPERA, Barbara (1993): Lesen und Schreiben – Entwicklung und Schwierigkeiten. Die Wiener Längsschnittuntersuchungen über die Entwicklung, den Verlauf und die Ursachen von Lese- und Schreibschwierigkeiten in der Pflichtschulzeit. Bern/Göttingen/Toronto/Seattle: Huber.

MCELVANY, Nele (2008): Förderung von Lesekompetenz im Kontext der Familie. Münster/New York/München/Berlin: Waxmann.

MCELVANY, Nele/ARTELT, Cordula (2009): Systematic reading training in the family: Development, implementation, and initial evaluation of the Berlin Parent-Child Reading Program. In: Learning and Instruction, 19. Jg., Nr. 1, S. 79-95.

MCELVANY, Nele/VAN STEENSEL, Roel C. (2009): Potentials and Challenges of Family Literacy Interventions: the question of implementation quality. In: European Educational Research Journal, 8. Jg., Nr. 3, S. 408-433.

MCELVANY, Nele/KORTENBRUCK, Marthe/BECKER, Michael (2008): Lesekompetenz und Lesemotivation. Entwicklung und Mediation des Zusammenhangs durch Leseverhalten. In: Zeitschrift für Pädagogische Psychologie, 22. Jg., Nr.3/4, S. 207-219.

MCELVANY, Nele/BECKER, Michael/LÜDTKE, Oliver (2009): Die Bedeutung familiärer Merkmale für Lesekompetenz, Wortschatz, Lesemotivation und Leseverhalten. In: Zeitschrift für Entwicklungspsychologie und Pädagogische Psychologie, 41. Jg., Nr. 3, S. 121-131.

MCELVANY, Nele/HERPPICH, Stephanie/VAN STEENSEL, Roel C./KURVERS, Jeanne J. (2010): Zur Wirksamkeit familiärer Frühförderungsprogramme im Bereich Literacy – Ergebnisse einer Meta-Analyse. In: Zeitschrift für Pädagogik, 56. Jg., Nr. 2, S. 178-192.

MÖLLER, Jens/SCHIEFELE, Ulrich (2004): Motivationale Grundlagen der Lesekompetenz. In: SCHIEFELE, Ulrich/ARTELT, Cordula/SCHNEIDER, Wolfgang/STANAT, Petra (Hrsg.): Struktur, Entwicklung und Förderung von Lesekompetenz. Vertiefende Analysen im Rahmen von PISA 2000. Wiesbaden: VS Verlag für Sozialwissenschaften, S. 101-124.

RETELSDORF, Jan/MÖLLER, Jens (2008): Familiäre Bedingungen und individuelle Prädiktoren der Lesekompetenz von Schülerinnen und Schülern. In: Psychologie in Erziehung und Unterricht, 55. Jg., Nr. 4, S. 227-237.

STUBBE, Tobias C./BUDDEBERG, Irmela/HORNBERG, Sabine/MCELVANY, Nele (2007): Lesesozialisation im Elternhaus im internationalen Vergleich. In: BOS, Wilfried/HORNBERG, Sabine/ARNOLD, Karl-Heinz/FAUST, Gabriele/FRIED, Lilian/LANKES, Eva-Maria/SCHWIPPERT, Knut/VALTIN, Renate (Hrsg.): IGLU 2006. Lesekompetenzen von Grundschulkindern in Deutschland im internationalen Vergleich. Münster/New York/München/Berlin: Waxmann, S. 299-327.

VAN STEENSEL, Roel C./MCELVANY, Nele/KURVERS, Jeanne J./HERPPICH, Stephanie (2010): How Effective Are Family Literacy Programs? Results of a Meta-Analysis. Review of Educational Research [im Erscheinen].

WHITEHURST, Grover J./LONIGAN, Christopher J. (1998): Child development and emergent literacy. In: Child Development, 69. Jg., Nr. 3, S. 848-872.

Family Literacy in Ireland

Tina Byrne

Introduction

Irish family literacy policy and practice emerges from a body of local research that suggests that work with families can make significant difference to children's later learning experiences and outcomes (Department of Education and Science 2000; OECD 2000; National Adult Literacy Agency 2004; Educational Research Center 2004; National Economic and Social Forum 2009). One example of policy in practice is the Home, School, Community Liaison Scheme (HSCL). Established in 1990, the HSCL scheme is an initiative aimed at reducing some of the impacts of educational disadvantage including low child literacy levels. A closer partnership is facilitated between home and school through the agency of the HSCL coordinator whose role is to mediate the various aspects of home-school relationships. Parents report that schools have become more open places and that they feel more assured about their role in their child's education. Nevertheless the degree to which power has been shared in the home-school partnership varies from school to school and not all are satisfied with the extent to which the system has, to date, been transformed (Mulkerrins 2007).

Family literacy policy and practice are clear about the important role of parents in the development of children's literacy. Yet, at the same time the concept of family literacy is rooted in an implicit acknowledgment that not all parents are equally resourced to prepare and support their children with learning.

Studies of measured literacy difficulties at Irish primary and secondary levels make definitive links to socio-economic disadvantage (Archer/Weir 2004; Eivers et al. 2004; Eivers et al. 2005). Eivers et al. (2004, 2) remark that not all children come from a 'literacy-rich' home, nor are they accustomed to an environment where books and newspapers are present and where reading is modelled. Only 29% of 6th class pupils in Irish disadvantaged area schools take a positive view of their own reading achievement and there is a measureable 'literacy gap' established before the end of the primary cycle (ibid.).

In May 2005 the Irish government launched the Delivering Equality of Opportunity in Schools (DEIS) action plan for educational inclusion (Department of Education and Science 2005). The central goal was to address widespread educational disadvantage across the sectors for young people between 3 and 18 years. One of the main objectives of DEIS was to build on the successful work of HSCL over 15 years and to extend the inclusion of parents and communities in actions that would resolve educational inequalities. The context for the programme was the rising concern about educational disparities between social groupings and in particular falling reading literacy levels in disadvantaged areas. DEIS set out to instigate a more strategic, cohesive educational approach to tackling the impacts of wider disadvantage on schooling and the subsequent unequal outcomes of schooling in terms of employment and earnings.

Although it focuses on the primary and secondary sector, DEIS included provision for expanded family literacy programmes and recognition of the vital role of the home and community in children's learning experience and outcomes. Picking up on NALA's recommendations in relation to interagency partnerships in the National Adult Literacy and Numeracy Programme Implementation Plan (NALIP) (National Adult Literacy Agency 2004), DEIS lays the foundation for family literacy programmes based on a partnership approach. Partners would include the HSCL coordinators, the VEC[1] adult literacy services and NALA.

In 2009 the National Economic and Social Forum (NESF) reported on the progress made to date in improving child literacy and social inclusion. The NESF carried out case study research in a number of urban and rural DEIS schools and commissioned a study of child literacy practice outside school, including community-based family literacy initiatives. The general findings were that the delivery on DEIS objectives in schools has been delayed and patchy yet much good practice exists in the community sector and in the area of family literacy. NESF (2009) recommends greater cooperation between home, school and community in tackling the literacy gap and specifically mentions NALA's role in facilitating interagency literacy partnerships.

NALA places a strong emphasis on research into family literacy practices in Ireland and to date has published a number of reports on this topic. This paper discusses the findings from NALA research carried out in 2009 with families with literacy needs.[2] The research explored where, why and how literacy learning takes place in the home.

Background to the study

Effective family literacy practices in Ireland are of particular interest to the National Adult Literacy Agency (NALA). NALA's focus on family literacy is from the perspective of the adult learner. Consequently, family literacy is viewed as learning that begins with the lived reality of parents and carers and
- supports the learning that happens in the home and in communities,
- breaks down barriers between learning in different contexts,
- gives vital support to parents whose own education has been limited for various reasons, and
- develops both children's and adults' literacy learning (NALA 2004, 9).

To date there has been little detailed study of the nature of family, home and community literacies in an Irish context. In commissioning this research NALA sought to develop adult and children's literacy through understanding and supporting family literacy practices in the home. The research was carried out in four projects in

---

1   Vocational Education Committee
2   This paper is mainly based on two other NALA publications: Hegarty/Feeley (2010) and National Adult Literacy Agency (2010).

Ireland providing family literacy services. There were forty participants in four different locations, rural, rural town, inner-city and a city suburb. This report is based on forty completed questionnaires and 21 one-to-one interviews. The research sought to describe the participants' literacy assets and the full range of their literacy practices in the home. It provides an overview of the most frequent daily and weekly literacy activities of respondents and their spouses. The main findings from the research are presented below.

Demographic profile

49% of the participants describe their setting as urban and 51% as rural. Over 88% of the participants are women and 12% men. Over 42% of the participants are currently looking after the family and home, when you add the 7.5% whose status is full time carer in the home, nearly half of the participants are currently working in the home. Gender is undoubtedly an issue here. The majority of the participants are women, and women still constitute the majority of home workers and carers. The majority of the participants are women and aged 35 years of age or over. Nearly half are currently working in the home. Of those who are working outside the home, the same percentage (15%) are working for pay as are currently employed in a labour market scheme.

Education and training

When asked if they or a member of their family had taken part in any education or employment schemes, i.e. FÁS[3] training or adult learner courses, 80% said yes and 20% said no. The connection to education and training schemes appears to be quite strong.

When schooling is examined, 29% of respondents have primary level, 28% have lower secondary level educational qualifications and 15% of respondents have upper secondary level education. 15% had technical or vocational education and 8% had third level qualifications.

When educational qualifications were examined, 34% of the respondents replied that they have a FETAC[4]/Post Leaving Certificate qualification, 22% have a junior/inter certificate qualification and 13% have a leaving certificate. 6% of respondents who answered this question stated they have a third level qualification. It is interesting to note that 16% chose 'other' in response to this question, which suggests that the variety of qualifications people are attaining is difficult to capture.

When asked what level of education they would like their child to complete 82.5% replied third level, 12.5% upper secondary and 5% technical or vocational level. Participants clearly want their children to achieve educationally irrespective of their own level of education.

---

3   Foras Áiseanna Saothair – Training & Employment Authority, www.fas.ie
4   Further Education and Training Awards Council, www.fetac.ie

Active citizenship

95% of respondents indicated that they are registered to vote and 5% are not. 88% replied that they do plan to vote (at the time in the 2009 local elections), 10% stated no and 2.5% said they were not sure. 65% stated that if they were to vote they knew who they would vote for, 5.4% said no and 30% said they were not sure. The figures indicate that those participating in family literacy programmes are quite active when it comes to being ready to vote, preparing to vote in upcoming elections and are actively considering who to vote for. Taken with the results regarding active involvement in community and voluntary activity, the results would seem to indicate that active citizenship is alive and well among those seeking to increase their family's literacy wealth.

Numeracy practices

Numeracy is very important in today's society, particularly when it comes to financial literacy (Conroy/O'Leary 2005). The results show that dealing with family finances is the most frequent family literacy activity using numeracy skills and that there is a significant difference between the levels of activity among respondents and their spouses. 68% of respondents and 26% of spouses deal with family finance daily. The increasing complexity of financial products means that people are engaging in this literacy activity more frequently and as the NALA report shows low financial literacy is a problem (Conroy/O'Leary 2005, 39-44).

Reading and writing practices

Given that 80% of respondents and 45% of spouses help their children with homework or school work daily, the importance of parental understanding of the school curriculum needs to be considered in the context of improving family literacy levels. In addition, 56% of respondents and 39% of spouses read aloud to their children daily.

75% of respondents and 42% of spouses text daily and while it is not possible to examine the level of written English used as opposed to symbols and shortened text, it is clear that this is an important medium frequently used by families and therefore should not be ignored in the development of family literacy competencies. Reading newspapers or magazines also emerged as significant on a daily basis with 51% of respondents and 58% of spouses reading papers or magazines daily. The International Adult Literacy Survey (1997) found a much higher percentage, 94.3% reported reading newspapers or magazines.

Technology practices

32% of respondents and 26% of spouses use the internet in the home on a daily basis. 27% of respondents and 23% of spouses use computers on a daily basis and 20% of respondents and 10% of spouses play video games daily.

32% of respondents and 26% of spouses use the internet at home. 49% of respondents and 65% of spouses never use computers at home and 39% of respondents and 55% of spouses never use computers or the internet at home. The figures for lack of use may reflect lack of access to the internet at home and low ownership of computers. Notwithstanding the figures indicate that use of computers and the internet is a fairly frequent activity, and as such, would offer an important medium for the improvement of family literacy competencies.

Conclusion

This empirical study of family literacy practices has been carried out with parents in some of the areas of greatest disadvantage in Ireland. It is set in the context of growing concern about falling standards of literacy amongst primary and secondary school students (Department of Education and Science 2005; National Economic and Social Forum 2009) and continued awareness of the number of adults who have yet to be enabled to fulfil their literacy potential. The findings from the study also illustrate the range of literacy resources and practices that families use in their everyday lives.

Government response to literacy inequalities in Irish schools has been centred around the DEIS initiative that has invested increased material and human resources to targeted schools. DEIS schools benefit from reduced class sizes, focussed links with parents, communities and local VEC adult literacy provision. The best examples of DEIS schools are reportedly making a positive impact on child literacy levels but the evaluation of the overall programme has yet to be published (National Economic and Social Forum 2009). Some DEIS schools are also succeeding in creating better partnerships between schools, families and the VEC and the HSCL coordinators have a strategic role in this regard.

NALA believes that opportunities to make connections with schools as part of any programme of development of family literacy responses should be encouraged. Family literacy work helps to overcome the barriers to learning felt by some adults and children. It is an important way of recognising and building the strengths of families who hitherto fore have felt excluded or marginalised from the expectations of schools and society. In the context of the current economic downturn, family literacy provides a policy option that delivers value on several socio-economic priorities such as raising adult literacy levels, enhancing child literacy development, and improves children's performance in schools.

Literacy development remains a crucial and pressing issue in Ireland and investment in family literacy provides a win-win scenario to policy makers. Our research has shown that family literacy programmes improve the literacy practices of family members. More importantly family literacy work offers potential opportunities to break inter-generational cycles of educational disadvantage that exist in Ireland.

References

ARCHER, Peter/WEIR, Susan (2005): Addressing Disadvantage. A Review of the International Literature and of Strategy in Ireland. Report submitted to the Educational Disadvantage Committee, November 2004. Dublin: Educational Disadvantage Committee. Verfügbar unter: http://www.erc.ie/documents/edc_addressing_disadvantage.pdf [Abruf am 05.03.2011].

CONROY, Pauline/O'LEARY, Helen (2005): Financial Literacy: Improving understanding, creating opportunity. Report. Dublin: National Adult Literacy Agency. Verfügbar unter: http://www.nala.ie/publications/financial-literacy-research-report-identifying-how-literacy-difficulties-act-barrier-un [Abruf am 20.05.2011].

DEPARTMENT OF EDUCATION AND SCIENCE (2000): Learning for Life. White Paper on Adult Education. Dublin: Government Publications.

DEPARTMENT OF EDUCATION AND SCIENCE (2005): Literacy and Numeracy in Disadvantaged Schools: Challenges for Teachers and Learners. Dublin: Government Publications.

EDUCATIONAL RESEARCH CENTRE (2004): Reading Literacy in Disadvantaged Schools. Dublin: Educational Research Centre.

EIVERS, Eemer/SHIEL, Gerry/SHORTT, Fionnuala (2004): Reading literacy in disadvantaged primary schools. Dublin: Educational Research Centre. Verfügbar unter: http://www.erc.ie/documents/litdis_report.pdf [Abruf am 05.03.2011].

EIVERS, Eemer/SHIEL, Gerry/SHORTT, Fionnuala (2005): Literacy in disadvantaged primary schools. Problems and solutions. Dublin: Educational Research Centre. Verfügbar unter: http://www.erc.ie/documents/litdis_summary_report.pdf [Abruf am 05.03.2011].

HEGARTY, Ann/FEELEY, Maggie (2010): Taking Care of Family Literacy Work. An enquiry with parents about their experience of nurturing language and literacy in the home. Final Report. Verfügbar unter: http://www.nala.ie/publications/taking-care-family-literacy-work [Abruf am 20.05.2011].

MULKERRINS, Dympna (2007): The Transformational Potential of the Home School Community Liaison Scheme. In: DOWNES, Paul/GILLIGAN, Ann Louise (Hrsg.): Beyond Educational Disadvantage. Dublin: Institute of Public Administration, S. 133-143.

NATIONAL ADULT LITERACY AGENCY (2004): Working Together. Approaches to Family Literacy. Dublin: National Adult Literacy Agency. Verfügbar unter: http://www.nala.ie/catalog/working-together-approaches-family-literacy/ [Abruf am 08.03.2011].

NATIONAL ADULT LITERACY AGENCY (2010): At home with literacy: A study of family literacy practices. Dublin: National Adult Literacy Agency. Verfügbar unter: http://www.nala.ie/publications/home-family-literacy-study-family-literacy-practices [Abruf am 20.05.2011].

NATIONAL ECONOMIC AND SOCIAL FORUM (2009): Child Literacy and Social Inclusion: Implementation Issues. Dublin: National Economic & Social Development Office. Verfügbar unter: http://www.nesf.ie/dynamic/pdfs/No%2039%20Child%20Literacy%20&%20Social%20Inclusion_Implementation%20Issues.pdf [Abruf am 20.05.2011].

OECD (2000): PISA – Programme for International Student Assessment. Paris: OECD.

„Lesen lernen" als Thema von Elternratgebern
Zu Kontinuität und Wandel eines Themas

Markus Höffer-Mehlmer

Betritt man eine Buchhandlung, sind sie nicht zu übersehen. Größere Geschäfte haben oft eigene Regale für sie eingerichtet, die manchmal noch nach Altersstufen oder Themen unterteilt sind. Elternratgeber sind zu einem wichtigen Teil des Buchangebots geworden. In diesem Beitrag wird dem Thema „Lesen" in dieser Literaturgattung nachgegangen.

1. Elternratgeber

Elternratgeber zählen zu den technologischen Sachbüchern. Sie gelten als Sachbücher, weil sie weder unterhaltsame Belletristik noch Fachliteratur für Expertinnen und Experten sind, auch wenn die Übergänge manchmal fließend sind. Sie zählen zu den technologischen Sachbüchern, weil sie nicht nur informieren, sondern dazu beitragen sollen, etwas besser zu machen, Handlungs- oder eben technologisches Wissen zu liefern. Innerhalb der Gruppe der technologischen Sachbücher gehören Erziehungsratgeber zu denjenigen Werken, in denen es um soziales Handeln geht, das „seinem von dem oder den Handelnden gemeinten Sinn nach auf das Verhalten anderer bezogen wird" (Weber 1980, 1). In diesen Büchern werden neben Erziehungsfragen unter anderem Themen wie „Rhetorik" oder „Umgangsformen" behandelt. Auch dort geht es zwar um die Beeinflussung anderer Menschen, die es beispielsweise durch Gesprächs- und/oder Redegestaltung für *etwas* oder durch gute Manieren für *sich* einzunehmen gilt, doch ist Erziehen eine besondere Form sozialen Handelns, der Versuch, Kinder bzw. Heranwachsende in der Herausbildung ihrer Persönlichkeit zu beeinflussen. Zu den Ratgebern, in denen dies behandelt wird, gehören nicht nur solche für Eltern bzw. Elternteile, sondern auch Bücher für berufsmäßig Erziehende wie etwa Lehrkräfte, die typologisch gesehen durch stärkere Überschneidungen bzw. Übergänge zum Fachbuch gekennzeichnet sind.

Der thematische Zuschnitt und die Ziele lassen sich im Wesentlichen nach folgenden Gesichtspunkten unterscheiden: Neben allgemeinen Überblickswerken und Handbüchern gibt es eine Fülle von Büchern zu Spezialthemen. Altersübergreifende Bücher („Handbuch für Eltern") lassen sich von Ratgebern für bestimmte Alters- und Entwicklungsstufen unterscheiden. Insbesondere für das Säuglings- und Kleinkindalter gibt es sowohl thematisch umfassende Ratgeber wie auch Werke, in denen entweder Pflege- und Ernährungsfragen oder eher Erziehungsfragen behandelt werden.

2. Kontinuität und Wandel

Auch wenn diese Literatur nicht immer schon in ihrer heutigen Vielfalt und Breite existierte, lassen sich ihre Wurzeln bis weit in die Vergangenheit hinein verfolgen (vgl. hierzu und zum Folgenden Höffer-Mehlmer 2003). Zu Zeiten geringer Alphabetisierung gab es die Variante des schriftlichen Ratgebers nur für Angehörige gehobener und lesekundiger Schichten etwa in Form von Prinzen- oder Fürstenspiegeln, während Erziehungsratschläge ansonsten mündlich verbreitet wurden. Auch Predigt- oder Haustafelsammlungen sowie Pflegeanleitungen für Hebammen und Geburtshelfer waren nicht für die Eltern selbst, sondern für die jeweils mit Fragen der Kindererziehung befassten Berufsgruppen als „Multiplikatoren" konzipiert.

Eine frühe Form der an die lesenden „Endverbraucherinnen" und „Endverbraucher" gerichteten Ratgeberliteratur ist die sogenannte Hausväterliteratur für den Haushaltsvorstand des bäuerlichen oder handwerklichen Haushalts (besonders erfolgreich war Coler (1645)). Hier werden Fragen der Erziehung und Pflege nur als ein Thema neben anderen im Aufgabenspektrum des Hausvaters behandelt. Demgegenüber wird im erstmals 1633 erschienenen „Informatorium der Mutterschul" des Johann Amos Comenius (1898) sogar eine Art Lehrplan für die ersten sechs Lebensjahre von Kindern formuliert. Auf diese „Mutterschul" soll die sogenannte Muttersprachschule, eine für alle Kinder verpflichtende Grundschule, folgen. Das ist für diese Zeit eine revolutionäre Idee. In den ersten sechs Jahren, also in der Mutterschul, so Comenius, werden die Grundlagen gelegt für weitere Bildungsprozesse. Er versucht im Alltag des Zusammenlebens mit Kindern die Erziehungs- und Bildungsmöglichkeiten aufzuspüren, die es zu nutzen gilt. Dazu gehört an zentraler Stelle, dass die Kinder die Muttersprache in ihren Feinheiten kennenlernen. So wird die „Zunge [...] durch Grammaticam, Rhetoricam und Poesia [...] formiret und geschliffen" (Comenius 1898, 286). „Es sollen auch Kinder in dieser Mutterschul zum maalen undt schreiben angeführt werden" (Comenius 1898, 305). Dies soll im Alter von drei oder vier Jahren „mit kreyde oder kolen" (ebd.) beginnen. Die Mutterschul findet ihren Abschluss, wenn das Kind mit sechs Jahren die Schulreife erreicht hat. Wenn die Eltern das Kind nun zur Schule bringen, sollen sie es nicht „alß wie ein kalb zum Metzger, oder sonst ein vieh zur herde bringen" (Comenius 1898, 338).

Einen erheblichen Schub erfährt die Ratgeberliteratur im Gefolge der Aufklärung. Angesichts der großen Bedeutung, die der Erziehung nun eingeräumt wird, und der Vielzahl von Beiträgen, Entwürfen und Projekten zu ihrer Verbesserung wird die zweite Hälfte des 18. Jahrhunderts und das beginnende 19. Jahrhundert als das „pädagogische Jahrhundert" bezeichnet. Dies deckt sich mit den Feststellungen zeitgenössischer Autoren: „Nie ist wohl mehr über eine vernunftgemäße Erziehung des Weltbürgers gedacht, gesprochen und geschrieben worden, als in unserem pädagogischen Jahrhundert." (Walther 1781, 1) Da die stetig anwachsende pädagogische Literatur selbst für Interessierte immer schwerer überschaubar wird, erscheint 1790 mit Samuel Baurs „Charakteristik der Erziehungsschriftsteller Deutschlands" (Baur 1981) einer der ersten „Meta-Ratgeber", mit dem Orientierungshilfen im expandierenden Markt pädagogischer Literatur geboten werden sollen.

Leseförderung spielt in diesem pädagogischen Jahrhundert eine zentrale Rolle und es entsteht erstmals eine eigene Kinder- und Jugendliteratur mit Bilderbüchern, Romanen, Sachbüchern und Poesiesammlungen für verschiedene Altersstufen. Damit taucht eine Frage auf, die in den Elternratgebern seitdem immer wieder behandelt wird: Wie finde ich geeigneten Lesestoff, wie trenne ich die Spreu vom Weizen (als aktuelles Beispiel vgl. Rittelmeyer 2009)? Heinrich Lhotzky, dessen reformpädagogisches „Die Seele deines Kindes" (1929) das erfolgreichste deutsche Elternbuch war, bis es in der NS-Zeit von Johanna Haarers „Die deutsche Mutter und ihr erstes Kind" überholt wurde, bemerkt Ende der 1920er Jahre bspw.: „Wir haben viel Kinderliteratur, aber wenig Kinderbücher. Sie ist mehr auf den Beifall derer berechnet, die die Bücher einkaufen, als derer, die sie gebrauchen." (Lhotzky 1929, 92) Es gilt aber nicht nur, geeigneten Lesestoff zu finden, sondern auch, ungeeigneten Medienkonsum zu verhindern. Diese Bemühungen beziehen sich zunächst auf Bücher und im Zuge der Medienentwicklung dann auf Radiobeiträge, Filme, Internet usw. Benjamin Spock, amerikanischer Kinderarzt und Autor des Ratgeber-Weltbestsellers „Baby and Child Care" bemerkt bspw.: „Die Eltern müssen [...] streng darüber wachen, daß ihr Kind keine obszönen, sexuell gefärbten Filme ansieht oder sich entsprechende Bücher kauft; sie dürfen nur solche Filme und Bücher gestatten, die sie selbst als einwandfrei kennen und in denen ihre eigenen moralischen Anschauungen zum Ausdruck kommen." (Spock 1984, 383)

Mit der tatsächlichen und umfassenden Durchsetzung der bereits von Comenius geforderten Schulpflicht, die in Deutschland im Laufe des 19. Jahrhunderts stattfindet, wird die Schule zu einem wichtigen Thema in Elternratgebern. Immer wieder findet sich die naheliegende und bereits bei Comenius auftauchende Forderung, dass Elternhaus und Schule Hand in Hand wirken sollten. Eine häufig wiederkehrende Frage ist die nach Entwicklungsnormen, nach Angaben dazu, wann Kinder welche Entwicklungsstufe erreicht haben sollten. Typische Fragen sind dabei, wie Entwicklungschancen genutzt werden können, wann bestimmte Entwicklungen zu erwarten sind, ab wann Anlass zu Sorgen bzw. besonderen Aktivitäten besteht, wenn sie ausbleiben, und wie sowohl verfrühte wie verspätete Förderung verhindert werden kann. Diese immer schon wichtigen Fragen altersgemäßer Entwicklung und Förderung werden seit dem Anfang des 20. Jahrhunderts häufig auf schulisches Lernen bezogen. Ein besonders differenziertes Beispiel ist die Entwicklungstabelle in „Das Kind von Fünf bis Zehn" (Gesell/Ilg 1971), die unter der Kopfzeile „Das Leben in der Schule" detaillierte Hinweise zu Entwicklungsfortschritten gibt: „3 bis 3½ Jahre – Kann einige große Anfangsbuchstaben in einem Alphabetbuch oder auf Bauklötzen erkennen. [...] 5 Jahre – Erkennt den eigenen Vornamen." (Gesell/Ilg 1971, 394)

Im Groben lassen sich in Sachen Leseförderung zwei Positionen unterscheiden. Die eine lautet: Leseförderung ist eine zentrale Aufgabe des Elternhauses. Besonders ausgeprägt wird sie im Umschlagtext des 2005 erschienenen Ratgebers „Lisa nach PISA: Wie man mit Kindern lesen und sprechen muss" (Frech-Becker 2005) formuliert: „Lesekompetenz bedeutet Schulerfolg. Schulerfolg und Lebenserfolg stehen in einem engen Zusammenhang. Daher beginnt die Förderung in Bezug auf den Lebenserfolg bereits vom Tag der Geburt an, nämlich im Elternhaus." (ebd.)

Auf der Gegenseite gibt es immer wieder mahnende Stimmen, die von einer übertriebenen Förderung abraten. Wir finden entsprechende Warnungen schon im pädagogischen Jahrhundert, also im 18./19. Jahrhundert, aber auch später immer wieder, so bspw. bei Elisabeth Dessai, die in den von Bildungsreformen geprägten frühen 1970er Jahren in ihrem Buch „Kinderfreundliche Erziehung in der Dreizimmerwohnung" (1973) warnt: „Ehrgeiz und Unsicherheit veranlassen Eltern, Lernzwang auf ihre Kinder auszuüben. Sie versuchen zum Beispiel, dem Kind das Lesen beizubringen, indem sie ein Leselernspiel kaufen und nun das Kind auffordern, sich mit diesem Lernspiel regelmäßig zu beschäftigen." (Dessai 1973, 107f.)

In den letzten Jahrzehnten ist die Ratgeberliteratur nicht nur gewachsen, sondern hat sich auch erheblich ausdifferenziert. So finden wir Spezialratgeber zu Einzelfragen wie bspw.: „Warum Jungen nicht mehr lesen und wie wir das ändern können" (Müller-Walde 2010), „Hilfe, mein Kind ist lese-rechtschreibschwach! Eine Anleitung für Eltern" (Stoeckle 2006), „Speed reading for kids" (Schultheiss 2008) oder „Kinder mit Down-Syndrom lernen lesen" (Oelwein 2000).

3. Techniken des Ratgebens

Mit Blick auf die familiäre Leseförderung bzw. „Family Literacy" ist es recht interessant, die Techniken zu betrachten, mit denen Ratgeber-Autorinnen und -Autoren arbeiten, um ihre Leserschaft zu erreichen (zum Folgenden vgl. Höffer-Mehlmer 2001).

Als Schreiberinnen und Schreiber von Sachbüchern bemühen sie sich im Allgemeinen um die Verständlichkeit, sie wollen ein breites Publikum erreichen und verzichten daher zum Beispiel häufig auf Fachbegriffe oder führen sie mit Erläuterungen versehen ein. Anders als in der Fachliteratur ist es in der Sachliteratur generell durchaus verbreitet, die Leserschaft direkt anzusprechen. Sich der Leserschaft zuzuwenden liegt immer dann nahe, wenn es darum geht, von möglichst vielen gelesen und verstanden zu werden. Dies gilt für Ratgeber, in denen es um „technologisches", also in irgendeiner Form verwertbares und in Handeln einfließendes Wissen geht, noch stärker als für rein informierend-unterhaltsame Sachbücher, insbesondere dann, wenn eine vergleichsweise intime Angelegenheit wie das Erziehen thematisiert wird.

Viele Autorinnen und Autoren von Erziehungsratgebern wenden sich meist schon im Vorwort an die Leserinnen und Leser. Ihnen steht es frei, von sich selbst in der ersten Person Singular zu berichten, die Leserin bzw. den Leser duzend in der zweiten Person Singular anzusprechen, in der dritten Person (Singular wie auch Plural) zu referieren bzw. sich der einzelnen Leserin und dem einzelnen Leser siezend zuzuwenden, die Leserschaft und sich selbst unter dem „Wir" der ersten Person Plural zusammenzufassen oder sich in der zweiten Person Plural an die Leserschaft als Kollektiv zu wenden.

In den meisten Fällen wechseln die Autorinnen und Autoren zwischen einem referierend-informierenden Stil und der direkten Ansprache der Leserschaft, meist dann, wenn sie durch Fragen an der Entwicklung einer Argumentation oder Schlussfolgerung rhetorisch beteiligt oder wenn sie zu bestimmten Entscheidungen oder Handlungen bewegt werden soll und die Autorin bzw. der Autor nicht auf die distanziertere und häufiger verwendete Rezeptform des „man tue ..." zurückgreift. Ähnlich wie in der Fachliteratur referieren Ratgeber-Autorinnen und -Autoren recht häufig wissenschaftliche Erkenntnisse bzw. die Ergebnisse empirischer Forschungen, insbesondere dann, wenn Ratschläge begründet oder wenn Erziehungs- oder Entwicklungsnormen aufgestellt werden. Häufig erzählen die Autorinnen und Autoren aber auch. Der Piaget-Schüler Hans Aebli hat beides, das Referieren und das Erzählen, als eine der von ihm typologisch entwickelten „Grundformen des Lehrens" zusammengefasst (vgl. Aebli 1997, 48 ff.). Das Erzählen von Geschichten ist ein seit Jahrtausenden bewährtes Mittel, wenn moralische oder allgemein weltanschauliche Vorstellungen am guten wie auch am schlechten Beispiel verdeutlicht werden sollen.

Oft arbeiten die Autorinnen und Autoren auch mit Sprachbildern. Von den verbreiteten pädagogischen Metaphern (vgl. hierzu Scheuerl 1959) sind es vor allem organische (das Kind als Pflanze, Erziehung als Gärtnerarbeit) oder mechanische (Erziehung als handwerkliche bzw. handgreifliche oder industrielle Einwirkung), die sich immer wieder finden.

Insgesamt lassen sich in der Ratgeberliteratur, in Anlehnung an Watzlawick, „zwei Sprachen" unterscheiden: „Die eine […] ist objektiv definierend, zerebral, logisch, analytisch; es ist die Sprache der Vernunft, der Wissenschaft, Deutung und Erklärung […]. Die andere […] ist viel schwieriger zu definieren, eben weil sie nicht die Sprache der Definition ist. Man könnte sie die Sprache des Bildes, des pars pro toto, vielleicht des Symbols, jedenfalls aber der Ganzheit (und nicht der analytischen Zerlegung) nennen." (Watzlawick 1977, 18f.) Geschichten, (Sprach-)Bilder, direkte Ansprache: Die Ratgeberliteratur kann auch in didaktisch-methodischer Hinsicht Anregungen dafür bieten, wie man Menschen erreichen kann.

Literatur

Aebli, Hans (1997): Zwölf Grundformen des Lehrens. Eine Allgemeine Didaktik auf psychologischer Grundlage. Medien und Inhalte didaktischer Kommunikation, der Lernzyklus. Stuttgart: Klett-Cotta, 9. Aufl.

Baur, Samuel (1981[1790]): Charakteristik der Erziehungsschriftsteller Deutschlands. Ein Handbuch für Erzieher. Leipzig: Johann Benjamin Georg Fleischer. Reprint mit einer Einleitung von Gernot Koneffke. Vaduz: Topos.

Coler, Johannes (1645): Oeconomia ruralis et domestica. Mainz: Nicolaus Heyl.

Comenius, Johann Amos (1898): Informatorium der Mutter Schul. In: Pappenheim, Eugen (Hrsg.): Johann Amos Comenius. Teil II. (Die Klassiker der Pädagogik Band XVIII). Langensalza: Greßler, S. 263-337.

Dessai, Elisabeth (1973): Kinderfreundliche Erziehung in der Dreizimmerwohnung. Ein unorthodoxer Ratgeber. Frankfurt am Main: S. Fischer.

Frech-Becker, Cornelia (2005): Lisa nach PISA. Wie man mit Kindern lesen und sprechen muss. Ein Beitrag zur Intellingenzförderung. Die Antwort auf PISA. Ein Lese- und Sachbuch. Neustadt am Rübenberge: Lenz.

Gesell, Arnold/Ilg, Frances Lillian (1971[1954]): Das Kind von Fünf bis Zehn. In Zusammenarbeit m. Ames, Louise Bates/Bullis, Glenna E. Bad Nauheim: Christian, 6. Aufl.

Höffer-Mehlmer, Markus (2001): Didaktik des Ratschlags. Zur Methodologie und Typologie von Ratgeber-Büchern. In: Faulstich, Peter/Wiesner, Gisela/Wittpoth, Jürgen (Hrsg.): Wissen und Lernen, didaktisches Handeln und Institutionalisierung.

Dokumentation der Jahrestagung 2000 der Sektion Erwachsenenbildung der Deutschen Gesellschaft für Erziehungswissenschaft. Bielefeld: Bertelsmann, S. 155-164.

HÖFFER-MEHLMER, Markus (2003): Elternratgeber. Zur Geschichte eines Genres. Baltmannsweiler: Schneider Verlag Hohengehren.

LHOTZKY, Heinrich (1929): Die Seele deines Kindes. Königstein im Taunus u.a.: Langewiesche, 282.-287. Tsd.

MÜLLER-WALDE, Katrin (2010): Warum Jungen nicht mehr lesen und wie wir das ändern können. Frankfurt am Main/New York: Campus, 2., akt. Aufl.

OELWEIN, Patricia Logan (2000): Kinder mit Down-Syndrom lernen lesen. Ein Praxisbuch für Eltern und Lehrer. Zirndorf : G-und-S-Verl., 2. Aufl.

RITTELMEYER, Christian (2009): Was sollen Kinder lesen. Kriterien, Beispiele, Empfehlungen. Stuttgart: Kohlhammer.

SCHEUERL, Hans (1959): Über Analogien und Bilder im pädagogischen Denken. In: Zeitschrift für Pädagogik, 5. Jg., Nr. 3, S. 211-223.

SCHULTHEISS, Marion (2008): Speed reading for kids. Hintersdorf: Learn-Smart-Verlag.

SPOCK, Benjamin (1984): Säuglings- und Kinderpflege. Pflege und Behandlung des Säuglings, Probleme der Kindheit und Jugend, Krankheiten und Erste Hilfe. Berlin: Ullstein (erstm. in dieser Fassung dt. 1970).

STOECKLE, Christiane (2006): Hilfe, mein Kind ist lese-rechtschreibschwach! Eine Anleitung für Eltern. Kiel: Veris.

WALTHER, Bernhard Siegfried (Hrsg.) (1781): Ueber die Erziehung junger Frauenzimmer aus mittleren und höheren Ständen. Berlin: Hesse.

WATZLAWICK, Paul (1977): Die Möglichkeit des Andersseins. Zur Technik der therapeutischen Kommunikation. Bern/Stuttgart/Wien: Huber.

WEBER, Max (1980): Wirtschaft und Gesellschaft. Grundriss der verstehenden Soziologie. Besorgt von Johannes Winckelmann. Tübingen: Mohr, 5., rev. Aufl.

„Was Hänschen nicht lernt, lernt Hans nimmermehr" – und Uwe?

Sabine Boldt und Uwe Boldt im Gespräch mit Bettina Lübs

Sabine und Uwe Boldt teilen seit über vierzehn Jahren ihr Leben miteinander. Sabine arbeitet als Kinderpflegerin, Uwe als Hafenfacharbeiter. Uwe war viele Jahre funktionaler Analphabet. Im Gespräch[1] mit Bettina Lübs (Alphabetisierungspädagogin beim Bundesverband Alphabetisierung und Grundbildung e. V.) berichten sie über ihre Lebensgeschichte und ihr Zusammenleben.

Bettina Lübs: Herzlich willkommen zu dem Gespräch mit Sabine und Uwe Boldt. Unser Thema heute: „Was Hänschen nicht lernt, lernt Hans nimmermehr – und Uwe?" Uwe, vielleicht erzählst du zu Beginn ein bisschen: Wie war es überhaupt in deiner Kindheit? Wie war es mit der Schule? Wie viele Geschwister hattest du? Wie war es mit deinen Eltern?

Uwe Boldt: Ich hatte noch zwei Geschwister, einen Bruder und eine Schwester. Die Kindheit war nun mal so, dass ich nicht so die Förderung bekommen habe. Ich weiß nicht genau, wie weit ich da hätte gefördert werden können zu der Zeit, an solche Sachen kann ich mich überhaupt nicht erinnern. Ich bin sogar ein Jahr später zur Schule gekommen als die anderen, weil ich irgendwie verzögert war oder so. Die Schulzeit bin ich durchlaufen ohne Sitzenbleiben – wie ich das gemacht habe, weiß ich immer noch nicht. Aus – wie das so schön heißt – pädagogischen Gründen versetzt worden … Das war so die Schulzeit eigentlich im Großen und Ganzen.

Lübs: Und wie sind die Lehrer damit umgegangen, wenn du zum Beispiel mit dem Schreiben nicht mitkamst – oder beim laut Vorlesen?

U. Boldt: Das laut Vorlesen war das Problem, was ich immer hatte, weil ich das nicht konnte. Aber ich wurde auch nicht in der Richtung gefördert. Ich weiß nicht, warum. Das kann ich dir immer noch nicht sagen.

Lübs: Und wie war dein Verhältnis zu deinen Eltern? Konnten die dich irgendwie unterstützen?

U. Boldt: Da habe ich gar keine Unterstützung bekommen. Leider.

Lübs: Von beiden nicht? Es gab keinen Unterschied zwischen deiner Mutter und deinem Vater?

U. Boldt: Nein. Mein Vater war ja die meiste Zeit auf der Arbeit.

Lübs: Wie hast du deine Hausaufgaben dann erledigt? Du hast Schwierigkeiten gehabt und es war keiner da, der dir geholfen hat – wie hast du das gemacht?

U. Boldt: Teilweise gar nicht gemacht. Ohne Schularbeiten zur Schule gegangen am nächsten Tag.

---

1   Abgedruckt ist eine gekürzte und sprachlich leicht bearbeitete Fassung des Gesprächsmitschnitts (Transkription und Bearbeitung: Joachim Bothe).

Lübs: Ich stelle mir diese Situation für ein Kind ganz schön hart vor. Gab es irgendjemand, der dich getröstet hat oder war da irgendjemand, der dich mal in den Arm genommen hat und gesagt hat: „Mensch, macht nichts"?

U. Boldt: Nein. Ich hatte immer die Eins von hinten. Das war genauso gut.

Lübs: Gab es Bücher bei euch zu Hause?

U. Boldt: Wenig.

Lübs: Ist dir vorgelesen worden?

U. Boldt: Nein.

Lübs: Lesen ist aber heute auch nicht mehr so ein Problem für dich.

U. Boldt: Nein. Lesen war eigentlich noch nie so mein Problem. Das Schreiben ist bei mir das größere Problem.

Aus dem Publikum: Wie war das eigentlich mit dem Elternabend? Ich habe das Problem auch gehabt wie Uwe. Lesen konnte ich einigermaßen, aber ich habe auch Probleme mit der Rechtschreibung gehabt. Und da kamen die Lehrer an und meinten, die Eltern müssten mal zur Schule hinkommen. Meine Eltern kamen nie hin. Die haben zwar Zettel gekriegt, die habe ich mit nach Hause genommen, sie haben unterschrieben, das war's.

U. Boldt: Auf dem Elternabend weiß ich nicht, was da bei uns abgegangen ist.

Aus dem Publikum: Sind deine Eltern da hingegangen?

U. Boldt: Ja, soweit ich das weiß, ist jemand hingegangen. Jedenfalls einer von den beiden.

Aus dem Publikum: Und hast du keine Hilfe gekriegt von deinen Eltern?

U. Boldt: Nö. Jedenfalls nicht, dass ich mich da noch dran erinnern kann.

Aus dem Publikum: Gab es irgendwann mal einen Lehrer oder eine Lehrerin, wo du das Gefühl hattest, die haben dich so genommen, wie du bist, ohne, dass sie dich gleich in die Schublade gesteckt haben: „Der kann nix, der tut nix" oder so – gab es mal irgendwann jemanden in dieser Art?

U. Boldt: Nein, muss ich jetzt sagen, weil an unserer Schule zur damaligen Zeit waren fast alles nur ältere Lehrer, die kurz vor der Rente standen. Und ich nehme an, dadurch bin ich auch wohl mehr oder weniger durchgezogen worden.

Lübs: Sabine, wie war das bei dir in der Schule? Gab es jemand, der für dich zu den Elternabenden gegangen ist?

Sabine Boldt: Ich habe noch zehn Geschwister. Bei mir war es mein Vater, der zu jedem Elternabend gegangen ist, zu jedem Elternsprechtag. Ich habe von meiner Familie viel Rückhalt gekriegt. Gut, meine Mutter hat nun nicht die Zeit gehabt bei den Hausaufgaben, die habe ich auch alleine gemacht. Aber wenn ich irgendeine Frage hatte, konnte ich immer meinen Vater fragen.

Lübs: Gab es bei elf Kindern Platz Hausaufgaben zu machen?

S. Boldt: Ich habe unten im Wohnzimmer gesessen, am Tisch, und habe dann meine Hausaufgaben gemacht.

Lübs: Gab es für dich Schwierigkeiten während der Schulzeit?

S. Boldt: Nein, gar nicht. Ich habe Glück gehabt, muss ich sagen. Ich habe keine Probleme beim Lernen gehabt und ich bin gut durchgekommen.

Lübs: Was machst du heute?

S. Boldt: Ich arbeite in einer Kinderkrippe.

Lübs: Uwe, was machst du heute?

U. Boldt: Ich bin im Hamburger Hafen. Und fahre so kleine Vehikelchen. Im Schnitt 45 Tonnen hebe ich damit. Ich bin in einer Truppe, die viel mit Schwergut zu tun hat, und wir verladen zum Beispiel viele große Schiffsschrauben. Aber auch andere Sachen: Kisten, Kästen – unser Beruf ist vielfältig und nicht jeden Tag das Gleiche.

Lübs: Musste man dafür eine Ausbildung machen?

U. Boldt: Natürlich. Große Containerbrücken fahren, große Stapler fahren.

Lübs: Musstest du eine Prüfung machen?

U. Boldt: Ja.

Lübs: Du hast mir mal irgendwann erzählt, heute würdest du diese Prüfung vielleicht gar nicht mehr bestehen können. Was war das Besondere damals, erinnerst du dich noch daran?

U. Boldt: Mein Vorteil war wirklich, wie beim Führerschein genauso, dass es Ankreuztests waren. Genauso wie ich den Hafenfacharbeiter, als ich den damals gemacht habe, als ich noch nicht schreiben konnte, trotz allem geschafft habe, weil es nur Ankreuzfragen waren. Zum Glück.

Lübs: Sabine, wie hast du davon erfahren, dass Uwe Schwierigkeiten mit dem Lesen und Schreiben hat – oder vor allen Dingen mit dem Schreiben?

S. Boldt: Also, als wir vor vierzehn Jahren zusammengekommen sind, war er gleich so ehrlich, dass er zu mir sagte: „Ich kann nicht schreiben und lesen." Und ich stand dann da und denk: Nicht schreiben und lesen … Ich muss ehrlich zugeben, ich konnte es mir nicht vorstellen. Ich hatte da wirklich keine Vorstellung. Ich habe gedacht: Naja, er hat halt Probleme in der Rechtschreibung. Das war so meine Vorstellung. Erst mal. Bis wir dann zusammengezogen sind und ich dann immer mehr mitkriegte: Er kann wirklich nicht schreiben. Er kann es nicht. Ganz oft kam er dann an, wenn es darum ging, eine Überweisung auszufüllen: „Kannst du das mal eben machen?" Ja, und so wie man ist: Man macht es.

Lübs: Was hast du gedacht, als du seine Zeugnisse gesehen hast?

S. Boldt: Ganz ehrlich? Ich habe wirklich nur die Hände über dem Kopf zusammengeschlagen und habe gedacht: Wie kann das sein? Wie kann es sein, dass so ein Kind jedes Jahr versetzt wird? Jedes Jahr … Ich habe gedacht: Er muss doch jedes Schuljahr nur Frust gehabt haben. Es ist ja nicht nur das Schreiben und Lesen. Er kann ja eigentlich an keinem Fach richtig teilnehmen. Sei es Biologie, sei es Erdkunde, sei es Geschichte. Es hat alles mit dem Lesen und Schreiben zu tun. Denn ich kenne es aus meiner Schulzeit: Da hat der Lehrer dann was an die Tafel geschrieben, das mussten wir lesen, das mussten wir abschreiben. Da habe ich immer gedacht: Wie hat er überhaupt die Stunden überstanden? Das wäre für mich ein Alptraum gewesen, wenn ich da in der Stunde gesessen hätte – ich kann das nicht lesen, ich kann das nicht schreiben, was mache ich hier? Wann ist die Zeit rum? Wann kann ich nach Hause gehen? Es war für mich unvorstellbar, dieses Gefühl alleine schon. Fürchterlich.

Lübs: Du hast eben gesagt, du hast Uwe zuerst ganz viele Sachen abgenommen. Wenn er gesagt hat, er kann es nicht, dann hast du das für ihn geschrieben. Wie machst du das heute?

S. Boldt: Heute ist es so, dass ich eigentlich sage: Probier es. Ich kann es ja gerne auf Fehler nachgucken, das ist ja gar kein Ding. Aber probier es. Schreib erst mal selbst, sodass man sich wirklich zurückzieht. Ich habe auch zu meiner Tochter, die jetzt noch bei uns lebt, gesagt: „Lass Uwe das alleine machen." Denn wir haben beide eben gesagt: „Komm, gib her, wir machen mal schnell." Damit er sich da nicht quälen muss. Aber: Einen Gefallen hat man ihm ja damit nicht getan, sodass wir uns heute einfach zurücknehmen und sagen: „Probier es und fragen kannst du ja immer und helfen können wir auch, gar kein Ding, aber probier es erst mal alleine."

Lübs: Wie viele Kinder hast du?

S. Boldt: Ich habe vier.

Lübs: Und die sind auch mit euch zusammen aufgewachsen?

S. Boldt: Ja, die Jüngste war fünf, als wir zusammengezogen sind.

Lübs: Wie viele leben jetzt noch bei euch?

S. Boldt: Eine.

Lübs: Wie sind die Kinder mit Uwes Schwierigkeit umgegangen?

S. Boldt: Das war eigentlich gar kein Thema bei uns gewesen, überhaupt nicht, man hat auch gar nicht darüber gesprochen oder gesagt: „Oh, der kann ja gar nicht schreiben" oder sowas. Überhaupt nicht. Das war uns eigentlich gar nicht so bewusst. Er hat ja andere gute Eigenschaften, die für uns wichtig waren. Und auch so wie meine Große sagte: „Klar, ich habe Abitur, aber ich habe trotzdem nie das Gefühl gehabt, Uwe ist deswegen dumm, weil er nicht schreiben kann. Er hat ja viele andere Stärken."

Aus dem Publikum: Uwe, wie haben deine Mitschüler reagiert, als sie erfahren haben, du kannst nicht lesen und schreiben? Haben die dich gehänselt oder haben die dich schikaniert?

U. Boldt: Ich wurde teilweise gehänselt, ja, logisch, jedes Kind wird gehänselt, wenn man in der Klasse sitzt und stottert.

Aus dem Publikum: Die Erfahrung habe ich auch gemacht.

U. Boldt: Ja, siehst du. Ich glaube, die Erfahrung hat jeder gemacht von uns, die hier sitzen.

Aus dem Publikum: Wie viele Kinder wart ihr in einer Klasse gewesen? Wie war die Klassenstärke?

U. Boldt: Oh, wir waren viele. Ich glaube, dreißig waren wir damals.

Aus dem Publikum: Ja, gut, das sagt alles.

Aus dem Publikum: Wann und wie hat es „Klick" gemacht, doch noch lesen und schreiben zu lernen?

U. Boldt: Das erste Mal so ungefähr mit 25.

Aus dem Publikum: Gab es da schon adäquate Kurse?

U. Boldt: Ja, es gab einen Kurs in Hamburg, in Harburg war das. Das war aber keiner von der Volkshochschule, weil ich das Wort „Volkshochschule" nicht mochte zu damaliger Zeit, weil ich damit immer schlechte Erfahrungen verbunden hatte. Da hatte ich mir was gesucht und die wurden aber nach drei Jahren aus Geldmangel geschlossen. Und danach habe ich ein paar Jahre nichts gemacht. Und dann bin ich damals in Lüneburg auf dem Theaterfest wieder zur Volkshochschule gekommen. Durch das Alfa-Mobil.

Lübs: Du hast mir zu der Situation erzählt, du hättest in der Zeitung gelesen, dass es in Lüneburg beim Theater-Lernfest einen Informationsstand gab. Das fand ich irgendwie sehr spannend, dass Uwe das in der Zeitung gelesen hat, das ist ja nicht unbedingt typisch, dass man da hingeht, um dann zu sagen: „Ich möchte in Kontakt treten, ich möchte vielleicht doch irgendwie mal was machen. Ich möchte vielleicht einen Kurs finden für mich." Und das in der Zeitung *liest*. Zeitung ist ja ein Thema für dich, heute liest du und lesen ist sowieso nicht die Schwierigkeit mehr?

U. Boldt: Ich muss manche Artikel zweimal lesen, dass ich sie richtig verstehe. Das ist immer noch so. Aber bis ich zum Alfa-Mobil hingegangen bin, bin ich auch fünf-, sechsmal daran vorbeigelaufen, um den Start richtig zu nehmen.

Lübs: Du machst ja Schichtdienst. Wie ging das zu verbinden mit so einem Kursbesuch?

U. Boldt: Ja, gut. In der Woche, in der ich Spätschicht habe, kann ich leider nicht in den Kurs gehen. Weil der Kurs ist ja hauptsächlich nachmittags.

Aus dem Publikum: Uwe, wie hast du dich gefühlt, als du nicht lesen und schreiben konntest, und wie ist es jetzt, seit du lesen und schreiben kannst?

U. Boldt: Damals war es für mich schwer, überhaupt irgendwo hinzugehen und etwas auszufüllen. Teilweise ist das heute immer noch so, wenn ich irgendwo zum Arzt gehen muss, wo ich wirklich was ausfüllen soll. Hauptsächlich wenn ich zu einem neuen Arzt muss, wo ich dann jedes Mal davor sitze: „Oh, puhh, neu …" Dann fülle ich auch nur das aus, was ich kann. Aber ich fühle mich heute schon wesentlich freier, weil ich ja nun schon einiges geschrieben habe und schon Erfolge damit gemacht habe. Ich habe mehr Selbstvertrauen bekommen dadurch.

Lübs: Mich würde auch noch interessieren, wir haben jetzt ja eine ganze Menge erfahren über Schwierigkeiten, was sind deine Stärken, Uwe?

U. Boldt: Stärken? Habe ich Stärken? Ich habe mittlerweile schon sehr viel Selbstvertrauen gewonnen und versuche das anderen auch zu vermitteln.

Lübs: Ich habe da nämlich so ein Erlebnis mit Uwe gehabt: Ich habe in einem 200 Jahre alten Bauernhaus gewohnt und Uwe und ich haben uns kennengelernt vor drei Jahren, als dieser Film[2] gedreht wurde über ihn. Und dann hatte ich ein Problem: Das Haus war alt und im Waschbecken im Badezimmer lief das Wasser nicht mehr ab. Und dann habe ich alles Mögliche probiert und dann gibt es so Spiralen, die habe ich auch probiert, und ich wollte nichts kaputtmachen und dann habe ich gesagt: Ich komme nicht klar, aber ich kenne jemanden, der kann sowas, der kann mir bestimmt einen Tipp geben, was ich tun soll. Also habe ich bei Uwe angerufen, und dann hatte ich die Tochter an der Strippe und sie sagte: „Uwe ist gerade nicht da. Der ist wieder in der Nachbarschaft unterwegs, Sachen reparieren und so … Ruf mal in einer Stunde wieder an." Also ich wieder angerufen, wieder die Tochter am Telefon: „Tut mir leid, jetzt ist er noch zu einem Freund, der hat Probleme mit seiner Elektrik." Gut, wieder Zeit vergangen, wieder angerufen, dann hatte ich Uwe an der Strippe und dann sage ich so: „Mein Abfluss läuft nicht und ich habe zwar diese Spirale, aber ich kann da nicht mit umgehen." Sagt Uwe: „Macht nichts, ich komme gleich vorbei." – „Kannst du mir denn helfen?" – „Ja, klar!" Und dann sage ich so zu Uwe am Telefon: „Was kannst du eigentlich nicht?" Und wie war deine Antwort? Erinnerst du dich noch?

U. Boldt: Nö. Weiß ich jetzt nicht mehr. Sag mal.

Lübs: „Ja, Bettina, das weißt du doch …" Es ist heute noch so, wenn ich irgendwelche technischen Fragen habe oder etwas repariert haben möchte, frage ich Uwe.

---

2   Im Rahmen der Sat1-Dokumentationsreihe „Gemeinsam stark" wurde ein Film über Uwe Boldt mit dem Titel „Lesen lernen mit 48 Jahren" gedreht, der im August 2008 bei Sat1 erstausgestrahlt wurde. Bettina Lübs stand Sabine und Uwe Boldt während der Dreharbeiten als Ansprechpartnerin zur Seite.

Also, Uwe kam, Uwe packte diese Spirale anders an als ich und machte „zack" und natürlich: Es ging, es funktionierte, es war bestens und es gibt viele andere Dinge, wo ich schon ähnliche Erlebnisse mit dir hatte. Eines zum Beispiel: Wir haben mal zusammen einen Motorsägenkurs gemacht und meine Säge war kaputt. Uwe hat die ganze Säge auseinandergenommen und hat gesagt: „Nee, also, da muss noch eine Schraube sein." Die hat er dann unter irgendeinem Aufkleber gefunden und hat das auseinandergenommen, hat das repariert, hat das gelötet. Woher kannst du das? Ich denke mir immer: Ich habe so Schwierigkeiten, eine Betriebsanleitung zu lesen, etwas zu verstehen, Zusammenhänge zu verstehen. Wie machst du das? Wie merkst du dir das? Woher wusstest du, wo du nachgucken musst?

U. Boldt: Bei mir ist das Problem nicht das Lesen. Das Lesen brauche ich eigentlich gar nicht. Ich baue die Maschine auseinander und weiß, wo die Fehler sind. Ich bin ein praktischer Mensch. Ich muss es sehen. Und kriege das meistens auch alles so wieder heil, wenn es heil zu machen geht. Ja, das ist so. Ich mache das lieber praktisch als zu lesen.

Lübs: Das machst du so bei deinen Hausmeistertätigkeiten, das kannst du bei Elektrik, das fällt dir überhaupt nicht schwer, das ist für mich immer unvorstellbar, wenn ich so denke, wie ich an so etwas herangehe.

Aus dem Publikum: Das ist bei mir dasselbe, handwerklich bin ich auch sehr begabt. Ich muss keine Betriebsanleitung lesen, um einen Möbelschrank zusammenzubauen zum Beispiel. Mir reichen schon die Bilder. Ich gucke einmal darauf und dann prägt man sich das ein. So kommt mir das vor. Und dann baue ich einen kompletten Schrank zusammen, das ist auch kein Ding.

Aus dem Publikum: Ja, so ist das bei mir auch. Wenn ich einen Schrank kriege, packe ich das Ganze komplett aus, mit den Schrauben. Das Blatt schmeiße ich weg, das brauche ich nicht.

Lübs: Gibt dir das Sicherheit, dass du so etwas Praktisches gut kannst?

U. Boldt: Da brauche ich nicht viel nachzudenken, da brauche ich nur zu handeln. Das ist mein Vorteil dabei. Anpacken. Körperliche Arbeit. Bloß, wenn es um das andere geht, Formulare ausfüllen hinterher oder Arbeitsblätter machen oder so, dann ist bei mir denn wieder „minus".

Lübs: Sabine, was ist deine Stärke?

S. Boldt: Meine Stärke? Schwer zu sagen, weiß ich nicht …

U. Boldt: Technisch begabt ist sie null.

S. Boldt: Nee, das ist nicht meine Welt. Will ich aber auch nicht. Ich gebe zu, ich könnte es vielleicht, aber ich habe da keine Lust zu, das ist nicht so meine Welt. Ich lese halt gerne, ich schreibe gerne, ich kann gut zuhören. Das mache ich gerne. Aber alles was Technik ist, das … Ich habe doch Uwe. Das gebe ich ja ehrlich zu, das gebe ich auch gerne ab, da bin ich so, so bin ich veranlagt. Was ich nicht so gerne mag, das gebe ich auch gerne ab und wenn ich merke, das kann er gut, dann darf er das auch gerne machen.

Aus dem Publikum: Eine Frage an dich, Sabine. Gibt es denn so Situationen, wo der Uwe dich, weil er nicht lesen und schreiben kann, total auf die Palme bringt, zum Beispiel beim Formulare ausfüllen oder wo du sagst: „Mensch Junge, jetzt krieg mal den Arsch hoch, mach mal selber?"

S. Boldt: Ja, das ist schon so. Es ist leider immer noch so bei ihm, dass er das wirklich gerne abgibt und das nervt mich manchmal schon. Er kann es ja wenigstens probieren. Wenn er es nicht kann, ist das ja kein Ding, aber er sollte sich wenigstens hinsetzen und mal probieren und nicht gleich sagen: „Komm, du kannst das ja, mach mal …" Das ist schon etwas, was mich ärgert.

Aus dem Publikum: Und wie reagiert er dann? Wenn du ihm das sagst?

S. Boldt: Eigentlich ist es schon so, dass er es dann auch macht. Ich kann sehr stur sein und dann bleibt ihm nichts anderes übrig. Er muss es dann machen.

Aus dem Publikum: Wobei du das in technischen Sachen ja ganz ähnlich machst …

S. Boldt: Ja, ich weiß.

U. Boldt: Computer und sie leben auf dem Kriegsfuß. Zwei Welten treffen aufeinander.

S. Boldt: Es ist nicht meine Welt.

Aus dem Publikum: Uwe, du lernst ja immer noch weiter, oder? Wo nimmst du denn die Motivation her, immer noch weiter zu lernen? Es ist ja so anstrengend und schwer. Und du kommst ja auch so durch das Leben. Und du hast Sabine und andere, die dir helfen, also warum unterziehst du dich dieser ständigen Anstrengung?

U. Boldt: Ich mache es jetzt für mich selber. Wobei ich sagen muss: Im Augenblick bin ich lernmüde. Ich habe jetzt eine Zeit gehabt, wo ich wirklich keine Lust hatte zu lernen, gebe ich auch zu. Bloß ich merke, dass ich langsam wieder runterrutsche. Deswegen muss ich für mich selber jetzt einen Punkt haben, wo ich mich wieder hoch treibe. Aber ich versuche jetzt jedenfalls schon mal, E-Mails zu schreiben. Im Lernportal[3] zum Beispiel komme ich irgendwie im Augenblick nicht klar für mich selber. Dafür schreibe ich dann lieber E-Mails.

Lübs: Schreibst du überhaupt? Auch andere Sachen? So im Privaten? Hast du das Schreiben für dich in letzter Zeit genutzt?

U. Boldt: Ja, ich glaube schon. Als ich in Namur war, habe ich das erste Mal in meinem Leben zehn Seiten geschrieben, die ich dann zu einem Tagebuch zusammengefasst habe. Das war für mich ein Erlebnis, das ich sehr genossen habe.

S. Boldt: Und ich habe meinen ersten Liebesbrief nach vierzehn Jahren bekommen …

Lübs: Uwe war nämlich in Namur, als Sabine Geburtstag hatte, das war schon ein besonderes Geschenk, so einen Brief zu bekommen. Du hast in dem Zusammenhang erzählt, es war so viel und so aufregend in Namur, es war ein europäisches Lernertreffen und das konntest du dir gar nicht alles merken, die Eindrücke.

U. Boldt: Deswegen habe ich das auch mehr oder weniger wie ein Tagebuch aufgebaut. Und habe dann pro Tag, was ich erlebt habe, abends niedergeschrieben oder versucht niederzuschreiben, jedenfalls soweit ich das konnte. Und nach dem dritten, vierten Tag habe ich Elfriede[4] das gezeigt und die war auch begeistert. Als ich ihr hinterher das Ganze gegeben habe, sagte sie: „Gut, dass du das aufgeschrieben hast, ich habe die Hälfte auch schon wieder vergessen davon."

Lübs: Zum nächsten Thema: Uwe steht ja gerne im Rampenlicht, in der Öffentlichkeit, geht mit diesem Thema offen um. Ich denke schon, das kannst du gut und das machst du auch, glaube ich, ganz gerne, so wie heute oder auch in anderen Situationen. Was hat das für euch als Familie gemacht? Wir haben ja hier das

---

3   www.ich-will-lernen.de
4   Elfriede Haller, Vorstandsmitglied im Bundesverband Alphabetisierung und Grundbildung e.V.

Tagungsthema „Familie", was macht das für die Familie? Ihr wart alle im Fernsehen, die ganze Familie ist in dem Film. Was macht das mit euch?

S. Boldt: Es ist wahnsinnig anstrengend. Als du damals ankamst mit dem Film, hatte ich noch nicht so die rechte Vorstellung, was da auf uns zukommt. Meine eine Tochter, als das ganze Filmteam dann bei uns war, sah das nur und sagte dann: „Tschüss Mama, ich habe noch einen dringenden Termin, ich bin nicht da." Mein Sohn sagte auch nur: „Du, Mama, ich habe keine Zeit, also ohne mich." Und meine große Tochter haben wir mehr oder weniger gelockt, weil wir gesagt haben: „Nein, du wirst auch nicht interviewt, nur, dass du vielleicht mal da bist." Sie wurde dann doch interviewt und hinterher war, sie ziemlich sauer mit mir. Also für meine Tochter und mich waren diese neun Tage schon sehr anstrengend. Für Uwe fand ich es schön, man merkt schon, sein Selbstbewusstsein wird doch ganz schön gestärkt, auch jetzt, wo er so viel Öffentlichkeitsarbeit macht. Man merkt: Er ist doch ein Stück gewachsen, er ist selbstbewusster geworden, was ich auch superschön finde, aber für uns als Familie … Er hat wenig Zeit für uns, er ist überall und nirgends, selten zu Hause und er hat selten Zeit für uns. Wo ich manchmal denke, er könnte vielleicht auch mal nein sagen. Er muss nicht immer ja sagen.

Lübs: Ist das ein Thema? Würdest du das auch so sehen?

U. Boldt: Nein, ich sage auch schon mal nein, so ist das nicht. Wenn ich merke, das klappt nicht mit der Arbeit oder so, dann sage ich auch schon mal nein. Ich mache Abstriche.

Lübs: Aber ist das so, wie Sabine es gesagt hast, dass du dadurch auch für dich Stärke gewinnst?

U. Boldt: Ja, natürlich. Ich merke das ja selber, dass ich dadurch viel Selbstvertrauen gewonnen habe und das auch gern anderen weitergeben möchte und ihnen zeigen, dass es auch anders geht, das ist auch mein Wunsch.

Lübs: Was fällt euch zu dem Wort „Respekt" ein?

U. Boldt: Miteinander Respekt zu haben.

S. Boldt: Ich persönlich habe großen Respekt davor, was Uwe geleistet hat. Für mich ist es immer noch unvorstellbar, durch die Schule zu kommen, ohne schreiben und lesen zu können. Ich finde es dann aber erstaunlich, dass er eben den Führerschein gemacht hat, dass er diesen Hafenfacharbeiter gemacht hat. Dass er mit einer Straßenbahn fahren kann. Wo ich dann immer denke: Es hat alles, alles mit Lesen zu tun. Das Einkaufen, alles hat mit Lesen zu tun, ich muss es immer lesen. Und wo ich dann denke: Wie hat er das geschafft? Ich sehe es zum Beispiel, ich kann ja schlecht gucken und brauche jetzt auch meine Lesebrille und wenn ich einkaufen gehe ohne Lesebrille, bin ich aufgeschmissen, weil ich nichts lesen kann. Und ich stehe dann oft vor dem Regal und frage mich: Schön, was nimmst du denn jetzt? Da bin ich dann immer froh, wenn ich meine Tochter dabei habe, die mir das dann vorliest. Und er kann gar nicht lesen und steht dann vor so einem Regal in so einem Riesenkaufhaus, wo ich denke: Wie macht man das, wenn man dann nicht lesen kann? Also, das finde ich … Respekt! Ganz ehrlich.

Aus dem Publikum: Wenn man an die Öffentlichkeit geht, hat das ja so zwei Seiten. Auf der einen Seite ist es ein unheimlich tolles Beispiel für andere, auf der anderen Seite ist es auch ein Coming-out vor Leuten, vor denen man das gerne auch vielleicht verbergen wollte. Wie haben diese Leute reagiert, als sie zum ersten Mal durch so einen Fernsehbeitrag erfahren haben: „Oh, den kennen wir seit zehn Jahren und wir haben das nie gemerkt ...“?

U. Boldt: Ich habe auf der Arbeit positive Rückmeldungen bekommen, negative kriegst du ja sowieso nicht mit, logischerweise, aber es kamen viele Arbeitskollegen auf mich zu und sagten: „Hut ab, dass du das gemacht hast.“ Von daher war es schon positiv. Und meine Chefs wussten das ja vorher auch nicht. Für die brach zwar erst mal eine Welt zusammen, aber nachher fanden sie es auch gut. Ich mache ja meine Arbeit.

S. Boldt: Selbst im Kindergarten, die ja Uwe gar nicht kennen, wurde ich dann von ganz vielen Eltern angesprochen, die das im Fernsehen gesehen haben und wo die Kinder dann sagten: „Das ist Sabine, die ist doch bei uns im Kindergarten. Was macht die im Fernsehen?“ Sodass die Eltern mich dann am nächsten Tag ansprachen und dann sagten: „Mensch Sabine, Hut ab, finde ich toll, dass dein Mann das gemacht hat, das ist echt super.“ Die fanden das toll, dass er einfach an die Öffentlichkeit geht, um anderen da Mut zu machen und zu sagen: „Mensch, macht was.“

Lübs: Ich habe noch eine letzte Frage: Gibt es eine Botschaft für die anderen Lerner, die ihr ihnen mitgeben würdet?

S. Boldt: Einfach nicht aufgeben. Ich habe es an Uwe gesehen, es ist halt so, ich muss ihn treten, aber immer wieder: Probier es, probier es, probier es. Klar, Fehler kann man immer machen und das ist auch in Ordnung. Die mache ich auch, ich bin auch nicht perfekt, will ich auch gar nicht sein. Aber einfach immer wieder, immer wieder darangehen und immer wieder versuchen und versuchen und versuchen. Ich finde das megawichtig. Einfach nicht aufgeben!

Lübs: Vielen Dank, vielen Dank auch für eure Offenheit!

„Zu der Diskussion von uns beiden und Bettina hätten wir nicht so viele Leute erwartet. Es überraschte uns, wie voll der Saal war, dass unsere Runde so bekannt war, wie viele bekannte Gesichter unter den Besuchern waren und wie viele Lehrer und Lerner an der Diskussion interessiert waren. Wir mussten sogar noch extra Stühle dazu holen, da die geplanten Stühle im Saal nicht ausreichten. Nachdem wir einen Ausschnitt aus dem Film gesehen hatten, begannen wir die Diskussion. Durch die gute Diskussionsmoderation von Bettina wurden auch die Zuschauer dazu animiert, sich in die Diskussion mit einzubringen. Dadurch wurde die Atmosphäre im Saal entspannter und auch wir konnten auf der Bühne entspannen und freier reden. Auf die Beiträge der Zuschauer konnten wir schnell und gut reagieren. Wir hatten auch einige Lacher auf unserer Seite, was die Atmosphäre zusätzlich entspannte. Aber wir diskutierten natürlich auch ernsthaft über die Problematik. So wurde deutlich, dass Uwe in seiner Schulzeit wesentlich mehr negative Erfahrungen gemacht hat als positive. Auch wenn er dies bis heute versucht zu verdrängen. Dafür hat Uwe jetzt im Alter viele positive Erfahrungen gemacht, die ihn darin bestärken, sich nicht aufzugeben. Denn auch im Alter kann man noch lernen und Erfolg haben. Dieses Fazit fühlen wir auch durch die rege Zuschauerbeteiligung bestärkt.“

(Sabine und Uwe Boldt)

„Lesen und Schreiben – das lernen doch alle in der Schule"

Kursteilnehmende zu ihren Lernproblemen und möglicher Prävention

Ute Jaehn-Niesert & Christina Noack

1. Warum können manche Erwachsene nicht oder nicht gut lesen und schreiben?

In literalen Gesellschaften wie unserer mit einem flächendeckenden Schulsystem und allgemeiner Schulpflicht scheint die Zahl von 7,5 Millionen sogenannten funktionalen Analphabetinnen und Analphabeten (Grotlüschen/Riekmann 2011, 2) immer noch unglaublich. Wie kann es sein, dass Menschen, die acht Jahre oder länger in der Schule waren, nicht ausreichend lesen und schreiben können? Dabei geht es um Personen, die kaum Buchstabenkenntnisse haben und maximal ihren Namen schreiben können, um Menschen, die zwar mit Schwierigkeiten einfache Texte lesen, aber nicht schreiben können, und um Personen, die lesen können, aber auf Grund der ihnen bewussten Schwierigkeiten in der Rechtschreibung Situationen vermeiden, in denen geschrieben werden muss. In der Fachliteratur wird hier von Analphabetinnen/ Analphabeten bzw. funktionalen Analphabetinnen/Analphabeten gesprochen (vgl. Kamper 1990). Die UNESCO stellte den Begriff bereits 1956 in einen gesellschaftlich-historischen Kontext (vgl. Gray 1956). Menschen gelten demnach als funktionale Analphabetinnen und Analphabeten, wenn sie den schriftlichen Anforderungen der Gesellschaft nicht gerecht werden können und ihnen dadurch eine Teilhabe an der Gesellschaft nicht oder nur unzureichend möglich ist.

Die Gründe für Schwierigkeiten Erwachsener mit dem Lesen und Schreiben sind inzwischen teilweise erforscht und in der Literatur beschrieben. Sie machen deutlich, dass sich keine einzelnen Ursachenfaktoren nennen lassen, sondern dass eine „Vielzahl ungünstiger Faktoren zusammenspielen muss, damit ein Lese- und Schreiblernprozeß nicht stattfindet" (Egloff 1997, 14). Marie-Luise Oswald stellte bereits 1980 verschiedene Thesen zur Entstehung von Analphabetismus auf, die 1985 von Döbert-Nauert bestätigt und um Ursachen in der biographischen Vergangenheit und Ursachen in der Gegenwart ergänzt wurden. Oswald benannte in diesem Zusammenhang: 1. „allgemeine gesellschaftliche Ursachen", 2. „sozioökonomische und bildungspolitische Ursachen" und 3. Ursachen in der „schulischen Sozialisation" (Oswald zit.n. Kamper 1990, 16). Jaehn-Niesert legte 1994 dar, welche Bedeutung familiären Beziehungsstrukturen für die Entwicklung von Lernproblemen und/oder die Entstehung von funktionalem Analphabetismus zukommt (Jaehn-Niesert 1994).

Kursleitende von Alphabetisierungskursen berichten häufig über Menschen mit Migrationshintergrund, die aus politischen, gesellschaftlichen oder ökonomischen Gründen nicht oder nur sehr kurz in der Schule waren und oft mit großer Selbstverständlichkeit darüber sprechen, dass sie nicht lesen und schreiben können, da sie es niemals gelernt haben. Eine ähnliche Situation finden wir in sogenannten

Entwicklungsländern, in denen Menschen aus ökonomischen oder gesellschaftlichen Gründen nicht oder nur sehr kurz zur Schule gegangen sind. Somit gibt es eine vermeintlich legitimierte Erklärung dafür, dass der Lese- und Schreiblernprozess nicht stattgefunden hat.

Anders sieht es bei Menschen aus, die in Deutschland mehrere Jahre Schule durchlaufen haben und in der Regel nicht so gerne über ihre Probleme mit dem Lesen und Schreiben reden bzw. versuchen, diese vor der Öffentlichkeit geheimzuhalten. Im Gegensatz zu vielen Lernenden mit Migrationshintergrund in Alphabetisierungskursen haben deutsche Muttersprachlerinnen und Muttersprachler eine längere institutionelle Bildungskarriere hinter sich.

Viele dieser Lernenden in Alphabetisierungskursen für Erwachsene erzählen von sehr schwierigen Kindheiten. Misshandlungen, Vernachlässigung, lange Krankenhausaufenthalte, viele Geschwister, kaum Zuwendung, prügelnde Väter, kranke Mütter etc. sind keine Seltenheit. Es gibt über Generationen keine Vorbilder für eine liebevolle, unterstützende Kindererziehung (vgl. Maurer-Morgenstern 2009; Lindig 2008; Jaehn-Niesert 1994). Die Annahme, dass Schwierigkeiten mit dem Lesen und Schreiben vererbbar seien, hat sich etabliert, da oft Geschwister oder Elternteile auch nicht gut lesen und schreiben können (vgl. Maurer-Morgenstern 2009). Fehlen auch die lesenden und schreibenden Vorbilder und damit jeglicher Umgang mit Schrift im Alltag, ist die Wahrscheinlichkeit gering, dass sich ein Konzept von Schrift oder eine Schriftkultur ausbildet. Damit sind die Ausgangsbedingungen für den Schriftspracherwerb in der Schule quasi nicht gegeben und die Wahrscheinlichkeit für ein problemloses Lesen- und Schreibenlernen gering (vgl. Lindig 2008; Dehn et al. 1996). Dieses Phänomen wird in der Literatur auch als „soziale Vererbung" von Armut und Analphabetismus beschrieben (vgl. Nickel 2007, 69).

Man kann davon ausgehen, dass die Lernenden in Alphabetisierungskursen besondere Menschen unter den Millionen Deutschen mit Lese- und Schreibschwierigkeiten sind. In ihren erschütternden Kindheitsberichten gibt es oft Personen, die neben Grausamkeiten und Enttäuschung eine positive bestätigende Erfahrung vermitteln (vgl. Maurer-Morgenstern 2009, 126).

Alice Miller spricht von „rettenden Zeugen" (Miller 1988, 141), deren An- oder Abwesenheit über die Laufbahn eines misshandelten Kindes zum „Despoten oder Künstler" (ebd.) entscheidet (vgl. Maurer-Morgenstern 2009).

Egloff beschreibt in ihrer biographieanalytischen Studie zu Entstehungsbedingungen und Bewältigungsstrategien von funktionalem Analphabetismus eine Verlaufskurve, die typische Muster in den Lebensgeschichten der befragten Personen zusammenfasst. Alle haben mehr oder weniger ausgeprägte Leidensbiographien. Für das Aufschichten und Auslösen der Verlaufskurve und ihr lebenslanges Andauern werden verschiedene Gründe genannt. So haben es Frauen auf Grund der verinnerlichten traditionellen Rolle als Hausfrau und Mutter oft schwerer als Männer, ihre Lebenssituation über die Berufstätigkeit zu verbessern. Durch negative Etikettierung seitens der Schule und der Eltern werden kaum eigene Handlungsinitiativen entwickelt und es wird kein Selbstvertrauen aufgebaut. Die Schwierigkeiten mit dem Lesen und Schreiben treten hier nicht als Ursache des Leidens, sondern als Folge der Leidensbiographie auf. Sie können aber durchaus als erschwerend für die Abschwächung oder gar das Stoppen der Verlaufskurve oder auch als Ursache für die Wiederverstärkung gesehen werden. Somit lässt sich erklären, dass die Teilnahme an einem Alphabetisierungskurs nicht notwendigerweise das Ende der Verlaufskurve und damit der Leidensbiographie sein muss. Dafür können durchaus auch andere sich ändernde Faktoren, die eine Verbesserung der Lebenssituation nach sich ziehen, verantwortlich sein.

Die Verstrickung der eigenen Lebensgeschichte in die Zeitgeschichte („Kriegs-kindheit"), die vorangegangene oder noch andauernde Leidensbiographie der Eltern, eine desolate sozioökonomische Situation, eine „ungünstige" Position inner-halb der Geschwisterreihenfolge und eine „vorenthaltene" Kindheit durch Gewalt, Indifferenz, fehlenden Schutzraum, Instrumentalisierung und Missachtung elementa-rer Bedürfnisse lassen sich bereits in der Kindheit als Bedingungsfaktoren für eine ungünstige Sozialisation festmachen (vgl. Egloff 1997). Finke und Jaehn definieren Analphabetismus aus einem systemischen Blickwinkel als „Ausdruck einer umfas-senden Störung im sozialen Beziehungsgefüge eines Menschen" (Finke/Jaehn zit.n. Kamper 1990, 18).[1]

Kinder, die in der Schule nicht lesen und schreiben lernen, gelten fast immer als lernbehindert oder zumindest lerngestört. Diese Aussage ist an die Wichtig-keit, die die Kulturtechniken Lesen und Schreiben in unserer Gesellschaft ha-ben, gekoppelt. Die meisten Kinder mit diesen vermeintlichen Lernstörungen oder Lernbehinderungen wurden spätestens im dritten oder vierten Schuljahr in Sonder-schulen überwiesen (vgl. Kamper 1990). In diesen Institutionen konnte der Schrift-erwerbsprozess auch nicht in ausreichender Weise in Gang gebracht oder fortgesetzt werden.

In der Literatur findet man wiederholt Hinweise darauf, dass Störungen im Schrifterwerbsprozess bereits vor der Schule beginnen. Unterrichtsmaterial, Lehrer-verhalten, Schulorganisation und Lehreraus- und -fortbildung können in ihrer Aus-wirkung ungünstige Sozialisationsbedingungen und Familienkonstellationen als Ur-sache von Lernschwierigkeiten verstärken (vgl. Kamper 1990; Lindig 2008; Döbert/ Hubertus 2000; Dehn et al. 1996; Jaehn-Niesert 1994).

Im Zusammenhang mit dem Wissen um die Wichtigkeit der Ausbildung einer Schriftkultur und der Bedeutung des Umgangs mit Schrift und deren Relevanz in der Familie kann man zusammenfassend feststellen: „Die Schule und das Elternhaus stel-len die wichtigsten Einflussfaktoren auf den Schriftspracherwerb dar" (Lindig 2008, 30). Doch führen die aufgezählten Faktoren nicht zwingend zu Schwierigkeiten im Schriftspracherwerbsprozess. Einzelne Faktoren können durch günstige Bedingungen ausgeglichen werden (vgl. Lindig 2008).[2]

---

1   Der systemtherapeutische Ansatz wird im Artikel von Ute Jaehn-Niesert in diesem Band genauer erläutert.
2   Eine Darstellung des Ursachenkomplexes für Schwierigkeiten im Lese- und Schreiblernpro-zess findet sich bei Döbert/Hubertus (2000, 52).

2. Doch was sagen Menschen, die Probleme mit dem Lesen und Schreiben haben, selbst dazu?

Im Rahmen der Fachtagung Alphabetisierung 2010 in Weinheim führten wir zu dieser Frage einen Workshop mit Lernenden aus Alphabetisierungskursen durch. Thema des Workshops war: „Schrift in der Familie – Lernende als Expertinnen und Experten".

Nach einem Einstieg in das Thema mit Fragen, die mittels der Methode „Kugellager" kurz besprochen wurden, gab es ein Gespräch im Plenum, in dem über persönliche Ursachen des nicht erfolgten Lesen- und Schreibenlernens gesprochen wurde. Nach diesem Gespräch sollten die Teilnehmenden mit unserer Hilfe in Kleingruppen ihre Gedanken zum Thema festhalten.[3] Dabei ergab sich ein intensiveres Nachdenken darüber, warum das Lesen und Schreiben nicht gelernt wurde und welche Präventionsmaßnahmen in Frage kommen. Nach regem Austausch sind diese Plakate entstanden:

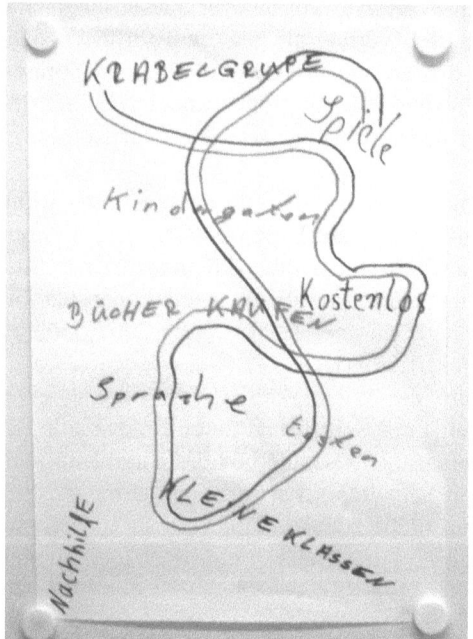

---

3 Die Hilfe bestand vor allem in der Unterstützung bei der schriftlichen Darstellung des zuvor Besprochenen.

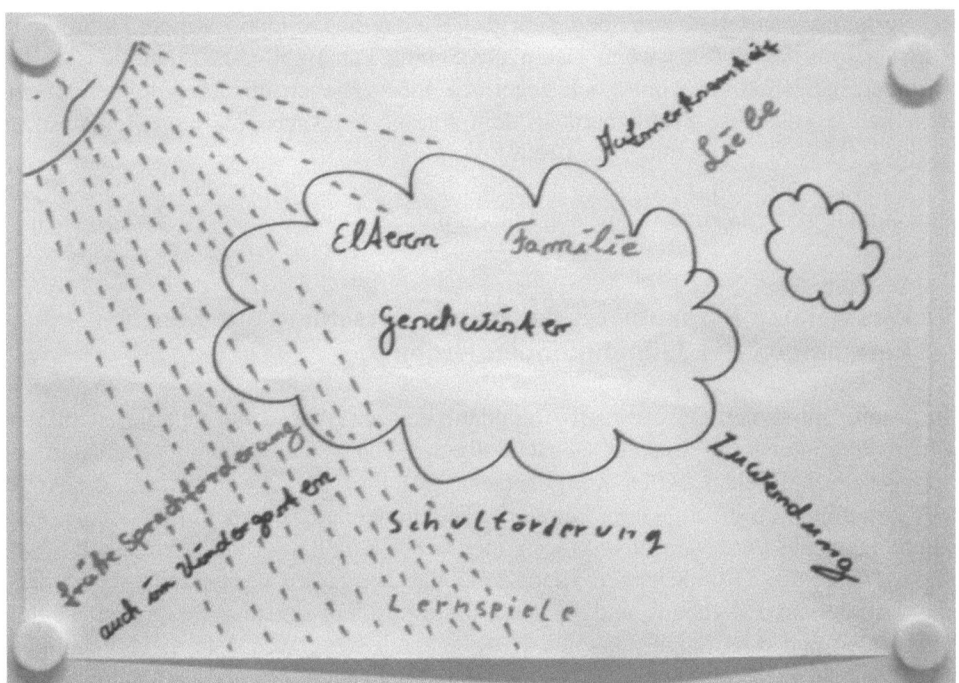

Abb. 1-3:
Plakate der Kleingruppenarbeit beim Workshop

Interessant ist hier, dass einige Gründe für geringe Lese- und Schreibkenntnisse, die man auch in der Literatur zu diesem Thema finden kann, von den Lernenden bestätigt wurden.[4] So wurde nicht an erster Stelle der Liste der „Probleme und Schwierigkeiten" fehlende Schriftsprachkompetenz genannt, sondern eher fehlende Zuwendung, fehlende Förderung, körperliche Misshandlungen und prekäre Familienverhältnisse. Es gab auch die Vermutung, dass die Eltern selbst nicht lesen konnten, da es zu Hause gar keine Bücher gab und sich auch keiner um schulische Belange gekümmert hat.

Die Konzentration auf Prävention durch das Handeln der Lehrkräfte und Förderangebote von Anfang an lässt auf die Auslagerung des Lernprozesses in die Schule schließen. Die Familie hat versagt, aber wenigstens die Schule müsste handeln.

Leider haben die Teilnehmenden häufig die Erfahrung gemacht, dass ihnen nicht in ausreichendem Maße in der Schule geholfen wurde. Durch das oft „bildungsarme" Elternhaus hatten sie keinen Wissensdurst entwickeln können. Sie hätten hier besonders intensive Hilfe durch die Schule gebraucht. Da sie diese nicht bekamen, sondern nicht mehr Unterstützung als Kinder aus Herkunftsfamilien, in denen Bildung ein wichtiges Thema war, reichte das Angebot der Schule für sie nicht aus.

---

4   Man kann davon ausgehen, dass die Workshopteilnehmenden durch ihren Kursbesuch bereits für das Thema sensibilisiert waren und nicht das erste Mal über ihre persönlichen Gründe des nicht erfolgten Lese- und- Schreiblernprozesses reflektiert haben.

Systemisch gesehen befanden sich die Kinder aus bildungsarmen Familien in einem Loyalitätskonflikt, wenn sie in die Schule kamen. Begeisterten sie sich für Bildung, handelten sie womöglich gegen die Eltern, gegen ihre Herkunft. Sehr eindringlich wurde diese Problematik in dem autobiographisch gefärbten Roman „Das verborgene Wort" von Ulla Hahn (2009) dargestellt.

Lösungen aus dem Dilemma „Wenn ich lerne, verrate ich meine Familie." bestehen einmal in der Lernverweigerung und zum anderen im Lernen im Verborgenen.[5]

3. Was können Kursanbietende und die Forschung aus den Anregungen der Teilnehmenden lernen?

In unserer modernen Gesellschaft Analphabetin oder Analphabet zu sein, steht sehr oft in Verbindung mit sozialer Benachteiligung, das heißt vom kulturellen und gesamtgesellschaftlichen Leben weitgehend ausgeschlossen zu werden, mit der Angst vor Enttarnung zu leben, wenig berufliche Möglichkeiten zu haben. Es bedeutet aber auch oft, wenig Förderung und Zuwendung in der Kindheit erhalten zu haben – wofür es vielfältige Gründe geben kann. Analphabetismus zu vermeiden setzt voraus, dass Kinder im Elternhaus und in der Schule aufmerksam und fürsorglich begleitet werden und dass ihnen adäquate Hilfe geboten wird, wenn sie diese benötigen. Das bedeutet beispielsweise eine geringe Anzahl an Schülerinnen und Schülern pro Klasse und möglichst zwei erwachsene Bezugspersonen und eine enge Einbeziehung der Eltern in die schulische Entwicklung ihres Kindes.

„Wichtig ist, daß das Leiden der betroffenen Personen hauptsächlich in familiären und schulischen Konstellationen begründet liegt und nicht darin, daß sie das Lesen und Schreiben nicht lernen. Daß der Lese- und Schreiblernprozeß nicht stattfindet, kann als eine mögliche Folge der Verlaufskurve gedeutet werden." (Egloff 1997, 129)

Will man dieser Verlaufskurve präventiv entgegenwirken, beinhaltet das neben der Arbeit mit der Familie eine Erweiterung der Grundschullehrerausbildung um den Bereich Entwicklungspsychologie und Gruppendynamik. Kursleitende in Alphabetisierungskursen sollten in dem Bereich der biographischen Entwicklung von Schriftsprachunkundigen, besonders auch deren psychischer Belastungen, geschult werden und über Techniken verfügen, die es ihnen im Unterricht ermöglichen, Lernbarrieren und -schwierigkeiten zu erkennen und angemessen mit ihnen umzugehen. Alphabetisierungsarbeit ist individuelle, teilnehmerzentrierte Arbeit und das Entstehen neuer Lernprobleme bei Teilnehmenden muss, gerade auf Grund der negativen Lernbiographie, unter allen Umständen vermieden werden. Dazu gehört auch, dass neben den klassischen Alphabetisierungsangeboten für Erwachsene neue Lernorte und Lebensbereiche im Sinne des Lebenslangen Lernens etabliert werden.[6]

---

5   Es gibt natürlich auch viele Familien, die sehr viel Ehrgeiz für ihre Kinder entwickeln („Sie sollen es mal besser haben.") und großen Wert auf Schulbildung legen. Allerdings befinden sich deren Kinder i.d.R. nicht unter Teilnehmenden von Alphabetisierungskursen bzw. nur dann, wenn das Kind auf diese Anforderung mit einer Lernverweigerung reagiert hat.

6   Ein Beispiel für andere Lernkontexte findet sich im Artikel von Noack, Stölting und Wendscheck in diesem Band.

Literatur

DEHN, Mechthild/HÜTTIS-GRAFF, Petra/KRUSE, Norbert (Hrsg.) (1996): Elementare Schrift-kultur. Schwierige Lernentwicklung und Unterrichtskonzept. Weinheim/Basel: Beltz.

DÖBERT, Marion/HUBERTUS, Peter (2000): Ihr Kreuz ist die Schrift. Analphabetismus und Alphabetisierung in Deutschland. Stuttgart: Ernst Klett.

EGLOFF, Birte (1997): Biographische Muster „funktionaler Analphabeten". Eine biogra-phieanalytische Studie zu Entstehungsbedingungen und Bewältigungsstrategien von „funktionalem Analphabetismus". Frankfurt am Main: Deutsches Institut für Erwach-senenbildung. Verfügbar unter: http://www.die-bonn.de/esprid/dokumente/doc-1997/egloff97_01.pdf [Abruf am 18.02.2011].

GRAY, William Scott (1956): The Teaching of Reading and Writing. An international sur-vey. Monographs on Fundamental Education X. Paris: UNESCO.

GROTLÜSCHEN, Anke/RIEKMANN, Wibke (2011): leo. – Level-One Studie. Literalität von Erwachsenen auf den unteren Kompetenzniveaus. Presseheft. Hamburg: Universität Hamburg. Verfügbar unter: http://blogs.epb.uni-hamburg.de/leo/files/2011/02/leo-Level-One-Studie-Presseheft1.pdf [Abruf am 17.03.2011].

HAHN, Ulla (2009): Das verborgene Wort. München: dtv.

JAEHN-NIESERT, Ute (1994): Schrift-Sprachlosigkeit. Berlin: AOB-Verlag.

KAMPER, Gertrud (1990): Analphabetismus trotz Schulbesuchs. Zur Bedeutung elemen-tarer Fähigkeiten für Schwierigkeiten beim Lesen- und Schreibenlernen. Berlin: Ar-beitskreis Orientierungs- und Bildungshilfe e.V.

LINDIG, Alexandra (2008): Funktionaler Analphabetismus Jugendlicher und junger Er-wachsener. Potentiale der Methode Paolo Freires für die Alphabetisierungsarbeit mit Jugendlichen. Saarbrücken: VDM Verlag Dr. Müller.

MAURER-MORGENSTERN, Monika (2009): Woyzecks Kinder – Frühes Leid und seine Fol-gen. In: MÜNCHNER VOLKSHOCHSCHULE/MAURER-MORGENSTERN, Monika: Mückengift aus Eifersucht. Norderstedt, Books on Demand, S. 124-130.

MILLER, Alice (1988): Der gemiedene Schlüssel. Frankfurt am Main: Suhrkamp.

NICKEL, Sven (2007): Family Literacy in Deutschland – Stand der Entwicklung und Ge-danken zur konzeptionellen Weiterentwicklung. In: ELFERT, Maren/RABKIN, Gabriele (Hrsg.): Gemeinsam in der Sprache baden: Family Literacy. Internationale Konzep-te zur familienorientierten Schriftsprachförderung. Stuttgart: Ernst Klett Sprachen, S. 65-84.

Übergang Schule und Beruf

„Jung, motiviert, bildungsbenachteiligt – sucht Chance auf dem Arbeitsmarkt"

Eva Steffens-Elsner

Bildungsmöglichkeiten und Bildungschancen sind immer noch eine Frage der sozialen, ökonomischen sowie soziokulturellen Herkunft. Dies bestätigt auch der „3. Bildungsbericht 2010" (erstellt im Auftrag der Ständigen Konferenz der Kultusminister der Länder in der Bundesrepublik Deutschland und des Bundesministeriums für Bildung und Forschung) in einer Zusammenfassung der wichtigsten Ergebnisse unter dem Punkt „Rahmenbedingungen für Bildung". Dort heißt es: „Fast jedes dritte Kind unter 18 Jahren wächst in sozialen, finanziellen oder/ und kulturellen Risikolagen auf [...]. Es ist zu befürchten, dass diese Kinder und Jugendlichen insgesamt ungünstigere Bildungschancen haben." (Autorengruppe Bildungsberichterstattung 2010, 6) Auch die neusten Ergebnisse der PISA-Studie 2009, bei deren Vorstellung der Präsident der Kultusministerkonferenz Ludwig Spaenle (CSU) im ARD-Morgenmagazin am 7.12.2010 feststellte, es sei kein Geheimnis, „dass die soziale Herkunft in Deutschland immer noch zu stark das Bildungsergebnis junger Menschen beeinflusse" (Tagesschau.de 2010), bestätigen dies.

Anhand von Lernbiographien bzw. Bildungsbiographien ist ersichtlich, wie zu jedem Menschen die eigene Herkunft und damit die eigenen Wurzeln gehören. Die Wurzeln dürfen aber nicht zu Fallstricken oder Hindernissen für den eigenen Weg werden. Bei aller Erkenntnis der Verantwortlichen zeigt sich jedoch an dieser Stelle die Perspektiv- und Chancenlosigkeit vieler Jugendlicher im Übergangsbereich Schule und Beruf wie auch im Übergang zum sogenannten ersten Arbeitsmarkt: „Der zunehmenden Kluft in den Bildungsverläufen von Kindern und Jugendlichen, die bestehende Bildungsangebote erfolgreich nutzen, und jenen, bei denen sich Benachteiligungen eher kumulieren, muss entschiedener begegnet werden: Die in unterschiedlichen Abschnitten einer Bildungsbiografie eingeschlagenen Wege [...] führen zu Disparitäten der Bildungsbeteiligung und damit zu Unterschieden in den Bildungs- und Lebenschancen. Diese zunehmenden segregativen Erscheinungen stehen im Gegensatz zu der Inklusions- und Integrationsaufgabe des Bildungswesens. Eine zentrale Herausforderung besteht daher darin, allen jungen Menschen über ein dem gesellschaftlichen Entwicklungsniveau angemessenes Bildungsniveau die soziale und gesellschaftliche Teilhabe zu ermöglichen." (Autorengruppe Bildungsberichterstattung 2010, 13)

Der Übergang als Wechsel von der Schule mit dem Schwerpunkt „Lernen" in das Berufsleben mit dem Schwerpunkt „Arbeiten" bedeutet neben der veränderten Tätigkeit zudem eine Veränderung der sozialen Rolle, des sozialen Status und der sozialen Kontakte. Dazu gehören verschiedene Prozesse wie die Ablösung aus dem Elternhaus, das „Erwachsenwerden", der Aufbau einer Partnerschaft, die eigene Wohnung etc. Diese sind nur dann erfolgreich möglich, wenn parallel ein erfolgreicher Erwerb von arbeitsmarktrelevanten Kompetenzen und im weiteren Verlauf eben auch die erfolgreiche Ausübung des erlernten Berufs gegeben ist. Dies gilt gleichermaßen für deutsche Jugendliche wie auch für Jugendliche mit Migrationshintergrund, deren kulturelle Sozialisation in vielen Fällen noch zu weiteren Besonderheiten führen kann.

Am Beispiel der kurz skizzierten Bildungsbiographie des 23-jährigen W. werden einzelne Aspekte und deren Zusammenspiel deutlich: W. ist 2001 mit seiner Familie aus Kasachstan nach Deutschland gekommen. Er wurde in seinem Heimatort eingeschult und ist Russisch alphabetisiert. In seiner Familie wird Russisch gesprochen. Nach der Einbürgerung in Deutschland hat W. eine Förderschule mit dem Schwerpunkt Sprachbehinderung besucht. Seine Deutschkenntnisse sind im Bereich „Sprechen" sehr gut ausgebildet, während sie im schriftsprachlichen Bereich nach wie vor unzureichend sind. Die Ausbildung als Beikoch absolvierte W. erfolgreich in einem Berufsbildungswerk. Seit fast einem Jahr versucht W. eine Arbeitsstelle zu finden. Die Teilnahme an einem Integrationskurs Deutsch ist ihm von der Agentur für Arbeit bisher nicht angeboten worden. Von potentiellen Arbeitgebern wird er oft mit dem Hinweis abgewiesen, dass er keine reguläre Vollausbildung nach §25 Berufsbildungsgesetz (BBiG) vorweisen kann, da er eine Ausbildung im Rahmen des §66 BBiG absolviert hat. Hierbei handelt es sich um eine sogenannte abgestufte, d.h. fachpraxis- und fachtheoriereduzierte Ausbildung für behinderte Menschen. Laut §2 Abs.1 des Sozialgesetzbuches (SGB) IX sind Menschen behindert, „wenn ihre körperliche Funktion, geistige Fähigkeit oder seelische Gesundheit mit hoher Wahrscheinlichkeit länger als sechs Monate von dem für das Lebensalter typischen Zustand abweichen und daher ihre Teilhabe am Leben in der Gesellschaft beeinträchtigt ist. Sie sind von Behinderung bedroht, wenn die Beeinträchtigung zu erwarten ist."

Ein „verpatzter" Start in der Bildungsbiographie ist trotz erfolgreicher Berufsausbildung nicht oder nur selten zu korrigieren. Im oben beschriebenen Fall erfolgte eine Stigmatisierung im Bereich „Sprachkompetenz". Es ist denkbar, dass besondere Förderungen in diesem Bereich andere Zukunftsperspektiven für W. inkludiert hätten als die aktuell realisierbaren.

Das als „Übergangssystem" bezeichnete Programm der Bundesagentur für Arbeit entpuppt sich hier, wie an vielen anderen Stellen, als Endstation: „Rund 500.000 Jugendliche hangeln sich derzeit von Berufsgrundbildungsjahr zu Einstiegsqualifizierung und von Jugendsofortprogramm zu Berufsvorbereitungsmaßnahme, ohne dass ihre Chance auf eine reguläre Ausbildungs- oder Arbeitsstelle wachsen würde. […] Zwar schaffen 50 Prozent der Teilnehmer im sogenannten Übergangssystem den Hauptschulabschluss. Doch nur 20 Prozent finden im Anschluss einen regulären Job. Vielfach, heißt es in einer Studie der Nürnberger Bundesagentur für Arbeit, trügen die Maßnahmen ‚dazu bei, die Teilnehmer erst recht vom regulären Berufsleben zu entfremden'." (Sauga 2008)

Mit dem folgenden Text nahm Johann Löwen, ein Lerner, der eine Werkerausbildung an einem Berufskolleg absolviert, am Schreibwettbewerb 2010 des Deutschen Volkshochschul-Verbandes teil:

Ich – Von der Straße in die Berufsausbildung
Was kostet die Welt?

Ich bin Punker.
Ich habe zwei Jahre auf der Straße gelebt.
Zu Hause bin ich weg wegen Stress.
Ich konnte bei Freunden schlafen, die Freunde
sind so was wie meine Familie.
Oder ich bin ins Parkhaus, unter die Lüftungsanlage.
Das Wichtigste war mein Schlafsack.
Ich habe mich frei gefühlt.
Ich hatte keine Verpflichtungen.
Ich hatte keine Sorgen.
Ich hatte alles, was ich brauchte.
Ich habe 10 bis 12 Stunden auf der Straße geschnorrt.
Schnorren ist der freundlichere, sachtere Ausdruck für Betteln.
Arm war ich eigentlich nicht.
Ich hatte alles, was ich brauchte.
Nicht so 'nen Schnickschnack.
Auf der Straße lernt man das zu schätzen, was man hat.
Auf der Straße ist jeder Mensch gleich.
Wenn man mehr Geld hat, dann scheißt man drauf
auf die Leute, die weniger haben.
Vor deren Augen bin ich ein asozialer Schmarotzer.
Ich habe auch verschiedene 1-Euro-Jobs gemacht, das musste ich,
damit ich mein ALG II bekam.
Dann wollte ich eine Ausbildung machen.
Bei der Agentur für Arbeit haben sie mir gesagt, dass ich
in eine Behindertenwerkstatt soll, weil ich
nicht mehr als 3 Stunden arbeiten könnte.
Da habe ich auf den Tisch gehauen, bin raus und
hab die Tür zugeknallt.
So was lass ich mir nicht bieten!
Das sind falsche Unterstellungen von Leuten, die keinen Plan haben.
Ich bin dann wieder zu meinem Sachbearbeiter
bei Arbeit Plus gegangen.
Der hat sich gekümmert, dass ich
einen neuen Zuständigen bei der Agentur bekam.
Dem neuen Zuständigen habe ich gesagt, dass ich
mehr als drei Stunden arbeiten kann und
das ja auch schon gemacht habe!
Ungefähr vier Wochen später hatte ich
meinen Ausbildungsplatz als Garten- und Landschaftsbau-Fachwerker.
Ich hatte gemischte Gefühle!
Einerseits ist man nicht mehr frei und andererseits
habe ich mich natürlich auch irgendwie gefreut.
Ich bin jetzt seit knapp zwei Jahren dabei.

Durchziehen tue ich das auf jeden Fall, denn
es ist meine letzte Chance, noch was in meinem Leben
in den Griff zu bekommen!

Der Film „Abschreiben gilt nicht"[1] des Projekts „iCHANCE" des Bundesverbandes Alphabetisierung und Grundbildung e.V. (www.ichance.de) zeigt am Beispiel der Auszubildenden Jennifer, wie wichtig die Schnittstellen zwischen Schule und Fördermaßnahmen im berufsbildenden Bereich sind, aber auch, wie wichtig die sozialpädagogische Begleitung von Jugendlichen während ihrer Ausbildungsphase ist. Die Stärkung der Kompetenzen sollte sich nicht nur im Bereich der Fachtheorie und der Fachpraxis vollziehen, sondern auch im persönlichen Bereich. Aspekte wie Stärkung der Persönlichkeit und des Selbstvertrauens, Entwicklung von Lernstrategien und vieles mehr gehören in das reichhaltige Programm des unterstützenden sozialpädagogischen Angebots. Die Möglichkeit, an einer lese- und schreibfördernden Maßnahme während der Ausbildung teilnehmen zu können, unterstützt vor allem jene Jugendlichen, die seit Beginn ihrer Bildungsbiographie verschieden geartete Probleme mit dem Lesen und Schreiben haben. Sie werden gefördert und vor allem darin unterstützt, einen Lernprozess neu aufzugreifen, der irgendwann einmal gescheitert ist. In vielen Fällen gelingt das über die didaktische Aufbereitung der Berufsschulmaterialien in leicht lesbare Texte. Über das Textverständnis kann ein Zugang zur Schriftsprache möglich werden. Aus dem Text resultierende Arbeitsaufträge sind müheloser zu bearbeiten, wenn Textaufgaben selbst erlesen und leicht verstanden werden können.

„Man liest und liest, man kapiert nix. Deswegen, wozu soll ich lesen?"
(Azubi, 17 Jahre)

Literatur

AUTORENGRUPPE BILDUNGSBERICHTERSTATTUNG (2010): Bildung in Deutschland 2010. Ein indikatorengestützter Bericht mit einer Analyse zu Perspektiven des Bildungswesens im demografischen Wandel. Wichtige Ergebnisse im Überblick. Verfügbar unter: http://www.bildungsbericht.de/daten2010/wichtige_ergebnisse_presse2010.pdf [Abruf am 17.05.2011].

SAUGA, Michael (2008): Jugendliche ohne Chance: Wie Deutschland an den Gescheiterten scheitert. In: SPIEGEL ONLINE/SchulSPIEGEL, 21.10.2008. Verfügbar unter: http://www.spiegel.de/schulspiegel/0,1518,585369,00.html [Abruf am 17.05.2011].

TAGESSCHAU.DE (2010): „Die besten Köpfe für die Schulen gewinnen". Stand: 07.12.2010, 09:16 Uhr. Verfügbar unter: http://www.tagesschau.de/inland/pisa148.html [Abruf am 20.05.2011].

---

1   http://profi.ichance.de/index.php?id=23 [Abruf am 20.05.2011].

**Projekte zur Lese- und Schreibförderung
im Kontext von Familien und Generationen**

Generationenübergreifendes Lernen in der Alphabetisierung – ein Berliner Pilotprojekt

Christina Noack, Galina Stölting & Aline Wendscheck

Die Familie ist die erste und wirkungsvollste Instanz für die Ausbildung der kindlichen Literalität (vgl. Hurrelmann 2004). Findet diese Erkenntnis erst allmählich Eingang in die deutsche Bildungslandschaft, so existieren im angelsächsischen Raum bereits seit den 1990er Jahren sogenannte „Family Literacy"-Programme, die literale Interaktionen von Eltern und Kindern im Familienalltag initiieren und fördern. Die Entwicklungen, die der Begriff „Family Literacy" und die mit ihm verbundenen Programme und Konzepte durchlaufen haben, wurden in der Literatur bereits dargestellt (vgl. Hannon et al. 2007, 10 und Nickel 2004). Für die folgenden Ausführungen ist es besonders wichtig, dass „Family Literacy" die Wechselwirkungen schriftsprachlichen Lernens im System Familie fokussiert. Als Konsequenz dessen streben die darauf aufbauenden Programme eine je nach Programm unterschiedlich gewichtete, gemeinsame Förderung der literalen Kompetenzen von Eltern und Kindern als Schlüsselstrategie einer breiten Förderung von Literalität an.

In der deutschen Erwachsenenbildung sind generationenübergreifende Lernangebote nach wie vor rar. Das Berliner Pilotprojekt „AlphaFamilie" will ein Konzept entwickeln, mit dem sich die generationenübergreifende Förderung von Literalität in der deutschen Erwachsenen-Grundbildung etablieren lässt.

Der hier verwendete Begriff „Literalität" bezieht sich nicht allein auf die Fertigkeiten, d.h. auf die Kulturtechniken des Lesens und Schreibens. Literalität wird hier im Sinne von Barton und Hamilton als ein Set sozialer Praktiken aufgefasst, die immer in kulturell und sozioökonomisch situierte, bedeutsame Handlungskontexte und somit auch in Machtstrukturen eingebettet sind (vgl. Barton/Hamilton 2000, 8).[1] Aus einer solchen Perspektive heraus wird erkennbar, dass jeder Mensch über Formen von Literalität verfügt, auch wenn es sich dabei um von der Gesellschaft nicht offiziell anerkannte und wertgeschätzte Formen von Literalität handelt. Des Weiteren impliziert diese Definition, die auch die strikte Trennung von Oralität und Literalität ablehnt, dass Menschen an Literalität im Sinne von Schriftkultur auch dann teilhaben können, wenn sie über die Kulturtechniken des Lesens und Schreibens nicht oder nur in Ansätzen verfügen.

Ausgangspunkt jeder literalen Förderung ist für „AlphaFamilie" somit eine wertschätzende Sichtbarmachung der soziokulturell geprägten literalen Praktiken der teilnehmenden Familien.

---

1   Ein sehr guter Überblick über die Entwicklungen des Begriffs „Literalität" findet sich bei Linde (2008).

1. Projektstruktur: Projektpartner und Teilprojekte

„AlphaFamilie" ist ein Verbundprojekt. Die Partner sind die Freie Universität Berlin und der Arbeitskreis Orientierungs- und Bildungshilfe e.V. Der AOB ist ein Erwachsenenbildungsträger, der seit über 30 Jahren in der Alphabetisierung Erwachsener tätig ist. Der Verbund (Verbundleitung: Sven Nickel, FU) setzt sich aus zwei Teilprojekten zusammen. Der Aufgabenbereich des Teilprojekts „Familie und Literalität" (FamLit, FU und AOB, Teilprojektleitung: Sven Nickel) beinhaltet die Entwicklung von Konzepten und Kursformaten sowie des curricularen Rahmens, die praktische Durchführung von Programmen bzw. Kursen, die Entwicklung und Erprobung von Materialien sowie die wissenschaftliche Begleitung und Evaluation. Im Rahmen des Teilprojekts „Familie und Lernen" (FamLern, AOB, Teilprojektleitung: Ute Jaehn-Niesert) wird den teilnehmenden Familien eine systemtherapeutisch angelegte Lernberatung angeboten.

2. Zielgruppe

Adressaten der im Rahmen des Projekts entwickelten bzw. noch zu entwickelnden Programme sind Familien (mit Kindern im Alter von drei bis sechs Jahren), in denen das Ausmaß praktizierter Literalität im familiären Alltag gering ist. Das heißt, dass in diesen Familien nicht nur kaum schriftbasierte Tätigkeiten durchgeführt werden – es werden also kaum Bücher (vor-)gelesen, Briefe oder E-Mails, Notizen oder Einkaufszettel geschrieben –, sondern auch nur wenige prä- und paraliterale Aktivitäten mit Kindern stattfinden. Zu Letzteren gehören das Singen von Kinderliedern, Kinderreime, das Erzählen von Geschichten, also Handlungen, die zwar mündlich ausgeführt werden, aber für Kinder wichtige frühe literalitätsbezogene Erfahrungen darstellen.

Zweitens sind es Familien, in denen mindestens ein Elternteil über geringe literale Kompetenzen verfügt. Hierbei handelt es sich neben den Kompetenzen, die für die Beherrschung von Lesen und Schreiben als Kulturtechnik notwendig sind, auch um solche, die die Eltern darin bestärken, Literalität als soziale Praxis zu leben und ihren Kindern metasprachliche und literale Erfahrungen zu ermöglichen.

3. Ziele

Das Projekt „AlphaFamilie" verfolgt mehrere Ziele, die verschiedene Dimensionen berühren. Zum einen sollen die im Projekt entwickelten und noch zu entwickelnden Programme dazu beitragen, dass Literalität als soziale Praxis in den beteiligten Familien gestärkt wird. Hier wird Wert darauf gelegt, dass die Inhalte und Aktivitäten der Programme dafür geeignet sind, von den Familien in den Alltag übernommen zu werden.

Zum anderen zielen die Programme darauf ab, die Unterstützungskompetenz gering literalisierter Eltern in Bezug auf die Frühförderung der Literalität bei ihren Kindern zu stärken. Hierbei handelt es sich beispielsweise um die Vermittlung von

Kenntnissen darüber, wie ein Kind in sprachlicher und literaler Hinsicht lernt, sowie um die gemeinsame Erarbeitung von Strategien und Aktivitäten, die gering literalisierte Eltern anwenden können, um Literalität bei ihren Kindern anzubahnen (vgl. Apeltauer 2003). Dazu gehören sowohl auf den ersten Blick einfache Dinge, wie z.B. dem Kind zu Hause einen Platz zur Verfügung zu stellen, an dem es malen oder zeichnen/kritzeln kann, als auch komplexere Aktivitäten wie dialogisches Lesen von Bilderbüchern (vgl. Kraus 2005).

Schließlich zielt der lustvoll-spielerische Charakter der Programme darauf ab, die Erwachsenen in der Entwicklung und Verfolgung eigener Bildungsbedürfnisse zu bestärken. Dies ist vor allem bei denjenigen Erwachsenen von Bedeutung, die den schulischen Schriftspracherwerb als eine Erfahrung des Versagens und Scheiterns erlebt haben. Hierbei sollen unsere Programme die Funktion einer Brücke zur Grundbildung bzw. zu weiterführenden Bildungsangeboten erfüllen.

Bisher sind „Family Literacy"-Programme in Deutschland entweder als Hausbesuchsprogramme (HIPPY und Opstapje (vgl. Arbeitsgemeinschaft für frühe Bildung in der Familie 2010)) bekannt oder sie sind in Einrichtungen im vorschulischen Bereich (z.B. das Kieler Modellprojekt (vgl. Apeltauer 2004 u. 2006); „FLY – Family Literacy" vgl. Elfert/Rabkin 2007) bzw. an Grundschulen angesiedelt (s. FLY ebd.). Dadurch fokussieren sie in erster Linie Kinder und haben somit einen präventiven Charakter. „Family Literacy"-Programme können aber durch ihr erhebliches Motivationspotential für eigene Lernprozesse bei Erwachsenen auch einen intervenierenden Charakter haben. Durch die Entwicklung verschiedener Kursformate, die auch in Einrichtungen der Erwachsenenbildung durchgeführt werden können, streben wir über die oben angeführten Ziele hinaus die Etablierung des familienorientierten und generationenübergreifenden Ansatzes auch in der Erwachsenenbildung an. Im Projektverlauf werden die Lernprozesse der Teilnehmenden systemtherapeutisch begleitet. Hierbei wird vom Teilprojekt „FamLern" das Zusammenwirken zwischen Eltern und Kindern im Lernprozess erforscht.

4. Forschungsfragen

Aus den Erfahrungen verschiedener „Family Literacy"-Programme geht hervor, dass gering literalisierte Eltern die Programme verlassen, sobald sie mit schriftbasierten Aktivitäten konfrontiert werden.[2] Die zentrale Forschungsfrage im Projekt „AlphaFamilie" lautet also, unter welchen Bedingungen sich ein generationenübergreifender Bildungsansatz für Familien mit gering literalisierten Eltern in Deutschland etablieren lässt.

Wie zu Beginn dieses Beitrags ausgeführt, verstehen wir Literalität als ein Kontinuum von sozialen Praktiken. Demnach verfügt jede Person in der heutigen Gesellschaft über einen gewissen Grad an Literalität. Die Frage lautet also, welche Formen von Literalitäten bzw. von literalen Praktiken in den Familien, die wir begleiten, gelebt werden und wie sich die literalen Kompetenzen in diesen Familien zusammensetzen.

---

2   Mündliche Erfahrungsberichte von Durchführenden der Projekte aus den Programmen HIPPY, Opstapje und FLY gegenüber den Autorinnen.

Und schließlich: Unter welchen Bedingungen entscheiden sich Eltern mit geringen literalen Kompetenzen für die Teilnahme an „Family Literacy"-Programmen? Durch welche Art von Ansprache werden sie erreicht? Wann empfinden sie ein Bildungsangebot als persönlich relevant und was bewegt sie zur Teilnahme?

5. Forschungsparadigma

Für die Wahl eines Forschungsparadigmas sind stets die Fragestellungen der konkreten Studie entscheidend. Die Forschungsfragen im Projekt „AlphaFamilie" richten sich auf Bedingungen und Wirkungen von Bildungsprogrammen für gering literalisierte Eltern. Die ersten Ergebnisse sollen bereits im Forschungsprozess in die Praxis umgesetzt werden. Da es sich hierbei um keine statischen Phänomene handelt, sondern um Merkmale, die kontinuierlicher Veränderung und Entwicklung unterworfen sind, ist es notwendig, sich den Fragestellungen mit einem prozessorientierten, interpretativen Ansatz im Rahmen eines qualitativen Forschungsparadigmas zu nähern (Friebertshäuser/Prengel 1997; Mayring 2002; Flick et al. 2007). Aus diesem Grund verstehen wir unsere Untersuchung als eine explorative, hypothesengenerierende Studie mit Elementen der pädagogischen Handlungsforschung (*action research*, vgl. Lewin 1946; zu verschiedenen Typen von Aktionsforschung O'Brien 2001; Mayring 2002, 52 u. 54).

Nach Mayring (2002, 51) verfolgt die Handlungsforschung drei Ziele:

a) *Ansetzen an konkreten sozialen Problemen.* Hier setzt das Projekt „AlphaFamilie" an der Tatsache an, dass die Partizipation an unserer Gesellschaft in sehr vielen Bereichen auf Schrift basiert und somit vielen gering literalisierten Familien Zugänge und Wege zur Mitsprache erschwert sind.[3] Das soziale Problem besteht darin, dass bei Eltern, deren literale Sozialisation nur eingeschränkt stattgefunden hat, das Risiko steigt, dass sich dies – unter dem Einfluss anderer negativer sozialer Faktoren – auch in der literalen Entwicklung ihrer Kinder widerspiegeln kann.

b) *Praxisverändernde Umsetzung der Ergebnisse im Forschungsprozess.* Unsere Recherchen haben gezeigt, dass gering literalisierte Eltern aus den „Familiy Literacy"-Programmen, die es in Deutschland gibt, herausfallen, weil sie nicht über das notwendige Maß an literalen Kompetenzen verfügen. Im Rahmen des Projekts „AlphaFamilie" sollen daher Konzepte entwickelt werden, die dies verhindern und auch Eltern mit geringen literalen Kompetenzen in die Lage versetzen, sowohl ihre Kinder beim Erwerb der Literalität zu unterstützen als auch eigenen Bildungsinteressen nachzugehen. Es sollen zudem verschiedene Formate von „Family Literacy"-Programmen entwickelt werden, die an unterschiedlichen Einrichtungen der Elementar- sowie der Erwachsenenbildung angesiedelt werden können. Hierbei sollen verschiedene Konzepte in Kooperation mit den beteiligten Bildungseinrichtungen ausgearbeitet, evaluiert und ständig angepasst werden.

---

3   Es ist zu erwähnen, dass „Family Literacy" auf den Bereich der Literalität fokussiert; dadurch können Probleme, die gesellschaftlich determiniert sind (Armut, soziale Ausgrenzung etc.) nicht gelöst werden.

c) *Gleichberechtigter Diskurs Forscherinnen/Forscher – Beteiligte im Feld.*[4] Die Erforschung von literalen Praktiken in den Familien sowie von Gelingensbedingungen familienorientierter und generationenübergreifender Bildungsangebote setzt eine enge Zusammenarbeit aller Beteiligten voraus. Dabei geht es darum, die Beteiligten aus dem Praxisfeld nicht nur als Probandinnen und Probanden zu Datenerhebungszwecken anzusehen, sondern als gleichberechtigte Partnerinnen und Partner, die sowohl auf die Konzeptentwicklung als auch auf die Entwicklung von Curricula und Materialien einen entscheidenden Einfluss nehmen.

6. Untersuchungsmethoden

Der Ablauf der Handlungsforschung richtet sich stark an den Praxisgegebenheiten aus. Er ist durch ein ständiges Pendeln zwischen Informationssammlung, Diskurs mit den Beteiligten, Reflexion und praktischen Handlungen gekennzeichnet (vgl. O'Brien 2001; Mayring 2002). So werden zur Informationssammlung im Projekt „AlphaFamilie" neben der kontinuierlichen Literaturrezeption und der Analyse von Best-Practice-Modellen im In- und Ausland auch Expertenbefragungen sowie feldbezogene Datenerhebungsmethoden wie z.B. Hospitationen, teilnehmende Beobachtung bzw. vollständige Teilnahme als Kursleitende angewendet (vgl. Lamnek 2005, 576). Der Diskurs mit den Beteiligten schließt neben Gruppengesprächen mit Eltern auch individuelle themenzentrierte leitfadengestützte Interviews ein. Die Daten werden als Tonaufnahme oder in Form von Notizen und Protokollen erhoben. Nach einer Reflexionsphase werden Praxisschritte geplant und ausgeführt. Dieser Handlungsplan wird auf der Grundlage der Reflexion von erhobenen Daten zu einem neuen Aktionsplan modifiziert und auf einer höheren Stufe der Erkenntnisspirale umgesetzt. Der Prozess wird so oft wiederholt, bis die Antwort auf die Forschungsfrage gefunden wird bzw. bis neue, weiterführende Erkenntnisfragen formuliert werden können.

---

4   Bei Lewin geht es um den Diskurs zwischen Forscherinnen/Forschern und Betroffenen. Wir finden aber den Begriff „Betroffene" zum einen stigmatisierend, zum anderen sind am Diskurs nicht nur gering literalisierte Eltern beteiligt, sondern auch Mitarbeiterinnen und Mitarbeiter von Bildungseinrichtungen.

7. Konzeptionelle Säulen von „AlphaFamilie"

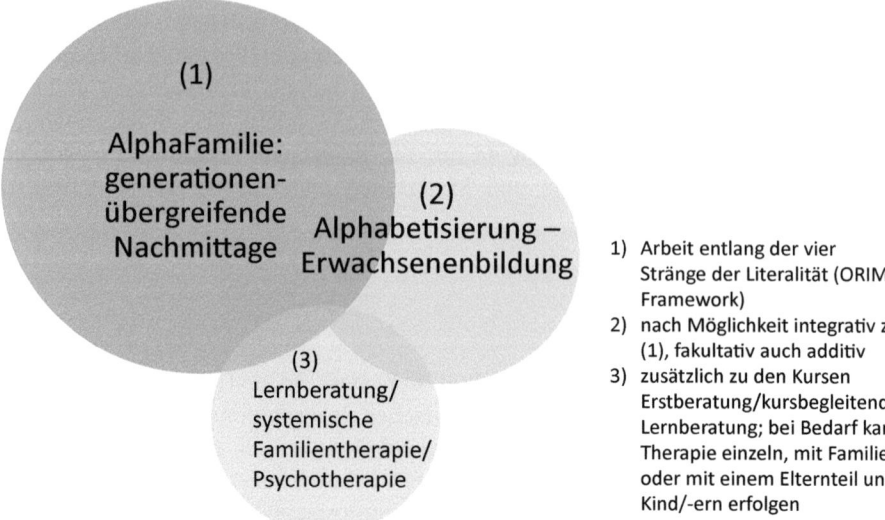

(1)

AlphaFamilie: generationen-übergreifende Nachmittage

(2) Alphabetisierung – Erwachsenenbildung

(3) Lernberatung/ systemische Familientherapie/ Psychotherapie

1) Arbeit entlang der vier Stränge der Literalität (ORIM Framework)
2) nach Möglichkeit integrativ zu (1), fakultativ auch additiv
3) zusätzlich zu den Kursen Erstberatung/kursbegleitende Lernberatung; bei Bedarf kann Therapie einzeln, mit Familien oder mit einem Elternteil und Kind/-ern erfolgen

Abb. 1: Konzeptionelle Säulen und mögliche Settings von „AlphaFamilie"

Das Kernstück der Angebote ist die Familienzeit (1). In dieser Zeit wird entlang der vier Stränge der Literalität (s.u.) gearbeitet. Die Familien führen gemeinsam literale und präliterale Aktivitäten durch. So sollen beide Generationen einen lustvollen, spielerischen Zugang zu Literalität bekommen. Die Kinder werden bei der Entdeckung der Schriftsprache begleitet. Den Eltern wird parallel die Bedeutung der präliteralen Erfahrung ihrer Kinder für den Erwerb schriftsprachlicher Kompetenzen deutlich gemacht. Ein besonderer Schwerpunkt liegt bei „AlphaFamilie" auf der Durchführbarkeit der Aktivitäten für Eltern mit geringen schriftsprachlichen Kompetenzen. So soll Eltern, die Schwierigkeiten mit dem Lesen und Schreiben haben, gezeigt werden, wie sie den Schriftspracherwerb ihrer Kinder dennoch fördern können und auch sollten. Die Angebote können an sämtlichen sozialraumbezogenen Institutionen angesiedelt sein. Vorstellbar sind Kitas, Grundschulen, Bibliotheken, AWO-Verbände, Stadtteilzentren, Moscheen, Interessenverbände, Erwachsenenbildungseinrichtungen etc.

Während innerhalb des Angebots präliterale und literale Aktivitäten im Zusammenhang der Vermittlung ihrer Bedeutung für den Schriftspracherwerb der Kinder durchgeführt werden, wird die familiäre literale Praxis gestärkt. Die Familien werden außerdem angeregt, auch im Alltag diese oder ähnliche Aktivitäten zu etablieren, um die verschiedenen Funktionen von Schriftsprache als Erinnerungshilfe, Kommunikationsmittel oder als Ersatz gesprochener Sprache zu erfahren (vgl. Linde 2008).

Eltern, die nur geringe literale Erfahrungen haben, können und sollen im Rahmen von „AlphaFamilie"-Angeboten ihre Kompetenzen in Bezug auf die vier Stränge der Literalität (s. Orim-Framework) ausbauen.

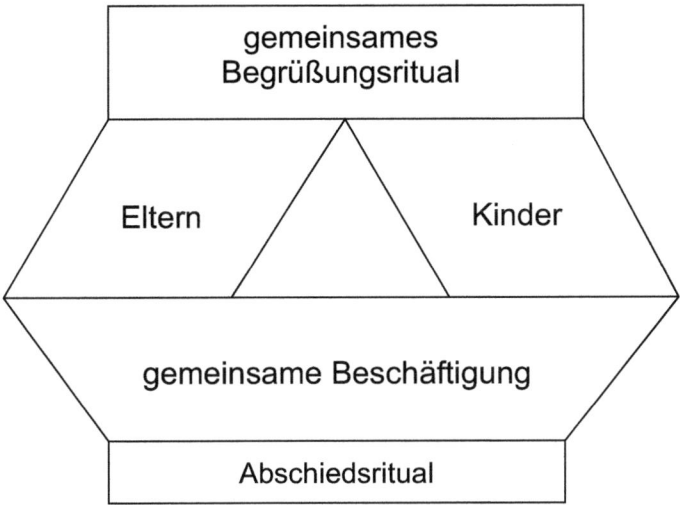

Abb. 2: Organisationsstruktur „Laterne"

Ein mögliches Format für die Familienzeit ist die „Laterne" (Abb. 2). Nach einem Einführungs- und Begrüßungsritual gehen Eltern und Kinder in getrennte Räume und arbeiten an ähnlichen Gegenständen. Im letzten Teil der Familienzeit kommen die Generationen wieder zusammen und teilen ihre Erfahrungen in gemeinsamen Aktivitäten. Die Trennung von Eltern und Kindern ist aber kein konzeptionelles Muss. Die Hauptintention ist die gemeinsame Zeit der Familien, in der sie präliterale und literale Aktivitäten durchführen. Vor allem motiviert durch das Interesse an der Bildung ihrer Kinder, sollen die Eltern ein höheres Bewusstsein für Literalität im Alltag entwickeln. Das Projektangebot versteht sich als Brücke zwischen formaler und institutioneller Bildung. In der literalen Auseinandersetzung mit den Kindern sollen die Erwachsenen eigene Bildungsinteressen entwickeln. In den Aktivitäten innerhalb der Angebote von „AlphaFamilie" wird an schon bestehende literale Praktiken im familiären Alltag angeknüpft. Deshalb sind die Inhalte auf die Lebenswelt der Familien abgestimmt. In der zweiten konzeptionellen Säule, der Alphabetisierung/ Erwachsenenbildung (2), werden die Bildungsinteressen der Erwachsenen in Bezug auf die eigenen schriftsprachlichen Kompetenzen und den Grundbildungsbereich berücksichtigt. Dabei kann an die Inhalte der ersten Säule angeknüpft werden.[5] In dieser Zeit sind die Erwachsenen von ihren Kindern getrennt. Die Alphabetisierung/ Erwachsenenbildung findet nicht bei jedem Träger statt. Während sie beispielsweise in Kindertagesstätten nicht unbedingt angeboten wird, ist sie ein fester Bestandteil von Angeboten, die an Erwachsenenbildungsträgern angesiedelt sind. Dabei bieten sich vor allem Institutionen an, bei denen es auch andere klassische Alphabetisierungs- und Grundbildungsangebote gibt. Damit wird der Gefahr der Stigmatisierung oder des unfreiwilligen Outings von Eltern, die Schwierigkeiten mit dem Lesen und Schreiben haben, vorgebeugt.

---

5   Z.B. das Vereinfachen und Lesenüben von Kinderbüchern oder Lückenübungen mit Texten aus gelernten Reimen, zusätzlich sind aber im Sinne der Teilnehmerorientierung auch alle anderen Inhalte, die die Eltern einbringen, möglich.

Der dritte Teil des Konzepts von „AlphaFamilie" wird in einem zweiten Teil-projekt „Familie und Lernen" (FamLern) durchgeführt. Er beinhaltet je nach Bedarf der Teilnehmenden Lernberatung, systemische Beratung und Psychotherapie (3). Der systemtherapeutische Ansatz wird von Ute Jaehn-Niesert in diesem Band genauer er-läutert.

8. ORIM-Framework

Die didaktische Grundlage der Aktivitäten des „AlphaFamilie"-Angebots bildet der ORIM-Framework nach Peter Hannon (vgl. Hannon et al. 2005). Dabei geht man von den vier Strängen der Literalität aus: die Welt der Bücher, Schrift im Alltag, Schreiben und Sprache.

Welt der Bücher
Eltern, die oft selbst ohne Kinderbücher aufgewachsen sind, erfahren, welche Kinderbuchtypen es gibt und für welche Entwicklungsphasen sie sich jeweils eignen. Die Bedeutung des gemeinsamen Bilderbuchbetrachtens, die Ermutigung zum Dialog mit dem Kind beim Erzählen und Vorlesen, die gestische und mimische Gestaltung des Erzählens werden thematisiert und ausprobiert. Die Zugänge erfolgen emotio-nal und lustvoll.[6] Neben dialogischem Vorlesen werden spielerische und/oder literale Aktivitäten[7], die mit den Geschichten zu tun haben, durchgeführt.

Schrift im Alltag
Durch die Aufmerksamkeit auf Schrift im alltäglichen Leben[8] wird ihre Funktion als Bedeutungsträger klar. Es entwickelt sich eine Schriftbewusstheit und Schriftkultur[9], die die Voraussetzung für das Erlernen von Lesen und Schreiben als technischen Fertigkeiten darstellt. Über einfache Such- und Sammelspiele lässt sich die Neugier der Familien auf die Schriftzeichen in ihrer Umgebung und deren Bedeutung lenken. So können die Teilnehmenden Konzepte von Schrift ausbilden.

Schreiben
Kinder, die schon in ihrer frühen Kindheit Erfahrungen mit dem Kritzeln, Zeichnen, Buchstabenmalen machen, können leichter Hypothesen darüber entwickeln, was sich hinter den einzelnen Buchstaben und der Schrift generell verbergen könn-te. Durch dieses frühe Schreiben entwickeln sich Schriftkonzepte, Schriftkultur und Schriftbewusstsein. Auch Erwachsene, die nicht lese- und schreibgewohnt sind, kön-nen durch kleinere literale Aktivitäten, wie bspw. Einkaufszettel (mit den Kindern gemeinsam) schreiben, Briefe adressieren, die Namen der Kinder auf deren Bilder

---

6   Hier sind dialogisches Vorlesen, spielerische Aktivitäten, Bilderbuchkinos, Buchtheater, Storysacks etc. gemeint.
7   Z.B. Bewegungen oder Lieder zum Geschehen im Buch, Ausmalbilder zum Buch, Figuren aus dem Buch in Plüschtierform etc.
8   Öffnungszeiten in Geschäften, Aufschriften im Supermarkt, Straßenschilder, Etagen im Fahrstuhl, Pflegehinweise in der Kleidung, Logos.
9   Zur Schriftkultur siehe Dehn et al. (1996).

schreiben etc., Erfahrungen im Schriftgebrauch sammeln. So wird klar, wie Schrift in ihren verschiedenen Funktionen benutzt werden kann.

Sprache

Ein weiteres sehr wichtiges Element der Frühförderung von Literalität ist die mündliche Sprache. Durch Kinderreime und Kinderlieder lernen die Kinder, die Aufmerksamkeit von der Bedeutung des Wortes auf seine Form zu lenken, und trainieren so die phonologische Bewusstheit. Später, wenn die Kinder in der Lage sind, die Wörter zu segmentieren, also in Einzellaute zu zerlegen, werden sie auch fähig sein, alphabetisch schreiben zu lernen. Darüber hinaus kommen Kinder beim Geschichtenerzählen mit dekontextualisierter Sprache in Berührung, die über die situationsabhängige Alltagssprache hinausgeht und auf diese Weise das Vorstellungsvermögen und das abstrakte Denken des Kindes fördert. So kommt das Kind zunächst in mündlicher Form in Kontakt mit Charakteristika der Schriftsprache wie bestimmten narrativen Strukturen und dramaturgischen Prozessen in Geschichten. Die Strukturen der Sprache und vor allem der Schriftsprache werden im Gespräch über die Sprache (im Sinne von Meta-Sprache) vermittelt, bspw. die Vermittlung von Wortstrukturen oder die inhaltliche Klärung sprachlicher und schriftsprachlicher Begriffe wie Satz, Wort etc.

Jede gemeinsame Aktivität sollte den Kindern also möglichst *Anregung* geben, eine Form der *Bestätigung* bieten, in einen *Dialog* eingebunden und letztlich ein *Modell* sein (vgl. Nickel 2008, 15).[10] Das sind die vier Lernbedingungen, die die Entwicklung der Stränge der Literalität positiv beeinflussen. Das Projekt „AlphaFamilie" konzentriert sich auf Familien mit geringen literalen Erfahrungen. Das bedeutet, dass man davon ausgehen kann, dass es nicht nur um ein Bewusstmachen der fördernden Lernbedingungen geht, sondern dass auch die vier Stränge der Literalität erst gelernt bzw. erweitert werden müssen. Damit haben die Eltern eine doppelte Progression, wenn sie auch Bildungsbedürfnissen in Bezug auf ihre eigenen schriftsprachlichen Kompetenzen nachgehen. Es ist festzustellen, dass man die fördernden Lernbedingungen auch erfüllen kann, wenn man die technische Seite des Lesens und Schreibens nicht so gut beherrscht. Daraus ergeben sich Strategien der Förderung des Schriftspracherwerbs von Kindern, die auch mit geringen literalen Kompetenzen durchführbar sind. Die vier Stränge können im Sinne der Anregung, der Bestätigung und des Dialogs auch ohne oder mit sehr geringen Buchstabenkenntnissen gefördert werden. Durch einfache literale Aktivitäten können die Eltern aber auch Modell für die Kinder sein. So könnten sich außerdem, motiviert durch das Interesse an der Bildung der Kinder, durchaus eigene Bildungsinteressen bei den Eltern entwickeln.

---

10 Diese unterstützenden Bedingungen, die die Entwicklung der Literalität fördern, sind ebenfalls an das Modell von Peter Hannon angelehnt. Die Bezeichnung **ORIM** ergibt sich aus den Wörtern für die beschriebenen Grundvoraussetzungen: **O**pportunities, **R**ecognition, **I**nteraction und **M**odel.

	Welt der Bücher	Schrift im Alltag	Schreiben	Sprache
Anregung				
Bestätigung				
Dialog				
Modell				

Abb. 3: Matrix aus Lernbedingungen und Strängen der Literalität

Aus der Verknüpfung der oben erwähnten Stränge der Literalität mit den Lernbedingungen ergibt sich eine Matrix, die eine systematische Planung von Lernaktivitäten ermöglicht. Biographisches und interkulturelles Lernen verleihen diesem Konzept eine dritte Dimension. Es wird also eine Anknüpfung an die Biographie und die Lebenswelt der Teilnehmenden in einem Kontext des interkulturellen Lernens angestrebt. Daraus ergeben sich unsere Zugänge und didaktischen Konzepte, die beeinflusst sind durch: implizites Lernen, Kompetenzorientierung, Teilnehmerorientierung, Handlungsorientierung (Aebli 1976), partizipatorische Ansätze (Freire 1973 u. 1974; Auerbach 1992), Elementare Schriftkultur (Dehn et al. 1996). Daran angelehnt ergeben sich vor allem für die Alphabetisierung methodische Elemente aus dem Spracherfahrungsansatz (Wagener/Drecoll 1985; Brügelmann 1989), dem Schrifterfahrungsansatz (Schulte-Bunert 2000), der Schlüsselwortmethode nach Freire (Boulanger 2001) etc.

Werden diese Konzepte und Zugänge zu Literalität in der Praxis angewendet, ist bspw. die Durchführung von Begrüßungs- und Abschlussritualen eine Aktivität in Bezug auf die Sprache. Implizit werden zum Beispiel Reimstrukturen gelernt. Die teilnehmenden Familien können eigene Rituale (bei Familien mit Migrationshintergrund natürlich auch in der Familiensprache) beitragen. Ziel ist es, dass alle Teilnehmenden sich einbringen können, indem sie sprachlich handeln (Handlungsorientierung). Durch das spielerische Umgehen mit Geschichten (z.B. Storysacks, vgl. Elfert/Rabkin 2007, 43) werden die Familien an die Welt der Bücher herangeführt. Dazu passende literale Aktivitäten wie das Malen von Bildern aus bestimmten Szenen im Buch oder thematisch bezogene Aktivitäten[11] schaffen zusätzlich einen handlungsbezogenen, impliziten Zugang. Das Schreiben wird durch das Erstellen von „Familienordnern" praktiziert. Hier können beispielsweise die von den Kindern gemalten und von Eltern beschrifteten Bilder gesammelt werden. Zur Sensibilisierung für Schrift in der Umwelt eignet sich eine Logosuche, bei der Kinder mit ihren Eltern gemeinsam Logos in ihrer eigenen Umwelt abschreiben oder fotografieren. Bei dieser Aktivität können die Familien für sie bedeutsame Zeichen und Schrift sammeln und werden so auf das Vorkommen von Schrift in der Umwelt aufmerksam.

---

11   Z.B. Tierrätsel oder Pantomime zu in den Geschichten vorkommenden Tieren

9. Ausblick

Werden „Family Literacy"-Angebote teilnehmerorientiert und in enger Kooperation mit Partnereinrichtungen konzipiert und durchgeführt, können sie weitaus mehr als ergänzende Förderangebote für bildungsbenachteiligte Familien sein: Sie haben das Potential, neue Kommunikationsräume für Familien, Lehrkräfte und Erziehende zu schaffen.

Das Projekt „AlphaFamilie" will dieses Potential nutzen, um Brücken zwischen dem privaten Lebens- und Lernort Familie und öffentlichen Einrichtungen wie Kindertagesstätten oder Erwachsenenbildungseinrichtungen zu schlagen. Ein weiteres Ziel ist es, traditionelle Lernorte wie Glaubensgemeinden oder neue Lernorte wie Familienzentren für die familienorientierte Literalitätsförderung zu erschließen.

Erste Erfahrungen, die sich mit Praxisberichten und Reflexionen aus der Literatur decken, haben gezeigt, dass folgende Rahmenbedingungen für die Entwicklung eines „Family Literacy"-Angebots notwendig sind:

Um eine erfolgreiche Kooperation und einen langfristigen Transfer zu gewährleisten, sollte die Zusammenarbeit mit den einzelnen Einrichtungen auf der Grundlage einer Kooperationsvereinbarung erfolgen, die die gemeinsamen Haltungen beschreibt sowie Ziele und gegenseitige Verpflichtungen fixiert. In diesen Zusammenhang gehört auch, dass die Prinzipien der Elternarbeit der Einrichtung mit dem Kerngedanken des „Family Literacy"-Ansatzes, Eltern als Expertinnen und Experten für ihre Kinder anzuerkennen, vereinbar sein müssen.

Die Ansprache der Familien sollte der Grundhaltung des Angebots folgend nie defizitorientiert sein, sondern das Programm als attraktives Angebot bewerben, das Raum für gemeinsame spielerisch-lustvolle Aktivitäten von Eltern und Kindern bietet. Dies beinhaltet, dass die Teilnahme in jedem Fall eine freie Entscheidung der Eltern ist und nicht durch Druck von Erzieherinnen bzw. Erziehern oder Lehrkräften erfolgen sollte. Für die Gewinnung der Teilnehmenden ist es unbedingt erforderlich, dass die jeweiligen Einrichtungen bereits ein Vertrauensverhältnis zu den Familien aufgebaut haben bzw. im jeweiligen Sozialraum wertgeschätzt werden, so dass ihre Mitarbeiterinnen und Mitarbeiter die Eltern persönlich einladen können. Auch in Ländern, in denen der Ansatz bereits einer breiteren Bevölkerungsschicht bekannt ist, zeigen die Erfahrungen, dass gerade die erste Durchführung eines „Family Literacy"-Programms eine lange Vorlaufzeit der Teilnehmergewinnung braucht und die Gruppen erst innerhalb eines Jahres an Kontinuität gewinnen. Gelingt eine erste Durchführung, sind es meist die Eltern selbst, die über informelle Netzwerke weitere Familien zur Teilnahme motivieren.

Programme, die in Kooperationen mit Kultur- und Glaubenszentren durchgeführt werden, haben die Chance, Eltern zu erreichen, die sich vielleicht von anderen Bildungsangeboten nicht angesprochen fühlen. Damit dies gelingt, sollten solche Programme in der jeweiligen Gemeinschaft verwurzelte Personen einbeziehen, die von der Entwicklungsphase bis zur Durchführung gleichberechtigt mitarbeiten. Bei homogenen Gruppen wird das Angebot idealerweise mit Hilfe kultureller und sprachlicher Mittlerinnen bzw. Mittler aus der Gemeinschaft in der jeweiligen Muttersprache durchgeführt.

Auch wenn der Fokus von „AlphaFamilie" auf Familien liegt, in denen mindestens ein Elternteil über geringe schriftsprachliche Kompetenzen verfügt, ist das Angebot prinzipiell für alle Familien offen, da eine Definition der Zielgruppe über ein Defizit mit einem kompetenzbasierten Zugang unvereinbar ist und stigmatisierende Auswirkungen für die Familien haben könnte. Ausgenommen hiervon sind Angebote, die speziell für Alphabetisierungs- und/oder Integrationskurse konzipiert werden.

Ist die Notwendigkeit des Einbezugs der Eltern/Familienmitglieder als wichtiger Bestandteil der Bildungsarbeit in vorschulischen und schulischen Einrichtungen längst erkannt worden, ruft sie in der Erwachsenenbildung oft noch Skepsis hervor. Weshalb sollte man die diversen Angebote der Alphabetisierungs- und Integrationskursträger noch um „Family Literacy"-Einheiten ergänzen?

Alphabetisierungs- und Integrationskurse zeichnen sich oft durch eine große Heterogenität und Fluktuation der Teilnehmenden aus. Curricular bedingt müssen in vielen Kursen auch noch Lehrwerke unter hohem Zeitdruck durchgearbeitet werden. Dies stellt die Kursleitenden in Bezug auf die Förderung von Lernerautonomie und Partizipation vor große Herausforderungen, deren Bewältigung einen Lernprozess von Lehrenden und Lernenden erfordert, der auf beiden Seiten auch noch durch ein traditionelleres Rollenverständnis von Lehrperson und Lernenden erschwert werden kann.

„AlphaFamilie" will gemeinsam mit den Lehrkräften und den Teilnehmenden flexible Bausteine für „Family Literacy"-Einheiten entwickeln, die Raum für das Einbringen individueller literaler Familienpraktiken schaffen und auch den Austausch der Eltern untereinander über die literale Entwicklung ihrer Kinder, auch mit Blick auf die Anforderungen schulischer Literalität, fördern.

Indem die Eltern in diesen Eltern-Kind-Einheiten selbständig an verschiedenen Stationen Strategien der literalen Förderung erproben können, können sie eine Doppelprogression vollziehen: Sie werden in ihrer Rolle als wichtigste Förderer ihrer Kinder gestärkt, während sie zugleich spielerisch ihre eigenen schriftsprachlichen Kompetenzen erweitern. Werden diese gemeinsamen Aktivitäten von Eltern und Kindern als lustvolle, kommunikationsfördernde Interaktionen erlebt, steigt die Wahrscheinlichkeit, dass bereits bestehende literale Familienpraktiken gestärkt und ergänzt werden. So könnte das Eintauchen in eine lebendige, persönlich bedeutsame Schriftkultur auch den mühsamen Erwerb der Kulturtechnik des Lesens und Schreibens auf eine nachhaltige Weise beflügeln.

Literatur

AEBLI, Hans (1976): Psychologische Didaktik. Didaktische Auswertung der Psychologie von Jean Piaget. Stuttgart: Ernst Klett, 6. Aufl.

APELTAUER, Ernst (2003): Literalität und Spracherwerb. Flensburger Papiere zur Mehrsprachigkeit und Kulturenvielfalt im Unterricht, Nr. 32. Flensburg: Universität Flensburg, Abteilung Deutsch als fremde Sprache.

APELTAUER, Ernst (2004): Sprachliche Frühförderung von zweisprachig aufwachsenden türkischen Kindern im Vorschulbereich. Bericht über die Kieler Modellgruppe (März 2003 bis April 2004). Flensburger Papiere zur Mehrsprachigkeit und Kulturenvielfalt im Unterricht, Sonderheft 1. Flensburg: Universität Flensburg, Abteilung Deutsch als fremde Sprache.

APELTAUER, Ernst (2006): Kooperation mit zugewanderten Eltern. Flensburger Papiere zur Mehrsprachigkeit und Kulturenvielfalt im Unterricht, Nr. 40/41. Flensburg: Universität Flensburg, Abteilung Deutsch als fremde Sprache.

ARBEITSGEMEINSCHAFT FÜR FRÜHE BILDUNG IN DER FAMILIE (Hrsg.) (2010): Unser Jahr 2009/2010. Erster gemeinsamer Jahresbericht HIPPY Deutschland e.V. und Opstapje Deutschland e.V. Bremen: Arbeitsgemeinschaft für frühe Bildung in der Familie/HIPPY Deutschland e.V./Opstapje Deutschland e.V. Verfügbar unter: http://www.hippy-deutschland.de/aktuelles/2010/Jahresbericht_2010_Web.pdf [Abruf am 07.02.2011].

AUERBACH, Elsa (1992): Making meaning, making change. Participatory curriculum development for adult ESL literacy. Washington/McHenry: Center for Applied Linguistics/ Delta Systems.

BARTON, David/HAMILTON, Mary (2000): Literacy practices. In: BARTON, David/HAMILTON, Mary/IVANIČ, Roz (Hrsg.): Situated literacies: Reading and writing in context. London/New York: Routledge, S. 7-14.

BOULANGER, Daniela (2001): Alphabetisierung als notwendiger Bestandteil der Integration ausländischer Frauen. Die Methode nach Paolo Freire. In: Interkulturell – Forum für interkulturelle Kommunikation, Erziehung und Beratung, Nr. 3/4, S. 211-250.

BRÜGELMANN, Hans (1989): Kinder auf dem Weg zur Schrift. Eine Fibel für Lehrer und Laien. Konstanz: Libelle.

DEHN, Mechthild/HÜTTIS-GRAFF, Petra/KRUSE, Norbert (Hrsg.) (1996): Elementare Schriftkultur. Schwierige Lernentwicklung und Unterrichtskonzept. Weinheim/Basel: Beltz.

ELFERT, Maren/RABKIN, Gabriele (Hrsg.) (2007): Gemeinsam in der Sprache baden: Family Literacy. Internationale Konzepte zur familienorientierten Schriftsprachförderung. Stuttgart: Ernst Klett Sprachen.

FLICK, Uwe/KARDOFF, Ernst von/STEINKE, Ines (2007): Qualitative Sozialforschung. Ein Handbuch. Reinbek bei Hamburg: Rowohlt-Taschenbuch-Verl., Orig.-Ausg., 5. Aufl.

FREIRE, Paulo (1973): Pädagogik der Unterdrückten. Bildung als Praxis der Freiheit. Reinbek bei Hamburg: Rowohlt.

FREIRE, Paulo (1974): Erziehung als Praxis der Freiheit. Beispiele zur Pädagogik der Unterdrückten. Stuttgart/Berlin: Kreuz-Verlag.

FRIEBERTSHÄUSER, Barbara/PRENGEL, Annedore (Hrsg.) (1997): Handbuch Qualitative Forschungsmethoden in der Erziehungswissenschaft. Weinheim/München: Juventa.

HANNON, Peter/NUTBROWN, Cathy/MORGAN, Anne (2005): Early Literacy Work with Families. Policy, Practice & Research. London: Thousand Oaks/New Delhi: SAGE Publications.

HANNON, Peter/BROOKS, Greg/BIRD, Viv (2007): Family Literacy in England. In: ELFERT, Maren/RABKIN, Gabriele (Hrsg.): Gemeinsam in der Sprache baden: Family Literacy. Internationale Konzepte zur familienorientierten Schriftsprachförderung. Stuttgart: Ernst Klett Sprachen, S. 10-31.

HURRELMANN, Bettina (2004): Informelle Sozialisationsinstanz Familie. In: GROEBEN, Norbert/HURRELMANN, Bettina (Hrsg): Lesesozialisation in der Mediengesellschaft. Ein Forschungsüberblick. Weinheim/München: Juventa, S. 169-201.

KRAUS, Karoline (2005): Dialogisches Lesen – Neue Wege der Sprachförderung in Kindergarten und Familie. In: ROUX, Susanna (Hrsg.): PISA und die Folgen. Sprache und Sprachförderung im Kindergarten. VEP-Aktuell 5. Landau: Verlag Empirische Pädagogik, S. 109-129.

LAMNEK, Siegfried (2005): Qualitative Sozialforschung. Lehrbuch. Weinheim/Basel: Beltz/PVU, 4., vollst. überarb. Aufl.

LEWIN, Kurt (1946): Action Research and Minority Problems. In: Journal of Social Issues, 2. Jg., Nr. 4, S. 34-46.

LINDE, Andrea (2008): Literalität und Lernen. Eine Studie über das Lesen- und Schreibenlernen im Erwachsenenalter. Münster/New York/München/Berlin: Waxmann.

MAYRING, Philipp (2002): Einführung in die qualitative Sozialforschung. Eine Anleitung zu qualitativem Denken. Weinheim/Basel: Beltz, 5., überarb. Aufl.

NICKEL, Sven (2004): Family Literacy – Familienorientierte Zugänge zur Schrift. In: PANAGIOTOPOULOU, Argyro/CARLE, Ursula (Hrsg.): Sprachentwicklung und Schriftspracherwerb. Beobachtungs- und Fördermöglichkeiten in Familie, Kindergarten und Grundschule. Baltmannsweiler: Schneider Verlag Hohengehren, S. 71-83.

NICKEL, Sven (2008): Mutter, Vater, Kind: Lesen! Family Literacy als Schlüsselstrategie zur Förderung von Schriftlichkeit. In: Grundschule, 40. Jg., Nr. 5, S. 14-16.

O'BRIEN, Rory (2001): Um exame da abordagem metodológica da pesquisa ação [An Overview of the Methodological Approach of Action Research]. In: RICHARDSON, Roberto (Hrsg.): Teoria e Prática da Pesquisa Ação [Theory and Practice of Action Research]. João Pessoa, Brazil: Universidade Federal da Paraíba. (Englische Version) Verfügbar unter: http://www.web.ca/~robrien/papers/arfinal.html [Abruf am 07.02.2011]

SCHULTE-BUNERT, Ellen (2000): Alles noch einmal von vorn? Zweitschrifterwerb für Seiteneinsteiger in der Sekundarstufe I. Baltmannsweiler: Schneider Verlag Hohengehren.

WAGENER, Monika/DRECOLL, Frank (1985): Der Spracherfahrungsansatz. In: KREFT, Wolfgang (Hrsg.): Methodische Ansätze zur Schriftsprachvermittlung. Pädagogische Arbeitsstelle des Deutschen Volkshochschul-Verbandes, Projekt „Entwicklung und Unterstützung von Maßnahmen zur muttersprachlichen Alphabetisierung an Volkshochschulen". Bonn/Frankfurt am Main: Deutscher Volkshochschul-Verband e.V., S. 34-53.

„Vorlesen in Familien" – ein sozialpräventives Projekt mit literaturtherapeutischem Ansatz des „Zentrums für Literatur" an der Phantastischen Bibliothek Wetzlar

Bettina Twrsnick

1. Einführung

„Nie zuvor hatte sie gewusst, dass auch Worte schön sein können, und nun erfuhr sie es und sie sanken ihr in die Seele wie Morgentau auf eine Sommerwiese." (Lindgren 2007, 59) Wenn in Malin die „wunderlieblichen Worte": „Klingt meine Linde, singt meine Nachtigall?" eine Sehnsucht erwecken, die ihr und allen Armenhäuslern in Norka eine Vision von etwas Lebens-, Liebens- und Erstrebenswertem geben in all ihrem sozialen Elend – dann beschreibt dieses Märchen von Astrid Lindgren quasi programmatisch das, was die „literaturtherapeutische" Ausrichtung des Projekts „Vorlesen in Familien" bedeutet.

Doch was steckt hinter dieser waghalsigen, wenn nicht sogar fragwürdigen Idee der „Phantasten" in Wetzlar, *in* Familien mit *Vorlesen* als Mittel zum Zweck *therapeutisch* zu arbeiten?

2. „Family Literacy"

Zurück ins deutsche PISA-Schicksalsjahr 2001: Die Phantastische Bibliothek Wetzlar, mit über 200.000 Titeln die weltweit größte, öffentlich zugängliche Sammlung aller phantastischen Genres (von Märchen über Fantasy, Utopien, Horror bis zur Science Fiction), gründet im Mai 2001 (also ein halbes Jahr vor der Veröffentlichung der PISA-Ergebnisse!) in Kooperation mit den staatlichen Schulämtern der Region Mittelhessen das „Zentrum für Literatur". Zuständig seitdem für über 500 Schulen und ebenso viele Kitas, besteht dessen tägliche Aufgabe in der Literaturvermittlung, Lese- und Sprachförderung – und dies unabhängig vom Sammlungsschwerpunkt phantastische Literatur. Auf diese Weise befand sich die Bibliothek plötzlich mitten im Zentrum heftiger Diskussionen über die Sinnhaftigkeit vieler Konzepte, Projekte, Fördermaßnahmen, Screenings, Evaluierungen u.ä., die alle einen Weg aus der PISA-Misere und dem defizitären deutschen Bildungswesen weisen wollten. Offenkundig wurde dabei sehr schnell, dass allen Aspekten von Sprache und Kommunikation, Schreiben und Lesen ein grundsätzlicher und unübersehbar wichtiger Stellenwert innerhalb der plötzlich zur Basis- bzw. Schlüsselkompetenz avancierten Literacy-Kompetenz zugewiesen werden musste – ein Befund, der vor allem Bibliothekarinnen und Bibliothekare nicht sonderlich überraschen konnte.

Dass Sprache sowohl Mittel als auch Inhalt darstellt, über die jegliche Kommunikation und jegliche Wissensvermittlung – also sowohl das Lehren als auch das Lernen – laufen müssen und dass sprachliches Wissen schon sehr früh, also weit vor dem Eintritt des Kindes in Kindergarten und Schule, erworben werden muss: Diese Erkenntnisse zogen als Konsequenz nach sich, *alle* Lern- und Bildungsorte des Kindes in den Blick zu nehmen. Damit rückte die entscheidend wichtige Rolle des Elternhauses in der Bildungsentwicklung der Kinder in den Fokus – und das galt es nun, gleichwertig und gleichrangig neben den Bildungsinstitutionen Kita und Schule wahrzunehmen.

„Bildung von Anfang an"[1] tönte es alsbald als Antwort auf die vernichtenden PISA-Befunde, Bildungs- und Erziehungspläne für Kinder ab 3 oder sogar von 0 Jahren an wurden in vielen Bundesländern etabliert, Sprachförderprogramme und Literacy-Ratgeber eroberten ein neues Marktsegment auf dem Bildungs-Buchmarkt, das Vorlesen avancierte zur Chef-Sache, dessen sich sogar eine Kanzlergattin annehmen durfte, Ehrenamtliche wurden hierfür in Scharen um- und geworben … Doch was passiert in den fast 40 % der Elternhäuser, in denen Kindern nie vorgelesen wird? (vgl. Stiftung Lesen et al. 2008) In denen Sprache und Schrift einen vernachlässigbaren Stellenwert einnehmen? Was ist mit der erschreckend hohen Anzahl von Kindern, die mit signifikanten Sprachverzögerungen eingeschult werden, deren Eltern zu jener erschreckend hohen Dunkelziffer sog. funktionaler Analphabetinnen und Analphabeten gehören, die auch zumeist nie auf einem Elternabend zu sehen sind? Die keine Vision haben, wie sie aus dem oft „vererbten" Teufelskreis von Armut, sozialer Deprivation und schulischem Scheitern ihrer Kinder herausfinden könnten (vgl. Nickel 2005, 179)? Jedes sechste Kind wächst im reichen Deutschland in Armut auf, wie der letzte UNICEF-Bericht (vgl. Bertram/Kohl 2010, 13) nüchtern feststellt. Die Korrelation zwischen finanzieller Armut und Bildungsarmut, die in zahlreichen Armutsberichten unterschiedlicher Provenienz immer wieder dokumentiert wird, lässt diese Zahl im „Land der Dichter und Denker" schlicht als Katastrophe erscheinen (vgl. Genuneit 1996, 4f.).

„Ohne Eltern geht es nicht!" (vgl. Laewen et al. 2006), „Wir können nicht gegen eine mangelnde Bildungsmotivation im Elternhaus anerziehen und lehren" – so lautete der stete Klagegesang aller Lehrerinnen und Lehrer, aller Erzieherinnen und Erzieher, die sich Tag für Tag im „Zentrum für Literatur" zu Fortbildungen, Foren und Diskussionen einfanden.

3. Die Geburtsstunde des Projekts „Vorlesen in Familien"

Was lag dann näher, als nach einem Weg zu suchen, der abseits aller „amtlichen" Methodik direkt in diese „bildungsfernen" Familien führt und auf Eigeninitiative und vor allem Eigenmotivation zielt? Und so wurde im Jahre zwei nach PISA die von dem anglo-amerikanischen Vorbild der „Family Literacy Workers"[2] inspirierte Idee geboren, die vielen ehrenamtlichen Vorlesepatinnen und -paten, die nach einer Einführung durch die Stiftung Lesen in der Phantastischen Bibliothek um Einsatzmöglichkeiten nachsuchten, just in diese „Problem-Familien" zum Vorlesen

---

1   So der Titel des Hessischen Bildungs- und Erziehungsplans für Kinder von 0 bis 10 Jahren (Hessisches Ministerium für Arbeit, Familie und Gesundheit/Hessisches Kultusministerium 2007), ähnlich auch „Auf den Anfang kommt es an: Perspektiven für eine Neuorientierung frühkindlicher Bildung" (Bundesministerium für Bildung und Forschung 2007).
2   Nähere Informationen s. National Literacy Trust London, www.literacytrust.org.uk

zu schicken, um somit eine Brücke zwischen den Bildungsinstitutionen und den Eltern zu bilden. Über Vermittlung der Lehrerinnen und Lehrer und Erzieherinnen und Erzieher wurde den Eltern dieses „Geschenk" angeboten, was von diesen auch überraschend schnell und gerne angenommen wurde – versprach man sich doch davon eine Stunde Ruhe im Hause oder Hilfe bei den Hausaufgaben … Doch schon nach einem halben Jahr stellten sich massive Probleme ein, die dazu führten, dass das Projekt sofort abgebrochen wurde: Denn zunächst meldeten sich empört die Sozial- und Jugendämter, die argwöhnten, dass nun plötzlich Vorlese-Omas Sozialarbeiterin spielen wollten – doch was noch gravierender zu Buche schlug, war die emotionale Überforderung der Vorleserinnen und Vorleser. Denn auf das, was sie an multiplen Problemen in diesen Familien erwartete, waren sie weder eingestellt, noch vorbereitet, noch konnten sie damit adäquat umgehen.

Was nun folgte, war ein über zweijähriger, steiniger und arbeitsreicher Weg in die Professionalisierung des Projekts – denn aufgeben wollte keiner dessen eigentlich überzeugende Idee. Nach den, wenn auch kurzen, doch sehr eindrücklichen Praxiserfahrungen war sehr klar geworden, dass die „Brücke", die die Vorleserinnen und Vorleser bilden sollten, mit mehreren „Stützpfeilern" versehen werden musste – und hier vor allem mit der inhaltlichen Professionalisierung der Vorleserinnen und Vorleser. Diese sollte durch eine einjährige Ausbildung und deren familientherapeutische Supervision gewährleistet werden, außerdem sollte eine hauptamtliche Projektbetreuung die Vorleserinnen und Vorleser von organisatorischer Arbeit entlasten und sie sehr eng und persönlich während ihrer Einsätze begleiten. Zusätzlich musste das Projekt in ein engmaschiges Netzwerk aller familienunterstützenden Behörden, Einrichtungen und Institutionen eingebunden werden, um damit sehr klar zu dokumentieren, dass ein Vorleser zwar kein Sozialarbeiter ist, jedoch einen überaus wichtigen Baustein für den Zugang zu und Umgang mit den Betroffenen liefern kann.

4. Sozialprävention

Das Projekt entwickelte dadurch ein ganz deutliches sozialpräventives Profil und hebt sich damit ebenso deutlich von den zahllosen anderen Vorleseprojekten in Deutschland ab, die alle auf Lese- und Sprachförderung der Kinder fokussieren. Das Ergebnis war eine klare Zielformulierung:

Stärkung der *Eltern*, um damit deren bildungsmotivierte Unterstützung ihrer Kinder zu ermöglichen. Dadurch sollen die *Kinder* entlastet werden, damit die Fördermaßnahmen und -programme der Bildungsinstitutionen überhaupt sinnvoll an- und eingesetzt werden können. Mit dieser Zielvorgabe stellt nun das Vorlesen für Kinder in ihrem familiären Umfeld das *Mittel* dar, um folgenden *Zweck* zu erfüllen: eine Anschlusskommunikation mit den Eltern, um in einem vertraulichen und zwanglosen Gespräch sowohl über Verantwortung, Ermutigung und Wertschätzung, kindliches Imitationslernen, frühe Förderung, die Bedeutung von Sprache und deren Verschriftlichung u.ä. zu sprechen, aber auch Tipps, Adressen, Wege aufzuzeigen im Sinne von „Hilfe zur Selbsthilfe". Dies jedoch immer wertschätzend und ressourcenorientiert, getreu dem Motto: „Beginne dort, wo sie sind und baue auf das, was sie haben" (Lao Tse), was ermöglicht wird über die „Gesprächsbrücke", die die Vorlesesituation mit ihren Geschichten, Bildern und den vielen gelungenen und beglückenden Momenten mit den Kindern bildet. Dass die Vorleserinnen und Vorleser freiwillig und ehrenamtlich in die Familie kommen, dass sie von keiner Behörde geschickt werden, sondern „nur" von einer Bibliothek: Diese „neutrale" Basis sollte eine entscheidende Rolle in der Vertrauensbildung zwischen Familie und Vorleserin bzw. Vorleser darstellen.

Dieses Gesamtkonzept überzeugte nun auch die notwendigen Sponsoren aus der Wirtschaft (nachdem sich die öffentliche Hand nicht zuständig gezeigt hatte) – und so konnte nach einem professionellen Coaching, vermittelt durch das Bundesprojekt „startsocial"[3], und mit einer Startfinanzierung durch die PwC-Stiftung „Jugend-Bildung-Kultur" 2006 eine Projekt-Stelle geschaffen und der erste Ausbildungskurs für 27 Vorleserinnen und Vorleser durchgeführt werden. Im Folgejahr übernahm dann die Frankfurter Crespo Foundation die volle Finanzierung für drei Jahre – und damit wuchs dieses Pilot-Projekt und wuchs und wuchs und wurde erfolgreich und über die Landesgrenzen hinweg berühmt ... Und wenn sie nicht gestorben sind ... Nein, „märchenhaft" sind zwar die durchweg positiven Rückmeldungen aus den Familien, den Kitas, den Schulen über die deutlich wahrnehmbaren Veränderungen – was 2010 in einer Evaluation der Universität Gießen (Fleth 2010) dokumentiert wurde –, aber die Arbeit im Alltagsgeschäft des Projekts ist natürlich oft alles andere als „märchenhaft". Doch trotz aller Mühseligkeit, Rückschläge und Ausfälle: Nie verlieren sie ihre Fröhlichkeit, ihre Begeisterung, ihren Schwung und ihre Überzeugungskraft – die „Seelen" des Projekts: die Projektleiterin, eine Ethnologin und ihre Assistentinnen, eine Erzieherin und eine Lehrerin. Sie haben nach eigenen Aussagen noch keinen Tag den Schritt aus ihrem bisherigen Arbeitsfeld in das neue Projekt „Vorlesen in Familien" bereut – und das, obwohl sie inzwischen in der Betreuung von über 100 Vorleserinnen und Vorlesern und ihren Einsätzen in Familien, aber auch in Kleinstgruppen in Nachbarschaftszentren, Jugend- und Frauenhäusern zahllose unbezahlte Überstunden anhäufen. Doch die Erfolge dieser Arbeit überzeugen: Wenn z.B. Mütter aus Migrantenfamilien der dritten und vierten Generation sich freiwillig für einen Deutschkurs anmelden, weil sie es plötzlich für sich selbst als sinnvoll erachten, wenn sich Väter nach einem Alphabetisierungskurs in der Volkshochschule erkundigen, weil sie es plötzlich als notwendig ansehen, den schwierigen Weg zur Schrift ihrer Kinder auch aktiv zu begleiten, wenn das Gespräch mit der Lehrerin oder dem Lehrer nicht mehr mit Angst behaftet ist, wenn das Vorlesen als Kommunikationsmodell plötzlich einen festen Platz im Familienleben findet und in Migrantenfamilien engagierte innerfamiliäre Übersetzungsaktionen von (deutschen) Bilderbüchern stattfinden, wenn Kinder plötzlich zuhören können oder wenn sie plötzlich Worte für ihre Gefühle finden und deshalb nicht mehr um sich schlagen müssen. Es sind diese kleinen, manchmal kaum bemerkbaren Veränderungen, die diese vergleichbar kleinen Investitionen zu den erstaunlich hohen „Renditen" in einer Gesellschaft verhelfen, wie die amerikanische Heckman-Langzeitstudie sehr eindrücklich bewiesen hat (vgl. Heckman/Masterov 2007, 446-493; Becker 2010).

---

3   „startsocial e.V. – Hilfe für Helfer", eine Initiative der Wirtschaft unter der Schirmherrschaft der Bundeskanzlerin

5. Literaturtherapie

Doch was hat es nun mit dem „literaturtherapeutischen Ansatz" des Projekts auf sich?

Dass der Auswahl der Bücher, die in den Familien zum Einsatz kommen sollten, eine ganz entscheidende Bedeutung zukommt, war von Beginn an klar. Auf keinen Fall sollte es sogenannte „intentionale" Literatur sein, die Defizite und Probleme in den Fokus nimmt und benennt, sondern Bücher, die dafür einen Bildvorrat anbieten. Doch welche Bücher eignen sich für den ersten Kontakt mit den Kindern, als „Türöffner" für eine Kommunikation innerhalb einer buch- und schriftfernen Familie? Welche Bücher eignen sich für den Einsatz in Familien mit besonderen Problemlagen, mit wechselnden Betreuungspersonen, mit Migrationshintergrund? Die Auswahl an schönen, pädagogisch und künstlerisch wertvollen Bilderbüchern ist ja in Deutschland anerkannt hoch – doch dies macht die Entscheidung in der kleinen, feinen Expertenrunde, der „AG Bücher für Vorleser", nicht leichter. Gabriela Wenke, Journalistin und anerkannte Spezialistin in Sachen Kinder- und Jugendliteratur aus Rehborn, Maren Bonacker, Anglistin und ebenfalls KJL-Spezialistin, außerdem Leiterin der Kinderbibliothek in der Phantastischen Bibliothek, Hannelore Marzi, Märchenerzählerin und Sprechausbilderin aus Frankfurt am Main, Prof. Dr. Jochen Hering, der Leiter des Instituts für Bilderbuchforschung an der Universität Bremen, die Bibliothekarin mit bibliotherapeutischer Ausbildung Susanne Brandt aus Papenburg und Bettina Twrsnick, die Leiterin der Phantastischen Bibliothek waren deshalb in der Phase der Neukonzeptionierung des Projekts sehr glücklich über den Kontakt zu der Aachener Psychologin und Literaturwissenschaftlerin Dr. Angela Thamm. Diese brachte aus ihren überzeugenden Erfahrungen und Erfolgen mit dem Einsatz von Literatur – und hier ganz explizit mit Bilderbüchern – in ihrer therapeutischen Praxis für Erwachsene einen neuen Ansatz[4] in die Diskussion, der sich schließlich als sehr fruchtbar und tragfähig erwies. In der Weiterentwicklung des Konzepts der Bibliotherapie wurden nun Bilderbücher nicht nur auf ihre Kongruenz von Bild- und Textästhetik hin untersucht, sondern zusätzlich im Hinblick auf ihre szenische Darstellung. Denn wie auf einer „Bühne" können auch schwierige Gefühle wie Wut, Angst, Trauer oder Ohnmacht in der Projektion auf die Buch-Bilder ihren Ausdruck finden und nur in einem gelungenen Zusammenspiel zwischen Bild, Text und Szene kann das Bilderbuch dann schließlich seine gesamte Wirkmächtigkeit entwickeln.

Wenn das letzte Bild in Jutta Bauers „Schreimutter" (Bauer 2000; Abb. 1, nächste Seite) die Szene auf einem Schiff platziert, auf dem die Pinguinmutter ihren Arm um ihr wieder zusammengenähtes Kind legt, und im Textfeld nur das eine Wort „Entschuldigung" erscheint, dann ist dies eine Szene, die den Prozess des „Auseinanderfallens" auf den vorhergehenden Seiten in einer versöhnlichen Zusammenführung enden lassen kann.

---

4   Basierend auf der von Prof. Dr. Hilarion Petzold entwickelten „Integrativen Therapie"

»Entschuldigung«, sagte Schreimutter.

Abb. 1: Bild aus „Schreimutter" (Bauer 2000)

Der Mutter-Kind-Konflikt wird zwar nicht thematisiert – jedoch eine mögliche Lösung angeboten. Diese Bild-Text-Szene stellt dann das Angebot an das Kind und die Erwachsenen dar, sozusagen die „Tür", die sich öffnen kann für ihre Kommunikation über die jeweils individuell erfahrene häusliche Situation. Statt in Endlosschleifen die immer gleichen Vorwürfe und Enttäuschungen zu verbalisieren, bieten die Bilder- und Geschichtenszenen neue Ausdrucksmöglichkeiten an, eine Gesprächs-Brücke, über die leicht und unbelastet geschritten werden kann.

Dass sich das Außenseiter-Schaf „Fiete Anders" am Schluss trotz seiner roten Streifen auf der kleinen Insel bei den „normalen" Schafen zu Hause fühlt, wird in der Szene mit dem Strahlen seines rot-weißen Freundes, des Leuchttums, erspürbar, die „Fietes Augen leuchten" (Koch 2007) machen.

Abb. 2: Bild aus „Fiete Anders" (Koch 2007)

Diese Bildszene versinnbildlicht genau den Vorgang der „Spiegelung": Seit den bahnbrechenden Erkenntnissen der Neurowissenschaften in Bezug auf die Rolle der Spiegelneuronen wurde sehr deutlich, dass ausschließlich über die emotional positiv abgesicherte Interaktion zwischen Menschen, sei es zwischen Kindern und erwachsenen Bezugspersonen oder Lehrenden und Lernenden, kognitive Entwicklung überhaupt stattfinden kann. Und nur emotional gefestigte, eigene Bilder können sowohl Kinder als auch Erwachsene später selbstbestimmt als Visionen für die Gestaltung ihres eigenen Lebens einsetzen (vgl. Bauer 2005; Hüther 2006).

Dass Familie und Freundschaft bedeuten kann, entgegen der herkömmlichen (Leser-) Erwartung von enttäuschten Vorwürfen und verbaler Diskriminierung einfach das durch das Ausscheren eines Mitglieds entstandene Problem gemeinsam zu lösen, zeigen die „Bärenfreunde" im Bilderbuch von Hildegard Müller (2006), indem sie einen pragmatischen Kompromiss gemeinsam erarbeiten.

Abb. 3: Bild aus „Bärenfreunde" (Müller 2006)

Die Vorlesesituation bietet in ihrem dialogisch angelegten Grundmuster ein äußerst wirksames Kommunikationsmodell an. Das „gemeinsame spiegelnde Einschwingen auf ein gemeinsames Aufmerksamkeitsziel" (Bauer 2005, 126) – hier das Buch – ermöglicht immer wieder Blickkontakt und fragende Rückversicherung, die notwendig sind, damit Kinder Repräsentationen realer Gegenstände oder Szenen in der Bilder-Buch-Szene identifizieren und hierfür Begriffe bilden können. Dabei werden Bedeutungskonzepte gelernt (Rau 2007, 23f.), die notwendig sind, um Worte im „mentalen Lexikon" abzuspeichern. Jedoch können Erwachsene den Kindern zwar Worte geben, aber nicht ihre Erfahrungen. Das Füllen der „Wort-Hülsen" mit eigenen Erfahrungen und Bildern stellt eine der wichtigsten Aufgaben in dem ko-konstruktiven Prozess zwischen Kind und erwachsener Bezugsperson dar. Hierin liegt auch eine der größten Chancen der vorlesenden Person, die durch ihre Haltung und durch die Übertragung eines wertschätzenden Geborgenheitsgefühls eine unterstützende Begegnungskultur als „soziales Gerüst" in den Familien etablieren bzw. stabilisieren kann (vgl. Hüther 2006).

6. Bild und Schrift

Ein weiterer eminent wichtiger Aspekt ist das plakative Verhältnis von Bild und Schrift.

Als ein besonders gelungenes Beispiel kann hierfür die vollkommene Kongruenz von Wortbedeutungsinhalt und Schriftführung in dem Bilderbuch „Zum Strand!" (Lakin/Wilharm 2007) gelten. Hier folgt die Schrift der Bewegung des Wortes und kann darüber entschlüsselt werden.

Abb. 4: Bild aus „Zum Strand!" (Lakin/Wilharm 2007)

Dass Schriftzeichen im Buch bestimmte Botschaften vermitteln, also ein „Werkzeug" darstellen, das man benutzen kann, um Geschichten zu den Bildern zu lesen, stellt eine der wegweisenden Entdeckungen des Kindes dar. Kinder deshalb anzuregen, dieses Werkzeug ebenfalls zu benutzen, ist eine der wichtigsten Funktionen des Vorlesens (vgl. Winner 2007, 115ff.). Deshalb sollten alle dahingehenden Aktivitäten der Vorschulkinder aufmerksam beobachtet und dann im ko-konstruktiven Prozess gemeinsam aufgenommen werden: sei es mit dem Lesen zu „spielen", indem das Vorbild der Vorleserin bzw. des Vorlesers sprachlich nachgeahmt wird (s. Imitationslernen) und das Kind eine eigene kontemplative (Lese-)Haltung einnimmt, oder indem eigene schriftliche Kommentare, sogar eigene Bücher „geschrieben" werden (vgl. Whitehead 2007). Gleichzeitig können dabei „Buchinformationen" gemeinsam entdeckt werden, z.B. dass der Name der Autorin, des Illustrators und der Titel sowohl auf dem Buchdeckel als auch der Titelseite stehen und in welcher Richtung die lateinische im Gegensatz zur chinesischen Schrift verläuft. Schrift in ihrer Bedeutung als Kommunikationsmittel zu erkennen, stellt einen Meilenstein in der kindlichen Entwicklung dar, da hierbei der Schritt vom Bild zum Symbol vollzogen wird und die Aufmerksamkeit auf die formalen Eigenschaften von Sprache gelenkt wird. Auch kann an dieser Stelle die kindliche Neugier auf Schriften und Zeichen anderer Sprachen gelenkt werden, denn Kinder unterscheiden nicht nach „richtigen" oder „falschen" Buchstaben – ihnen ist durchaus einsichtig, dass verschiedene Sprachen unterschiedliche Symbole verwenden. Es geht also immer „um eine erfahrungsorientierte Auseinandersetzung mit Zeichen, die in der Lebenswirklichkeit von Kindern eine Rolle spielen" (Füssenich/Geisel 2008, 31) – also eine sinnstiftende Funktion innehaben. Gerade dahingehende Versäumnisse sowohl in der Familie als auch später in den Bildungsinstitutionen führen unweigerlich zu dem, was funktionalen Analphabetismus ausmacht. Deshalb sollte nicht unterschätzt werden, welchen Vorteil das Lesen von Bilderbüchern in der Alphabetisierung Erwachsener darstellen kann: Der relativ geringe Schriftanteil, die zumeist große Schrifthöhe und die Gegenüberstellung und unmittelbare Beziehung von Bild zu Text, also der gedruckte Text, der das Bild begleitet, machen das Bilderbuch zu einem äußerst praktischen Einsatzmittel. Als kleines Beispiel mögen die Erfahrungen am Projektpräsentations-Stand auf der Fachtagung Alphabetisierung des Bundesverbandes Alphabetisierung und Grundbildung 2010 in Weinheim gelten: Hier fanden insbesondere die folgenden Bilderbücher hohe Beachtung bei den anwesenden Lernenden:

Abb. 5: Umschlagbild von „ich mit dir, du mit mir" (Pauli/Schärer 2008)

In dem Buch „ich mit dir, du mit mir" (Pauli/Schärer 2008; Abb. 5) faszinierte die Lernerinnen und Lerner vor allem die wiederkehrende Reimfolge: „Für dich ein Gewinn, für mich ein Gewinn", die den Text auf jeder Seite kommentierte und somit klar strukturierte.

In „Nikodemus und das Mäusewunder" (Mai/Stuhrmann 2010) fesselte den minderjährigen Sohn einer Lernenden die auf die Familiensituation projizierte, poetisch verfremdete Konstellation: (große) Katze, die von (kleiner) Maus in die Welt der Wunder außerhalb der bisher bekannten Erfahrungen eingeführt wird: „Das ist wie bei uns: Ich zeig' der Mama, was sie noch lernen kann."

Abb. 6: Bild aus „Nikodemus und das Mäusewunder" (Mai/Stuhrmann 2010)

7. Übertragbarkeit des Projekts

Das Projekt „Vorlesen in Familien" arbeitet derzeit noch als Pilot-Projekt in Wetzlar und ab 2011 auch in Gießen, ist aber grundsätzlich auf jede Region übertragbar. Da inzwischen etliche Kommunen und die Präventionsräte der hessischen Polizeipräsidien ihr Interesse an einer Übernahme des Projekts bekundet haben, wurde vom „Zentrum für Literatur" ein Franchise-Konzept erarbeitet, das auf Nachfrage angefordert werden kann. Dies gilt auch für die Evaluierungsveröffentlichung und die Liste der empfohlenen Bilderbücher, die gegen eine Unkostenpauschale zugesandt werden können.

Literatur

BAUER, Joachim (2005): Warum ich fühle, was du fühlst. Intuitive Kommunikation und das Geheimnis der Spiegelneurone. Hamburg: Hoffmann und Campe.
BAUER, Jutta (2000): Schreimutter. Weinheim: Beltz und Gelberg.

BECKER, Lisa (2010): Vorschule macht erfolgreicher. Frühe Bildung für arme Kinder. In: Frankfurter Allgemeine Zeitung, 30.08.2010, S. 10. Verfügbar unter: http://www.faz. net/-01gzbc [Abruf am 21.02.2011].

BERTRAM, Hans/KOHL, Steffen (2010): Zur Lage der Kinder in Deutschland 2010. Kinder stärken für eine ungewisse Zukunft. Köln: Deutsches Komitee für UNICEF. Verfügbar unter: http://www.unicef.de/download.php?f=content_media/presse/Betram2010/ Info_ Bertr am_09web.pdf [Abruf am 18.02.2011].

BUNDESMINISTERIUM FÜR BILDUNG UND FORSCHUNG (Hrsg.) (2007): Auf den Anfang kommt es an: Perspektiven für eine Neuorientierung frühkindlicher Bildung. Bildungsforschung Band 16. Bonn/Berlin: Bundesministerium für Bildung und Forschung. Verfügbar unter: www.bmbf.de/pub/bildungsreform_band_16.pdf [Abruf am 18.02.2010].

FLETH, Anna (2010): Vorlesen in Familien. Evaluation des Projekts. Leseförderung Band 9. Wetzlar: Phantastische Bibliothek.

FÜSSENICH, Iris/GEISEL, Carolin (2008): Literacy im Kindergarten. Vom Sprechen zur Schrift. München/Basel: Reinhardt.

GENUNEIT, Jürgen (1996): Analphabeten in Deutschland – Ein Armutszeugnis. In: Gewerkschaftliche Bildungspolitik, Nr. 6-7, S. 4-7.

HECKMAN, James J./MASTEROV, Dimitriy V. (2007): The Productivity Argument for Investing in Young Children. In: Review of Agricultural Economics, 29. Jg., Nr. 3, S. 446-493. Verfügbar unter: http://citeseerx.ist.psu.edu/viewdoc/download?doi=10.1.1.167.5 60&rep=rep1&type=pdf [Abruf am 19.02.2011].

HESSISCHES MINISTERIUM FÜR ARBEIT, FAMILIE UND GESUNDHEIT/HESSISCHES KULTUSMINISTERIUM (Hrsg.) (2007): Bildung von Anfang an: Bildungs- und Erziehungsplan für Kinder von 0 bis 10 Jahren in Hessen. Wiesbaden: Hessisches Ministerium für Arbeit, Familie und Gesundheit/Hessisches Kultusministerium.

HÜTHER, Gerald (2006): Die Macht der inneren Bilder. Wie Visionen das Gehirn, den Menschen und die Welt verändern. Göttingen: Vandenhoeck und Ruprecht, 2. Aufl.

KOCH, Miriam (2007): Fiete Anders. Hildesheim: Gerstenberg.

LAEWEN, Hans-Joachim/ANDRES, Beate/HÉDERVÁRI, Éva (2006): Ohne Eltern geht es nicht. Die Eingewöhnung von Kindern in Krippen und Tagespflegestellen. Berlin: Cornelsen Scriptor, 4., unveränd. Aufl.

LAKIN, Patricia (Text)/WILHARM, Sabine (Ill.) (2007): Zum Strand! Hamburg: Carlsen.

LINDGREN, Astrid (2007): Klingt meine Linde. Hamburg: Oetinger, 12. Aufl.

MAI, Manfred (Text)/STUHRMANN, Jochen (Ill.) (2010): Nikodemus und das Mäusewunder. Berlin: Tulipan.

MÜLLER, Hildegard (2006): Bärenfreunde. Hamburg: Carlsen.

NICKEL, Sven (2005): Literacy beginnt in der Familie. Family Literacy – eine Aufgabe für die Schule? In: HOFFMANN, Bernhard/SASSE, Ada (Hrsg.): Übergänge. Kinder und Schrift zwischen Kindergarten und Schule. Berlin: DGLS, S. 179-188.

PAULI, Lorenz (Text)/SCHÄRER, Kathrin (Ill.) (2008): ich mit dir, du mit mir. Zürich: Atlantis.

RAU, Marie Luise (2007): Literacy. Vom ersten Bilderbuch zum Erzählen, Lesen und Schreiben. Bern: Haupt.

STIFTUNG LESEN/DIE ZEIT/DEUTSCHE BAHN (2008): Vorlesen im Kinderalltag 2008. Repräsentative Befragung von Kindern im Vor- und Grundschulalter (4-11 Jahre). Verfügbar unter: http://www.stiftunglesen.de/vorlesestudie-2008/ [Abruf am 25.02.2011].

WHITEHEAD, Marian R. (2007): Sprache und Literacy von 0 bis 8 Jahren. Troisdorf: Bildungsverlag EINS.

WINNER, Anna (2007): Kleinkinder ergreifen das Wort. Sprachförderung mit Kindern von 0 bis 4 Jahren. Berlin: Cornelsen Scriptor.

Förderung der Lesesozialisation in Familien mit Migrationshintergrund

Das Projekt „Schenk mir eine Geschichte – Family Literacy"

Therese Salzmann

1. Ausgangslage und Projektidee

Das Projekt „Schenk mir eine Geschichte" des Schweizerischen Instituts für Kinder- und Jugendmedien SIKJM wurde im Jahr 2006 lanciert. Es steht im Zusammenhang mit der seit mehreren Jahren auch in der Schweiz intensiv geführten Diskussion rund um das Thema Frühförderung. Ausgehend davon, dass die Eltern in den ersten Lebensjahren die wichtigsten Expertinnen und Experten für die Entwicklung ihrer Kinder sind, sollen die Ressourcen und Kompetenzen von Eltern mit Migrationshintergrund speziell im Hinblick auf die Literalitätsentwicklung ihrer Kinder bestätigt und gestärkt und die Chancen der Kinder im Hinblick auf den Schulerfolg erhöht werden.

Der Begriff „Literalität" umfasst alle Erfahrungen und Fähigkeiten, die mit Erzähl-, Sprach- und Schriftkultur zu tun haben. Konkret sind dies beispielsweise das Lesen, Verstehen und Schreiben verschiedener Textarten und Grafiken, der Umgang mit Geschichten und Büchern, die Auseinandersetzung mit Bildern und Symbolen, die Fähigkeit, sich schriftlich auszudrücken, und der Umgang mit Medien. Sprach-, Lese- und Schreibkompetenzen gehören zu den wichtigsten Grundlagen für den Schulerfolg und für die Bildungslaufbahn von Kindern. Beim Spielen mit (poetischer) Sprache, beim Erzählen, Vorlesen und durch spielerische Erfahrungen mit Symbolen und Schrift erwerben die Kinder bereits von klein auf Fähigkeiten im Bereich Literalität (vgl. Näger 2005, 11f.; Ulich 2006, 258). Das Elternhaus spielt dabei eine zentrale Rolle. Dass „die Familie nicht nur die früheste, sondern auch die wirksamste Instanz der Lesesozialisation ist" (Hurrelmann 2004, 169), steht für Leseforschende seit längerem fest.

Der Erwerb von literalen Fähigkeiten ist nicht an eine bestimmte Sprache gebunden. Fähigkeiten wie Textverstehen, das Verknüpfen von Textinhalten mit eigenem Weltwissen oder die Darstellung räumlich und zeitlich entfernter oder fantasierter Welten mittels Sprache sind einzelsprachunabhängig und lassen sich auf alle weiteren zu erlernenden Sprachen übertragen (vgl. Isler 2008, 45; Nodari/de Rosa 2003, 94ff.).

Auf Grund dieser Erkenntnisse wird im Projekt „Schenk mir eine Geschichte" der Lesesozialisation in der Erstsprache eine besondere Bedeutung beigemessen. Eltern werden ermutigt und darin unterstützt, in der Kommunikation und bei literalen Aktivitäten mit ihrem Kind diejenige Sprache zu benutzen, die ihnen am vertrautesten ist und die sie am besten beherrschen. Die Sicherheit im sprachlichen Umgang wirkt sich auf die gesamte Entwicklung des Kindes positiv aus und stärkt seine Identität (vgl. Wendlandt 2006, 112).

Neben der Förderung der Lesesozialisation in der Familiensprache sind jedoch auch vielfältige frühe Kontakte des Kindes mit dem deutschsprachigen Umfeld für die günstige Entwicklung der Zweitsprache (und späteren Schulsprache) Deutsch von zentraler Bedeutung (vgl. Moser et al. 2008).

Diesem Umstand wird im Projekt „Schenk mir eine Geschichte" Rechnung getragen, indem die Eltern in der Aufnahme und Aufrechterhaltung von Kontakten mit der deutschsprachigen Umgebung unterstützt werden.

2. Ziele, Zielgruppen und Angebote des Projekts „Schenk mir eine Geschichte"

Die Zielgruppe des Projekts sind Eltern mit 2- bis 5-jährigen Kindern, die zwei- und mehrsprachig aufwachsen – und zwar vorwiegend mit den Sprachen Albanisch, Arabisch, Bosnisch/Kroatisch/Serbisch, Kurdisch, Portugiesisch, Spanisch, Tamil und Türkisch. Bei Bedarf können weitere Sprachen gefördert werden.

Die Projektziele sind:
- Eltern werden in ihrer Rolle als Expertinnen und Experten für die Sprach- und Leseentwicklung ihrer Kinder bestätigt.
- Eltern erkennen ihre eigenen Ressourcen bei der Sprach- und Leseförderung im Familienalltag.
- Eltern setzen ihre Ressourcen ein, um ihren Kindern vielfältige Anregungen zu bieten und sie dabei zu begleiten.
- Eltern kennen den Zugang zu Kindermedien in ihrer Umgebung (z.B. Bibliotheken).
- Eltern kennen deutschsprachige Angebote in ihrer Umgebung: für sich selbst (z.B. Deutschkurse mit Kinderbetreuung) und für ihre Kinder (Spielgruppen, Aktivitäten in Bibliotheken etc.).
- Kinder werden in ihrer (Schrift-)Sprachkompetenz in der Erstsprache gefördert.
- Kinder erhalten regelmäßige und vielfältige sprachliche und literale Anregungen in der Familie.
- Kinder besuchen vorschulische deutschsprachige Institutionen (z.B. Spielgruppen).

Eine weitere Zielsetzung ist die Sensibilisierung der Öffentlichkeit für eine positive Wahrnehmung und Wertschätzung von Mehrsprachigkeit.

„Schenk mir eine Geschichte" ist ein integriertes Elternbildungsangebot, das sich an Eltern und Kinder gemeinsam richtet. Die Idee, dass Eltern und Kinder zusammen die Welt der Sprache, der Geschichten und der Schrift erkunden, geht zurück auf das angelsächsische Konzept „Family Literacy" (vgl. Nickel 2004, 71 ff.).

In ihrer Aufgabe, die Sprach- und Literalitätsentwicklung ihrer Kinder zu fördern, werden die Eltern von Sprach- und Kulturvermittlerinnen begleitet, die sowohl ihre Herkunftssprache in Wort und Schrift beherrschen, als auch über gute Deutschkenntnisse verfügen. Bis jetzt arbeiten ausschließlich weibliche Sprach- und Kulturvermittlerinnen im Projekt mit – der Bereich der frühkindlichen Bildung und der Familie scheint vor allem Frauen anzusprechen. Die Vermittlerinnen führen Treffen mit Eltern-Kind-Gruppen in ihrer Erstsprache durch und besuchen teilweise auch einzelne Familien zu Hause.

Im Rahmen des Projekts „Schenk mir eine Geschichte" werden folgende Angebote organisiert:

Öffentliche Leseanimationen in einer Erstsprache
Bei diesem Angebot handelt es sich um offene Kurse von zwölf oder mehr Animationen in der Folge (wöchentlich oder zweimal pro Monat) für eine Gruppe von sechs bis zehn Müttern/Vätern mit Kindern. Die Teilnahme ist kostenlos, eine Anmeldung ist nicht erforderlich und neue Familien können jederzeit einsteigen. Die Leseanimationen finden in Quartierzentren, Kindergärten, Schulen und Bibliotheken statt und dauern 90 Minuten.

Die Familien werden am besten über die persönliche Kontaktaufnahme durch die jeweiligen Vermittlerinnen in ihrer Erstsprache erreicht. Nach Start eines Angebots funktioniert die Mund-zu-Mund-Propaganda unter den Eltern.

In den Leseanimationen werden in der Erstsprache der Familien Geschichten erzählt, Lieder gesungen, Spiele gespielt und gemeinsam Bilderbücher angeschaut und es wird gezeichnet, gemalt und gebastelt. Im Austausch mit den Eltern wird über Möglichkeiten der Sprach- und Leseförderung in der Familie, über Mehrsprachigkeit, Kindermedien, aber auch über andere Erziehungs- und Integrationsthemen diskutiert.

Im Rahmen der Kurse können auch Bibliotheken, Ludotheken, das Naturmuseum etc. besucht sowie Spaziergänge im Wald, Besuche eines Tierparks oder andere Aktivitäten unternommen werden.

Familienbesuche in einer Erstsprache
Das öffentliche Angebot im Quartierzentrum oder in der Bibliothek kann durch Familienbesuche ergänzt werden. Familien können vorgängig oder parallel zu öffentlichen Leseanimationen drei- oder viermal zu Hause besucht werden. Bei diesen Besuchen kann die Leseanimatorin auf die Ressourcen und Bedürfnisse der Eltern bei der Sprach- und Literacy-Förderung von deren Kindern gezielt eingehen.

Öffentliche Leseanimationen auf Deutsch
Die deutschsprachigen Leseanimationen, die im Rahmen des Projekts „Schenk mir eine Geschichte" durchgeführt werden, sind einerseits ein Nachfolgeangebot für diejenigen Familien, die Animationen in ihrer Erstsprache besucht haben. Andererseits können hier auch Familien teilnehmen, in deren Herkunftssprache keine Animationen angeboten werden können. Die deutschsprachigen Animationen werden in einem Quartierzentrum oder in einer Bibliothek regelmäßig (ein- bis zweimal monatlich) und unbefristet durchgeführt. Auch wenn die Hauptsprache der Animationen Deutsch ist, werden die Sprachen der Teilnehmenden auf spielerische Weise mit einbezogen und es sind Kindermedien in verschiedenen Sprachen vorhanden.

Eltern-Workshops in Zusammenarbeit mit Kindergärten oder Spielgruppen
Bei den Workshops handelt es sich um ein Angebot, das von Eltern mit Kindergartenkindern bzw. Spielgruppenkindern im Einverständnis und in Zusammenarbeit

mit der jeweiligen Schule/Spielgruppe genutzt werden kann. In fünf Workshops erarbeitet die Eltern-Kind-Gruppe zusammen mit der Vermittlerin Themen zu verschiedenen Aspekten von Sprach- und Leseförderung. Die Workshops werden in einer Erstsprache oder auf Deutsch durchgeführt.

3. Fachliche Begleitung der interkulturellen Vermittlerinnen

Die Durchführung von Leseanimationen im Sinn des Projekts „Schenk mir eine Geschichte" stellt spezifische Anforderungen an die Sprach- und Kulturvermittlerinnen, die sich für die Förderung der Lesesozialisation in Migrationsfamilien engagieren möchten. Eine stark praxisbezogene Weiterbildung soll ihnen das nötige Rüstzeug vermitteln, Leseanimationen im Sinne der Projektidee durchzuführen.
Die Weiterbildung besteht aus:
– einem dreitägigen Basiskurs
– der Praxisbegleitung
– Austauschrunden
– halbtägigen Weiterbildungskursen

Im Basiskurs werden Grundlagen der Elternzusammenarbeit, der Sprach- und Literalitätsentwicklung bzw. -förderung und der mehrsprachigen Erziehung thematisiert, Formen der Elternzusammenarbeit und der Literalitätsförderung im Familienalltag erarbeitet sowie exemplarisch Leseanimationen geplant.
Die Praxisbegleitung dient zur individuellen Unterstützung der Vermittlerinnen. Nach absolviertem Basiskurs wird die Vermittlerin kurz nach ihrem Einstieg in die Praxis zweimal im Abstand von ca. 1-2 Monaten von einer Fachperson besucht. So können Fragen und Unsicherheiten, die sich zu Beginn der Praxis ergeben, aufgenommen und diskutiert werden. Je nach Bedarf ist ein dritter Besuch in der Anfangsphase wünschenswert. Anschließend wird die Vermittlerin kontinuierlich zweimal pro Jahr von der Praxisbegleiterin besucht.
In den Austauschrunden im Beisein der Projektleitung oder -koordination berichten die Vermittlerinnen über ihre Erfahrungen und geben einander Ideen und Medientipps weiter. Der Austausch kann auch zur Reflexion des im Basiskurs vermittelten Wissens und dessen Umsetzung in der Praxis genutzt werden.
Die jährlichen Weiterbildungskurse zu spezifischen Themen (z.B. Sprache und Bewegung, Neue Medien im Familienalltag) tragen dazu bei, dass die Vermittlerinnen ihr bisher erworbenes Wissen vertiefen und erweitern.

4. Und wenn Eltern nicht oder nur wenig lesen können?

Das Projekt „Schenk mir eine Geschichte" ist nicht auf Eltern zugeschnitten, die von Analphabetismus betroffen sind. Die Vermittlerinnen haben aber bei einigen Müttern, die an den veranstalteten Leseanimationen teilnehmen, beobachtet, dass sie in ihrer Erstsprache wenig oder gar nicht lesen und schreiben können. Väter erscheinen im Allgemeinen seltener zu den Veranstaltungen, so dass sich die Erfahrungen der

Vermittlerinnen im Zusammenhang mit Analphabetismus innerhalb des Projekts bis jetzt ausschließlich auf Mütter bezogen haben. Die Vermittlerinnen haben festgestellt, dass die Unsicherheit der analphabetischen Mütter vor allem den Umgang mit Bilderbüchern betrifft. Wo es um mündliche Aktivitäten wie Erzählen, Verse, Bewegungs- oder Sprachspiele geht, sind die Mütter sehr kompetent. Bei der Vorstellung, ihrem Kind Bilderbücher zu erzählen, fühlen sie sich jedoch inkompetent und gestresst. Sie denken, dass sie alles wortwörtlich vorlesen oder – wenn es sich um ein deutschsprachiges Buch handelt – übersetzen müssen, haben Angst davor, dass sie die Geschichte im Bilderbuch nicht verstehen und sich so vor ihrem Kind bloßstellen müssen. Die Vermittlerinnen erklären ihnen dann, dass sie die Geschichte nicht genau wiedergeben müssen, sondern sich auf die Illustrationen konzentrieren, mit ihrem Kind zusammen die „Bilder lesen" und auch Geschichten erfinden können. Ein Kind will hören, was die Mutter sagt, nicht was der Text im Buch sagt – so formulierte es eine Vermittlerin.

Mit diesem Ratschlag haben die Vermittlerinnen gute Erfahrungen gemacht. Die Mütter sind stets überrascht, dass das Betrachten und „Vorlesen" eines Bilderbuches so einfach sein kann und es ihnen erlaubt ist, auf diese Weise einen eigenen Zugang zu den Bilderbuchgeschichten zu finden. Dadurch sind sie motiviert, Bilderbücher nach Hause mitzunehmen und mit ihren Kindern zusammen zu betrachten.

Die Vermittlerinnen unterstützen die Mütter bei der Buchauswahl oder weisen sie darauf hin, dass sie ihr Kind aus mehreren Büchern eines selbst auswählen lassen oder beim Bilderbuchbetrachten das Kind auch selbst zu Wort kommen lassen sollen. Dass die Mütter zu Hause mit ihrem Kind die Bilderbücher auch wirklich anschauen, erfahren die Vermittlerinnen aus Gesprächen mit den Kindern.

Eine der Vermittlerinnen, die Familien zu Hause besucht, berichtete davon, dass sie mit einer Mutter die Bilderbuchgeschichte zunächst ohne Beisein des Kindes „übte". Die Mutter legte Wert darauf, die Geschichte „richtig" erzählen zu können und wollte sich vor dem Kind sicher fühlen. Diese Vermittlerin plädiert für die Möglichkeit, dass komplexere Geschichten aus Büchern auf CDs (in der Erstsprache) zugänglich sind, so dass nicht alphabetisierte Mütter diese hören und nacherzählen können. Sobald sie verstanden hätten, worum es in der zu erzählenden Geschichte gehe, würden sie sie ihrem Kind erzählen – fühlten sie sich unsicher, ließen sie es bleiben.

Alle Vermittlerinnen betonen, dass die Bereitschaft auch der nicht alphabetisierten Mütter, ihren Kindern Bilderbücher auszuleihen oder zu kaufen, sehr hoch ist, weil sie sehr wohl erkannt haben, welchen Stellenwert das Lesen von Büchern hier einnimmt.

5. Umfang des Projekts und Ausblick

„Schenk mir eine Geschichte – Family Literacy" ist eines der wenigen Frühförderungsprojekte in der Schweiz, das die Bedeutung der Erstsprache für die Entwicklung sprachlicher und literaler Fähigkeiten innerhalb der Lesesozialisationsinstanz Familie ins Zentrum rückt. Die Ressourcen der Eltern mit Migrationshintergrund werden in ihrer kulturellen und individuellen Spezifik wertgeschätzt und mit einbezogen.

Zurzeit wird das Projekt an fünfzehn Standorten in fünf Kantonen der Schweiz umgesetzt. Institutionen wie interkulturelle Bibliotheken, Familienzentren oder Ausländerberatungsstellen, die für frühe Förderung sensibilisiert und auf der Suche nach geeigneten Projekten speziell für Migrationsfamilien sind, können das Projektkonzept übernehmen und werden bei der Umsetzung vom Schweizerischen Institut für Kinder- und Jugendmedien SIKJM unterstützt. So wächst „Schenk mir eine Geschichte" kontinuierlich und wird im Laufe der nächsten Jahre in weiteren Kantonen angeboten werden.

Die Zweigstelle des SIKJM in Lausanne, das Institut suisse Jeunesse et Médias ISJM, wird das Projekt ab dem Jahr 2011 an die Verhältnisse der französischen Schweiz anpassen und umsetzen.

Nach einer ersten formativen Evaluation durch die Pädagogische Hochschule Zürich im Jahr 2007/2008 (Isler/Künzli 2008) ist eine wissenschaftliche Begleitung zur Frage, wie viel das Projekt „Schenk mir eine Geschichte" zur Lesesozialisation von Migrantenkindern effektiv beitragen kann, geplant.

Literatur

HURRELMANN, Bettina (2004): Informelle Sozialisationsinstanz Familie. In: GROEBEN, Norbert/HURRELMANN, Bettina (Hrsg.): Lesesozialisation in der Mediengesellschaft. Ein Forschungsüberblick. Weinheim: Juventa, S. 169-201.

ISLER, Dieter (2008): Lesen und Schreiben im Kindergarten? Erfahrungen mit Schrift und Medien als Fundament für den Aufbau einer entwickelten Literalität. In: Neue Zürcher Zeitung, Beilage Bildung und Erziehung, 21.4.2008, S. 45.

ISLER, Dieter/KÜNZLI, Sibylle (2008): Evaluation des Projekts „Schenk mir eine Geschichte – Family Literacy" für Familien mit Migrationshintergrund. Schlussbericht. Zürich: Pädagogische Hochschule.

MOSER, Urs/BAYER, Nicole/TUNGER, Verena (2008): Entwicklung der Sprachkompetenzen in der Erst- und Zweitsprache von Migrantenkindern. Schlussbericht zum NFP 56. Zürich: Institut für Bildungsevaluation.

NÄGER, Sylvia (2005): Literacy – Kinder entdecken Buch-, Erzähl- und Schriftkultur. Freiburg: Herder.

NICKEL, Sven (2004): Family Literacy – Familienorientierte Zugänge zur Schrift. In: PANAGIOTOPOULOU, Argyro/CARLE, Ursula (Hrsg.): Sprachentwicklung und Schriftspracherwerb. Beobachtungs- und Fördermöglichkeiten in Familie, Kindergarten und Grundschule. Baltmannsweiler: Schneider Verlag Hohengehren, S. 71-83.

NODARI, Claudio/DE ROSA, Raffaele (2003): Mehrsprachige Kinder. Ein Ratgeber für Eltern und andere Bezugspersonen. Bern: Haupt.

ULICH, Michaela (2006): Literacy. In: POUSSET, Raimund (Hrsg.): Beltz Handwörterbuch für Erzieherinnen und Erzieher. Weinheim: Beltz, S. 258-260.

WENDLANDT, Wolfgang (2006): Sprachstörungen im Kindesalter. Stuttgart: Thieme.

SIMBA – gemeinsam Bildung schaffen

Sprachförderung integrieren, miteinander Bildung anstreben

Annette Kentenich & Rabia Sprenger

1. Einführung

„Familie – Partnerschaft – Generationen", das Thema der Fachtagung Alphabetisierung 2010, „ortet" gleich die Bereiche, die, wenn es um Alphabetisierung und Grundbildung geht, immer im Fokus stehen müssen. Es geht um die Teilhabe an der durch Schrift repräsentierten gesellschaftlichen Wirklichkeit und damit um das, was wir mit Bildung verbinden – generationenübergreifend im persönlichen Beziehungsfeld.

Es gilt, miteinander Fähigkeiten und Kompetenzen aufzugreifen, neues Wissen in vorhandenes zu integrieren und Qualifikationspotentiale auszubauen. Das alles im Zeitalter von EQR und DQR (Europäischer und Deutscher Qualifikationsrahmen).

Teilnehmerorientierung anzustreben ist eine besondere Herausforderung, der sich die VHS Essen zusammen mit RAA/Büro für interkulturelle Arbeit gestellt hat.

2. SIMBA – gemeinsam Bildung schaffen

Die Erfahrungen der VHS Essen mit zahlreichen „Family Literacy"-Projekten und VHS-Deutschkursen brachten immer wieder den zentralen Bildungsort „Schule" in den Fokus, wissen wir doch nicht erst seit PISA, dass der Mangel an sprachlicher Kompetenz den Zugang zu höheren Bildungsabschlüssen sowohl für Kinder aus bildungsfernen Elternhäusern, als auch für solche aus Familien mit Migrationshintergrund verstellt. Wir beobachten, dass bei zugewanderten Eltern „das zentrale Bildungssystem Familie" gut funktioniert, wenn zumindest ein Elternteil die Schulpflicht in Deutschland erfüllt hat.

Der Lernort Schule, als Lernort auch für Mütter und Väter, wird im Hinblick auf Erziehungs-, Sozial-, Demokratie-, Sprach- und allgemeine Handlungs- und Sachkompetenz zu einem Ort des Interesses, weil er Bildungszuwachs und Integration ermöglicht. Zur Feststellung der Tatsache, dass alle Eltern an guten schulischen Leistungen ihres Nachwuchses interessiert sind, bedarf es keiner Studien.

2.1 Grundidee

SIMBA steht für: **S**prachförderung **I**ntegrieren, **M**iteinander **B**ildung **A**nstreben.

SIMBA verbindet alle wichtigen und notwendigen Aspekte, die dazu beitragen können, Eltern stärker in den Bildungsprozess ihrer Kinder einzubinden. Dabei ist es unerlässlich, dass Einblick gewährt wird in den Prozess, den wir „Schulalltag" nennen. Wenn Eltern sehen und verfolgen können, was in der Schule passiert, bekommen sie zunächst ein „Gefühl" für ablaufende Vorgänge und entwickeln über ihre Wahrnehmung einen Standpunkt.

So sprechen die Lehrerinnen und Lehrer der Schule Eltern bzw. Mütter an und informieren sie über die Möglichkeit, wöchentlich zweimal, für je 3½ Stunden, am SIMBA-Kurs teilnehmen zu können, während ihre schulpflichtigen Kinder in der Schule lernen und ihre kleineren Kinder, sofern sie noch nicht in den Kindergarten gehen, im Nebenraum betreut werden.

Abb. 1: Kinderbetreuung während des SIMBA-Kurses (Foto: Annette Kentenich)

SIMBA ist ein allgemeines Elternbildungsangebot, dessen Schwerpunkt „Family Literacy" ist, weil die Teilnehmenden schriftsprachbezogene Angebote häufig nur aus der Schule kennen, keinesfalls Kulturgenuss mit ihnen verbinden, mithin seltener lesen und vorlesen und in der Folge die gebotenen Bildungschancen nicht ergreifen können.

2.2 Simba-Bausteine

2.2.1 Hospitation von Eltern in der Kita-/Schulgruppe ihrer Kinder

Mit SIMBA ist die Zeit der verschlossenen Türen vorbei. In Absprache mit den beteiligten Pädagoginnen bzw. Pädagogen hospitieren Eltern und Kursleitung im Deutsch- bzw. Sachkundeunterricht. Eltern sind als Beobachterinnen und Beobachter ablaufender Prozesse in Schule und Kita zunehmend erwünscht. „Mit eigenen Augen" sehen zu können ermöglicht den Eltern Verstehen. Hier ist es wichtig, besonders Mütter mit Migrationshintergrund zu erwähnen, die mitunter nur auf wenig eigene Schulerfahrung zurückgreifen können und in vielen Fällen ein sehr autoritär strukturiertes, lehrerzentriertes System erwarten, in dem Frontalunterricht die Regel ist.

Das eigene Kind im Handlungszusammenhang von Schule zu sehen, bedeutet für alle Eltern eine völlig neue Erfahrung.

Da an diesem Prozess gleichermaßen deutsche wie Eltern mit Migrationshintergrund interessiert sind, bietet sich eine Integrationsmöglichkeit durch gemeinsamen Austausch in der anschließenden Besprechung und Aufarbeitung des Gesehenen.

Die Reflexion des Wahrgenommenen bietet die Möglichkeit, miteinander konkrete Vorschläge bezüglich der intendierten Absichten zu entwickeln, der schulische Schriftspracherwerb kann konkret begleitet werden und das Lehrer-Eltern-Verhältnis wird intensiviert. Eltern sind in der Schule willkommen und Kinder erfahren das Interesse ihrer Eltern an Schule. Eltern geben durch ihre eigene Lernbereitschaft dem Kind ein positives Beispiel. Lehrkräfte stehen in engem Kontakt zu den Kurseltern. Partizipation ist bei der Hospitation kein Fremdwort mehr.

Abb. 2: Teilnehmerin bei der Hospitation in der Klasse ihres Sohnes
(Foto: Wolfgang Kentenich)

Abb. 3: Hochkonzentriert erleben Mütter den Schulalltag ihrer Kinder.
(Foto: Wolfgang Kentenich)

2.2.2   Eltern-Werkstatt

Schule muss zunehmend Erziehungsfunktionen übernehmen, die im Elternhaus vernachlässigt oder auf Grund kultureller Erfahrungen anders gesehen/bewertet werden. Häufig ist Schule an einer Grenze angekommen und der Elternsprechtag reicht zur ausführlichen Würdigung erziehungs- und bildungsrelevanter Themen nicht aus, so dass nicht selten nur Defizite thematisiert werden.

SIMBA lädt in der Eltern-Werkstatt die Teilnehmenden zum Austausch und zur Erarbeitung erziehungs- und bildungsrelevanter Themen ein, die sie während der Hospitationen wahrgenommen haben.

Alle Kursleitenden haben ein „TAFF-Zertifikat", das heißt, dass „Training, Anleitung und Förderung von und für Familien" im Hinblick auf Reflexion des Erziehungsverhaltens und Einübung neuer Erkenntnisse geleistet werden kann. Darüber hinaus werden externe Referentinnen und Referenten bestellt, die sach- und fachkompetent zum Beispiel über sexuelle Aufklärung, Grenzen und Konsequenzen in der Erziehung und viele andere, von den Teilnehmerinnen und Teilnehmern gewünschte Themen referieren.

Immer geht es auch um einen Austausch über die Erfahrungen im Herkunftsland, das Erarbeiten der Unterschiede und das Abwägen von Für und Wider.

Gemeinsame Exkursionen führen zum Beispiel in die Stadtteilbücherei, wobei Hemmschwellen abgebaut werden und Zugriff auf Bilderbücher, Bücher, Geschriebenes und auf Spiele unter Anleitung erfolgen kann.

In der Elternwerkstatt wird projektorientiert gearbeitet, gemeinsame Lese- und Schreibaktivitäten werden im Kurs praktiziert und es wird der Transfer des Erlernten vorbereitet, indem Unterrichtsthemen der Hospitationsstunden Anlass und Inhalt des Eltern-Kind-Dialogs zu Hause sind.

In gemütlicher Atmosphäre gibt es in der Elternwerkstatt von Zeit zu Zeit ein gemeinsames Kaffeetrinken, bei dem jede bzw. jeder das Beste aus ihrem bzw. seinem Kulturkreis auf den Tisch bringt.

Abb. 4: Besuch in der Stadtteilbücherei (Foto: Annette Kentenich)

Abb. 5: Frühstück (Foto: Annette Kentenich)

Abb. 6: Frühstück (Foto: Annette Kentenich)

2.2.3 Eltern-Sprachförderung

SIMBA lässt Eltern den schulischen Schriftspracherwerb ihrer Kinder im Klassenzimmer miterleben und bietet Sprachförderung, die am Themenkatalog des Schulunterrichts orientiert ist. Dabei werden informell erworbene Kompetenzen gestärkt und systematisch erweitert. Im Grunde findet ein „training on the job" des Elternseins statt, wodurch den Teilnehmenden der Vorteil der Sprachförderung deutlich wird und der Wunsch nach regelmäßiger Teilnahme erwächst. So geschieht die systematische Sprachförderung auf der Grunderfahrung von „talk is walk". Dabei kommt es entscheidend auf den „Überblick" der Kursleitung an, die sich sowohl mit

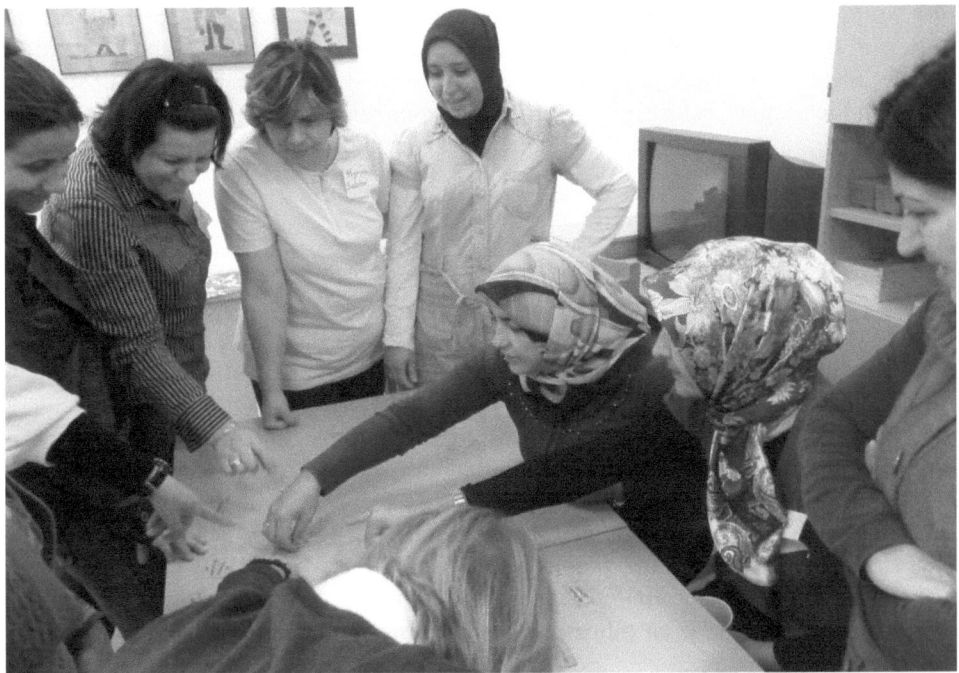

Abb. 7: Sprachförderung (Foto: Wolfgang Kentenich)

Abb. 8: Alphabetisierung (Foto: Annette Kentenich)

der komplexen Realität der Alphabetisierungsarbeit als auch der Sprachförderung z.B. auf B1-Niveau auskennen sollte. Binnendifferenzierung darf dabei das Miteinander nicht erschweren, gegenseitiges Helfen muss von Vertrauen begleitet sein.

Mündliche und schriftliche Sprachkompetenzen gilt es, in einem ständigen Prozess zu praktizieren und im Hinblick auf Familie, Schule und Gesellschaft einzuüben.

2.3 SIMBA-Module

Das SIMBA-Konzept schlägt zehn Module vor, die in ihrer Ausrichtung alle an den Modulen „Family Literacy" und „Interkulturelle Pädagogik" orientiert sein sollten. In den beiden genannten Modulen geht es um die Notwendigkeit und die Bedeutung der Schriftkultur aller Länder und ihre Relevanz in Bezug auf die Bildungschancen, um Wertschätzung des Lesens und Schreibens und des „aktiven Vorlesens". Die Teilnehmenden erfahren, wie wichtig ein korrekter muttersprachlicher Spracherwerb im Hinblick auf einen gelingenden Zweitspracherwerb ist, und lernen unterschiedliche Lebensentwürfe zu respektieren.

Neben den beiden bereits genannten Modulen sind von ausgewählten Kursleitenden Unterrichtsentwürfe zu folgenden Modulen erarbeitet worden:
- Health Literacy
- Food Literacy
- Maths Literacy
- Gewaltfreie Pädagogik
- Gender-Pädagogik
- Kindliche Entwicklung
- Bewegungserziehung
- Medienerziehung

Alle Entwürfe sind Vorschläge, lassen Freiraum, geben keine bestimmten sprachlichen Level vor, sind teilnehmerzentriert anzubieten, so dass es immer auch darum geht, ein eher „offenes" Curriculum sinnvoll und förderlich im Hinblick auf Literacy zu füllen.

Um dieser Aufgabe gerecht zu werden, bedarf es hoher Professionalität der Kursleitenden in der Zweitsprachenvermittlung.

Sie sind zur Teilnahme an regelmäßigen Fortbildungen verpflichtet. In monatlich stattfindenden Konferenzen wird über das Kursgeschehen reflektiert und über notwendige Veränderungen gesprochen. Halbjährlich findet eine Besprechung der Projekt- und Kursleitung mit der Schul- bzw. Kitaleitung statt, die der Überprüfung der angestrebten Ziele gilt.

Abb. 9: Bewegungserziehung (Foto: Annette Kentenich)

Abb. 10: Verkehrserziehung (Foto: Annette Kentenich)

3. Ziele

Unser Ziel ist es, den Bildungsprozess von Eltern und Kindern am Bildungsort Grundschule bzw. an Kitas zusammen mit den Beteiligten so zu gestalten, dass Lernbereitschaft geweckt, gefördert und ausgebaut wird, damit durch intensiven Austausch und geeignete Angebote schriftliche und mündliche Sprachkompetenz erweitert und Förder- und Unterstützungsmöglichkeiten für alle im Projekt Engagierten sichtbar werden.

4. Zusammenfassung

Der „Brückenschlag" zwischen Elternarbeit und Sprachförderung würdigt sowohl den Bildungsbedarf der Eltern als auch den der Kinder. Die Zusammenarbeit mit den Standorten Schule und Kita bei den Hospitationen, bei Elternsprechtagen, Festen und Konferenzen erfordert eine offene Grundhaltung aller Beteiligten, so dass das gemeinsame „Unterwegssein" Kompetenzen erweitert, integriert und Bildung ermöglichen kann.

Kommentare

Nach der Vorstellung des SIMBA-Projekts im Workshop der Fachtagung: „Alphabetisierung und Grundbildung in Deutschland: Familie – Partnerschaft – Generationen" in Weinheim äußerten sich die Teilnehmenden sehr positiv über den Erfahrungsbericht zum SIMBA-Projekt. Die Teilnehmenden zeigten sich beeindruckt vom Inhalt der Module und der einzelnen Entwürfe zur konkreten Unterrichtsgestaltung.

Einige Teilnehmenden schienen überrascht, dass es keine interkulturellen Konflikte gibt. Tatsächlich wirkt SIMBA stark integrierend, denn die überall tragende Wertschätzung und die nicht am Defizit, sondern an der Kompetenz orientierte Arbeit erweitert augenscheinlich die Bereitschaft zur Offenheit.

Nachtrag

Es ist in den Kursen zu beobachten, dass die Teilnehmenden nach einiger Zeit im SIMBA-Kurs zusätzlich zu den SIMBA-Unterrichtstagen an zwei Wochentagen Sprachkurse besuchen. So haben sich in einem Kurs von 20 Teilnehmenden sechs Frauen in der VHS zu einem weiteren Sprachkurs angemeldet, „weil Lernen Spaß macht".

Das Projekt SIMBA wird finanziert durch die Stadt Essen – Interkulturelles Büro.

Deutsch in den Ferien – ein Projekt der USS GmbH, Heilbronn

Brigitte Jacobi

Wir, meine drei Kolleginnen und ich, unterrichten beim USS (Unterricht – Sprachen – Seminare) in Heilbronn in Integrationskursen. Zuerst in den sehr heterogenen Kursen, in denen die Spannbreite von primären Analphabetinnen und Analphabeten bis zu Teilnehmenden mit Studienabschluss reichte, dann seit 2007 in den reinen Alphabetisierungskursen. Täglich 5 Stunden, von Montag bis Freitag, also 25 Stunden in der Woche. Wir alle haben die Qualifizierung des BAMF für Alphabetisierungskurse. Davor hatte ich bereits reine Alphabetisierungskurse bei VHS und USS für deutschsprachige Teilnehmende abgehalten.

Immer, wenn die Schulferien begannen, begannen für uns und unsere Kursteilnehmenden auch zusätzliche Probleme. Die vorwiegend weiblichen Kursteilnehmenden wussten nicht, wohin mit den Kindern, wenn Schule und Kindergarten geschlossen waren.

Nachdem ich vor fünf Jahren vom Bürgermeister meines Wohnorts (Lauffen am Neckar) angesprochen worden war, ob ich nicht spontan eine Grundschulförderung für Kinder mit Migrationshintergrund (ein fürchterliches Wortungetüm) aufbauen könnte und ich das auch zusammen mit einer Kollegin relativ unkompliziert hinbekommen habe (wir unterrichten heute alle vier Klassen an beiden Grundschulen meines Wohnortes nachmittags zwischen 14 und 18 Uhr), kam ich auf die Idee, auch für die Kinder unserer Integrationskurs-Teilnehmenden während der Sommerferien in der Unterrichtszeit der Eltern eine Sprachförderung anzubieten.

Wir unterrichteten im Sommer 2010 in vier parallel laufenden Alpha-Kursen, nach Befragung der Kursteilnehmenden kamen wir auf wahrscheinlich elf oder zwölf teilnehmende Kinder.

Natürlich war sofort die Überlegung: Wer finanziert so etwas? Immerhin musste eine weitere Lehrkraft beschäftigt werden, die sich ausschließlich den Kindern widmete. Unser Chef, Herr Nietzsche, einer der „Väter" des USS, zeigte sich spendabel und übernahm die Kosten für die zusätzliche Lehrkraft und stellte auch den nötigen Raum zur Verfügung.

Die Maßnahme bestand aus zwei Blöcken, Ende Juli bis 13. August (also gut zwei Wochen), dann drei Wochen Ferien auch bei uns und dann noch mal vom 6. September bis zum Schulanfang.

Um den Kindern einen interessanten Vormittag zu bieten, kamen meine Kolleginnen und ich überein, abwechselnd mit den Kindern zu arbeiten. Wir wollten unsere speziellen Fähigkeiten wie Vorlesen, Basteln, Spiel für die Kinder nutzen. Das Material, also Bilderbücher, Lesebücher, Lernspiele und andere Spiele, Spielsachen wie Autos, Tiere etc. und Bastelmaterial holten wir aus unserem Fundus, vieles hatte ich bereits durch meine Arbeit mit den Grundschulkindern. Beim Heimtransport waren es zwei große Umzugskisten Material, die wieder nach Hause gebracht werden mussten.

In der Woche, bevor wir mit dem Projekt begannen, sprachen wir intensiv mit den Eltern, versuchten zu erklären, warum es für ihre Kinder wichtig sei, an der Ferienförderung teilzunehmen.

Die Teilnehmer unserer Kurse kommen zum Teil aus der Generation „Ganz unten". In Anlehnung an Cem Gülay, Autor des Buches „Türken-Sam. Eine deutsche Gangsterkarriere" (Gülay 2009), sind das Arbeiter, die in Deutschland als Billigkräfte eingesetzt wurden. Sie kommen zum großen Teil aus abgelegenen Dörfern Ostanatoliens, arbeitsame und strebsame Leute, die sich gut in der Landwirtschaft auskennen, als Beruf oft Tischler, Maurer, Maler angeben, aber nach unseren Maßstäben über keine Ausbildung verfügen. Oft haben sie keinerlei Schulbildung, primäre Analphabeten, die bis zum Besuch bei uns nie eine Schule von innen sahen, die keinen Stift halten können und im wahrsten Sinn des Wortes „nicht bis drei zählen" können. Alles, was unter „Grundbildung" verstanden wird, fehlt. „In ihrem Elternhaus hingen keine Gainsboroughs, wurde auch kein Chopin gespielt …" (frei nach Gottfried Benn) Diese Teilnehmer sind heute über 50 Jahre alt und werden auf dem Arbeitsmarkt nicht mehr gebraucht.

Des Weiteren sind das Kinder und die Frauen dieser Generation „Ganz unten". Die Kinder kamen oft erst mit 15 Jahren nach Deutschland, sie haben kaum die Schule besucht.

Ob es die Kinder der 50-jährigen Väter oder Großväter sind, die Kinder der Frauen, die nachgeholt wurden, oder Kinder der Generation, die selbst nicht richtig Deutsch lernte, allen gemeinsam ist, dass viele unserer heutigen „Alpha-TN-Kinder" wegen fehlender ausreichender Deutschkenntnisse bereits die erste Grundschulklasse wiederholen müssen, obwohl sie doch in Deutschland geboren wurden und auch einen deutschen Kindergarten besuchten.

Anders ist es mit unseren Teilnehmenden aus dem Irak. Sie sind erst seit kurzem (ein bis zwei Jahre) in Deutschland, verständlicherweise haben diese Kinder ebenfalls keine ausreichenden deutschen Sprachkenntnisse und werden in der Grundschule zurückgestuft oder landen in Förderschulen.

Im Anschluss an unsere Gespräche mit den Eltern rechneten wir mit weit über zehn Kindern, wir hatten schon Bedenken, ob da mit nur einer Lehrkraft noch sinnvolle Förderung möglich sei.

Der erste Tag war ein Tag der Ernüchterung. Lediglich vier Kinder erschienen, zwei von den Kursteilnehmenden, die beiden anderen Kinder waren die Töchter einer Kollegin. Am nächsten Tag erschienen drei Kinder, dafür Montag nur ein Kind, Höchstzahl waren fünf Kinder, an einem Tag kam keines. Dabei waren die Kinder, die erschienen, höchst verschieden: Marfen und Mariam, seine Zwillingsschwester (beide 11), seit einem Jahr in Deutschland, 2. Klasse wegen mangelnder Deutschkenntnisse, jetzt Förderschule, erschienen von 17 möglichen Tagen 7-mal, Mate (8 Jahre, Wiederholer 1. Klasse) 4-mal, Isude (9 Jahre, gute Schülerin) 4-mal, Simar (3 Jahre) 6-mal und Vahide, Besta, Hafin, Yasin. Eine kontinuierliche Arbeit war bei diesen wechselnden Teilnehmenden nicht möglich.

Jeder Morgen begann mit einem Lesetraining und Lesepass. Dafür hatte jedes Kind einen Lesepass, in dem die gelesenen Minuten farbig markiert wurden. Die Unterteilung in Minuten war sehr sinnvoll, das war schnelle sichtbare Belohnung und spornte zur Mehrarbeit an.

Wir hatten uns vorher Gedanken zu den Projekttagen gemacht und auch Themenbereiche abgesteckt. Eines der Themen war „der Körper", ein anderes „Tiere und ihre Lebensräume" (Geographie). Tiere wurden bemalt und die Namen zugeordnet. Daraus entstand dann ein Memory, das laminiert wurde und das die Kinder mit nach Hause nahmen. Auch eine Weltkarte wurde erstellt und die Tiere wurden in die entsprechenden Kontinente geklebt. Ein weiteres Thema war „das Jahr". Die Kinder lernten die Monate und Typisches für die Jahreszeiten. Kalenderspiele untermauerten das Gelernte.

Dazwischen wurde viel gespielt, vor allem mit Sprech- und Sprachspielen. Jedoch hatten die Kinder wegen mangelnder Sprachkenntnisse nur eine geringe Konzentrationsmöglichkeit auf Spiele dieser Art, lieber basteln sie, was ja zum großen Teil nonverbal abläuft.

Auch das Zeigen von Kinderfilmen war problematisch. Zwar als Bonbon gedacht, hat es nicht den erwünschten Erfolg gebracht. Bei der Nachbereitung zeigte sich, dass das Sprechtempo zu schnell, die Wörterkenntnis zu gering war, die Kinder haben die Filme nicht bzw. nur unzureichend verstanden. Es waren nur zwei Filme „Das bucklige Pferdchen" und die „12 Monate", aber ich würde dieses Medium nicht mehr einsetzen.

Weil ja drei Wochen Pause – also echte Ferien – waren, hatten wir schon Bedenken, ob die Kinder nach den Ferien überhaupt wieder kämen. Doch diese Angst war unbegründet, sie kamen regelmäßiger als am Anfang und – was eigentlich nicht vorgesehen und auch nicht beabsichtigt war – sie kamen noch nach Schulanfang, als schon keine Extra-Lehrkraft mehr zur Verfügung stand. Wir hatten nicht daran gedacht, dass Erstklässlerinnen und Erstklässler erst eine Woche später mit der Schule anfangen und manche Kindergärten ihre eigenen Regelungen haben.

Fazit: Wenn man ein solches Projekt anbieten will, hat man vier Hauptprobleme:

1. Die Eltern müssen von der Wichtigkeit der Förderung überzeugt werden, selbst erkennen, dass ihre Kinder einer zusätzlichen Förderung bedürfen, und dies dann auch unterstützen. Viele unserer Kursteilnehmenden haben nicht einen Tag ihres Lebens eine Schule besucht, manche mit Unterbrechungen durch Feldarbeit oder wegen winterlicher Straßenverhältnisse nur mit Abständen. Sie sind bislang auch so durchs Leben gekommen, jetzt kommen wir und stellen ihr Leben auf den Kopf. Anders als bei deutschen Analphabetinnen und Analphabeten empfinden sie es nicht als Schande, nicht lesen, schreiben und rechnen zu können, das gehört zu ihrem Lebensalltag. Sie sind die größten Bildungsverlierer unserer Gesellschaft, aber sie wissen es nicht, manche ahnen es. Ihre bildungsferne, traditionell familienorientierte und ethnisch segregierte Herkunft macht es nicht einfach, sie zu erreichen. Was wir aber hoffentlich erreichen können, ist, dass sie durch den Besuch der Integrationskurse die Wichtigkeit von Schulbildung erkennen und diese Erkenntnis an ihre Kinder weitergeben. Nur, wenn sie selbst erkannt haben, was lernen und wissen bedeutet, werden sie von ihren Kindern auch verlangen, Fördermaßnahmen zu besuchen – selbst wenn es in den Ferien ist.

2. Solch ein Projekt müsste längerfristig konzipiert werden. Es braucht Zeit, bis die Teilnehmenden uns kennen und uns deswegen auch die Kompetenz zuerkennen,

ihren Kindern zu helfen und uns vertrauen, dass eine Förderung gerade in den Ferien wichtig ist.

3. Sicher spielt auch die Verständigung eine große Rolle, bei jedem Hörtext sehen wir, wie wenig unsere Teilnehmenden eigentlich von dem verstehen, was gesprochen wird. Vielleicht muss man ein solches Projekt, das so stark in das Familienleben eingreift, durch eine Dolmetscherin oder einen Dolmetscher erklären lassen?

Und 4. natürlich – wie bei allen Projekten: Wer zahlt?

Literatur

GÜLAY, Cem (2009): Türken-Sam. Eine deutsche Gangsterkarriere. München: dtv.

„Text-Checker" – ein lebensweltorientiertes Projekt zur Entdeckung der Schriftsprache an Bielefelder Schulen

Christiane Möller-Bach & Brigitte Mundt

1. Einführung

Das Projekt „Text-Checker" ist ein Angebot für Schülerinnen und Schüler an Bielefelder Gesamtschulen, Hauptschulen, Förderschulen und Realschulen. Angeboten wird ihnen die Teilnahme an Fördergruppen an ihrer Schule, in denen sie die Möglichkeit haben, ihre Lese- und Schreibfähigkeit weiterzuentwickeln, und deren inhaltliche Ausgestaltung sie aktiv mitbestimmen können. Da eine gezielte Sprachförderung mehr ist als nur die Vermittlung von Sprachkompetenzen, ist die Arbeit an Selbstkonzept und Motivation integrativer Bestandteil des Förderangebotes.

Initiiert wurde das Projekt durch einen kommunalen Trägerverbund[1], gefördert wird es durch den Europäischen Sozialfonds[2] und das Land Nordrhein-Westfalen[3].

Aktuell gibt es 19 Projektgruppen an 14 Schulen mit 227 Schülerinnen und Schülern im gesamten Stadtgebiet.

2. Teilnehmerinnen und Teilnehmer

Teilnehmerinnen und Teilnehmer des Projekts „Text-Checker" sind Schülerinnen und Schüler ab Klasse 7 der oben genannten Schulformen. Ein Förderangebot erhalten Schülerinnen und Schüler einer Klasse oder einer Jahrgangsstufe, deren Ergebnisse bei der Eingangsdiagnostik[4] einen Förderbedarf erkennen lassen und deren Klassen- und Fachlehrer und -lehrerinnen eine Teilnahme für gewinnbringend erachten.

3. Ziele

Primäres Ziel des Projekts ist die frühzeitige Prävention von funktionalem Analphabetismus im schulischen Feld durch Förderung der Lese- und Schreibmotivation sowie der Lese- und Schreibkompetenz der beteiligten Jugendlichen. Hierdurch soll ein frühzeitiges Aussteigen aus dem Bildungsprozess vermieden und die Chance auf einen erfolgreichen Schulabschluss erhöht werden. Auf dem Weg zu diesem Ziel sind verschiedene Bausteine von Bedeutung:

---

1   AWO – Kreisverband Bielefeld, Bezirksregierung Detmold, Jugendhaus – Jugendberufshilfe der REGE mbH, RAA Bielefeld, Schulamt Stadt Bielefeld, Universität Bielefeld
2   Im Rahmen des ESF-Programms „Lebens- und erwerbsbezogene Weiterbildung" bzw. des ESF-Fördergegenstandes „Weiterbildung geht zur Schule"
3   Ministerium für Arbeit, Gesundheit und Soziales des Landes Nordrhein-Westfalen
4   S. hierzu Punkt 4.2 Diagnostik

1. Der Umgang mit Schriftsprache soll durch die Themen und Aktivitäten mit positiven Emotionen verbunden werden.

2. Die einzelnen Schülerinnen und Schüler sollen für sich die Sinnhaftigkeit von Schriftsprache erleben, deren Bedeutung für den individuellen aktuellen und zukünftigen Lebenskontext.

3. Die Schülerinnen und Schüler sollen auch ein Bewusstsein dafür entwickeln, mit welchen Strategien sie mit Schriftsprache umgehen, welche Wirkungen diese Strategien haben.

4. Sie sollen die Möglichkeit haben, in einer unterstützenden, annehmenden Lernumgebung Veränderungsschritte zu gehen, ihre Veränderungen und ihre Fortschritte bewusst wahrnehmen und würdigen.

4. Das Projekt in der Praxis

4.1 Organisation

Die Projektgruppen finden, zusätzlich zum Regelunterricht, in den Schulen der Teilnehmerinnen und Teilnehmer statt. Darüber soll die Verknüpfung mit dem schulischen Lernen und die Übertragung in den normalen schulischen Alltag unterstützt werden.

Geleitet werden die Gruppen von einem Team, bestehend aus einer Lehrkraft der jeweiligen Schule und einer pädagogischen Fachkraft, die über die ESF-Mittel finanziert werden. Diese Doppelbesetzung bietet die Möglichkeit, unterschiedliche Kompetenzen in die Projektarbeit einzubringen, die schulisch-fachlichen Kompetenzen der Lehrkraft und die sozialpädagogisch-lebensweltorientierten Kompetenzen der pädagogischen Fachkraft.

Die Gruppengröße variiert von 10 bis 16 Jugendlichen, die Stundenanzahl von 2 bis 4 Schulstunden. Die Rahmenbedingungen für die einzelnen Gruppen werden jeweils im Gespräch mit den einzelnen Schulen festgelegt. Dadurch gelingt es, die unterschiedlichen Bedingungen und Bedürfnisse der einzelnen Schulen bei der Realisierung der Projektarbeit zu berücksichtigen.

4.2 Diagnostik

In Absprache mit der Projektschule wird in einer Jahrgangsstufe oder in Teilgruppen einer Jahrgangsstufe vor Bildung der Projektgruppen eine Eingangsdiagnostik durchgeführt. Diese wurde von der Universität Bielefeld für das Projekt entwickelt. Anhand der Ergebnisse werden diejenigen Jugendlichen ermittelt, die zur Risikogruppe der funktionalen Analphabetinnen und Analphabeten gehören. Die Diagnostik erfasst die Lese- und Schreibkompetenz, das Fähigkeitsselbstkonzept und die Lern- und Leistungsmotivation.

Eine Förderempfehlung wird auf Grund der Ergebnisse des Lesetests ausgesprochen und mit der jeweiligen Lehrkraft rückgekoppelt. Anschließend werden die Fördergruppen gebildet. Für die Projektschülerinnen und -schüler werden auf der Basis einer differenzierten und kompetenzorientierten Auswertung individuelle

Profile erstellt und in Abhängigkeit von der jeweils erreichten Kompetenzstufe konkrete Förderempfehlungen ausgesprochen.

4.3 Die Projektarbeit in den Gruppen

Zu Beginn einer neuen Projektgruppe haben die Gruppenbildung, das Gestalten einer konstruktiven Gruppenatmosphäre und die Wahl des Projektthemas Priorität. Das Projektthema wird gemeinsam mit den Jugendlichen festgelegt, deren Interessen und Lebenswelten finden sich darin wieder.

Ein weiterer Schritt ist die Vereinbarung individueller Lernziele mit den Jugendlichen. Grundlage für diese Gespräche sind die Lerninteressen der Einzelnen und die durch die Auswertung der diagnostischen Daten entstandenen Schülerprofile.

Wichtige Aspekte bei der Arbeit mit den Projektthemen sind die Erhaltung und Förderung der Motivation, die Berücksichtigung von Stärken der Jugendlichen, die Erweiterung der Erfahrungswelten der Jugendlichen und natürlich das Angebot möglichst vielfältiger Lese- und Schreibanlässe, durch die die Jugendlichen aktiv und passiv mit Schriftsprache umgehen können.

Andere Thematiken fließen im Gruppenverlauf zu einem geeigneten Zeitpunkt ein. So gibt es unterschiedliche Zeitpunkte im Gruppenverlauf, die geeignet sind, um mit der Gruppe oder mit Einzelnen die Bewusstmachung und ggf. Veränderung der individuellen Leser- und Schreiberidentität und die damit verbundenen Lernstrategien und Lernblockaden zu thematisieren.

Auch die Arbeit an den fachlichen Förderschwerpunkten geschieht integriert in den Projektstunden, entweder anhand von Eigentexten oder mit geeigneten Fördermaterialien. Für die Arbeit in den Gruppen wurden mit Unterstützung der Universität Fördermaterialien entwickelt.

Die konkrete Arbeit in den Gruppen gestaltet sich also unterschiedlich, abhängig von den Menschen, die in einer Gruppe miteinander arbeiten und von den jeweiligen Rahmenbedingungen. Der Anspruch der passigen Gestaltung der Förderung schließt im Projekt sowohl die einzelnen Jugendlichen als auch die Gruppe und Schule mit ein.

Am Ende der Projektarbeit steht bei allen ein Produkt. Dieses wird möglichst einer breiteren Öffentlichkeit vorgestellt und so wird die Würdigung des Geleisteten unterstützt.

4.4 Beispiele aus den Projektgruppen

Was liegt nahe? – Arminia Bielefeld
Eine Projektgruppe hat die räumliche Nähe zum Fußballstadion von Arminia Bielefeld zum Anlass genommen, ein Filmprojekt zum Thema „Mein Lieblingsverein – Arminia Bielefeld" zu realisieren. Dafür hat die Projektgruppe Informationen über den Verein gesammelt, Berichte über den Fußballverein geschrieben, den Fanbeauftragten interviewt, das Stadion erkundet und dies dokumentiert, das Bielefelder Bürgerfernsehen Kanal 21 besucht und so Einblicke in die Filmtechnik bekommen. Und natürlich haben sie ihren Film gedreht.

Abb. 1: Stadionbesuch/Filmaufnahmen zu „Mein Lieblingsverein – Arminia Bielefeld"

Wo ist was los? – Freizeit-Guide für Jugendliche
Für eine andere Projektgruppe war die Frage wichtig, welche Orte für Jugendliche in ihrer Freizeit interessant sind. Die Orte, die hier erkundet und beschrieben wurden, hatten sehr unterschiedlichen Charakter – vom beliebten Schnellrestaurant des Stadtteils über das ebenso beliebte ortsansässige Freizeitbad bis hin zu dem Museum für zeitgenössische Kunst in der Nachbarstadt und zur Großstadt im Rheinland.

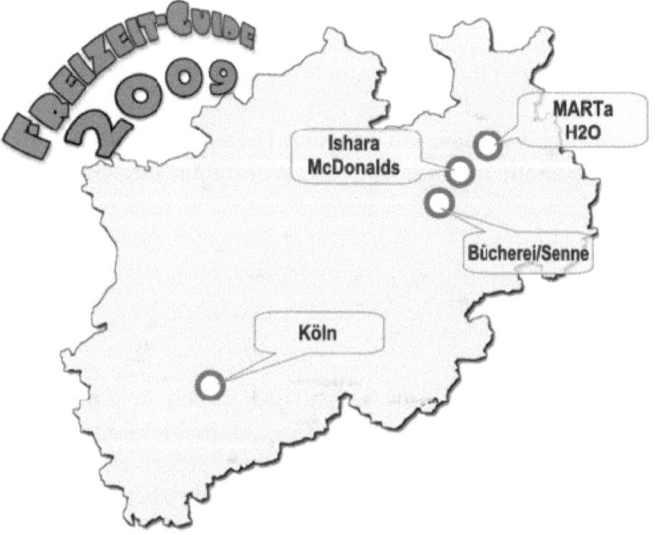

Abb. 2: „Freizeit-Guide 2009" (Realschule Senne/Christine Eichert)

Anliegen hörbar machen – Rapsongs

Eine weitere Projektgruppe erarbeitete gemeinsam mit einem Rapper Raptexte. Bevor diese als gelungenes Endprodukt aufgenommen werden konnten, lag ein arbeitsreicher Weg vor den Jugendlichen: Erarbeitung von Elementen der HipHop-Kultur und Internet-Recherche zu Künstlerinnen und Künstlern dieser Szene, Kommunikationstraining für freies Sprechen, Reimlehre, Interpretationsübungen zu Sprachbildern, Symbolen und Metaphern, Schreiben von Fantasiegeschichten und natürlich die Erarbeitung der Raptexte und das Einüben des Sprechrhythmus.

„Schreiben zum Anfassen und Essen" – Erarbeitung eines Kochbuchs

Eine andere Projektgruppe wiederum wollte mit der Schriftsprache auch andere Sinne aktivieren und ein internationales Kochbuch gestalten. Die Jugendlichen haben Rezepte aus ihren Heimatländern aufgeschrieben. Diese wurden auch ausprobiert und bewertet: Ist es möglich, nach dem Rezept zu kochen, durch welche Veränderungen wird es handhabbarer? Vor dem Kochen galt es, Einkaufslisten zu schreiben und anhand dieser die Einkäufe zu tätigen. Darüber hinaus wurden informative Texte zum jeweiligen Land und der jeweiligen Kultur verfasst und in das Kochbuch eingebunden.

Das Kochbuch gibt hoffentlich nun im privaten Umfeld Anregung zum Lesen, Kochen und Genießen.

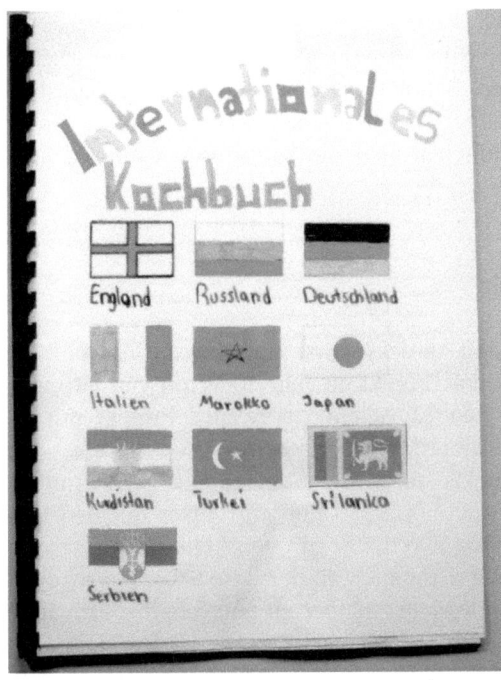

Abb. 3: Internationales Kochbuch

4.5 Evaluation

Um Aussagen über den Kompetenzzuwachs der Projektschülerinnen und -schüler machen zu können, durchlaufen sie zum Ende des Förderzeitraums wiederum ein diagnostisches Verfahren. Bei der Auswertung werden die am Anfang und am Ende festgestellten Sprachstände gegenübergestellt. Die auf diesem Weg festgestellte Entwicklung wird dann mit der Entwicklung von Kontrollschülerinnen und -schülern verglichen. Dadurch können einerseits die individuellen Entwicklungsverläufe nachvollzogen werden, anderseits bietet sich so die Möglichkeit des Vergleichs und der Einschätzung der Effizienz der Förderung im Projekt.

4.6 Fortbildung und Austausch

Es gibt regelmäßige Treffen von allen am Projekt beteiligten Lehrkräften und pädagogischen Fachkräften. Diese Treffen dienen der Fortbildung zu projektrelevanten Themen, wie z.B. „Generatives Schreiben", „Erlebnispädagogische Methoden" oder „Lesen macht schlau". Ein ebenso wichtiger Aspekt der Treffen ist der strukturierte Austausch untereinander, das gegenseitige Profitieren von den Erfahrungen der Anderen und das Reflektieren der Projektarbeit.

Zusätzliche Treffen mit den pädagogischen Fachkräften dienen deren Weiterbildung und Qualifizierung.

Im Februar 2011 ist ein erstes Treffen aller Projektbeteiligten in der Universität Bielefeld geplant. Die Schülerinnen und Schüler werden sich austauschen, ihre Produkte vorstellen und die Würdigung ihrer Arbeit erleben. Zudem wird es sicher ein Gewinn für alle, weil sich die Jugendlichen über die Schulformen hinweg kennenlernen werden.

5. Zusammenfassung und Ausblick

Blickt man auf die bisherige Projektlaufzeit zurück, so ist zunächst die Ausweitung des Projekts offensichtlich. Begonnen hat das Projekt im Jahr 2008 mit vier Gruppen an drei Schulen im Bielefelder Süden, nun ist es ein stadtweites Projekt mit 19 Gruppen an 14 Schulen. Nicht so offensichtlich, aber ebenso bedeutsam ist die Veränderung der Wahrnehmung des Projekts durch die Schüler und Schülerinnen. Waren die Projektgruppen zunächst für sie „normale" Fördergruppen mit den entsprechenden Negativzuschreibungen, werden nun die beteiligten Lehrkräfte vermehrt von den Jugendlichen angesprochen, ob sie denn auch zu den „Text-Checkern" dürften. Die Attraktivität des Projektunterrichts spricht sich herum und schafft Motivation für die Teilnahme.

Das Projekt „Text-Checker" hat klare Strukturen bekommen und ist an vielen Projektschulen ein wichtiger Bestandteil der Sprachförderung. Erste Ergebnisse der Evaluation deuten darauf hin, dass sich die Entwicklungsverläufe der Projektschülerinnen und -schüler positiver gestalten als die der Kontrollgruppe.

Die Fortführung und Ausdehnung des Projekts über den bislang bewilligten Förderzeitraum (bis Sommer 2011) ist wünschenswert und wird von den beteiligten Schulen und den Projektträgern angestrebt.

Geplant sind hierbei über die Arbeit in den einzelnen Gruppen hinaus die Entwicklung einer Lernsoftware, die auf die Bedürfnisse des „Text-Checker"-Projekts abgestimmt ist, die Digitalisierung der entwickelten Fördermaterialien im Projekt und die Entwicklung einer Homepage, die als Informations- und Kommunikationsplattform dienen kann.

Schön wäre es, wenn auch andere Städte das Konzept aufnehmen und ein Angebot zur Prävention für Jugendliche der Risikogruppe in Kooperation mit Schulen anbieten würden.

Informationen erhalten Sie im Projektbüro:

Amt für Integration und interkulturelle Angelegenheiten – RAA
Niederwall 23
33602 Bielefeld
raa@bielefeld.de
Tel. 0521/51-2005

www.raa-bielefeld.de

Lernangebote – Methoden – Beratung

Wo die Liebe hinfällt …

Das Thema „Liebe und Trennung" als Unterrichtsvorschlag

Jürgen Genuneit

„Liebe" und „Trennung" sind im Zusammenleben der Menschen emotional zentrale Themen, die den Alltag – auch den Unterrichtsalltag – unterschwellig bestimmen und die Verhaltensweisen der Lernenden bis hin zum Lernverhalten beeinflussen können. Das gilt für die ersten eigenen Liebeserfahrungen, die oft in schmerzhafter Trennung enden, für Trennungserfahrungen bei Trennung oder Scheidung der Eltern und für Konflikte zwischen Kindern/Jugendlichen und Eltern, die die Eltern an der Liebe ihrer Kinder zu ihnen und umgekehrt die Kinder/Jugendlichen an der Liebe der Eltern zweifeln lassen. Wenn diese Themen im Unterricht offen angesprochen oder sogar zum Ausgangspunkt des Unterrichts gemacht werden, verlieren sie ihre unterschwellige Brisanz und können positiv den Lernprozess beeinflussen.

Im Folgenden werden anhand der Unterrichtsmaterialien des Projekts „Fußball. Alphabetisierung. Netzwerk. (F.A.N.)" Vorschläge entwickelt, wie diese Themen im Unterricht gestaltet werden können (vgl. auch Genuneit 2008). Das F.A.N.-Projekt ist ein bis 2007 vom Bundesministerium für Bildung und Forschung gefördertes Gemeinschaftsprojekt von BR-alpha, dem Bildungskanal des Bayerischen Rundfunks, sowie dem Bundesverband Alphabetisierung und Grundbildung e.V. und dem Deutschen Volkshochschul-Verband e.V. Bei den Unterrichtsvorschlägen wird auf folgende Materialien des F.A.N.-Projekts zurückgegriffen:
- Fernsehserie „Das Kreuz mit der Schrift" (DVD, Bayerischer Rundfunk 2005)
- Lektüren zur Fernsehserie von Michael Freund
  - „ABC Olé!" (Freund 2005a)
  - „Das kann doch jeder!" (Freund 2005b)
  - „Ein Wort, zehn Cent" (Freund 2005c)
  - „Eine Mauer aus Buchstaben" (Freund 2005d)
  - „LIEBE ohne E" (Freund 2005e)
  - „Verlass dich nicht auf mich!" (Freund 2005f)
  - „Wenn die Wörter Samba tanzen" (Freund 2005g)
- Das Sachbuch „Zusammenleben" von Eva Steffens-Elsner (2006)

Die Themen „Liebe" und „Trennung" kommen in allen Folgen der Fernsehserie und in den dazu gehörenden Lektüren vor:
- In „Das kann doch jeder" (Freund 2005b) geht es um die Liebe der alleinerziehenden Mutter zu ihrer Tochter und umgekehrt, die durch die fehlenden Lese- und Schreibkenntnisse der Mutter auf die Probe gestellt wird.
- In „Ein Wort, zehn Cent" (Freund 2005c) spielt ebenfalls die Liebe der Mutter zu ihrem Kind Benno eine Rolle, eine Liebe, die bereit ist, dessen kriminelle Aktivitäten zu verzeihen. Auch die Beziehung der Mutter zu ihrem verstorbenen Mann und die Verwicklungen, die sich aus der Pflege des falschen Grabes

ergeben, kann man unter dem Aspekt der Liebe nach dem Tod betrachten, die in diesem Fall so stark ist, dass sie sogar noch Eifersucht hervorbringt. Dazu lässt sich das Schicksal eines Gefangenen, dem Benno im Knast begegnet, heranziehen, der seine Frau aus Eifersucht ermordet hat, der Toten aus dem Gefängnis über 1000 Briefe schreibt und schließlich vergeblich versucht, Selbstmord zu begehen. Das Thema „Trennung" spiegelt sich zudem in dem Verhältnis zwischen Sohn und Mutter wider.

– In „Eine Mauer aus Buchstaben" (Freund 2005d) ist das zentrale Thema die Liebe der analphabetischen Künstlerin Lea zu dem gutaussehenden und klugen Frank – eine Liebe, die nur bestehen kann, wenn aus ihr so viel Vertrauen erwächst, dass Lea Frank ihren Analphabetismus gestehen kann, ohne dass er sie auslacht oder sich von ihr trennt.

– „LIEBE ohne E" (Freund 2005e) thematisiert die Liebe der Eltern zu ihrem geistig leicht zurückgebliebenen Sohn, die Enttäuschung des Sohnes, der sich nicht ausreichend von ihnen geliebt fühlt, und seine Liebe zu Christina, einer attraktiven jungen Frau, die diese Liebe nicht erwidert. Trennung von den Eltern und der ersten Liebe scheint hier der einzige Ausweg zu sein.

– „Verlass dich nicht auf mich!" (Freund 2005f) ist ein Beispiel dafür, wie Analphabetismus die Liebesbeziehung zerstören und schließlich zur Trennung führen kann.

– In „Wenn die Wörter Samba tanzen" (Freund 2005g) und „ABC Olé!" (Freund 2005a) steht die Liebe zwischen Billie aus Albanien und dem Fußballstar Sebastiao aus Brasilien im Mittelpunkt – eine Liebe, die immer wieder von Trennung bedroht ist, bevor sie sich richtig entfalten kann. Aber auch Elternliebe zu ihrem Kind und umgekehrt die Liebe der Tochter zu ihren Eltern spielen eine wichtige Rolle.

– Und über all diesen Liebesbeziehungen steht die „Liebe zum Fußball", die sich besonders bei den Fans durch ihr Verhalten und Auftreten vor, während und nach den Spielen ausdrückt.

Bei der Behandlung der Themen „Liebe" und „Trennung" anhand der F.A.N.-Materialien kann man zwischen passenden Filmsequenzen aus der Fernsehserie „Das Kreuz mit der Schrift" (Bayerischer Rundfunk 2005), der Lektüre und der Diskussion über das Gesehene bzw. Gelesene wechseln. Das lockert nicht nur den Unterricht auf, sondern die Filmsequenzen können auch das Lesen entlasten. Als Einstieg in den Themenbereich sollte man keine persönlichen Fragen stellen, da es Jugendlichen, aber auch Erwachsenen oft peinlich ist, über persönliche Liebeserlebnisse zu sprechen. Stattdessen kann man ein Gespräch über eine allgemeine Frage – wie z.B. „Welche Formen der Liebe gibt es?" – führen und dazu eine entsprechende Stoffsammlung zusammenstellen, z.B.:

– Liebe zwischen Eltern und Kindern
– Liebe zwischen Mann und Frau/Mann und Mann/Frau und Frau
– Liebe zu Tieren
– Liebe zu Landschaften
– Liebe zu Büchern
– Liebe zur Heimat

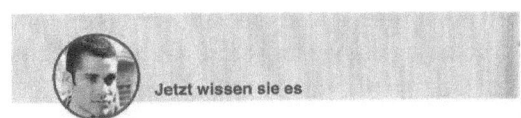

Kurz vor Spielbeginn nehmen
alle ihre Plätze ein.
Die Zuschauer auf ihren Stühlen.
Die Ehrengäste auf den Sesseln der Tribüne.
Sebastiao auf dem Spielfeld.
Das Ball-Mädchen Billie an der Außenlinie.
Sie steht gar nicht weit von Sebastiao, der
sie die ganze Zeit anschaut.
Aber für sie scheint er Luft zu sein.
„Ob sie sich schämt?
Ob sie immer noch sauer ist?
Oder ob sie Angst hat?",
fragt sich Sebastiao.
Der Schiedsrichter bittet die Spielführer
von beiden Mannschaften zum Mittelkreis.

Sebastiao hat nicht mehr viel Zeit.
Er gibt sich einen Ruck und geht zu Billie.
„Du hast noch was gut bei mir", sagt er.
Wieder sieht er ihre schwarzen Augen.
Billie ist überrascht.
Aber sie lächelt ihn an.

Abb. 1: Doppelseite aus „ABC Olé!" (Freund 2005a, 74f.)

Billie bekommt ein schlechtes Gewissen.
Schließlich war sie es, die ihn verraten hat.
Plötzlich läuft Sebastiao direkt auf Billie zu.
Er spricht sie sogar an.
„Du hast noch was gut bei mir!",
ruft er Billie zu, die jetzt
auch am Spielfeldrand steht.
Billie weiß nicht so recht,
was Sebastiao damit meint.
Sie befürchtet, dass er sich
doch noch für den Verrat rächen will.

Während des Spiels hat Billie
nur Augen für Sebastiao.
Obwohl sie doch als Ball-Mädchen eher
den Ball beobachten muss.
Als Sebastiao sogar
das entscheidende Tor erzielt,
ist das ganze Stadion aus dem Häuschen.

Billie ist glücklich.
Das ist der schönste Tag, den sie
hier auf Schalke erlebt hat.
Billie weiß trotzdem nicht, ob Sebastiao
ihr immer noch böse ist.
Samba hat er nach seinem Tor
jedenfalls nicht mit ihr getanzt.
Das nimmt Billie als schlechtes Zeichen.

Abb. 2: Doppelseite aus „Wenn die Wörter Samba tanzen" (Freund 2005g, 82f.)

Danach empfiehlt es sich, mit der Liebesgeschichte zwischen Billie und Sebastiao in den Lektüren „Wenn die Wörter Samba tanzen" (Freund 2005g) und „ABC Olé!" (Freund 2005a) zu beginnen, da man hier die Möglichkeit hat, die Liebesbeziehung aus der Sicht des Mädchens und aus der Sicht des Fußballstars miteinander zu vergleichen.

Das zeigen die oben abgebildeten Seiten aus den beiden Büchern, zu deren Verständnis man folgende Hintergrundinformationen braucht: Sebastiao hat bei einer Autofahrt ohne Führerschein einen Unfall gebaut und taucht anschließend unter. Billie entdeckt ihn und zeigt sein Versteck den Verantwortlichen von Schalke 04. Wie wird Sebastiao darauf reagieren – gegenüber Schalke und gegenüber Billie? Sebastiao entschließt sich, nach langem Zögern zu Schalke zurückzukehren. Bei dem nächsten Spiel, vor dessen Beginn eine Aktion gegen den Analphabetismus in Deutschland im Stadion stattfindet, sehen sich die beiden wieder: sie als Ballmädchen, er als gefeierter Fußballstar.

Im Anschluss an die Lektüre von „Wenn die Wörter Samba tanzen" (Freund 2005g) und „ABC Olé!" (Freund 2005a) und die Präsentation passender Filmausschnitte aus der Fernsehserie wird das Thema „Liebe" mit Hilfe des Sachheftes „Zusammenleben" vertieft. Dort wird das „Glück, geliebt zu werden" im zweiten Kapitel behandelt (Steffens-Elsner 2006, 8-13). Wie man damit im Unterricht umgehen kann, wird im Folgenden auszugsweise skizziert.

Seite 8 (Abb. 3) führt die beiden Lektüren fort: Sebastiao und Billie haben sich endlich „gefunden".

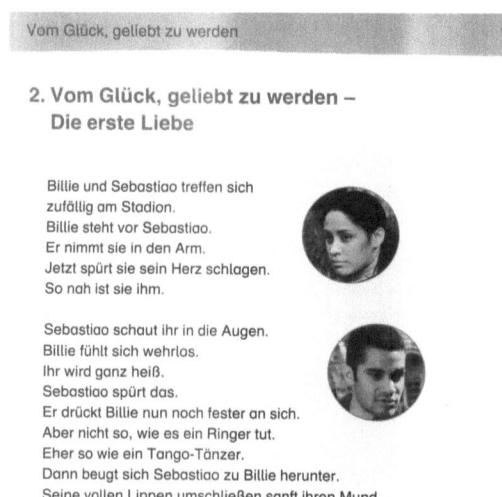

Abb. 3:
Seite aus „Zusammenleben"
(Steffens-Elsner 2006, 8)

Vom Glück, geliebt zu werden

„Denn das Glück geliebt zu werden,
ist das höchste Glück auf Erden"
Johann Gottfried Herder (1744 - 1803),
deutscher Dichter und Philosoph; seit 1773
mit Karoline Flachsland verheiratet

„Ach! Wenn Du das fühltest,
wie sehr meine Seele,
meine ganze Empfindung,
nur in Dir lebt, dass sie
nimmer mehr von dir gehen kann."
Karoline Flachsland (1750 -1809) an Herder,
Ende April 1771

■ Wenn zwei sich zum ersten Mal
ineinander verlieben, dann
ist es wunderschön.
Man vergisst alles um sich herum.
Die Liebe trifft einen mitten ins Herz.
Plötzlich ist nur noch der andere wichtig.
Nach nichts hat man sich so gesehnt,
wie nach der ersten Liebe,
nach dem ersten Kuss.
„Schmetterlinge im Bauch"
bringen alles durcheinander.
Der Körper spinnt und in der Seele
herrscht große Verwirrung.

„Neun von zehn Paaren
sind Ehepaare."
Leben in Deutschland, 2005

9

Abb. 4:
Seite aus „Zusammenleben"
(Steffens-Elsner 2006, 9)

Seite 9 (Abb. 4) schildert die Gefühle, die sich bei einer „ersten Liebe" einstellen.

Die Zitate von Johann Gottfried Herder und seiner Geliebten Karoline Flachsland (Seite 9 oben) zeigen unter anderem, dass der Ausdruck von Liebe und Liebesgefühlen eine lange Tradition in unserer Gesellschaft hat. „Würde man das heute noch genauso sagen?" bietet sich als Frage zu den beiden Zitaten an.

Die vier Fotos (Seite 9 unten) machen deutlich, dass Liebe nicht nur jungen Menschen begegnen kann. Die Fotos motivieren dazu, Vermutungen über die Paare anzustellen, ihre Geschichte zu erzählen (mündlich/schriftlich):
– Wie haben sich die Paare wohl kennengelernt?
– Was haben sie davor gemacht?
– Was sind/waren sie von Beruf?
– Wie wird ihr Leben/ihre Beziehung weitergehen?
Reizvoll kann es auch sein, die Fotos mit den Gemälden von Johann Gottfried Herder und Karoline Flachsland zu vergleichen:
– Warum sehen die beiden so ernst aus?
– Wie haben sie sich wohl kennengelernt?
– Sind sie auf den Bildern noch verliebt?

Vom Glück, geliebt zu werden

■ Man kann seine Liebe der Geliebten
oder dem Geliebten auf viele Arten mitteilen,
zum Beispiel per SMS auf dem Handy:

„Ich schick dir diesen Handy-Gruß,
weil ich stets an dich denken muss,
du gehst mir nicht mehr aus dem Sinn,
wohnst tief in meinem Herzen drin."

„Dies ist ein SMS-Kuss:
An die Wange halten.
kurz knuddeln und
an den Absender denken.
Bei Bedarf wiederholen."

■ Man kann auch Abkürzungen
verwenden:

hdgdl   hab dich ganz doll lieb
bbb   bye-bye, Baby!
gn8   gute Nacht

► Aufgabe 1

■ Manchmal ist auch ein Liebesgedicht das Richtige:

„Ich will mit dem gehen, den ich liebe.
Ich will nicht ausrechnen, was es kostet.
Ich will nicht nachdenken, ob es gut ist.
Ich will nicht wissen, ob er mich liebt.
Ich will mit dem gehen, den ich liebe."
Bertolt Brecht (1898 - 1956),
deutscher Dichter

Berthold Brecht mit seiner Frau Helene
Weigel (1900 - 1971)

10

Abb. 5:
Seite aus „Zusammenleben"
(Steffens-Elsner 2006, 10)

Seite 10 (Abb. 5) beschäftigt sich mit der Kommunikation von Liebenden: Die SMS-Nachrichten per Handy stehen dem Liebesgedicht von Bertolt Brecht gegenüber. Diese Gegenüberstellung soll zum Vergleich motivieren und dafür sensibilisieren, was wann am besten passt. Beide Textsorten sollen darüber hinaus zu Eigenaktivitäten anregen: eigene SMS schreiben, weitere Liebesgedichte heraussuchen, eigene Liebesgedichte schreiben.

Besonders die „erste Liebe" ist häufig bedroht durch negative Gefühle wie Eifersucht, Misstrauen, Angst vor Verlust und Liebeskummer. Dies wird auf Seite 13 (Abb. 6) anhand verschiedener Textsorten und Abbildungen thematisiert, die diskutiert werden können und zu eigenen Produktionen anregen sollen – sei es in Form einer fiktiven Geschichte, eines Gedichts, eines Schlagers, eines Raps oder in Form einer Zeichnung, einer Collage.

Die negativen Gefühle, die eine Liebe begleiten können, führen zum Thema „Trennung". Dieses Thema wird unter anderem in der Lektüre „Verlass dich nicht auf mich!" (Freund 2005f) und in den dazu gehörenden Fernsehfolgen aufgegriffen,

Vom Glück, geliebt zu werden

■ Die erste Liebe vergisst man meistens
sein ganzes Leben nicht mehr.
Viele Menschen erinnern sich gerne
an die erste Verabredung,
den ersten Kuss, das erste Mal.

Neben den „schönen" Gefühlen
gibt es auch Gefühle wie
Eifersucht, Misstrauen,
Angst vor Verlust und Liebeskummer.
Diese Gefühle können einen ratlos,
traurig und verzweifelt machen.

„Eifersucht ist eine Leidenschaft,
die mit Eifer sucht,
was Leiden schafft."
Friedrich Schleiermacher (1768 - 1834),
deutscher Philosoph

„Ich hatte einen Freund, mit dem
ich lange Zeit zusammen war.
Wir beide liebten uns sehr und
spielten sogar mit dem Gedanken,
eines Tages zu heiraten.
Es war eine Freundschaft,
die unzerbrechlich schien.
Doch eines Tages verliebte sich
mein Freund in ein anderes Mädchen.
Dann war alles aus ..."
Marion B., 16 Jahre

„Liebeskummer lohnt sich nicht my Darling
Schade um die Tränen in der Nacht
Liebeskummer lohnt sich nicht my Darling
Weil schon morgen dein Herz darüber lacht."
Schlager aus dem Jahr 1964,
gesungen von Siw Malmkvist (geb. 1936)
Text: Georg Buschor (1923 - 2005)

➤ Aufgabe 3

13

Abb. 6:
Seite aus „Zusammenleben"
(Steffens-Elsner 2006, 13)

in denen die Ehe zwischen dem Analphabeten Wolfgang und seiner Frau Anke ge-
schildert wird. Buch und Film machen deutlich, dass eine Ehe kaputtgeht, wenn die
Erwartungen, die die jeweiligen Partner an den anderen haben, nicht mehr mit der
Realität übereinstimmen. Die Trennung ist dann unausweichlich.

Da viele Lernende eigene Trennungserfahrungen haben – sei es durch die ge-
scheiterte Ehe ihrer Eltern, sei es auf Grund eigener gescheiterter Liebesbeziehungen
–, lohnt es sich, dieses Thema zu vertiefen.

Das Kapitel „Der abgerissene Strick: Trennung" (Steffens-Elsner 2006, 18-21) in
dem Sachbuch „Zusammenleben" behandelt verschiedene Aspekte von Trennung
und ihren Folgen. Der Text auf Seite 18 oben (Abb. 7) setzt die Geschichte von
Wolfgang und Anke fort. Die beiden haben sich noch einmal zu einem Gespräch getroffen. Danach wird Wolfgang klar, dass die Trennung endgültig ist und er damit
fertig werden muss.

Der Sachtext auf Seite 19 (Abb. 8) zeigt die negativen, aber auch positiven
Aspekte einer Trennung auf. Dies wird von den Lernenden nach der Lektüre herausgearbeitet, zum Beispiel durch eine tabellarische Gegenüberstellung von Positivem

Der abgerissene Strick

4. Der abgerissene Strick: Trennung

Seit der Trennung von Anke
ist Wolfgang nicht mehr der alte.
Immer wieder denkt er
an das letzte Treffen in der Eisdiele.
Anke legte ihre Hand auf Wolfgangs Hand
und schaute ihn mit traurigen Augen an:
„Du kommst ja jetzt ohne mich klar!"
Beide wussten in diesem Augenblick:
Eine lange gemeinsame Zeit
geht nun zu Ende. Eine Zeit, in der
sich beide gegenseitig oft geholfen und
in der sie viel voneinander gelernt hatten.

Wolfgang kann sich ein Leben
ohne Anke nicht vorstellen.
Aber er spürt, dass Anke sich entschieden hat,
und damit muss er nun klar kommen.

„Der abgerissene Strick

Der abgerissene Strick kann wieder geknotet werden
Er hält wieder, aber
Er ist zerrissen.

Vielleicht begegnen wir uns wieder, aber da
Wo du mich verlassen hast
Triffst du mich nicht wieder."

Bertolt Brecht (1898 - 1956), deutscher Dichter

18

Abb. 7:
Seite aus „Zusammenleben"
(Steffens-Elsner 2006, 18)

und Negativem. Danach werden die Ergebnisse diskutiert und hinterfragt: „Ist das wirklich positiv/negativ?" Dabei können aus dem eigenen Erleben Beispiele gebracht werden. Der Text von Jessica (Seite 19 rechts) regt dazu aus weiblicher Sicht an. Fragen, die man im Anschluss an die Lektüre dieser Texte diskutieren kann:

– Unterscheiden sich diese Gefühle Jessicas von denen Wolfgangs? Wenn ja, wie?
– Gibt es Unterschiede zwischen den Gefühlen und dem Verhalten Jessicas und Ankes? Wie sehen diese Unterschiede aus?

Das Foto (Seite 19 unten), das Trennung sehr ausdrucksvoll illustriert, lädt zum Vergleich zu dem zerrissenen Hochzeitsfoto (Seite 18) ein und gibt Anlass, die Gefühle der beiden Personen zu beschreiben und ihre vermutete Geschichte zu erzählen (mündlich/schriftlich).

Das Gedicht „Der abgerissene Strick" von Bertolt Brecht (Seite 18 unten) lässt sich so interpretieren, dass Trennung Veränderungen nach sich zieht. Nur dann, wenn

Der abgerissene Strick

■ Trennung bedeutet: Nicht-mehr-Zusammensein.
Trennung ist die Auflösung einer Beziehung.
Die meisten Menschen wünschen sich
eine Liebe, die ein Leben lang hält.
Doch viele Beziehungen enden mit der Erkenntnis:
„Wir passen einfach nicht mehr zueinander."
Das bedeutet, dass man Abschied nehmen muss.
Abschied nehmen von Vertrautem und Gewohntem.
„Der Mensch ist ein Gewohnheitstier",
sagt man und beschreibt damit
seinen Unwillen, sich auf Neues
froh, unbefangen und mutig einzulassen.
Die Trennung von einem Menschen,
den man geliebt hat oder immer noch liebt,
erlebt man meistens als eine tiefe Krise.
Es kann aber auch sein,
dass man nach einer Trennung
das Gefühl von Freiheit hat.
Neue Wege stehen offen.

„Dann haben wir uns getrennt.
Ich kam damit nicht klar,
weil ich ihn sehr geliebt habe.
Ich traure heute immer noch,
ich kann ihn nicht vergessen.
Egal, was er gemacht hat,
ich vermisse ihn sehr.
Die Trennung tut so weh,
aber was soll man machen?
Ich denke jeden Tag an ihn,
bis heute und das ist jetzt acht Jahre her."
Jessica, 34 Jahre

19

Abb. 8:
Seite aus
„Zusammenleben"
(Steffens-Elsner
2006, 19)

diese Veränderungen akzeptiert werden, kann Trennung verarbeitet und überwunden werden. Nur dann ist ein Neuanfang möglich. Diese Aspekte sollte man als Ergebnis zum Thema „Trennung" mit den Lernenden herausarbeiten.

Die Behandlung des Themas „Liebe/Trennung" als Bestandteil des Zusammenlebens wurde anhand ausgewählter Unterrichtsmaterialien des F.A.N.-Projekts exemplarisch behandelt. Eine Ausweitung dieses Themas ist mit diesen oder anderen Materialien jederzeit möglich.

Wer zum Beispiel den Aspekt „gleichgeschlechtliche Liebe" behandeln will, findet hierzu Texte und Bilder in dem Sachbuch „Zusammenleben" (Steffens-Elsner 2006, 14-17). Wer die Themen „Liebe" und „Trennung" mit einfacheren Texten unterrichten will, kann auf eine Reihe von Lektüren zurückgreifen, die im Klett Verlag entwickelt worden sind. Hier eine Übersicht:
– „Sonja. Auf der Suche nach Liebe" (Krüger 1994) ist die Geschichte einer geschiedenen Frau, die sich nach einem neuen Mann sehnt.

- „Botschaft zum Glück" (Döbert 2004) schildert die Geschichte von Martin, der nicht richtig lesen und schreiben kann. Eines Tages sieht er in einer Kneipe die Frau seiner Träume, traut sich aber nicht, sie anzusprechen. Sein Sohn forscht im Internet nach. Und dann verändert eine E-Mail Martins Leben.
- „Ausflug ins Glück" (Lindquist 1996a) und „Putzen und Küssen" (Lindquist 1996b) sind zwei „Liebesgeschichten im Rollstuhl", in denen der körperbehinderte Olaf sich in Lena verliebt und mit ihr zusammenlebt.
- „Ein seltsames Horoskop" (Steuten 2005) verkündet der alleinerziehenden Mutter Claudia, dass sie am Wochenende eine entscheidende Begegnung haben wird. Sie hofft, einen neuen Lebenspartner zu finden.
- In der Kurzgeschichte „Hotline zum Glück" (Döbert 2006a) ruft die Analphabetin Jenny beim Alfa-Telefon an, weil sie nicht mehr weiter weiß. Aus dem Beratungsgespräch mit Tom entwickelt sich eine zarte Liebesbeziehung, die Mut macht.
- Als Vera in der Kurzgeschichte „Die Sandalette" (Döbert 2006b) durch einen Unfall ein Bein verliert, geht die Liebe zu Tonio in die Brüche. Vera findet eine neue Aufgabe als Beraterin beim Alfa-Telefon. Werden Tonio und Vera jemals wieder zusammenkommen?

Liebesgeschichten, das ist eine alte Weisheit, motivieren zum Lesen, auch wenn sie in Trennung enden. Kursleiterinnen und Kursleitern, die daran zweifeln, wird abschließend empfohlen, den Roman „Der Alte, der Liebesromane las" von Luis Sepúlveda (2003) zu lesen. Diese Lektüre wird sie überzeugen.

Literatur

Döbert, Marion (2004): Botschaft zum Glück. Eine Liebesgeschichte. Stuttgart: Ernst Klett Sprachen.

Döbert, Marion (2006a): Hotline zum Glück. In: Döbert, Marion/Steuten, Ulrich/Hubertus, Peter/Thorsten/Erich/Karl/Gerhardt/Ursula/R./Horst: … zugehört … Geschichten vom Telefon. Stuttgart: Ernst Klett Sprachen, S. 5-11.

Döbert, Marion (2006b): Die Sandalette. In: Döbert, Marion/Steuten, Ulrich/Hubertus, Peter/Thorsten/Erich/Karl/Gerhardt/Ursula/R./Horst: … zugehört … Geschichten vom Telefon. Stuttgart: Ernst Klett Sprachen, S. 13-24.

Freund, Michael (2005a): ABC Olé! Das Kreuz mit der Schrift. Münster: Bundesverband Alphabetisierung e.V./Stuttgart: Ernst Klett Sprachen.

Freund, Michael (2005b): Das kann doch jeder. Das Kreuz mit der Schrift. Münster: Bundesverband Alphabetisierung e.V./Stuttgart: Ernst Klett Sprachen.

Freund, Michael (2005c): Ein Wort, zehn Cent. Das Kreuz mit der Schrift. Münster: Bundesverband Alphabetisierung e.V./Stuttgart: Ernst Klett Sprachen.

Freund, Michael (2005d): Eine Mauer aus Buchstaben. Das Kreuz mit der Schrift. Münster: Bundesverband Alphabetisierung e.V./Stuttgart: Ernst Klett Sprachen.

Freund, Michael (2005e): LIEBE ohne E. Das Kreuz mit der Schrift. Münster: Bundesverband Alphabetisierung e.V./Stuttgart: Ernst Klett Sprachen.

Freund, Michael (2005f): Verlass dich nicht auf mich! Das Kreuz mit der Schrift. Münster: Bundesverband Alphabetisierung e.V./Stuttgart: Ernst Klett Sprachen.

FREUND, Michael (2005g): Wenn die Wörter Samba tanzen. Das Kreuz mit der Schrift. Münster: Bundesverband Alphabetisierung e.V./Stuttgart: Ernst Klett Sprachen.

GENUNEIT, Jürgen (2008): Raus aus dem Abseits! Das Projekt F.A.N. Fußball. Alphabetisierung. Netzwerk. In: Lernchancen. Alle Schüler fördern, 11. Jg., Nr. 65, S. 19-23.

KRÜGER, Sara (1994): Sonja. Auf der Suche nach Liebe. Stuttgart/Dresden: Klett-Verlag für Wissen u. Bildung.

LINDQUIST, Bosse (1996a): Ausflug ins Glück. Eine Liebesgeschichte im Rollstuhl 1. Stuttgart: Ernst Klett Sprachen.

LINDQUIST, Bosse (1996b): Putzen und Küssen. Eine Liebesgeschichte im Rollstuhl 2. Stuttgart: Ernst Klett Sprachen.

SEPÚLVEDA, Luis (2003): Der Alte, der Liebesromane las. Frankfurt am Main/Wien/Zürich: Büchergilde Gutenberg.

STEFFENS-ELSNER, Eva (2006): Zusammenleben. Das Kreuz mit der Schrift. Münster: Bundesverband Alphabetisierung und Grundbildung e.V./Stuttgart: Ernst Klett Sprachen.

STEUTEN, Ulrich (2005): Ein seltsames Horoskop. Stuttgart: Ernst Klett Sprachen.

DVD

BAYERISCHER RUNDFUNK (2005): Das Kreuz mit der Schrift. Die neue Fernsehserie in BRalpha. München.

Umgang mit den Themenheften des Projekts „a³ – Alphabetisierung, Arbeitswelt, Ausbildung" am Beispiel der Themenhefte „Eltern werden – Eltern sein"

Heidrun Schumacher & Katrin Stoffeln

Die Themenhefte des Projekts „a³ – Alphabetisierung, Arbeitswelt, Ausbildung" sind vorrangig für Jugendliche und junge erwachsene Lernende konzipiert worden, sind aber auch für ältere erwachsene Lernende geeignet.

Die Themenhefte können kostenlos unter http://www.chancen-erarbeiten.de/download/themenhefte.html heruntergeladen werden.

Uns Lehrende sollen sie dabei unterstützen, unseren Unterricht abwechslungsreich und an Alltagsthemen orientiert zu gestalten. Sie sind besonders für den individualisierten Unterricht geeignet, da die einzelnen Kapitel der Themenhefte auch unabhängig voneinander gelesen und bearbeitet werden können. Jedes Kapitel ist in sich stimmig und abgeschlossen.

Am Beispiel der Themenhefte „Eltern werden – Eltern sein" wollen wir die praktische Arbeit mit Themenheften vorstellen. Es gibt drei Themenhefte zu dieser Thematik:
– „Kinderwunsch und Schwangerschaft"
– „Die Geburt und die ersten Wochen mit dem Baby"
– „Leben mit Kindern"

Die Zielgruppe
– Vorrangig junge Menschen, die sich ein Kind wünschen, eines erwarten oder gerade bekommen haben.
– Insbesondere im Themenheft „Schwangerschaft" gibt es für Väter in speziellen Unterkapiteln zahlreiche Tipps und Anregungen, wie sich ihr Leben verändert, wie sie die Schwangere unterstützen können und ein inniges Verhältnis zu ihrem ungeborenen Kind aufbauen können.
– Im Themenheft „Leben mit Kindern" wird der abwechslungsreiche Alltag mit Kindern behandelt, geeignet für Eltern mit Kindern jeden Alters.
– Zudem können einzelne Kapitel auch für Großeltern interessant sein, da sich das Wissen über Schwangerschaft, Geburt und Säuglingspflege geändert hat.
– Schließlich ist es auch für Lernende geeignet, die sich beruflich für den Bereich Kinderpflege und Kindertagespflege interessieren.

Individuell nutzbar
– Einzelne Kapitel können je nach Interesse bearbeitet werden und müssen nicht nacheinander abgearbeitet werden.
– Die einzelnen Aufgaben und Rätsel haben unterschiedliche Schwierigkeitsgrade, die direkt an der Aufgabe ausgewiesen sind.
– Schwierige Begriffe werden im Glossar erklärt.

Interaktivität des Themenheftes

Das Themenheft kann direkt am PC bearbeitet werden und muss nicht ausgedruckt werden.

Die Interaktivität zeigt sich im Folgenden:
- Über das Inhaltsverzeichnis sind die einzelnen Kapitel und Unterkapitel direkt ansteuerbar.

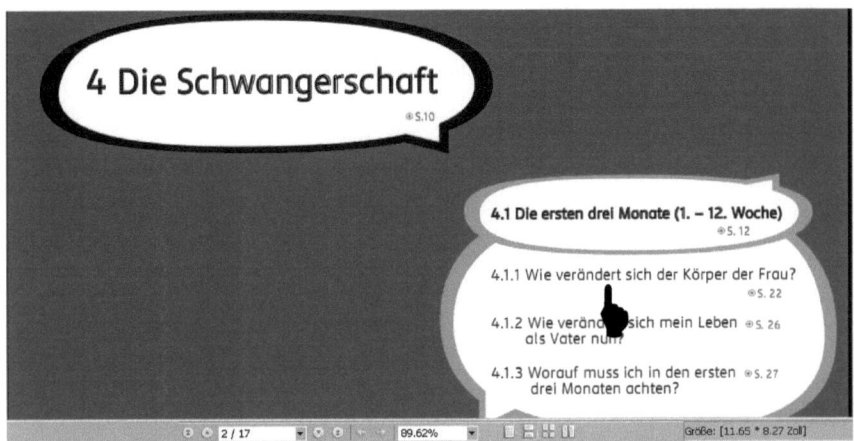

- In den einzelnen Texten gibt es häufig Links, die auf weiterführende Internetseiten führen, zum Beispiel von Beratungsstellen.

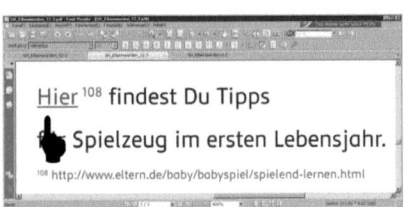
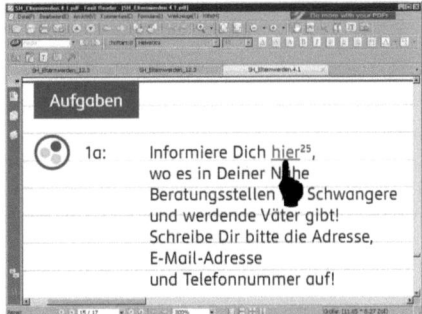

- Interessante und erklärende Filme zur Thematik gibt es sowohl direkt in den Texten als auch bei den entsprechenden Aufgaben.

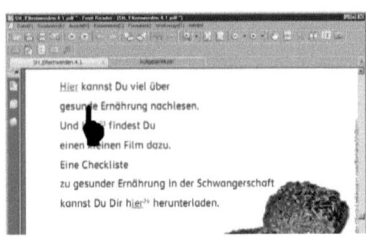
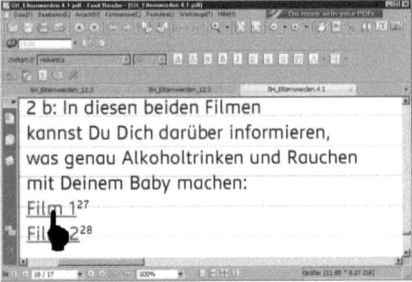

– Das Glossar mit Erklärungen und Bildern zu schwierigen Begriffen kann direkt über einen Link angesteuert werden.

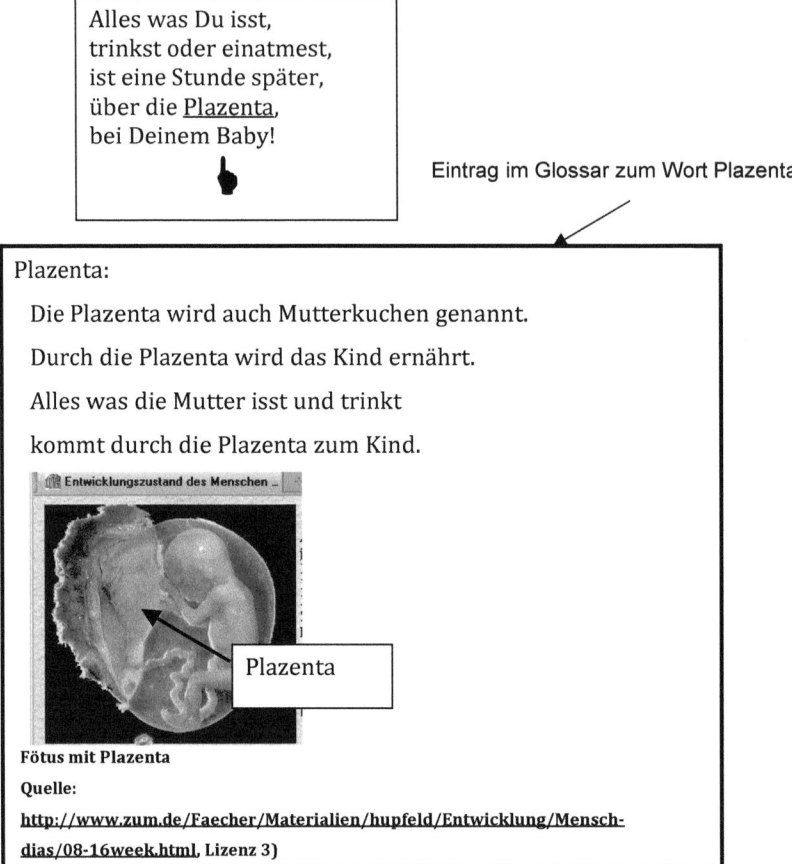

Eintrag im Glossar zum Wort Plazenta

– Zurück zur jeweiligen Textseite geht es dann über die Schaltfläche „Zur vorherigen Ansicht" …

Schaltfläche „Zur vorherigen Ansicht"

– Bei vielen Aufgaben gibt es Felder, in die die Lernerinnen und Lerner ihre Antworten und Ergebnisse eintragen können.

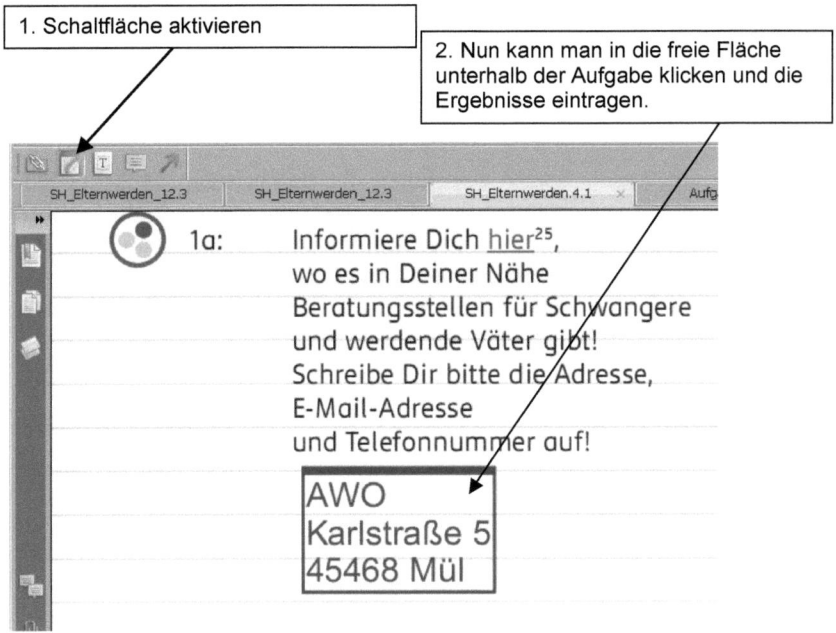

Arbeit mit dem Themenheft ohne PC

Die Themenhefte können ausgedruckt werden, sowohl als Ganzes als auch einzelne Kapitel. Dabei ist es jedoch wichtig, dass das Glossar als Ganzes zum Nachschlagen zur Verfügung steht. Es ist alphabetisch aufgebaut.

Die einzelnen Filmbeiträge und Internetseiten sind in der Fußzeile als Webadresse angegeben, sodass man diese auch manuell am PC eingeben kann. Viele Filme können auch heruntergeladen, gespeichert und dann auch ohne bestehenden Internetzugang gezeigt werden.

Beim Ausdrucken ist zu beachten, dass die Themenhefte doppelseitig angelegt sind, sodass die Seitenzahlen nicht mit den zu druckenden Seiten übereinstimmen.

Lehrerheft
Genauere Angaben zu Inhalt, weiterführender Literatur und interessanten Internetseiten für Lehrende zu den Themenheften finden sich im Lehrerheft.

Aufgaben, Rätsel und Lösungen
Die Aufgaben und Rätsel sollen Lehrende zum Entwickeln weiterer eigener Aufgaben und Rätsel anregen und können zu den ausgedruckten Themenheften dazuge-
heftet werden.

Die Lernerinnen und Lerner setzen sich durch die Bearbeitung der Aufgaben in-
tensiver mit der Thematik auseinander, das freie und themenorientierte Schreiben
wird angeregt und die Rechtschreibfähigkeiten werden insbesondere durch die Rätsel
gefördert. Die Lösungen bieten die Möglichkeit der Selbstkontrolle.

Die Lösungen zu den Verständnisaufgaben und den Rätseln findet man im entsprechenden Kapitel.

Über die Sinnhaftigkeit systemischer Beratung und Therapie in der Alphabetisierung und in Family Literacy

Ute Jaehn-Niesert

1. Einführung

Analphabetin bzw. Analphabet trotz Schulbesuchs zu sein umfasst weit mehr als nur die Unkenntnis der Schrift. Es geht meist einher mit Selbstzweifeln, Ängsten, auch in anderen Bereichen nicht zu genügen, dumm zu sein, und der Angst davor, als Analphabetin bzw. Analphabet entlarvt zu werden.

Analphabetismus in Deutschland ist nicht nur ein Bildungsproblem. Die Gründe, Analphabetin bzw. Analphabet zu werden, sind vielfältig und wurden in der Literatur vielfach benannt (Oswald/Müller 1982; Döbert/Hubertus 2000; Jaehn-Niesert 1994). Ein direkter kausaler Zusammenhang mit der Lebensgeschichte der Betroffenen ist auf den ersten Blick oft nicht erkennbar, denn es gibt immer wieder auch Geschwister, die unter den gleichen häuslichen und schulischen Bedingungen aufgewachsen sind und trotzdem das Lesen und Schreiben gelernt haben.

Kommen die Menschen in eine Bildungseinrichtung, um lesen und schreiben zu lernen, haben sie bereits eine negative Bildungskarriere hinter sich und sind oft wenig hoffnungsvoll, was den Schriftspracherwerb angeht. Wenn sie es noch einmal wagen, gibt es dazu oft einen konkreten Anlass: Das Kind kommt demnächst in die Schule, eine berufliche Ausbildung steht bevor, die Anforderungen im beruflichen Alltag haben sich verändert, man will sich selbst beweisen, dass es gelingen kann. Aber auch die Befürchtungen, es diesmal wieder nicht zu schaffen, zu dumm zu sein, sich zu blamieren, ausgelacht zu werden etc. sind da.

Die Menschen kommen, weil sie ihre Schriftsprachkenntnisse verbessern möchten. Der Fokus liegt also vorerst auf dem Erwerb der Schriftsprache. Die Ängste werden oft nicht verbalisiert, eher weggeschoben, verdrängt – so genau möchte man es dann doch nicht wissen.

Im Folgenden skizziere ich kurz systemische Vorgehensweisen, stelle deren Methoden, Haltungen und Hintergründe dar und versuche aufzuzeigen, wie sinnvoll es wäre, auch in der Alphabetisierung verstärkt systemorientiert zu arbeiten.

2. Warum systemische Beratung für Analphabetinnen und Analphabeten?

Die Familie ist ein sehr zentrales Bindungssystem. Entwicklungsmöglichkeiten von Kindern werden durch familiäre Regeln und durch nicht sichtbare Loyalitäten und Abhängigkeiten bestimmt. In der Familientherapie wurden Methoden entwickelt, die Menschen helfen können, sich in ihren eigenen Bindungsgeflechten zurechtzufinden,

Verstrickungen/Abhängigkeiten zu erkennen und aufzulösen, und zwar durch die Arbeit mit der ganzen bzw. Teilfamilie.

Bei systemischer Betrachtung werden das Problem und der Mensch, der das Problem hat, abhängig von der biographischen Entwicklung und vom Lebenszusammenhang gesehen.

Systemisches Arbeiten hat zum Ziel, die unterschiedlichen Betrachtungsweisen und Bedeutungsgebungen der Familienmitglieder bzw. Partner herauszuarbeiten und zu verdeutlichen und neue, ressourcenorientierte Sichtweisen einzuführen. Auch aus diesen Gründen beginnen wir die Alphabetisierungsarbeit mit dem ersten Beratungsgespräch und gemeinsam mit der Partnerin/dem Partner bzw. der Familie der Interessentin/des Interessenten.

2.1 Was aber ist ein System?

Der Begriff System ist konstruiert. Er dient unserer Orientierung und macht uns handlungsfähig. Wir bauen mit seiner Hilfe eine Landkarte. Definiere ich ein System, dann begrenze ich es gleichzeitig. Kernfamilie, Herkunftsfamilie, Stieffamilie: Alle diese Systeme setzen Schwerpunkte und grenzen sich voneinander ab. Man könnte genauso aber auch andere Systemgrenzen setzen.

Diese Sichtweise ist ein Kind des Konstruktivismus (Watzlawick 1985; 1976). Erkenntnistheoretisch wird hier davon ausgegangen, dass unsere Begriffe und Theorien Gebäude sind, deren Grundlage unsere Wahrnehmung ist. Die Theorien sind also von unserer Wahrnehmungs- und Erkenntnisfähigkeit abhängig und nicht zwangsläufig Abbildungen einer außerhalb von uns liegenden Welt.

Für die Konstruktivistinnen und Konstruktivisten gibt es keine richtigen oder falschen Konstruktionen der Wirklichkeit. Sie gehen von Brauchbarkeit und Nützlichkeit einer Theorie aus.

Ein System ist laut Watzlawick et al. (1969, 53) durch folgende Axiome definiert: *Ganzheit, Übersummativität* (das Ganze ist mehr als die Summe seiner Teile), *zirkuläre Kausalität* (Vorgänge in Systemen werden als zirkuläre Wechselwirkungsprozesse beschrieben, es gibt keinen kausalen Zusammenhang zwischen Ursache und Wirkung), *Offenheit* (das System lebt in ständigem Austausch mit seiner Umgebung) und *Homöostase* (das System ist selbstregulierend). So können beispielsweise Lese-/Schreibprobleme den Versuch des Familiensystems darstellen, die Homöostase aufrechtzuerhalten und Veränderungen nicht zuzulassen.

2.2 Die Systemtheorie

Menschliches Verhalten wird in einem breiten interpersonellen Kontext betrachtet. Bei Minuchin et al. (1986) steht die Familie als Ganzes im Fokus, besonders die Interaktion und Kommunikation der einzelnen Familienmitglieder miteinander und deren wechselseitige Beeinflussung. Probleme eines einzelnen Familienmitglieds, z.B. Schulprobleme des Sohnes, werden in familiär-systemischen und den Wechselwirkungen der Familie mit Schule, beruflichem Umfeld und Gesellschaft betrachtet.

Systemtheoretikerinnen und Systemtheoretiker erklären psychopathologisches Verhalten aus den Beziehungen der Indexpatientin bzw. des Indexpatienten[1] zu den Eltern, der Partnerin/dem Partner, dem Kind, der Sozialarbeiterin, dem Lehrer etc. und nicht primär aus ihren bzw. seinen persönlichen Eigenschaften.

Wesentliche Merkmale der Systemtheorie sind der Netzwerkgedanke und das zirkuläre Denken. Zwangsläufig wird das Verhalten eines Menschen mit Beeinträchtigungen immer gleichzeitig aus zwei Perspektiven betrachtet:

- Inwieweit wird das Verhalten/die Beeinträchtigung als Reaktion auf das soziale Umfeld erklärbar?
- Inwieweit gestaltet er oder sie das soziale Umfeld selbst aus?

Die theoretischen Grundlagen der Systemtherapie resultieren aus der Pragmatischen Kommunikationstheorie (Watzlawick et al. 1969), der Erkenntnistheorie des Konstruktivismus (Foucault 1991; Derrida 1988; von Glasersfeld 1995; von Foerster 1985; Gergen 1996; 2002), dem Lösungsorientierten Ansatz von de Shazer (1989), Berg (1992) u.a., der Definition von Wirklichkeit durch den Sprachphilosophen Wittgenstein (1922) und der Bindungstheorie von Bowlby (1975; 1980).

2.3 Die Sprache der Familientherapie

Nach 1980 kam die Sprache in sozialen Systemen in den Fokus der Familientherapie.

Der lösungsorientierte Ansatz von de Shazer, Berg u.a. geht davon aus, dass Sprache nicht nur unsere soziale Wirklichkeit beeinflusst, sondern sie sogar erst schafft. Das geht zurück auf die Arbeiten des Sprachphilosophen Wittgenstein (1922) und auf Watzlawick (1976). Demnach ist die Sprache in der Familientherapie eine Lösungssprache und nicht eine Problemsprache: „Problem talk creates problems. Solution talk creates solutions." (de Shazer 1993)

Systemtherapie/Familientherapie ist immer ressourcenorientiert und die Technik des *positiven Umdeutens (Reframing)* ist eine der zentralen Interventionen. Die Stärken der einzelnen Familienmitglieder werden herausgearbeitet, auch die der Indexpatientin bzw. des Indexpatienten. Dem Symptom wird eine positive Bedeutung gegeben und so wird ein anderer Kontext erstellt.

Eine andere gängige Methode der Familientherapie ist die *Genogrammarbeit.* Im Genogramm wird die Familiengeschichte mehrerer Generationen mit ihren Traditionen und Mustern verdeutlicht. Anhand des Genogramms können Verursachungsfaktoren von Lernproblemen herausgearbeitet, Beziehungsmuster (in der Herkunftsfamilie und der aktuellen Familie) erkannt und die Dynamik der Beziehungsstrukturen einzelner Familienmitglieder zueinander sichtbar gemacht werden.

Das *zirkuläre Fragen* wurde als Methode durch die Forschungsgruppe um Selvini Palazzoli entwickelt und verdeutlicht die Wechselwirkungen innerhalb der Kommunikation der Familienmitglieder (vgl. Selvini Palazzoli et al. 1981).

---

1 Indexpatientin bzw. Indexpatient meint die Person, die als krank, gestört o.Ä. angesehen wird.

Mit Hilfe der *Skulptur* schließlich wird es möglich, positiv wie negativ besetzte Familiensituationen, aber auch, wie die Familie als Gesamtheit vom einzelnen Mitglied erlebt wird, zu stellen und so sicht- und fühlbar zu machen.

Systemtherapie/Familientherapie ist seit einigen Jahrzehnten auch bei körperlichen Erkrankungen erfolgreich (Minuchin/Fishman et al. 1981). Im Fokus stehen hier die Aus- und Wechselwirkungen, die körperliche Erkrankungen auf das Familiensystem haben. Ihre Wirksamkeit konnte die Systemtherapie außerdem bei psychosomatischen Erkrankungen (Anorexie, Bulimie etc.), schizophrenen Familienstrukturen und Paarkonflikten nachweisen.

Die Wirksamkeit der Systemtherapie bei funktionalen Analphabetinnen und Analphabeten wurde bisher noch nicht genauer untersucht. Wir können also hier nicht auf Forschungsberichte zurückgreifen und betreten mit unseren Untersuchungen Neuland.

Zu den Prinzipien systemischen Handelns gehört es, dass die Beraterin bzw. der Berater der Teilnehmerin bzw. dem Teilnehmer mit *wertschätzender Konnotation* begegnet. Den Verhaltensweisen der Familie sowie dem Symptom wird wertschätzend begegnet.

Das Ziel systemischen Vorgehens ist immer darauf ausgerichtet, *Lösungen zu erarbeiten*, die für die Teilnehmerin bzw. den Teilnehmer gangbar sind.

Hypothesen müssen sofort verworfen werden, wenn die Teilnehmerin bzw. der Teilnehmer nichts mit ihnen anfangen kann. Das Handeln der bzw. des Einzelnen wird im Kontext gesehen, d.h. es wird immer gefragt, was veranlasst sie/ihn dazu, so zu handeln, wem nützt/schadet ihr/sein Handeln, was ist das Ziel ihres/seines Handelns?

Beispiel: Ein Mann, 30 Jahre, hat große Lese-/Schreibprobleme und möchte einen Kurs beginnen.

Wer profitiert davon, wenn er lesen und schreiben lernt – und wer verliert etwas?

2.4 Bindungstheorie

Die Bindungstheorie basiert auf der Beobachtung von Bowlby (1975; 1980), dass Kinder a) die Nähe ihrer primären Bezugsperson suchen und b) auf Trennung von dieser Bezugsperson negativ reagieren. Bowlby geht davon aus, dass es ein angeborenes Bedürfnis nach emotionaler Sicherheit in engen Beziehungen gibt. Dieses Bedürfnis bleibt ein Leben lang erhalten. Auf Grund der Erfahrungen (negativer wie positiver) mit Bindung in der Kindheit entwickeln Menschen Bindungsmodelle, die sie dann in ihren Partnerschaften leben.

Hat ein Kind sich in dieser Hinsicht keine Sicherheit erwerben können, z.B. durch schwierige Beziehungen zu Eltern, Erzieherinnen und Erziehern u.a., reagiert es mit wenig Zutrauen zu sich selbst, was dann einer der Gründe für Lernprobleme sein kann.

3. Entwicklung des systemtherapeutischen Ansatzes im AOB Berlin

Ausgehend von den Erfahrungen der Familientherapie/Systemtherapie wurden im AOB seit Mitte der 80er Jahre des letzten Jahrhunderts Familienangehörige oder andere enge Bezugspersonen (Einzelfallhelferin, Sozialarbeiter, Freundinnen und Freunde) in Beratungsgespräche und teilweise auch in Psychotherapien mit eingebunden.[2]

Wichtig war uns, das System der Beziehungsstrukturen zu erfassen, damit auch *die* Teilnehmerinnen und Teilnehmer Hürden in ihrer Lernentwicklung nehmen konnten, deren Lernprobleme in familiären Strukturen begründet waren bzw. durch diese familiären Beziehungsmuster unterstützt wurden. Der systemische Gedanke hat bei uns Einzug in den Beratungs- und Kursalltag gefunden. Längst beschäftigt uns nicht nur die Vermittlung von Kenntnissen in der Schriftsprache, sondern wir betrachten jeden Lernfort- und jeden Lernrückschritt auch von systemischer Seite und bieten für Teilnehmende und Angehörige Möglichkeiten der Auseinandersetzung mit den Veränderungen, die durch den Lernfortschritt bzw. -rückschritt ausgelöst werden.

Der systemische Ansatz ist auch sinnvoll zur Betrachtung der Beziehungsdynamik zwischen Kursleitung, Teilnehmerin bzw. Teilnehmer und Lerngruppe. Was verändert sich in der Gruppe, wenn einer stärkere Lernfortschritte macht als die anderen? Was hindert Teilnehmende daran, mehr Verantwortung für ihre Lernprozesse zu übernehmen? Wie ist die Gruppe an Lernfortschritten beteiligt? Wie ist die Beziehungsdynamik zwischen Kursleitung und Gruppe?

Dies ist nur ein Teil der Fragestellungen, die im normalen Gruppenalltag entstehen und nicht gelöst werden können, indem *eine* Verantwortliche oder *ein* Verantwortlicher gefunden wird. Es geht vielmehr darum, Strukturen herauszuarbeiten, um erkennen zu können, was ich tue, um vorwärts zu kommen, und was, um mich zu bremsen. Außerdem geht es um die Wechselwirkung zwischen Teilnehmerin bzw. Teilnehmer, Gruppe und Kursleitung in Bezug auf Lernklima, Lernfortschritt, Stagnation, Lernrückschritt.

4. Systemtherapeutischer Ansatz in „Family Literacy"[3]

Aufbauend auf dieses, wie sich gezeigt hat, erfolgreiche Verfahren, nutzen wir jetzt den systemtherapeutischen Ansatz dazu, Familien zu helfen, familiäre Strukturen zu erkennen, die das Lernen in der Familie bzw. durch die Familie schwierig bis unmöglich machen.

In den Beratungsgesprächen und den Psychotherapien wird neben der Aufarbeitung vorhandener Lernproblematiken bzw. negativer Lernerfahrungen auch immer daran gearbeitet, positive Ansätze im Lernen und hier besonders im gemeinsamen Lernen mit den Kindern zu finden.

Wir arbeiten mit Menschen, die in ihrer Heimat nie eine Schule besucht haben und mit Menschen, die in Deutschland mehr oder weniger regelmäßig zur Schule

---

2   Wir führen auch Familientherapien und Paartherapien durch.
3   Wir arbeiten gemeinsam mit der FU Berlin in dem Verbundprojekt „AlphaFamilie". Das Projekt wird vom Bundesministerium für Bildung und Forschung gefördert.

gegangen sind (Deutsche und Migrantinnen/Migranten). Es ist für beide Zielgruppen, besonders aber für die Zielgruppe der Deutschen, schwierig, sich den Kindern gegenüber mit ihrem Unwissen über die Schriftsprache zu offenbaren. Häufig befürchten die Eltern, dass die Generationsgrenzen verschwimmen und ihre Kinder sie nicht mehr ernst nehmen bzw. nicht mehr ausreichend als Eltern achten.

Auch hier bietet die Systemtherapie Entlastung, da in ihr Befürchtungen (der Eltern, aber auch der Kinder) thematisiert und gemeinsam Vorgehensweisen entwickelt werden können.

Wir untersuchen, inwieweit es den Eltern möglich ist, gemeinsame Ziele mit ihren Kindern zu entwickeln, und inwieweit die systemtherapeutische Begleitung zusammen mit dem Kursprogramm[4] in der Lage ist, mehr Literalität in Familien von Personen mit Lese-/Schreibdefiziten zu installieren.

5. Fazit

In sehr viele Bereiche der Gesellschaft und Wissenschaft[5] hat das systemische Denken, besonders auf Grund der ihm eigenen Effektivität, weltweit Eingang gefunden, es hat sich nach Schley (1989, 231) „in atemberaubender Weise […] als alternative Sicht in nahezu allen Bereichen unseres Lebens etabliert", allerdings findet sich dieser Ansatz in der Alphabetisierung bisher nicht.[6] Möglicherweise ist einer der Gründe dafür darin zu sehen, dass das Selbstverständnis der Lehrkräfte wissenschaftstheoretisch im Realismus verhaftet ist.[7]

Aber Lernen ist auch bei Kursleiterinnen und Kursleitern und bei Beraterinnen und Beratern ein lebenslanger Prozess.

„Die Menschen sind nur in dem Ausmaß ihres Wissens, ihrer Weisen, sich selbst zu verstehen, und ihrer Fähigkeit, sich an anderen zu kontrollieren, beschränkt. Gedanken und Gefühle sind untrennbar miteinander verbunden. Der Mensch braucht kein Gefangener seiner Gefühle zu sein, sondern er kann die kognitive Komponente seiner Gefühle dazu benutzen, sich zu befreien. Dies ist die Grundlage für die Annahme, daß ein Mensch lernen kann, was er nicht weiß, und daß er Wege der Stellungnahme oder des Verständnisses ändern kann, wenn sie nicht stimmen." (Satir 1975, 117)

---

4   Eine genauere Beschreibung findet sich im Artikel von Noack et al. in diesem Band.
5   Beispielsweise in der ambulanten und stationären psychotherapeutischen und/oder psychiatrischen Versorgung
6   Lediglich im AOB Berlin ist das systemische Denken eine der Grundlagen der Alphabetisierung.
7   Das geht zurück auf die binäre Logik, nach der es nur möglich ist, in „Entweder-Oder-Kategorien" zu denken. Also entweder ist ein Mensch ein Analphabet oder er ist kein Analphabet. Sprache erschafft Wirklichkeit. Es entsteht eine andere Wirklichkeit, ob man jemanden als Analphabetin bzw. als Analphabeten bezeichnet oder als Person mit Lese- und Schreibproblemen. Was sich verändert hat, ist lediglich meine Hypothese, nicht die Person. Meine Hypothese wiederum definiert meine Wahrnehmung.

Literatur

BERG, Insoo Kim (1992): Familien-Zusammenhalt(en). Ein kurz-therapeutisches und lösungs-orientiertes Arbeitsbuch. Dortmund: Verlag Modernes Lernen.

BOWLBY, John (1975): Bindung. Eine Analyse der Mutter-Kind-Beziehung. München: Kindler.

BOWLBY, John (1980): Loss. Sadness and Depression. Attachment and Loss Band 3. New York: Basic Books.

DE SHAZER, Steve (1989): Wege der erfolgreichen Kurztherapie. Stuttgart: Klett-Cotta.

DE SHAZER, Steve (1993): Creative Misunderstanding. There is no escape from language. In: GILLIGAN, Stephen/PRICE, Reese E. (Hrsg.): Therapeutic Conversations. New York: Norton, S. 81-94.

DERRIDA, Jacques (1988): Feuer und Asche. Berlin: Brinkmann und Bose.

DÖBERT, Marion/HUBERTUS, Peter (2000): Ihr Kreuz ist die Schrift. Analphabetismus und Alphabetisierung in Deutschland. Stuttgart: Klett.

FOUCAULT, Michel (1991): Die Ordnung des Diskurses. Frankfurt am Main: Fischer-Taschenbuch-Verl.

GERGEN, Kenneth J. (1996): Das übersättigte Selbst. Identitätsprobleme im heutigen Leben. Heidelberg: Carl-Auer-Systeme.

GERGEN, Kenneth J. (2002): Konstruierte Wirklichkeiten. Eine Hinführung zum sozialen Konstruktionismus. Stuttgart: Kohlhammer.

GLASERSFELD, Ernst von (1995): Die Wurzeln des „Radikalen" am Konstruktivismus. In: FISCHER, Hans Rudi (Hrsg.): Die Wirklichkeit des Konstruktivismus. Zur Auseinandersetzung um ein neues Paradigma. Heidelberg: Carl-Auer-Systeme, S. 35-45.

JAEHN-NIESERT, Ute (1994): Schrift-Sprachlosigkeit. Berlin: AOB-Verlag.

MINUCHIN, Salvador/FISHMAN, Herman Charles (1981): Praxis der strukturellen Familientherapie. Strategien und Techniken. Freiburg: Lambertus.

MINUCHIN, Salvador/ROSMAN, Bernice L./BAKER, Lester (1986): Psychosomatische Krankheiten in der Familie. Stuttgart: Klett-Cotta, 3. Aufl.

OSWALD, Marie-Luise/MÜLLER, Horst-Manfred (1982): Deutschsprachige Analphabeten. Lebensgeschichte und Lerninteressen von erwachsenen Analphabeten. Stuttgart: Klett-Cotta.

SATIR, Virginia (1975): Selbstwert und Kommunikation. Familientherapie für Berater und zur Selbsthilfe. Leben lernen Band 18. München: Pfeiffer.

SCHLEY, Wilfried (1989): Systemische Ansätze in der Pädagogik bei Verhaltensstörungen. In: GOETZE, Herbert/NEUKÄTER, Heinz (Hrsg.): Pädagogik bei Verhaltensstörungen. Berlin: Ed. Marhold im Wiss.-Verl. Volker Spiess, S. 231-245.

SELVINI PALAZZOLI, Mara/BOSCOLO, Luigi/CECCHIN, Gianfranco/PRATA, Giuliana (1981): Hypothetisieren – Zirkularität – Neutralität. Drei Richtlinien für den Leiter der Sitzung. In: Familiendynamik, 6. Jg., Nr. 2, S. 123-139.

VON FOERSTER, Heinz (1985): Das Konstruieren einer Wirklichkeit. In: WATZLAWICK, Paul (Hrsg.): Die erfundene Wirklichkeit. Wie wissen wir, was wir zu wissen glauben? Beiträge zum Konstruktivismus. München/Zürich: Piper, 2. Aufl., Neuausg., S. 39-60.

WATZLAWICK, Paul (Hrsg.) (1985): Die erfundene Wirklichkeit. Wie wissen wir, was wir zu wissen glauben? Beiträge zum Konstruktivismus. München/Zürich: Piper, 2. Aufl., Neuausg.

WATZLAWICK, Paul (1976): Wie wirklich ist die Wirklichkeit? München/Zürich: Piper.

WATZLAWICK, Paul/BEAVIN, Janet H./JACKSON, Don D. (1969): Menschliche Kommunikation. Formen, Störungen, Paradoxien. Bern/Stuttgart/Wien: Huber.

WITTGENSTEIN, Ludwig (1922): Logisch-Philosophische Abhandlung. London: Routledge.

Lese-Schreib-Schwierigkeiten in der Familie begegnen

LegaKids und das Lese-Rechtschreib-Monster Lurs

Britta Büchner

1. Einführung

In diesem Beitrag wird das Internetprojekt LegaKids.net vorgestellt, das sich an alle Kinder mit Lese-Rechtschreib-Schwierigkeiten richtet – gleichgültig, ob sie nun eine Diagnose „LRS" bzw. „Legasthenie" haben oder nicht. Denn das Lese-Rechtschreib-Monster Lurs will einfach nur dafür sorgen, dass möglichst viele Kinder keinen Spaß am Lesen und Schreiben haben. Diese Arbeit erledigt Lurs normalerweise unsichtbar im Hintergrund, doch zwei clevere Kinder haben dafür gesorgt, dass Lurs sichtbar wurde und nun bekämpft werden kann.

Wie das geht? Lesen Sie selbst, was Eltern und Kinder im Kampf gegen Lurs tun können.

2. Begriffe und ihre Folgen: LRS, Legasthenie & Co

LRS, Legasthenie, Lese-Rechtschreib-Störung oder -Schwäche, isolierte Lesestörung, Dyslexie – dies alles sind Begriffe, die seit Jahrzehnten durch die Fachliteratur sowie durch Schule und Elternhäuser geistern. Wenn bei einem Kind Schwierigkeiten während des Schriftspracherwerbs auftreten, wird meist von der ein oder anderen Seite der Verdacht geäußert, dieses Kind könne womöglich „Legastheniker sein" oder „LRS haben".

Eine klare und trennscharfe Definition der Begriffe ist unmöglich, insbesondere da es sehr unterschiedliche wissenschaftliche Sichtweisen auf die Phänomene gibt, die mit diesen Begriffen umschrieben werden. Grob vereinfacht kann man sagen, das medizinische Modell versteht die Lese-Rechtschreib-Schwierigkeiten als Störung, Krankheit oder Behinderung. Es wird eine genetische oder hirnphysiologische Störung angenommen, die in der Folge als Krankheit oder Behinderung des Kindes definiert wird. Das Messen unterschiedlicher Hirnaktivitäten bei Leseschwachen und Lesestarken wird u.a. als Beleg für den „Krankheitswert" der Leseschwäche präsentiert. Demgegenüber geht das psychologisch-pädagogische Modell von unterschiedlichen Lernvoraussetzungen bzw. Entwicklungsständen bei Kindern aus und definiert deren Schwierigkeiten beim Erlernen des Lesens und Schreibens als normale Variation. Einige Kinder sind z.B. besonders musikalisch, andere nicht, einige Kinder haben ein sportliches Talent, andere weniger, einige haben eine Begabung für Sprache, einige tun sich mit der Schriftsprache leicht, andere nicht. Kinder bringen durch ihre genetische Disposition verschiedene Begabungsprofile mit.[1] Daneben spielen auch familiäre, soziale und schulische Umgebung für den Lernerfolg eines Kindes eine wichtige Rolle.

Diese unterschiedlichen Sichtweisen müssten die Praxis nicht weiter beschäftigen, hätten sie nicht ganz reale Folgen für die betroffenen Kinder, Familien, Lehrkräfte und Schulen. Was also bewirkt das Legasthenie-Konzept als Störung, Krankheit oder Behinderung im Vergleich zur Auffassung von Lese-Rechtschreibschwierigkeiten als Bildungsaufgabe?

„Einige Familien erleben die Diagnose ‚Legasthenie' als Erleichterung. Sie berichten davon, ihren Problemen nun endlich einen Namen geben zu können und damit nicht mehr allein zu sein. Vor allem erfahren sie ein Gefühl der Entlastung, weil schließlich niemand Schuld ist an der ‚Krankheit Legasthenie'. Für andere Familien und betroffene Kinder kommt die Diagnose einer Katastrophe gleich. Sie berichten von dem Empfinden ein ‚krankes' oder irgendwie ‚gestörtes' Kind zu haben, sowie von Hilflosigkeit und Lähmung – ihrer eigenen und der des Kindes –, die mit dieser Diagnose einhergehen.

Gleichgültig welche der Empfindungen zunächst vorherrscht – wird die Legasthenie in Familie und Schule als Krankheit, Störung oder Behinderung verstanden, so wird sie über kurz oder lang zu einem Stigma, also zu einem negativ bewerteten Merkmal, das das Kind von den anderen, nicht betroffenen Kindern trennt. Im allgemeinen Verständnis bleibt man zeitlebens ‚Legastheniker'." (Büchner et al. 2009, 3)

Dieses „Stigma" beeinflusst die Lernmotivation und das Selbstkonzept des Kindes, seine Defizite werden in den Mittelpunkt gerückt, wesentliche das Kind umgebende Situationen werden ausgeblendet. Die Zuständigkeit für die „Behinderung" oder „Krankheit" liegt nicht mehr bei der Schule. Demgegenüber betont der pädagogisch-psychologische Ansatz die Ressourcen und die Entwicklungs- sowie Lernfähigkeit aller Kinder und damit auch die prinzipielle Zuständigkeit der Schule. Ein wesentliches Problem hierbei ist, dass das derzeitige Schulsystem eben großteils nicht auf die Unterschiedlichkeit der Kinder eingeht, sondern bestimmte Entwicklungsschritte zu bestimmten Zeiten fordert. Kann ein Kind diese Schritte nicht gehen, so werden seine schulische Laufbahn und seine Entwicklungschancen davon empfindlich beeinträchtigt.

Die verschiedenen Sichtweisen auf Kinder mit Lese-Rechtschreib-Problemen führen teils zu erbitterten Auseinandersetzungen und binden viele Kräfte. Letztlich geht es auch immer darum, wohin Gelder z.B. im Bereich Forschung fließen (medizinische Forschung vs. Bildungsforschung) und wo Geld verdient werden kann (Therapiemarkt, Pharmazie vs. Schule). Dieses Durcheinander freut ein Wesen ganz

---

1   Aus einem Interview mit der LRS-Expertin Borghild Rehak: „Ist ein Kind, das absolut unmusikalisch ist, krank? [...] [G]eht es bei dieser Debatte nicht auch darum, dass wir mit ganz unterschiedlichen Begabungen zur Welt kommen? Und kann nicht auch ein unmusikalisches Kind, wenn es gezielt gefördert wird, seine Musikalität verbessern? Keiner würde das in Abrede stellen. [...] [In Kursivdruck die nächste Frage:] *Gen- und Hirnforscher haben bei Kindern mit einer LRS Abweichungen festgestellt. Sind dies die eigentlichen Ursachen?* [...] Bleiben wir bei dem Beispiel mit der Musikalität: Auch bei unmusikalischen Menschen lassen sich entsprechend andere Hirnaktivitäten messen als bei musikalisch besonders begabten Menschen. Dennoch ist weder der begabte noch der unbegabte Mensch krank." (Rehak 2009)

besonders: nämlich Lurs, das Lese-Rechtschreib-Monster. So lange Kinder nicht die Unterstützung erhalten, die sie brauchen, lacht er sich nämlich ins Fäustchen …

3. Kurzvorstellung des Online-Projekts LegaKids.net

Abb. 1:
Lurs, das Lese- und Rechtschreib-Monster
(Illustration: Eva Hoppe, © LegaKids)

Zentrale Figur auf LegaKids[2] ist das Lese-Rechtschreib-Monster Lurs. Lurs steht stellvertretend für alle Probleme rund um das Lesen und Schreiben – denn sein Beruf ist es, Kindern wie Erwachsenen das Lesen und Schreiben so richtig schwer zu machen. Lurs ist sehr alt und sehr klug. Dass andere genauso viel wissen und können wie er, möchte er verhindern. Auf LegaKids erfahren Kinder und Erwachsene, was alles passieren kann, wenn jemand in den Klauen des Monsters Lurs hängt. Darüber hinaus bietet LegaKids umfassende Informationen, zahlreiche Möglichkeiten, das Monster spielerisch zu bekämpfen, sowie viele Anreize, sich positiv mit der Schriftsprache auseinanderzusetzen. Das Online-Projekt ist in zwei Bereiche aufgeteilt.

3.1 Kinderbereich

Der Kinderbereich hat zwei zentrale Anliegen bzw. Funktionen:

1. Anliegen: LRS verstehen – die Welt von Lurs verstehen
Hier lernen Kinder die Figur Lurs kennen. Sie finden kindgemäß aufbereitete Informationen zu verschiedenen Problemen, die mit Lese-Rechtschreib-Schwierigkeiten zusammenhängen. In vierzehn illustrierten Geschichten und Hörspielen können sie sich mit diesen Problembereichen auseinandersetzen. Außerdem erhalten

---

2   Das Internetprojekt www.legakids.net ist eine Non-Profit-Organisation. Alle Dienste sind für die Nutzerinnen und Nutzer kostenlos. Das Projekt finanziert sich durch Sponsorengelder, Werbeeinträge im Praxisverzeichnis und ehrenamtliche Arbeit.

Kinder jede Menge Tipps und Tricks für den Umgang mit Lurs. Alle drei Monate gibt es eine neue Online-Umfrage, bei der sich Kinder mit Fragen rund um Schule, Lesen und Schreiben beschäftigen und ihrer Stimme Gewicht verleihen können. Hinter den „Wundertüten" verbergen sich zwölf Such-, Rätsel- und Gewinnspiele, bei deren Lösung die Kinder eine große Chance haben, einen Gewinn zu bekommen.

2. Anliegen: Lurs bekämpfen – Spiele und Übungen
Das Monster Lurs ist nicht unbesiegbar. Bei LegaKids können Kinder abwechslungsreich und motivierend Fertigkeiten im Lesen und Schreiben üben und dabei gegen Lurs antreten: Alle vierzehn Hörspiel-Geschichten sind auch als Fehlersuchspiele abrufbar – Lurs schmuggelt dabei Fehler zu bestimmten Rechtschreibschwerpunkten in die Texte, die die Kinder aufspüren können. Im Spiel „Wörter versenken" werden die 500 häufigsten deutschen Wörter geübt, bei „LursMania" tummelt sich Lurs im Klassenzimmer und im Spiel „MemoReim" spielen Reimwörter eine besondere Rolle. Teilweise gibt es die Spiele auch auf Englisch und zum Rechnen. Besonders motivierend für die Kinder ist, dass Lurs sich richtig ärgert, wenn sie etwas richtig machen …

3.2 Bereich für Eltern – Lehrkräfte – Förderkräfte – erwachsene Betroffene

Für erwachsene Besucherinnen und Besucher bietet LegaKids in erster Linie ein Informationsportal mit zahlreichen Dienstleistungen. Ständig werden Neuigkeiten aus der LRS-Welt aufgegriffen und kommentiert – manchmal sogar von Lurs selbst. Aktuelle wissenschaftliche Erkenntnisse, interessante Termine, Rezensionen zu Lern- und Übungsmaterialien und pädagogische Tipps werden aufbereitet. Informationen aus den Kultusministerien, hilfreiche Links und ein Praxisverzeichnis (das größte in Deutschland) runden das Angebot ab. Etwa alle fünf Wochen erscheint ein Rundbrief – die LegaKids-Neuigkeiten können aber auch als RSS-Feed abonniert werden. Da die Zusammenarbeit mit Lehrkräften und Schulen ein zentrales Thema für LegaKids ist, werden ca. 22.000 Grund-, Haupt- und Förderschulen drei- bis viermal pro Jahr per E-Mail mit ausgewählten Neuigkeiten versorgt.

Im Bereich für betroffene Erwachsene erwarten die Nutzerinnen und Nutzer neben einem kostenlosen Selbsttest Tipps zu Alltagssituationen, die den Umgang mit Schriftsprache erleichtern, Gedanken zum Lebenslangen Lernen, kurzweilige Rätselseiten und der Hinweis auf die beim Bundesverband Alphabetisierung und Grundbildung e.V. verzeichneten Kursangebote.

Gerade für Erwachsene mit Schwierigkeiten im schriftsprachlichen Bereich stellt sich die Frage, wie sie trotz ihres Handicaps ihre eigenen Kinder bestmöglich auf die schulischen Anforderungen im schriftsprachlichen Bereich vorbereiten können und wie sie ihre Kinder bei möglichen Problemen in diesem Bereich unterstützen können, obwohl sie selbst nicht so gut lesen und schreiben können. Diese Fragen werden im Weiteren auch im Hinblick auf die Möglichkeiten bei LegaKids beantwortet.

Abb. 2: Screenshot www.legakids.net, Bereich für Erwachsene mit Lese-Rechtschreib-Problemen

4. Konkrete Unterstützungsmöglichkeiten

Wie können Lese-Rechtschreib-Probleme bei Kindern möglichst früh erkannt oder sogar verhindert werden? Was kann man tun, wenn die Probleme einmal da sind? Was können Eltern leisten, die selbst Probleme mit dem Lesen und Schreiben haben? Und was hat Lurs damit zu tun? Wie können Eltern das Online-Projekt LegaKids zur familiären Unterstützung nutzen?

4.1   Was können Eltern tun, um Schwierigkeiten im Bereich der Schriftsprache vorzubeugen – auch wenn sie selbst Probleme mit dem Lesen und Schreiben haben?

Die frühe Sorge um die Entwicklung eines Kindes ist einerseits notwendig; andererseits kann sie zu überbesorgten Verhaltensmustern führen, die Kinder eher verunsichern als stärken. Es gilt also, die richtige Balance zu finden. Eine Flut von Ratgeberliteratur und Ratgebersendungen im Fernsehen verstärkt Ängste eher als sie abzubauen. Was also tun, wenn die elterliche Sorge zusätzlich dadurch erhöht wird, dass die Eltern selbst sich mit dem Lesen und Schreiben schwer tun, sich in diesem schulisch wie gesellschaftlich so wichtigen Bereich als wenig kompetent und schwach erleben? Welche Orientierungsmöglichkeiten gibt es für diese Eltern?

Zunächst einmal genügt es, auf einfache, grundlegende Dinge zu achten, um das Lese-Rechtschreib-Monster Lurs frühzeitig in seine Schranken zu weisen.

Sensibilisierung für die Förderung der sprachlichen Entwicklung
Die gesprochene Sprache ist zentrale Voraussetzung für die geschriebene Sprache. Kinder, die sich sprachlich gut entwickeln, haben eine hohe Chance, auch im schriftsprachlichen Bereich erfolgreich zu lernen. Eltern können darauf achten, Dinge in der Umgebung des Kindes zu benennen, Sprechanlässe wahrzunehmen und dem Kind genug Zeit und Möglichkeiten zu geben, zu fragen, zu antworten und zu erzählen.

Bedeutung von Hören und Sehen
Häufig unterschätzt werden zwei Voraussetzungen für den Schriftspracherwerb: Ein Kind muss gut sehen und hören können sowie das Wahrgenommene auch entsprechend verarbeiten können. Untersuchungen in speziellen ohrenärztlichen Praxen (Pädaudiologie) sowie bei spezialisierten Augenärzten bieten sich zur Abklärung an.

Anregungen und Anreize für Kinder schaffen
Auch wenn Eltern selbst nicht oder kaum lesen, können sie mit ihren Kindern gemeinsam Bilderbücher betrachten und über die Bilder und Geschichten sprechen. Sie können zusammen die Bedeutung von Straßenschildern oder Logos enträtseln, mit Stift und Papier experimentieren oder über die Funktion von Schrift sprechen.

Stärken fördern und nützen
Wenn wir Kinder aufmerksam beobachten, bemerken wir schnell, welche Stärken ein Kind mitbringt und entwickelt. Ist es z.B. besonders selbständig, kann es gut mit anderen Kindern umgehen, ist es beim Basteln geschickt oder interessiert sich für technische Phänomene? Macht es gerne Sport oder Musik oder löst gerne Rätsel? Hilft es gerne beim Kochen oder Einkaufen? Wenn diese Fähigkeiten wahrgenommen und gelobt werden, stärkt dies die Kinder. Mögliche Schwächen sind so wesentlich leichter auszuhalten und zu bewältigen. Anerkennung macht Kinder stark und persönliche Stärken können später im Prozess des Lernens von Lesen und Schreiben genutzt werden.

4.2 Wie kann man mögliche Schwierigkeiten im schriftsprachlichen Bereich früh erkennen?

Auch hier gilt es, nicht überängstlich auf die Entwicklung des Kindes zu starren. Unterschiedliche Entwicklungsschritte zu unterschiedlichen Zeiten sind etwas völlig Normales – jedes Kind hat sein eigenes Lerntempo. Dies wird allerdings im derzeitigen Schulsystem wenig beachtet. Die Kinder sollen hier sozusagen im Gleichschritt lernen. Wenn ein Kind länger für eine Entwicklung oder einen Lerngegenstand braucht, sind die schulischen Unterstützungsmöglichkeiten meist begrenzt.

Daher ist es sinnvoll, schon in der Vorschulzeit auf frühe Anzeichen für mögliche spätere Schwierigkeiten im Prozess des Schriftspracherwerbs zu achten und Kinder entsprechend vorzubereiten.

Es gibt sogenannte „Vorläuferfähigkeiten" für den Schriftspracherwerb, die in der Vorschulzeit eine Rolle spielen. Dazu gehören:

Phonologische Bewusstheit
Reimen, gemeinsam singen, Laute erkennen – in vielen Kindergarten- und Vorschulspielen kommen diese Tätigkeiten vor. Je sicherer ein Kind bei diesen Spielen ist, desto leichter fällt ihm später das Zerlegen von gesprochenen Worten in Laute, die dann wiederum in Buchstaben übersetzt werden.

Benennungsgeschwindigkeit
Viele Kinder haben großen Spaß daran, Gegenstände, Formen, Farben möglichst schnell zu benennen. Dies ist eine wichtige Vorübung für das Lesen. Man weiß heute, dass Kinder, die beim Benennen von Dingen eher langsam sind, später oft auch mit dem Lesen Probleme haben. Denn einerseits geht es beim Benennen um den Abruf eines Wortes, wenn man ein Bild des Wortes sieht, andererseits auch um die Automatisierung der Mundbewegung (Artikulation), die das Kind für das Aussprechen eines Wortes braucht.

Raum-Lage-Orientierung
Unsere kulturell vorgegebene Schreibrichtung verläuft von links nach rechts. Um sie problemlos einhalten zu können, braucht ein Kind sichere Konzepte von „links" und „rechts", von „oben" und „unten". Auch für die Unterscheidung einzelner Buchstaben wie z.B. „b" und „d" ist eine solche klare Orientierung nötig.

Sprachentwicklung
Wie schon im letzten Abschnitt beschrieben, ist eine gelungene sprachliche Entwicklung eine gute Voraussetzung für das spätere Lesen und Schreiben. Korrekte Lautbildung und -erkennung, ein umfangreicher, ständig wachsender Wortschatz und die Beherrschung grammatikalischer Besonderheiten beim Sprechen sind Teil dieser Entwicklung.

Feinmotorik
Bei den ersten Malversuchen wirkt alles noch ungelenk – einen Stift halten und mit Bedacht und Absicht übers Papier führen, das ist gar nicht so einfach. Immer mehr Tätigkeiten, die eine genaue Koordination der Finger voraussetzen, kommen für das Vorschulkind hinzu: Schneiden, ausmalen, basteln, knicken, kleben und kneten – all dies bereitet ein Kind auf das spätere Schreiben der Buchstaben vor.

Gemeinsam bilden diese Vorläuferfähigkeiten eine Basis für das spätere Erlernen des Lesens und Schreibens. Gerade Eltern, die selbst wenig lesen und schreiben (können), unterstützen ihre Kinder, indem sie diese Fähigkeiten beobachten und fördern. Wenn Eltern den Eindruck gewinnen, dass ihr Kind in einem oder mehreren dieser Bereiche deutliche Schwierigkeiten hat oder Spiele und Tätigkeiten aus diesen Bereichen oft vermeidet, können sie das Gespräch mit dem Fachpersonal des Kindergartens suchen, um die Entwicklung des Kindes gemeinsam zu unterstützen.

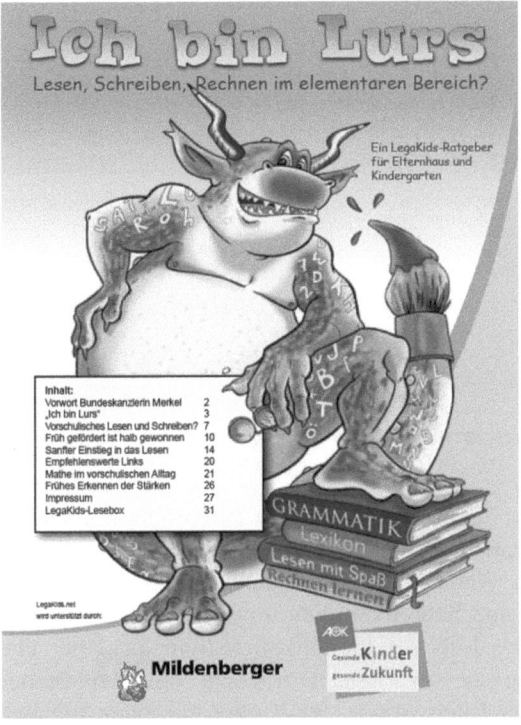

Abb. 3:
Kostenloser LegaKids-
Vorschulratgeber „Ich bin Lurs"

LegaKids bietet zudem den kostenlosen Vorschulratgeber „Ich bin Lurs" (LegaKids 2011) an, der sowohl für Eltern als auch für Kindergarten und Vorschule geeignet ist. Der Ratgeber sensibilisiert Eltern sowie Fachkräfte für die eben beschriebenen Vorläuferfähigkeiten und zeigt kleine konkrete Schritte im Alltag, die diese Fähigkeiten stützen. Einige spielerische Übungen ermöglichen zudem eine erste Einschätzung des Entwicklungsstandes eines Kindes in diesem Bereich.[3]

4.3   Wie können Eltern, die selbst schriftsprachliche Schwierigkeiten haben, ihre Kinder bei LRS bestmöglich unterstützen?

Wenn ein Kind in der Schule offensichtlich Probleme mit dem Lesen und Schreiben hat, was können Eltern dann tun? Wie können sich Eltern verhalten, die in ihrem Alltag selbst nicht lesen oder schreiben und vor Anforderungen in diesem Bereich zurückschrecken? Können sie ihren Kindern überhaupt helfen oder sollten sie das nicht lieber Fachleuten überlassen?

Kommunikation/Entlastung
Für Menschen, die nicht oder kaum lesen und schreiben können, ist es nicht leicht, mit Schuld- und Schamgefühlen umzugehen. Nach wie vor ist (funktionaler)

---

3   Der Ratgeber kann gegen eine Versandkostenpauschale bestellt werden unter: http://www. legakids.net/bestellung/.

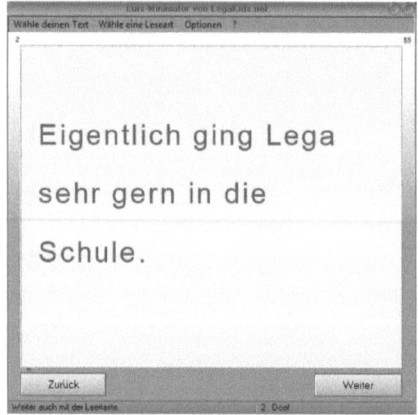 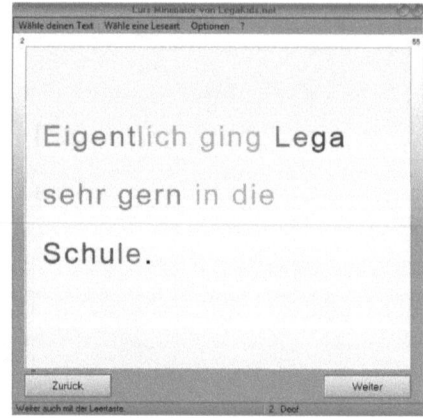

Abb. 4: Lurs-Minimator: Umwandlung eines Textes in farbig markierte Silben

Analphabetismus ein gesellschaftliches Tabuthema, dem sich Betroffene nur schwer offen stellen können.[4] Gleichzeitig brauchen Kinder einen offenen innerfamiliären Umgang mit Stärken und Schwächen. Wenn Kinder Probleme mit den Buchstaben haben und ihre Eltern sie beim Lesen und Schreiben nicht unterstützen können, bietet sich das Lese-Rechtschreib-Monster Lurs als Identifikationsfigur an. Über diesen Bösewicht und seine Missetaten zu sprechen, ermöglicht eine entlastende Kommunikation über die Probleme der Eltern sowie der Kinder, die nicht mit persönlicher Schuld und Scham beschwert ist. Lurs macht es leichter, nach vorne zu schauen und in der Familie gemeinsam zu überlegen, wie dieses Monster überlistet werden kann.

Spielerische Förderung – der gemeinsame Kampf gegen Lurs
Einige Spiele, in denen Kinder gegen Lurs antreten können, wurden in diesem Text schon erwähnt. Zwei weitere spielerische Programme, die LegaKids kostenfrei anbietet, sind nicht nur für Kinder, sondern auch für erwachsene Lernende gut geeignet.

Das Programm „Lurs-Minimator" kann unkompliziert auf den eigenen PC geladen werden. Es bietet tolle Übungen zur Lesetechnik und Lesegeschwindigkeit. U.a. kann der Lurs-Minimator jeden beliebigen Text in Silbensegmentierung anzeigen und dadurch wesentlich leichter lesbar machen.[5]

„Horch mal!" ist ein individuell einstellbares Spiel zur Rechtschreibung, bei dem zu verschiedenen Rechtschreibschwerpunkten geübt werden kann. Das Besondere dabei ist, dass jeder Buchstabe auf der Tastatur mit einem eigenen Schlagzeugton kombiniert ist, so dass beim Schreiben verschiedene Sinne angesprochen werden.

---

4   Hier macht sich bemerkbar, dass gesellschaftliche Probleme häufig individualisiert werden. Erwachsene, die nicht gut lesen und schreiben können, machen dafür vor allem sich selbst verantwortlich. Dass unerkannte Probleme beim Schriftspracherwerb, fehlende schulische Förderung und fehlende individuelle Unterstützung hier eine große Rolle spielen, wird von der bzw. dem Einzelnen kaum wahrgenommen.

5   Wer sich für die Möglichkeiten der systematischen Leseförderung mit LegaKids interessiert, kann dazu Genaueres im LegaKids-Leseförderkonzept nachlesen (http://www.lega-kids.net/eltern-lehrer/legakids-und-seine-ziele/lesefoerderkonzept/) [Abruf am 09.02.2011].

Und Lurs ärgert sich natürlich mächtig, wenn ein Kind oder ein Erwachsener mal wieder zu viel richtig gemacht hat.

Darüber hinaus rezensiert und empfiehlt LegaKids regelmäßig Lernmaterialien (z.B. Arbeitshefte, Lernspiele und Lernsoftware), die auch für Eltern interessant sind. Bevor man allerdings ein umfangreiches Programm für zu Hause erwirbt, sollte man sich überlegen, ob die familiäre Lernsituation dafür passend ist und ob die elterliche Bereitschaft besteht, sich konsequent gemeinsam mit dem Kind mit dem Programm zu beschäftigen. Einmal begonnene und wieder abgebrochene Lernprogramme verstärken eher das Misserfolgserleben und wirken daher frustrierend und demotivierend. Schon regelmäßige spielerische Begegnungen mit Schrift im häuslichen Umfeld können viel bewegen.

Zusammenarbeit mit Schule und Fachkräften
Im Umgang mit Schule und Lehrkräften sollte man davon ausgehen, dass sowohl Eltern als auch Lehrkräften die angemessene Förderung des Kindes am Herzen liegt. Wenn alle Beteiligten an einem Strang ziehen, ist dies das Beste für ein Kind. Lehrkräfte haben einen großen Handlungsspielraum in der Bewertung von Leistungen und können z.B. zeitweise mündliche Leistungen stärker in den Mittelpunkt stellen – auch ohne Anwendung eines Nachteilsausgleichs.[6] Ob Eltern mit einer Lehrkraft darüber sprechen, dass sie selbst Schwierigkeiten beim Lesen und Schreiben haben, hängt vom Grad des Vertrauens zwischen beiden Seiten ab. Prinzipiell wäre eine offene Kommunikation zwischen Elternhaus und Lehrkräften wünschenswert für das Kind. Manchmal ist die Zusammenarbeit aber auch schwierig. Dann bleibt Eltern nur, entschlossen auf der Seite des Kindes zu stehen, sich über die rechtliche Situation zu informieren und darauf zu bestehen, dass dem Kind ein angemessener Nachteilsausgleich eingeräumt wird.

Hilfe von außen – aber welche und wie viel?
Wenn Eltern und/oder Schule feststellen, dass ihre gemeinsamen Möglichkeiten nicht ausreichen, um ein Kind angemessen beim Schriftspracherwerb zu unterstützen, ist eine außerschulische Förderung sinnvoll. Allerdings gibt es einen relativ unübersichtlichen „Therapiemarkt" mit unterschiedlichen Finanzierungsmodellen. Eltern sollten sich nicht scheuen, jede Fachkraft zu hinterfragen. Welche Ausbildung hat sie? Nach welchen Grundsätzen und Methoden arbeitet sie? Welche professionelle Haltung nimmt sie gegenüber Lese- und Rechtschreibschwierigkeiten ein? Unter welchen Rahmenbedingungen findet die Förderung/Therapie statt? Wird eine vertragliche Bindung verlangt? Wie ist die Zusammenarbeit mit Schule und Elternhaus

---

6   Unter dem Begriff „Nachteilsausgleich" werden verschiedene unterstützende und entlastende Maßnahmen in der Leistungserhebung und -bewertung bei Schulkindern mit LRS bzw. Legasthenie verstanden. Dazu können das Entfallen der Benotung der Rechtschreibung (auch in Fremdsprachen), das Vorlesen von Aufgabenstellungen, ein Zeitzuschlag bei Proben oder Schulaufgaben u.v.m. gehören. Die genaue Handhabung dieses Nachteilsausgleichs ist von Bundesland zu Bundesland verschieden. Eine Liste der aktuellen Verordnungen aller Bundesländer findet sich unter „LRS-Erlasse & Politik" (http://www.legakids.net/eltern-lehrer/erlassepolitikumfragen/lrs-erlasse-der-laender/ [Abruf am 09.02.2011]).

geplant?[7] Wichtigstes Kriterium für eine effektive Zusammenarbeit ist die Beziehung zwischen Eltern, Fachkraft und Kind. Nur wenn ein Kind gerne zu einer außerschulischen Förderung geht, ist diese auch erfolgversprechend. Lernen funktioniert am besten mit Freude und Motivation und mit einem Menschen, dem man vertraut, von dem man sich angenommen und geschätzt weiß.

Außerschulische Hilfe kann unter den richtigen Voraussetzungen viel bewirken,[8] dennoch sollte auch hier Maß gehalten werden. In der Praxis gibt es im Extremfall Achtjährige, die schon einen Marathon von Ergotherapie über Logopädie und Legasthenietherapie bis hin zur Psychotherapie hinter sich gebracht haben.[9] Wenn man sich in diese Kinder hineinversetzt, wird schnell klar, was mit ihrem Selbstwertgefühl geschieht, wenn so viele Fachleute ständig „irgendwelche außerordentlichen Sachen" mit ihnen tun und sie selbst „irgendwie nie richtig zu funktionieren" scheinen. Also: Förderung ja, aber nicht zu viel. Was ein Kind mit Schwierigkeiten am meisten braucht, ist die Sicherheit, so wie es ist, mit seinen Schwächen und Stärken, gut, geliebt und geschätzt zu sein. Wertschätzung ist die beste Basis für einen erfolgreichen Kampf gegen Lurs.

> Lurs besiegen kannst du nie,
> Lurs zu zähmen ist das Ziel.
> Doch auch ein Lürslein, dackelklein,
> pinkelt dir sehr oft ans Bein.
>
> Nimm's mit Lächeln im Gesicht,
> denn Menschen ohne Schwächen,
> die gab es nie und gibt es nicht.

Literatur

BÜCHNER, Britta/KORTLÄNDER, Michael/WERNER, Birgit/ROBERING, Nicole/SCHÖNWEISS, Friedrich (2009): Legasthenie – eine Krankheit, eine Behinderung, eine Störung? Recht auf Bildung und individuelle Förderung statt Selektion und Stigmatisierung. München: LegaKids. Verfügbar unter: http://www.legakids.net/fileadmin/user_upload/ Downloads/Info/Wissenschaft/Krankheit_Artikel.pdf [Abruf am 09.02.2011].

HOFMANN, Bernhard/SASSE, Ada (2006): Eine Legasthenie ist doch behebbar! Eine Befragung ehemaliger Legastheniker. In: Dies. (Hrsg.): Legasthenie. Lese-Rechtschreibstörungen oder Lese-Rechtschreibschwierigkeiten? Theoretische Konzepte und praktische Erfahrungen mit Förderprogrammen. Berlin: Deutsche Gesellschaft für Lesen und Schreiben, S. 1-19. Verfügbar unter: http://www.legakids.net/fileadmin/

---

7   Unter „Welche Hilfe für mein Kind?" (http://www.legakids.net/eltern-lehrer/hilfe-vor-ort/ welche-hilfe-fuer-mein-kind/ [Abruf am 09.02.2011]) finden Sie auf LegaKids eine Aufzählung spezifischer Fragen zu diesen Bereichen.

8   Auch sogenannte Legasthenikerinnen und Legastheniker profitieren nach neueren Untersuchungen entscheidend von einer individuellen Förderung (vgl. Hoffmann/Sasse 2006).

9   Inzwischen hat bereits jedes vierte deutsche Kind mit acht Jahren eine Ergo-, Logo-, Psycho- oder sonstige Therapie hinter sich (vgl. Textor o.J.).

user_upload/Downloads/Info/Wissenschaft/Legasthenie_doch_behebbar.pdf [Abruf am 09.02.2011].

LEGAKIDS (2011): Ich bin Lurs – Lesen, Schreiben, Rechnen im elementaren Bereich? Ein LegaKids-Ratgeber für Elternhaus und Kindergarten. München: LegaKids. Verfügbar unter: http://www.legakids.net/fileadmin/user_upload/Downloads/Bestellung/ LegaKids-Vorschulratgeber.pdf [Abruf am 09.02.2011].

REHAK, Borghild (2009): Der Definitionswirrwarr. In: Duden Institut für Lerntherapie NEWS, Nr. 1, S. 2. Verfügbar unter: www.duden-paetec.de/verlag/pdf_pit/180.pdf [Abruf am 09.02.2011].

TEXTOR, Martin R. (o.J.): Die Normierung, Pathologisierung, Kasernierung und Programmierung des Kindes. In: Ders. (Hrsg.): Kindergartenpädagogik. Online-Handbuch. Würzburg. Verfügbar unter: http://www.kindergartenpaedagogik.de/1682.html [Abruf am 09.02.2011].

Online-Lernen für Generationen

Wirtschaft und Web 2.0 in *ich-will-lernen.de*

Ulrike Arnold & Katharina Schuster

1. Einführung

Mit mehr als 280.000 Anmeldungen seit 2004 ist *ich-will-lernen.de* das größte offene E-Learning-Portal im Bereich Alphabetisierung und Grundbildung sowie zur Vorbereitung auf den Schulabschluss in Deutschland. Das Lernportal wird vom BMBF gefördert und steht Lernenden und Weiterbildungseinrichtungen kostenlos zur Nutzung zur Verfügung.

Lernerinnen und Lerner können das DVV-Lernportal individuell und unabhängig von Raum und Zeit nutzen. Für Menschen mit negativer Lernerfahrung kann es einen motivierenden Einstieg in eine erneute Lernphase bedeuten. Das jeweilige Lernniveau wird individuell eingestuft und alle Online-Lernenden werden von Tutorinnen bzw. Tutoren begleitet. Der Lebens- und Arbeitsweltbezug der verschieden Aufgabentypen erhöht die Lernmotivation.

Bildungseinrichtungen können *ich-will-lernen.de* auch als kostenloses Blended-Learning-Instrument zur Unterstützung des Präsenzunterrichts einsetzen. Ob kursbegleitend mit dem Lernportal gearbeitet oder individuell gelernt wird, durch *ich-will-lernen.de* wird die Medien- und Selbstlernkompetenz der Lernenden gefördert.

ich-will-lernen.de – das DVV-Lernportal wird vom Deutschen Volkshochschul-Verband e.V. entwickelt und ständig optimiert. Seit Kurzem stehen den Nutzerinnen und Nutzern zwei neue Bereiche zur Verfügung.

2. Die neuen Bereiche im Lernportal *ich-will-lernen.de*

Neben den bestehenden Übungen im Schreiben und Rechnen und den Übungen zum Alltag bietet das Lernportal im Bereich Alphabetisierung nun auch Übungen zum Thema „Ökonomische Grundbildung" an. Mit dem Lernbereich „Leben und Geld" gibt *ich-will-lernen.de* jetzt Erwachsenen mit ökonomischem Grundbildungsbedarf die Möglichkeit, ihre Kompetenzen auf diesem Gebiet zu stärken. So kann beispielsweise systematisch erlernt werden, wie eine Familie mit knappen finanziellen Mitteln die Schuldenfalle vermeidet. Auch zahlreiche andere Aspekte des Wirtschaftslebens, die Junge wie Ältere interessieren – von Arbeit bis Versicherungsschutz – werden in 800 attraktiven Übungen thematisiert.

Für Lernende in der Alphabetisierung hält *ich-will-lernen.de* jetzt außerdem eine Kommunikationsform bereit, die vor allem Jüngere immer unentbehrlicher finden: Im Sozialen Netzwerk *AlphaVZ* können die Nutzerinnen und Nutzer Kontakte knüpfen, das Schreiben trainieren und vieles über Web 2.0, Privatsphäre und Datenschutz im Internet erfahren.

2.1 „Leben und Geld" – ökonomische Grundbildung im Lernportal

In der modernen, zunehmend komplexeren Gesellschaft gewinnt ökonomische Bildung mehr und mehr an Bedeutung. Vielfältige Angebote und offensive Werbestrategien verführen uns häufig dazu, Güter und Dienstleistungen zu konsumieren, deren Bedarf wir von uns selbst aus nicht notwendigerweise erkannt hätten. Häufig überfordert uns die Fülle an unterschiedlichen Angeboten schon beim Einkaufen im Supermarkt. Um aus dieser Warenvielfalt das passende Angebot auszuwählen, sind ökonomische Kenntnisse und Fertigkeiten unabdingbar. Aber nicht nur für den richtigen Umgang mit Geld, ein ausgewogenes Konsumverhalten und angemessene Haushaltsführung sind ökonomische Kenntnisse notwendig, sondern auch für die politische Willensbildung. Um die Konzepte und Entscheidungen von Politikerinnen und Politikern verstehen und beurteilen zu können, ist ein Mindestmaß an ökonomischer Bildung unverzichtbar. Dies zeigt sich z.B., wenn die Regierung das Arbeitslosengeld senkt, die Mehrwertsteuer erhöht, die Pendlerpauschale kürzt und Banken mit Hilfsfonds rettet. Über die politisch getroffenen Entscheidungen sollte sich jede Bürgerin und jeder Bürger eine eigene Meinung bilden können; an den gesellschaftlichen Debatten, die bei solchen politischen Entscheidungen entstehen, sollte jede (potentielle) Wählerin und jeder (potentielle) Wähler teilnehmen können.

Von Armuts- und Verschuldungsrisiken betroffen sind insbesondere Menschen mit ungünstigen Bildungsvoraussetzungen. Genau bei diesen Menschen setzt der Lernbereich „Leben und Geld" im Lernportal *ich-will-lernen.de* an. Nutzerinnen und Nutzer des Portals sollen ihre Alltagskompetenzen systematisch verbessern, damit sie selbstbestimmt und verantwortlich mit ihren Ressourcen umgehen und zugleich lernen, ihre Handlungsspielräume besser einzuschätzen und in der Folge schließlich auch auszuschöpfen. Sie müssen einen Einblick in die Rahmenbedingungen ökonomischen Handelns gewinnen, um die Möglichkeiten eigener Einflussnahme erkennen, ausloten und nutzen zu können. Verständliche Antworten auf Fragen der Altersvorsorge, des Versicherungsschutzes und der Kreditaufnahme zu geben ist erklärtes Lernziel des Bereichs „Leben und Geld". Die Lernenden sollen in ihren Rollen als Verbraucherinnen und Verbraucher (Konsumentinnen, Geldanleger, Kreditnehmerinnen, Versicherungsnehmer) und Erwerbstätige (Berufswähler, Auszubildende, Arbeitnehmerinnen, Selbständige) gestärkt werden.

Wie bei allen Inhalten des Lernportals folgt auch hier die Konzeption der Aufgaben und die Auswahl der Bildungsinhalte dem Lebensweltprinzip sowie dem Prinzip der Exemplarität. In konkreten ökonomisch geprägten Lebenssituationen sollen die Lernerinnen und Lerner Fertigkeiten erlangen, die sie befähigen, übertragbare Lösungen für unterschiedliche, aber doch grundsätzlich vergleichbare Situationen zu entwickeln. Der Themenbereich der ökonomischen Bildung ist zu umfassend, als dass alle relevanten Informationen bzgl. ökonomisch geprägter Lebenssituationen vermittelt werden könnten. Anhand von Beispielen sollen den Lernenden stattdessen ökonomische Schlüsselprobleme dargelegt werden, welche die Grundlagen wirtschaftlichen Handelns verständlich machen. Daher sind die Aufgaben so konzipiert, dass sie sowohl an gegenwärtige als auch an wahrscheinliche – jedenfalls aber

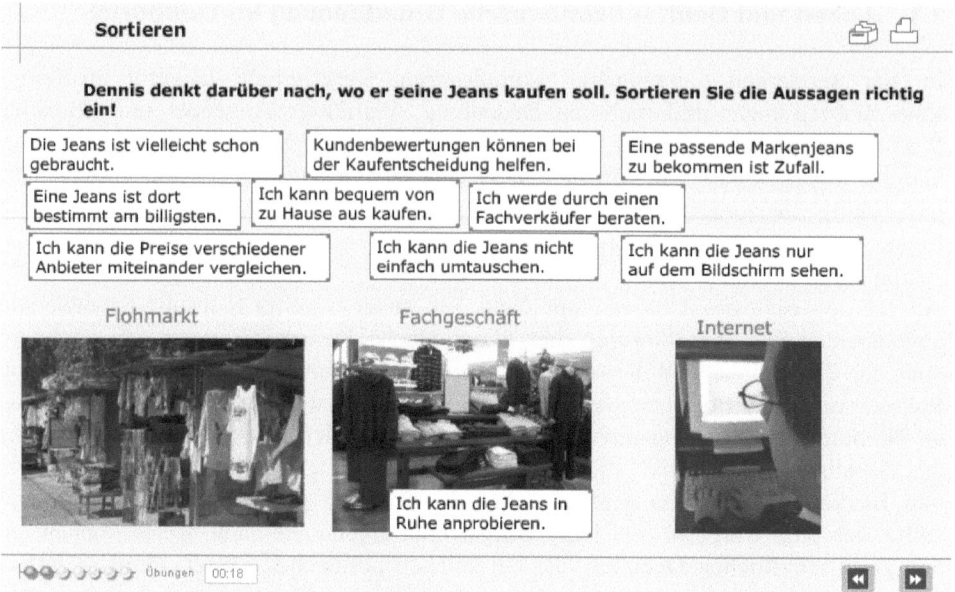

Abb. 1: Übung aus dem Lernfeld „Konsum"

denkbare – zukünftige Lebenswelten der Lernenden anschließen und zugleich die Möglichkeit bieten, sich Grundsätzliches, Wesentliches und Gesetzmäßiges zu erarbeiten.

Durch jedes Lernfeld führen Protagonistinnen und Protagonisten, die wie die Lernenden selbst auf unterschiedlichen Altersstufen stehen und in verschiedene Arbeits- und Lebenskontexte eingebunden sind. Sie bieten den Nutzerinnen und

Abb. 2: Übung aus dem Lernfeld „Haushalt"

Nutzern einen motivierenden Einstieg und darüber hinaus ein hohes Identifikationspotential.

Lernenden wird der Bereich „Leben und Geld" im Lernportal erst auf Lernstufe 4 angeboten. Die Stufen 1 bis 3 sind allein dem Lesen- und Schreibenlernen vorbehalten. Die Lernenden können eigenverantwortlich entscheiden, ob sie die Lerneinheiten in ihrem Lernkalender bearbeiten möchten. Zusätzlich sind alle Lerneinheiten zum Themenfeld „Leben und Geld" auch in der Lernkartei zu finden. So haben auch diejenigen, die diese Einheiten nicht zusätzlich zu den Übungen im Lesen, Schreiben und Rechnen im Lernkalender bearbeiten möchten, die Möglichkeit, sich mit dem Thema „Ökonomische Bildung" zu beschäftigen. Es wurden vier Lernfelder definiert, die für die Lebens- und Arbeitswelt der Zielgruppe besonders bedeutsam sind:

Lernstufe 4: Konsum
– Konsum als Bedarfs- und Bedürfnisbefriedigung
– Kaufverträge
– Telefon und Internet
– Verbraucherschutz und Gütesiegel
– Marken- und Verkaufsstrategien/Werbung

Lernstufe 5: Arbeit
– Neue Arbeitsstelle
– Mitbestimmung
– Kündigung
– Arbeitslosengeld I und II
– (gute) Arbeit und Teilhabe an der Gesellschaft

Lernstufe 5: Haushalt
– Wohnungsführung/Haushaltsgründung
– Einnahmen, Ausgaben, Haushaltsbuch
– Lebenshaltungskosten, Sparpotentiale
– Bankgeschäfte
– Arbeitsteilung/Wert von Hausarbeit

Lernstufe 6: Schulden/Vorsorge
– Schuldenfallen (z.B. Handy)
– Kredite
– Schuldenvermeidung
– Gesetzliche Rente
– Private Vorsorge/Versicherungen

Im Mai 2011 wird im Bereich der Schulabschlüsse ein noch umfangreicheres Lernpaket zur ökonomischen Grundbildung freigeschaltet.

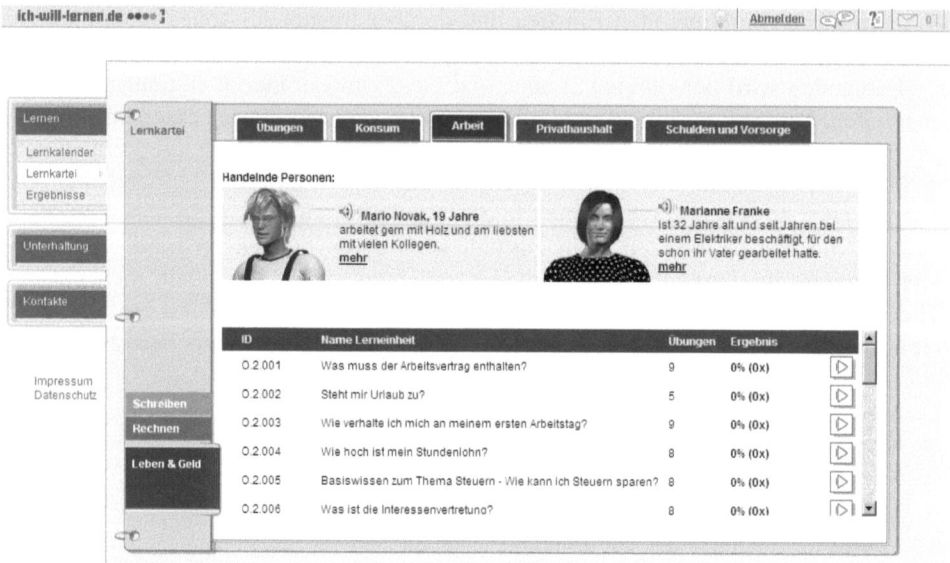

Abb. 3: In der Lernkartei haben die Lernenden Zugriff auf alle Übungen der einzelnen Lernfelder

2.2 Mit dem *AlphaVZ* Web 2.0 verstehen und nutzen

Das *AlphaVZ*, das neue Soziale Netzwerk in der Alphabetisierung und Grundbildung, ist seit September 2010 in das DVV-Lernportal *ich-will-lernen.de* integriert. Dort steht es Lernenden im Bereich Alphabetisierung zur Verfügung. Soziale Netzwerke sind das Herz des Web 2.0, des neuen Internets, das auch „Mitmach-Netz" genannt wird. Mit dem *AlphaVZ* möchten wir den Lernenden die Möglichkeit geben, ein Soziales Netzwerk zu verstehen und zu nutzen.

Abb. 4: Logo des *AlphaVZ*

Genutzt werden kann das *AlphaVZ* auf ganz unterschiedliche Weise. Es ist für Lernende, aber auch für Lehrende in der Alphabetisierung zugänglich. Mit diesem Netzwerk lässt sich die Arbeit im Kurs effizient organisieren und ansprechend gestalten. Lernende und Tutorinnen bzw. Tutoren im Portal, aber auch Lernende in Alphabetisierungskursen und Kursleitende können über die Plattform auf verschiedensten Wegen miteinander kommunizieren, denn das *AlphaVZ* verfügt über alle grundlegenden Social-Community-Funktionen: Profil anlegen, Freundinnen und Freunde finden, Gruppen bilden, auch das beliebte Verschicken von Kurznachrichten, häufig „Twittern" genannt. Damit entspricht es im Aufbau den gängigen Sozialen Netzwerken.

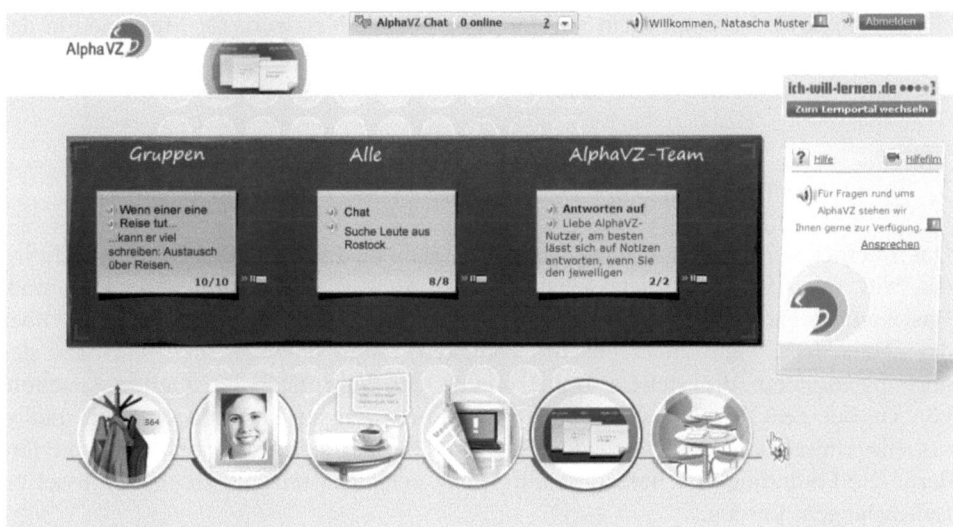

Abb. 5: Pinnwand im *AlphaVZ*

Die wichtigsten Funktionen lassen sich über die Icons am unteren Bildrand aktivieren. In der Bedienhilfe werden die Funktionen sowohl in Textform als auch mit Hilfefilmen erläutert. Die Nutzerinnen und Nutzer können sich alle Erklärungen, aber auch ihre selbstgeschriebenen Texte bei Bedarf vorlesen lassen.

Das *AlphaVZ* unterscheidet sich jedoch auch in einigen wichtigen Punkten von den üblichen Plattformen dieser Art. Zum einen ist das *AlphaVZ* ausschließlich den Lernenden im Bereich Alphabetisierung des Portals vorbehalten. Insofern ist es ein geschützter Raum. Zum anderen wird das *AlphaVZ* im Unterschied zu den meisten anderen Sozialen Netzwerken nicht kommerziell genutzt: Werbung ist verboten. Die Nutzerdaten werden weder zu kommerziellen Zwecken ausgewertet noch weitergegeben.

Die Nutzerdaten im *AlphaVZ* sind also so sicher, wie Daten im Internet es sein können. Trotzdem gaukelt das *AlphaVZ* seinen Mitgliedern keine heile virtuelle Welt vor. Die Lernerinnen und Lerner sollen mit den Chancen wie den Risiken virtueller Vernetzung vertraut gemacht werden. Unter dem Stichwort „Privatsphäre" vermittelt das *AlphaVZ* in einfacher Sprache Grundbegriffe, die auch die wissenschaftlichen Diskussionen und politischen Debatten über das Internet beherrschen. Was in Sozialen Netzwerken „privat" ist, bestimmt jede Nutzerin und jeder Nutzer selbst. Wer persönliche Angaben, Beiträge und Fotos sehen darf, regeln die Nutzerinnen und Nutzer über ihren Steckbrief. Unter der Rubrik „Profil bearbeiten" können ausführliche Privatsphäreeinstellungen vorgenommen werden. An diesen besonders wichtigen Stellen im *AlphaVZ* werden die Nutzerinnen und Nutzer bei ihren Entscheidungen durch medienpädagogische Hinweise unterstützt, z.B. bei der Auswahl eines *AlphaVZ*-Namens oder wenn festgelegt wird, welche persönlichen Daten für andere sichtbar sein dürfen.

Das *AlphaVZ* ist somit nicht nur das erste Soziale Netzwerk für Menschen in der Alphabetisierung, sondern auch eines der ersten medienpädagogisch ausgerichteten Sozialen Netzwerke in Deutschland.

3. Schlussbemerkung

Das Internet wird weiter wachsen und wer sich in der virtuellen Welt zurechtfinden will, muss wissen, welche Chancen, aber auch Risiken damit verbunden sind. Basiskompetenzen für Mediennutzung umfassen also einerseits das Wissen über das „Neue Netz" und anderseits die Fähigkeit, damit umzugehen – und dazu gehört insbesondere die sichere Beherrschung der Schriftsprache. Online-Angebote können bei dem Erwerb von Schriftsprachkompetenzen unterstützen. Die audiovisuelle Umsetzung kann auch den Spaß am Lernen steigern und Motivation fördern. Die Förderung von Selbstlernkompetenz verstehen wir zudem als Schlüssel zu Lebenslangem Lernen.

Bezogen auf die Zielgruppe der funktionalen Analphabetinnen und Analphabeten behaupten wir also, dass das Internet auch für sie eine gute Unterstützung im Alltag sein kann. Es besteht allerdings Klärungsbedarf, ob der Begriff *Grundbildung* um eine mediale Komponente erweitert werden müsste. Welche Rolle spielen neue Medien, welche Rolle spielt Medienkompetenz in der Grundbildung? Ergibt sich Medienkompetenz aus Schriftsprachkompetenz oder muss sie nicht vielmehr begleitend erworben werden? Gilt sie als Voraussetzung für Chancengleichheit in der Informationsgesellschaft? Wird man „abgehängt", wenn man mit Medien nicht umgehen kann? Und wie wichtig ist Medienkompetenz für einen beruflichen (Wieder-)Einstieg? Diese Fragen sind auch für die Weiterentwicklung von *ich-will-lernen.de* wichtig.

Die eigenen ökonomischen Interessen zu kennen ist unabdingbar für alle, die autonom leben wollen. Ebenso unverzichtbar ist dafür der Sinn für den Schutz der eigenen Privatsphäre, im Netz wie in der Realität. Darum sind die neuen Bereiche auf *ich-will-lernen.de* nicht nur jeder für sich substantiell, sondern auch aufeinander bezogen.

Das Computerlernspiel WINTERFEST

Barbara Cramm & Maik Neudorf

1. Einleitung

Das Computerlernspiel WINTERFEST wurde im Rahmen des BMBF-Förderschwerpunktes „Forschungs- und Entwicklungsvorhaben im Bereich Alphabetisierung und Grundbildung für Erwachsene" im Projekt „Alphabit" entwickelt. Zielgruppe sind junge Erwachsene, bei denen ein gewisses Maß an Basiswissen in den Bereichen Lesen, Schreiben, Rechnen und Medienkompetenz vorausgesetzt werden kann. Die Kursleitenden von Alphabetisierungs- und Grundbildungskursen erhalten mit diesem neuen Lehr- und Lernmedium die Möglichkeit, ihren Unterricht mit den zahlreichen Übungen und Spielsituationen zu erweitern und aufzulockern.

2. Kurzvorstellung der Rahmenhandlung des Lernspiels

Abb. 1: Alex am Stadttor

Alex, der Held des Lernspiels WINTERFEST lebt gemeinsam mit seiner Mutter in einem kleinen Haus. Als ihnen die Zwangsräumung droht, fällt er in Ohnmacht und erwacht in einer fremden Welt. Mithilfe einer sprechenden Ratte will er die Hexe finden, die ihm helfen soll, wieder nach Hause zurückzukommen.

Abb. 2: Alex in der Gaststube

Von den Bewohnerinnen und Bewohnern der Stadt Bronnberg erhält er wichtige Tipps für die Suche nach der Hexe, nachdem er ihnen in Alltags- und Berufssituationen hilft.

Nach vielen Aufgaben kommt er endlich ins Rathaus hinein und erfährt, dass die Hexe sich nicht mehr im Schandturm befindet, sondern bereits zum Scheiterhaufen gebracht wurde.

Abb. 3: Alex bei der Wiegeprobe

Die Ratte rät Alex, die Äbtissin des Klosters um Rat zu fragen, um die Hexe vor dem Scheiterhaufen zu bewahren. Diese spricht von einem „Hexenhammer", den Alex suchen soll. In dem Buch liest Alex etwas über die Wiegeprobe und erwirkt beim Statthalter ihre Durchführung. Mit einem Trick schafft Alex es, die Hexenverbrennung zu verhindern und kann endlich mit der vermeintlichen Hexe sprechen. Sie erweist sich nur als weise Kräuterfrau, kann ihm aber dennoch helfen, in seine Welt zurückzugelangen.

Abb. 4: Alex im Elternhaus

Wieder zu Hause, führt Alex ein selbstsicheres Telefonat mit dem Tischler. Jetzt bekommt er endlich die Chance, einen Probearbeitstag in der Tischlerei zu absolvieren.

3. Besonderheiten des Lernspiels

Das Computerlernspiel WINTERFEST ist eine Kombination aus Rahmenhandlung, Lern-Adventure und dreizehn eingebetteten Übungen, den sogenannten Minispielen. Im Adventure-Teil und in den Minispielen erhalten die Spielenden erste Einblicke in ausgewählte Berufe (z.B. Verkauf, Gastronomie, Pflege, Gartenbau). Darüber hinaus können zahlreiche Kompetenzen für Alltagssituationen vertieft und erweitert werden (z.B. Bedienung eines Fahrscheinautomaten, Kochen nach einem Rezept, Abwiegen, Einkaufen und Bezahlen von Lebensmitteln).

Abb. 5: Minispiel „Eierkuchen backen"

Ergänzend zum Lernspiel wurde ein den Fähigkeiten der Zielgruppe angemessenes Handbuch mit wenigen kurzen Texten und detailreichen Grafiken gestaltet. Es
führt in die Rahmenhandlung ein und macht mit einigen Spielfiguren bekannt. Der
Abschnitt „Installation" enthält eine einfache Anleitung, um das Spiel selbständig auf
einem Rechner zu installieren und zu starten.

Eine in das Lernspiel integrierte Anleitung erläutert in den ersten Spielsituationen
und im ersten Minispiel – sowohl per Text als auch per Audio – die Möglichkeiten
der Spielsteuerung (Maustasten-Aktionen) und die Funktion der interaktiven
Elemente (z.B. Lupe, Notizbuch, Karte).

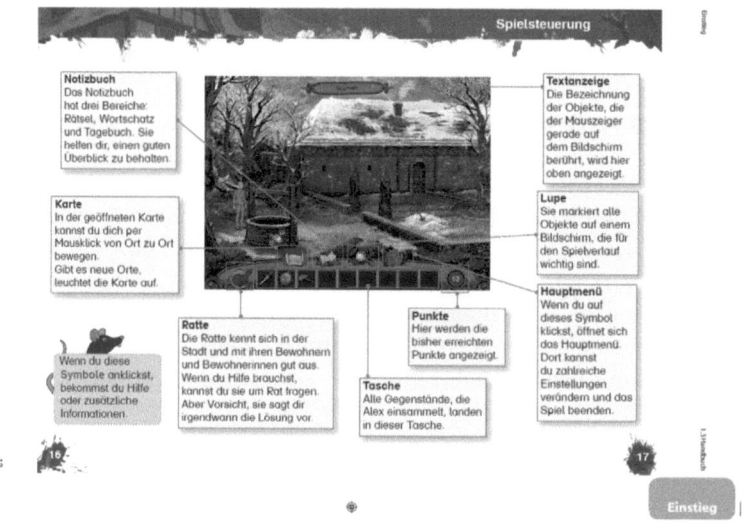

Abb. 6: Handbuch Spielsteuerung

Die Minispiele verfügen über drei adaptive Schwierigkeitsgrade, die dafür sorgen, dass die Spielenden, abhängig von ihrer Nutzung der Hilfefunktion im vorangegangenen Minispiel, das folgende entweder im leichteren, schwereren oder im gleichen Schwierigkeitsgrad bearbeiten.

Ein Diagnose-Werkzeug überprüft die Buchstaben- und Zahleneingaben in den Minispielen. Die Prüfroutine reagiert auf etwa 80 % der häufigsten Fehler und gibt anschließend diagnostische Hinweise zu ihrer Korrektur.

Während des gesamten Lern-Adventures sammeln die Spielenden in jedem Minispiel Highscore-Punkte, die abhängig von der Bewältigung des jeweiligen Schwierigkeitsgrads berechnet werden.

4. Kurzvorstellung der didaktischen Materialien (Cramm/Neudorf 2010)

Bei der Umsetzung der „Alphabit"-Projektaufgaben wurde besonderer Wert auf die Erstellung ergänzender Materialien für die Einbettung des Lernspiels in Alphabetisierungs- und Grundbildungskurse gelegt.

4.1 Die Kursleitenden-Mappe

Der 218-seitige Ringordner verfügt über eine übersichtliche Registratur, die einen schnellen Zugriff auf die zahlreichen Erläuterungstexte, Informationsblätter und Grafiken ermöglicht.

Hier einige Beispiele aus dem Inhalt der Mappe:
- Die Kopiervorlage des DVD-Handbuchs mit allen Symbolen der Spiel- und Dialogsteuerung kann für die vorbereitende gemeinsame Lektüre im Kurs genutzt werden.
- Die Fragenlisten zu den ca. 40 Grafiken der Spielsituationen und Minispiele bieten vielfältige Möglichkeiten zum kreativen Erzählen und Schreiben.
- Eine Sammlung von Vorschlägen zu Aktionen und Besichtigungen in der eigenen Stadt bietet die Chance, die Funktion der heutigen Geschäfte, Betriebe oder Plätze mit denen der mittelalterlichen Welt zu vergleichen.
- Mit Hilfe der Arbeitsblätter können Inhalte und Umsetzung der Minispiel-Aufgaben auf dem Papier vorbereitet und für die Arbeit am PC trainiert werden.
- Das Kapitel „Methodisch-didaktisches Konzept" (Cramm/Neudorf 2010, 30-36) erläutert unter anderem die Zuordnung der Lerninhalte zum Apoll-Niveaustufen-Modell sowie die Abstufungen der Schwierigkeitsgrade und das dreistufige Hilfesystem.
- Die Kurzinformationen zu allen Minispielen ermöglichen den Kursleitenden einen direkten und schnellen Zugriff auf alle Spielschritte, Lernziele und die Lösungsschritte aller Teilaufgaben.

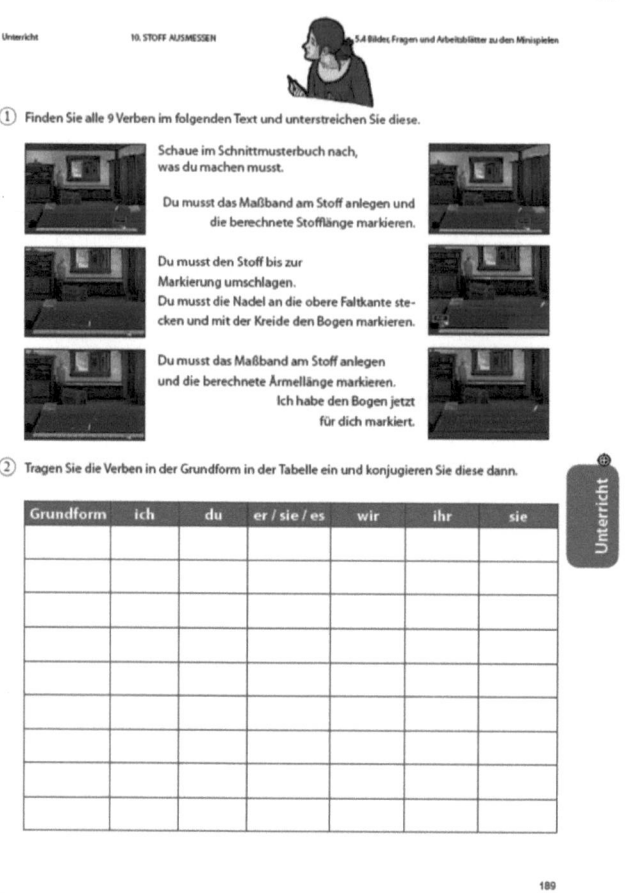

Abb. 7: Arbeitsblatt Schneiderei

– Das Kapitel „Technisches" (Cramm/Neudorf 2010, 211-214) bietet mit Hilfe von Screenshots eine Anleitung zur Sicherung der Spielstände aller Kursteilnehmenden auf dem PC des Kursraumes.

4.2 Der Informationsflyer

Zur Verbreitung des Computerlernspiels in Weiterbildungsinstitutionen und deren Netzwerken wurden Informationsflyer erstellt. Mittels einer kurzen Beschreibung der Rahmenhandlung, des didaktischen Konzepts, der Themen der Minispiele und der Kontaktdaten wird bundesweit auf dieses neue Medium aufmerksam gemacht.

4.3 Internet-Seiten

Kursleitenden und der interessierten Fachöffentlichkeit stehen mehrere Websites mit weiterführenden Informationen zur Verfügung:

www.lernspiel-winterfest.de
Auf dieser Website können im Menüpunkt „Fachöffentlichkeit" mehrere Textdokumente heruntergeladen werden:
– Didaktische Materialien als PDF-Dokument
– Hinweise zur Einbindung des Spiels in den Unterricht
– Erfahrungsberichte von Kursleitenden
– Ergänzende technische Hinweise
– Interaktive Arbeitsblätter

www.projekt-alphabit.de
Diese Website bietet zahlreiche Informationen zum Projekt „Alphabit". Hier werden zum Beispiel die Teilprojekte mit ihren spezifischen Aufgaben und Ergebnissen sowie Details zum Entwicklungsprozess des Lernspiels vorgestellt.

www.grundbildung.de
Auf dieser Website des Deutschen Volkshochschul-Verbandes (DVV) wurden zahlreiche Inhalte unter anderem auch zu den Alphabetisierungs- und Grundbildungsprojekten des Bundesministeriums für Bildung und Forschung (BMBF) zusammengestellt. Ein Veranstaltungs- und Schulungskalender informiert über aktuelle Angebote.

5. Vorschläge zur langfristigen Nutzung des Lernspiels

Computerspiele werden meist nur wenige Male gespielt. Um zu gewährleisten, dass das Lernspiel WINTERFEST in der Alphabetisierungs- und Grundbildungsarbeit und möglicherweise auch darüber hinaus langfristig und nachhaltig genutzt wird, wurden ergänzende Begleitmaterialien und Werkzeuge erstellt sowie Internet-Angebote entwickelt.

5.1 Die Minispiel-Übersicht

Diese integrierte Anwendung macht es möglich, dass die Kursleitenden jedes Minispiel und dort auch jede Schwierigkeitsgrad-Variante außerhalb und unabhängig vom Adventure-Teil aufrufen und von den Kursteilnehmenden als Einzelübungen bearbeiten bzw. spielen lassen können.

Abb. 8: Minispiel-Übersicht

5.2   WINTERFEST-Fortbildungsangebote

Um Kursleitende bei der Einbettung des Computerlernspiels in den Unterricht der Alphabetisierungs- und Grundbildungskurse zu unterstützen, wurden Multiplikatorinnen und Multiplikatoren qualifiziert und es wurde ein entsprechendes Konzept für bundesweite Fortbildungen implementiert. Die Schulungsangebote können bei den Landesverbänden der Volkshochschulen oder per E-Mail beim DVV unter winterfest@dvv-vhs.de erfragt werden.

5.3   Anbindung an das DVV-Lernportal *www.ich-will-lernen.de*

In diesem Lernportal stehen der Zielgruppe „funktionale Analphabetinnen und Analphabeten" ca. 20.000 Übungen zur Verfügung, um ihre Kompetenzen im Lesen, Schreiben und Rechnen zu erweitern und zu vertiefen.

Ende des Jahres 2010 waren über eine viertel Million Nutzerinnen und Nutzer registriert und monatlich loggten sich ca. 20.000 Lernende zur Bearbeitung ihrer Übungen ein.

An mehreren Stellen des DVV-Lernportals *www.ich-will-lernen.de* wird über das Lernspiel WINTERFEST informiert und auf den kostenlosen Download des Lernspiels auf der Website *www.lernspiel-winterfest.de* verwiesen.

Im Unterhaltungsbereich des Lernportals können die Lernenden vier Minispiele als Online-Varianten aufrufen und kennenlernen.

5.4   Gruppenforum WINTERFEST im *AlphaVZ*

Seit Ende des Jahres 2010 können sich die Spielenden des Lernspiels in dem WINTERFEST-Diskussionsforum austauschen. Es befindet sich im sozialen Netzwerk *AlphaVZ*[1]. Diese Web-2.0-Anwendung ist in das DVV-Lernportal *www.ich-will-lernen.de* integriert und steht „erprobten" Nutzerinnen und Nutzern des Alphabereichs offen, um hier erste Erfahrungen mit der Kommunikation in Foren und Chaträumen zu sammeln.

Abb. 9: *AlphaVZ*-Gruppenforum WINTERFEST

Eine Besonderheit dieses Gruppenforums ist die Möglichkeit, die Highscore-Punkte aus dem Lernspiel in eine spezifische Tabelle hochzuladen und sich den Punktestand im Vergleich zum Punktestand anderer Spielerinnen und Spieler anzeigen zu lassen.

Durch die qualifizierten Multiplikator(inn)en und Kursleitenden, die umfangreichen didaktischen Materialien und durch die Angebote im DVV-Lernportal *www.ich-will-lernen.de* besteht eine hohe Wahrscheinlichkeit, dass das Lernspiel WINTERFEST langfristig und nachhaltig eingesetzt und genutzt wird.

Funktionale Analphabetinnen und Analphabeten, die noch nicht in Alphabetisierungs- und Grundbildungskurse eingebunden sind, können sich die Lernspiel-DVD mittels der im lokalen Netzwerk der Volkshochschulen verteilten WINTERFEST-Postkarten nach Hause schicken lassen.

Die zahlreich gestreuten Hinweise auf weitere Angebote zum spielerischen und interaktiven Lernen im DVV-Lernportal oder zum Lernen in Lese-, Schreib- und Rechenkursen der Weiterbildungseinrichtungen bewirken im besten Fall das Heraustreten aus der Anonymität und die Entscheidung, die vorhandenen Kompetenzen zum Weiterlernen zu nutzen.

---

1   Siehe hierzu auch den Beitrag von Arnold und Schuster in diesem Band

6. Ausblick

Mit den bundesweiten WINTERFEST-Fortbildungen wurden bisher ca. 300 Kursleitende von Alphabetisierungs- und Grundbildungskursen für den Einsatz dieses neuen Lehr- und Lernmediums geschult. In einem weiteren Schritt soll versucht werden, das Lernspiel und die Begleitmaterialien ins Englische zu übersetzen.

In Gesprächen mit Kursleitenden wurde deutlich, dass das Lernspiel mit wenigen Änderungen bzw. Erweiterungen auch von Migrant(inn)en, Senior(inn)en, Behinderten oder Kindern motivierend genutzt werden könnte. Denkbar ist auch die Implementierung des Lernspiels auf anderen Plattformen wie der Wii, dem iPad oder der Nintendo DS-Konsole.

Allerdings sind die entstehenden Kosten für alle diese Erweiterungen bzw. Änderungen nicht unerheblich und benötigen daher eine entsprechende finanzielle Förderung.

7. Erfahrungen aus dem Workshop mit Lernenden bei der Fachtagung Alphabetisierung 2010

Der Workshop sollte den Lernenden, die das Computerlernspiel WINTERFEST noch nicht kannten, die Möglichkeit bieten, es durch praktisches Ausprobieren kennenzulernen. Die Teilnehmerinnen und Teilnehmer des Workshops kannten das Spiel allerdings zum Teil bereits und waren bereit, ihre Erfahrungen mit dem Spiel einzubringen und denjenigen zu helfen, die das Spiel noch nicht kannten oder im Spiel noch nicht so weit gekommen waren. So entstand beim Spielen eine angenehme Atmosphäre durch den Austausch der Lernenden untereinander.

Somit wurde der Workshop für uns auch als Chance gesehen, sich direkt bei den Lernenden Feedback zum im Projekt „Alphabit" entwickelten Computerlernspiel zu holen. Nach einigen Spielphasen wurden so die Meinungen zum Lernspiel zusammengetragen.

Von den Lernenden wurde prinzipiell positiv hervorgehoben, dass die Ratte zum Nachfragen und als Hilfe bei den Minispielen zur Verfügung steht. Auch die Möglichkeit, sich die Antworten der Spielfiguren vorlesen zu lassen, wurde gelobt. Allerdings wurde an den Dialogen mit den Spielfiguren auch kritisiert, dass die Texte von Alex keinen Leseanlass geben, weil sie immer sofort vorgelesen werden. Als Lösung für dieses Problem wurde vorgeschlagen, dass Alex seine Fragen in den Dialogen auch erst nur in Textform stellen sollte.

Weiterhin wurde positiv hervorgehoben, dass das Mittelalter als Zeit der Spielgeschichte interessant sei. Eine weitere Anregung der Lernenden war, dass die Spielfigur selbst durch die Stadt gehen können sollte, statt eine Karte für den Ortswechsel benutzen zu müssen. Wir haben daraufhin versucht, den Teilnehmerinnen und Teilnehmern die Gründe für genau diese Konzeptionen zu erläutern.

Insgesamt lässt sich das Fazit ziehen, dass sich die Lernenden im Workshop ernst genommen fühlten, dass sie von dem Computerlernspiel begeistert sind und dass in dem Workshop ein für beide Seiten gewinnbringender Austausch stattfand.

Literatur

CRAMM, Barbara/NEUDORF, Maik (2010): Lernspiel Winterfest. Didaktische Materialien. Bonn: Deutscher Volkshochschul-Verband e.V.

Weiterführende Literatur

CRAMM, Barbara/NEUDORF, Maik (2010): Aufgetaut beim Winterfest. Spannung mit dem neuen Lernspiel garantiert. In: dis.kurs. Das Magazin des Deutschen Volkshochschul-Verbandes e.V., Sonderheft Herbst 2010, S. 26-27. Verfügbar unter: http://www.grund-bildung.de/fileadmin/redaktion/pdf/Cramm_Neudorf.pdf [Abruf am 13.04.2011].

CRAMM, Barbara/NEUDORF, Maik (2010): Blended Learning am Beispiel des Adventurespiels Winterfest und seiner didaktischen Begleitmaterialien. In: DIENER, Holger/ MACIUSZEK, Dennis/MALO, Steffen/MARTENS, Alke/URBAN, Bodo (Hrsg.): Spielend Lernen. Tagungsband der Abschlusskonferenz des Verbundprojektes Alphabit in Zusammenarbeit mit dem 4. Workshop Game-based Learning. Stuttgart: Fraunhofer, S. 95-104.

MALO, Steffen/NEUDORF, Maik/WIST, Thorben (2009): Game-based Training in der Alpha-betisierung. Entwicklung eines Lernspiels für die Grundbildung. In: MedienPädagogik. Zeitschrift für Theorie und Praxis der Medienbildung. Themenheft Nr. 15/16: Computerspiele und Videogames in formellen und informellen Bildungskontexten. Online publiziert: 03.04.2009. Verfügbar unter: www.medienpaed.com/15/malo0904. pdf [Abruf am 13.04.2011].

NEUDORF, Maik/WIST, Thorben (2009): The Alphabit-Project – A Game Based Training. In: 3rd Vienna Games Conference – Future and Reality of Gaming – F.R.O.G. 2009 „Exploring the Edge of Gaming". Tagungsprogramm, S. 38.

WIST, Thorben/MALO, Steffen/CRAMM, Barbara (2009): Der Lerner als virtueller Experte. Ein Game Based Training für die Alphabetisierungs- und Grundbildungsarbeit. In: DIE Zeitschrift für Erwachsenenbildung, 16. Jg., Nr. 3, S. 37-40.

Spielerisch lernen in der familienorientierten Grundbildung

Heike Drewelow

Der Einsatz von Spielen im schulischen Kontext hat eine jahrhundertealte Tradition, die vor allem in der Reformpädagogik wieder auflebte. Viele Hoffnungen wurden und werden mit der Verbindung von Spielen und Lernen verknüpft; viel Kritik wurde und wird jedoch auch an einer solchen Verbindung geübt.

Eine sehr uneinheitliche Verwendung des Begriffs „Lernspiel" lässt zum einen auf unterschiedliche Verständnisse von Lernspielen schließen – und zum anderen darauf, dass eben auf Grund der verschiedenen Auffassungen eine einheitliche begriffliche Fassung kaum möglich sein wird.

Im Folgenden werden exemplarisch verschiedene Lernspiele benannt, die sich im Rahmen der (familienorientierten) Grundbildung besonders eignen.

1. Mündliche Spiele/Tafelspiele

In diesen Spielsituationen muss niemand/müssen nicht alle Beteiligten schreiben.
- „Ich packe meinen Koffer" (Wörter in länger werdender Reihenfolge merken)
- ABC: Innerhalb eines Themas werden abwechselnd Begriffe aus einer Rubrik genannt, dabei muss die Reihenfolge des Alphabets berücksichtigt werden (z.B. Tiere: Affe, Bär, Chamäleon, Dachs …).
- „Galgenmännchen": Eine Person ergänzt von anderen genannte Buchstaben im von ihr ausgedachten Wort an der Tafel, das zu Beginn nur durch Leerstellen gekennzeichnet ist. Für jeden Buchstaben, der nicht im Wort vorkommt, darf die Person an der Tafel ein Teil eines „Galgens" zeichnen und gewinnt, wenn der Galgen vollendet ist, bevor das Wort erraten wurde.
- „Selbstlaute finden": Aus einem Spruch/Motto (z.B. „Ohne Fleiß kein Preis") werden Selbstlaute entfernt und durch Striche ersetzt („_hn_ Fl_ _ß k_ _n Pr_ _s"). Die Aufgabe besteht darin, die Selbstlaute so zu ergänzen, dass der Satz wieder erkennbar wird. Um eine erhöhte Schwierigkeit zu erreichen, werden alle übrigen Buchstaben zusammengezogen („hnFlßknPrs"), evtl. werden kleine Gruppen gebildet („hn Flß kn Prs").

2. Schreib- und Zeichenspiele

- „Stadt-Land-Fluss" (mit Kategorien, die den Teilnehmenden entgegenkommen)
- „Malen nach Zahlen" (für das Lernen der Zahlen)
- Auf dem Kopf zeichnen/schreiben: Einer Person wird ein Buch auf den Kopf gelegt; sie muss auf einem darauf gelegten Blatt etwas zeichnen/schreiben (eine gute Koordinationsübung).

Abb. 1: Zu zweit schreiben

– Zu zweit schreiben: Eine Person hält unbewegt einen Stift, eine zweite bewegt das Blatt und schreibt so ein Wort (siehe Abb. 1).
– „Wer findet das längste Wort?" (paarweise, 60 Sekunden Zeit, möglicherweise ein Grundwort vorgeben)
– „Stille Post" in Bild und Wort: Die erste Person malt ein Bild und zeigt dieses der zweiten Person. Diese schreibt einen Satz auf, der das Bild beschreibt, und zeigt diesen der dritten Person, die wiederum ein Bild malt usw.
– „Cadavres exquis", auch als Klapp- oder Faltbild bekannt (in Bild- und Satzform möglich), z.B.:
  – Zeitungsbericht: Eine Gruppe schreibt gemeinsam einen Zeitungsbericht. Jedes Gruppenmitglied schreibt nur einen Teil des Berichts zu jeweils einer Information auf, faltet das Blatt und gibt es an die nächste Person weiter: Wer/tut was/mit wem/bei welcher Witterung/an welchem Ort?/Wer war dabei?/Was geschah dabei/zu welcher Zeit?/sonstige Umstände?
  – Inserat: Eine Gruppe schreibt gemeinsam ein Inserat/eine Annonce. Jedes Gruppenmitglied schreibt nur einen Teil der Anzeige zu jeweils einer Information auf, faltet das Blatt und gibt es an die nächste Person weiter: Wer oder was?/Wie beschaffen?/Nähere Umschreibung/Was geschah damit?/Unter welchen Bedingungen?/Zu welchem Preis?/Angebote an wen?
– Zufallsgeschichten schreiben: Die Seminarleitung bereitet Kategorien vor, damit die Teilnehmenden per Zufall aus einem Haufen Möglichkeiten ihre Geschichte lenken können. Mögliche Kategorien, die mit konkreten Beispielen angereichert werden müssen, wären z.B. folgende:

- Es war einmal ...
- Er/Sie/Es lebte ...
- Er/Sie/Es liebte es ...
- Eines Tages traf er/sie/es ...
- Er/Sie/Es brauchte Hilfe, weil er/sie/es ...
- Dann flogen/fuhren sie mit/auf ...
- Er/Sie/Es landete schließlich ...
- Dort ...

3. Würfelspiele

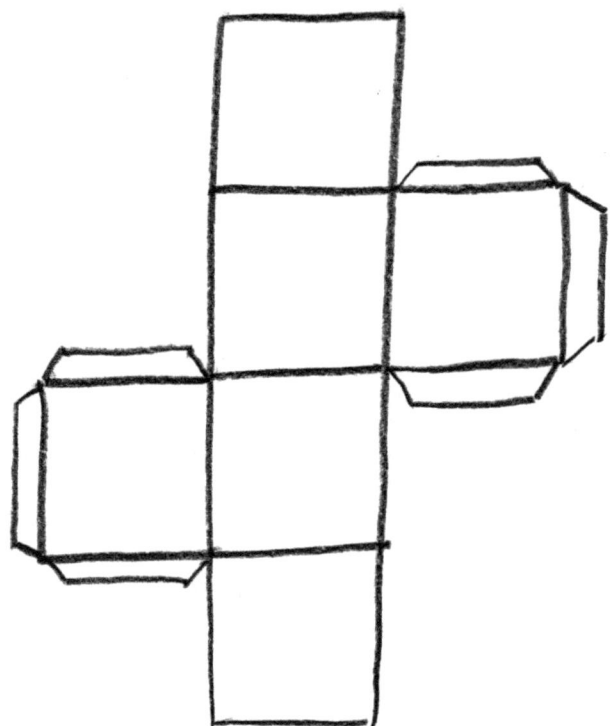

Abb. 2: Vorlage für einen Würfel

Man sucht sich eine Kategorie für einen Würfel und beschriftet die sechs Würfel-seiten mit sechs Möglichkeiten/Ausprägungen in dieser Kategorie. Mehrere Würfel in mehreren Kategorien werden dann zu einem Spiel kombiniert. „ALEA IACTA EST" – „Der Würfel ist geworfen."

- Sätze bilden: Hier gilt es, aus den erwürfelten Komponenten Sätze zu bilden:
  - *Personalpronomen* (ich, du/Sie, er/sie/es, wir, ihr, sie)
  - *Zeitformen* (der Einfachheit halber in Alphabetisierungskursen drei, die je-weils doppelt vertreten sind – je 2x Gegenwart, Vergangenheit und Zukunft auf die Würfelseiten, dann wird es nicht zu kompliziert)

- *Satzart* (wiederum drei, die jeweils doppelt vertreten sind – je 2x Aussage, Frage, Aufforderung)

Die Schwierigkeit kann erhöht werden – z.B. durch weitere Kategorien wie *Wortart*.

- „ELSE WÜRFEL"[1] – Zeichenspiel: Es geht um die Zugänge zum Zeichnen, um die Untersuchung der „Zufahrtswege". Die Methode wird zum Thema. Es geht zunächst nicht mehr um das WAS, sondern um das WIE des Zeichnens, d.h. das WIE des Zeichnens wird im Spiel thematisiert. Die aufgeführten Würfelkategorien stellen nur eine Auswahl möglicher Würfel dar.

Würfelkategorien für das WIE:

- *Format* (DIN A4/DIN A6/Streifen/von der Rolle/Zeitungsbogen/auf demselben Blatt weiter)
- *Einschränkung* (hinter dem Rücken/mit links/mit beiden Händen/blind/Blatt bewegen/im Vorbeigehen)
- *Mittel* (mit einer Schablone/mit zwei Stiften gleichzeitig/mit Blaupapier/mit Lineal/Kugelschreiber/Bleistift)
- *Zeit* (Zeitlupe/blitzschnell/mit Unterbrechung/bis die Bleistiftspitze verbraucht ist/Eieruhr/Zahlenwürfel)
- *Linie* (doppelte/unterbrochene/zickzack/gepunktet/ohne abzusetzen/mit dem Lineal)

das: Mann
ließ mit dem Lineal
als Streifen

Abb. 3:
Zeichenspiel „ELSE WÜRFEL"
– hier wurde erwürfelt: WAS:
Mann/WIE: mit dem Lineal/
FORMAT: Streifen

---

1   Dieses Spiel ist in einem Seminar von Nanne Meyer zum Thema Einschränkung und Reduktion an der Kunsthochschule Berlin-Weißensee entstanden – hier ist es leicht abgewandelt und den Bedürfnissen angepasst (was ja ein unschlagbarer Vorteil von Spielen ist).

Würfelkategorien für das WAS:

- *Dinge 1* (Lichtspendendes/Schwimmendes/Essbares/Defektes/halbe Sachen/Behälter)
- *Dinge 2* (Fliegendes/Möbel/Kleidung/Werkzeug/Inneres/Fahrzeug)

4. weitere Spielmöglichkeiten

- Hamburger ABC: Das Nomenspiel
- Bundesverband Alphabetisierung und Grundbildung e.V.: Leselotto (mit vielen kleinen Wörtern)
- Scrabble
- LetraMix
- Bierdeckel-Quiz
- Schiffe versenken
- div. Denk- und Rätselbücher

Standortbestimmung:
Sieben Jahre Bernburger Thesen –
Fünf Jahre Integrationskurse mit Alphabetisierung

Bernburger Thesen zur Alphabetisierung

1) Alphabetisierung und Grundbildung gehören zu den Pflichtaufgaben von Schule. Die lebensbegleitende, dynamische Alphabetisierung und Grundbildung sollen als Pflichtaufgabe der Weiterbildung anerkannt werden. Die politische Zuständigkeit muss daher entsprechend den Kompetenzen auf Bundes-, Länder- und kommunaler Ebene liegen.

2) Im Bereich der Prävention von funktionalem Analphabetismus muss gesichert werden, dass Schülerinnen und Schüler die Schule nicht ohne ausreichende Kenntnisse im Lesen und Schreiben verlassen. Dazu bedarf es regelmäßiger Analysen der Lernstandsentwicklung im Schriftspracherwerb und gezielter Fördermaßnahmen. Im Verlauf der Schulzeit muss es die Möglichkeit zum wiederholten Einstieg in den Schriftspracherwerb geben. Bereits vor der Schulzeit ist frühe Unterstützung durch vorschulische Einrichtungen und familienorientierte Maßnahmen zu gewährleisten.

3) Schriftspracherwerb und funktionaler Analphabetismus müssen fächerübergreifend Pflichtthemen in der Lehrerausbildung sein.

4) Alphabetisierung und Grundbildung Erwachsener erfordern ein flächendeckendes und nachfragegerechtes Angebot an qualitativ hochwertigen Alphabetisierungs- und Grundbildungskursen in Weiterbildungseinrichtungen. Arbeitslose Analphabeten sollen mit anderen Arbeitslosen gleichgestellt werden durch vorgeschaltete ganztägige Alphabetisierungsmaßnahmen, um dann an weiteren Fortbildungs- und Umschulungsmaßnahmen erfolgreich teilnehmen zu können.

5) Die Berufsausbildung zum Alphabetisierungs- und Grundbildungspädagogen muss institutionalisiert werden. Dazu muss ein entsprechendes Ausbildungskonzept entwickelt werden. Wissenschaft und Forschung müssen sich mit dem Schriftspracherwerb bei Kindern und Erwachsenen befassen sowie didaktische und methodische Leitlinien für Ausbildung, Unterricht und Unterrichtsmaterialien entwickeln.

6) Die Grundbildungskompetenzen der Gesamtbevölkerung sind in regelmäßigen Bildungsreporten zu erfassen und die mit Alphabetisierungs- und Grundbildungsmaßnahmen erzielten Lernfortschritte sind zu evaluieren.

7) Die Öffentlichkeit muss durch die Medien kontinuierlich über das Themenfeld Analphabetismus informiert werden, um einerseits zu einer Entstigmatisierung beizutragen und andererseits die Betroffenen und ihre Vertrauenspersonen auf bestehende Hilfsangebote aufmerksam zu machen.

8) Zur Umsetzung der nationalen Ziele der Weltalphabetisierungsdekade in Deutschland muss eine zentrale, aus öffentlichen Mitteln finanzierte Service-, Beratungs- und Informationsstelle eingerichtet werden.

9) Auch Menschen mit Lese- und Schreibproblemen sollen in Deutschland dazu ermutigt werden, ihre Interessen und Bedürfnisse selbstbewusst in der Öffentlichkeit und gegenüber bildungspolitisch Verantwortlichen zu vertreten. Dazu müssen geeignete Maßnahmen entwickelt und erprobt werden.

Die Bernburger Thesen wurden verabschiedet vom Bundesverband Alphabetisierung e.V. und rund 160 Teilnehmerinnen und Teilnehmern der Fachtagung „Mit Erfahrung neue Wege gehen – 25 Jahre Alphabetisierung in Deutschland". Diese erste deutsche Fachtagung fand vom 5. bis 7. November 2003 in Bernburg (Sachsen-Anhalt) statt. Sie war die deutsche Auftaktveranstaltung zur UN-Weltalphabetisierungsdekade und wurde durchgeführt in Zusammenarbeit mit dem UNESCO-Institut für Lebenslanges Lernen, der Deutschen UNESCO-Kommission und dem Deutschen Volkshochschul-Verband e.V. – gefördert durch das Bundesministerium für Bildung und Forschung.

Auf der zweiten deutschen Fachtagung des Bundesverbandes Alphabetisierung e.V. im Rahmen der UN-Weltalphabetisierungsdekade, „Alphabetisierung – Kultur – Wirtschaft", wurde der Punkt 4 wie folgt ergänzt: „Arbeitslose Analphabeten sollen mit anderen Arbeitslosen gleichgestellt werden durch vorgeschaltete ganztägige Alphabetisierungsmaßnahmen, um dann an weiteren Fortbildungs- und Umschulungsmaßnahmen erfolgreich teilnehmen zu können." Diese zweite Fachtagung fand vom 10. bis 12. November 2004 in Berlin statt und wurde durchgeführt in Zusammenarbeit mit dem UNESCO-Institut für Lebenslanges Lernen, der Deutschen UNESCO-Kommission und dem Deutschen Volkshochschul-Verband e.V. – gefördert durch das Bundesministerium für Bildung und Forschung.

Fünf Jahre Integrationskurse mit Alphabetisierung – Thesen zu einer kritischen Bilanz

Eine Stellungnahme von Karen Schramm

1. Die Integrationskurse mit Alphabetisierung haben einen sehr hohen Bedarf an Lernangeboten für erwachsene illiterate Migrantinnen und Migranten deutlich gemacht.

Das Angebot an Integrationskursen mit Alphabetisierung ist auf eine immens hohe Nachfrage gestoßen. Seit 2005 haben über 63.000 Menschen an einem Integrationskurs mit Alphabetisierung teilgenommen (vgl. BAMF 2010, 3). Im ersten Halbjahr 2010 wurden 14,5 % derjenigen, die einen Integrationskurs aufgenommen haben, in einen Alphabetisierungskurs eingestuft (ebd.). Diese Zahlen liegen deutlich höher, als von vielen Beteiligten erwartet wurde, und sie übersteigen die Teilnehmendenzahlen der in der Vergangenheit angebotenen Kurse für illiterate Migrantinnen und Migranten bei Weitem. Zwar liegen nur wenige Zahlen über Alphabetisierungskurse für die Zeit vor Einführung des Integrationskurssystems vor, doch für das Jahr 1986 gibt Paleit (1989) beispielsweise noch eine Teilnehmendenzahl von 1.647 Lernenden in Alphabetisierungskursen des Sprachverbands Deutsch für ausländische Arbeitnehmer e.V. an. Somit ist davon auszugehen, dass mit der Einführung der Integrationskurse ein deutlicher quantitativer Zuwachs an Alphabetisierungsangeboten für erwachsene Migrantinnen und Migranten zu verzeichnen ist.

2. Dementsprechend hat sich die Materiallage für die Alphabetisierung in Deutsch als Zweitsprache deutlich verbessert.

Dieser Zuwachs an Kursangeboten hat dazu geführt, dass sich die Materiallage für die Alphabetisierung in der Zweitsprache Deutsch deutlich verbessert hat. Inzwischen listet das Bundesamt für Migration und Flüchtlinge (2011) eine Vielzahl von in Integrationskursen mit Alphabetisierung zugelassenen Lehrwerken und Zusatzmaterialien auf; viele dieser Materialien sind erst in den letzten fünf Jahren erschienen. Auch wenn Kursleiterberichte darauf hindeuten, dass sie mit der Qualität dieser Materialien noch nicht zufrieden sind und dass noch immer zahlreiche Lernbedürfnisse der Kursteilnehmenden unberücksichtigt bleiben, so ist doch zu begrüßen, dass das Lernmaterialangebot für den Erst- oder Zweitschrifterwerb in Deutsch als Zweitsprache in den vergangenen Jahren so deutlich gestiegen ist.

3. Der mündliche Zweitspracherwerb illiterater Lernender hat bei der Material- und Konzeptentwicklung bisher vergleichsweise wenig Beachtung gefunden.

Die Tatsache, dass die meisten Kursteilnehmenden ihren Integrationskurs mit Alphabetisierung ohne Deutschkenntnisse oder mit sehr geringen Deutschkenntnissen beginnen, gibt dringend Anlass dazu, der Verbindung von Schrifterwerb und Zweitspracherwerb mehr Aufmerksamkeit zu schenken, als dies in der Vergangenheit geschehen ist. Nach Einschätzung der von Rother (2010, 32) befragten Alphabetisierungskursleitenden liegt das Hörverständnis von über 50 % der Kursteilnehmenden unter dem A1-Niveau und bei knapp 90 % von ihnen reicht es nicht über das Niveau A1 hinaus. Das bedeutet, dass im Integrationskurs mit Alphabetisierung in vielen Fällen nicht nur der Sprachunterricht unter weitgehendem Verzicht auf schriftbasierte Materialien durchzuführen ist, sondern – und dieser Punkt erscheint problematisch – dass in den allermeisten Fällen die Schrift ohne Kenntnis der Sprache zu lernen versucht wird. Da der Erstschrifterwerb ohne die entsprechenden mündlichen Kenntnisse jedoch nicht gelingen kann, sind Konzept- und Materialentwicklung für die mündliche Sprachvermittlung in Alphabetisierungskursen meines Erachtens dringend zu intensivieren. Um den mündlichen Spracherwerb illiterater Lernender zu fördern, gilt es, ihren besonderen Lernvoraussetzungen durch den Einsatz adäquater schriftfreier methodischer Vorgehensweisen wie dramapädagogischer, audiolingualer, suggestopädischer oder *Total Physical Response*-basierter Elemente mündlicher Spracharbeit gerecht zu werden.

4. Die simultane oder sukzessive Alphabetisierung in der Erst- und Zweitsprache hat bei der Entwicklung des BAMF-Konzepts und des Integrationskursangebots bisher zu wenig Beachtung gefunden.

Angesichts der Befunde aus der Rother-Studie zu den geringen mündlichen Deutschkenntnissen der Alphabetisierungskursteilnehmenden und der hohen Zahl primärer Analphabetinnen und Analphabeten von 37 % (Rother 2010, 29) erweist sich der zweitsprachliche Beginn des Alphabetisierungsunterrichts als hochgradig problematisch. Hier sind von Seiten der Verantwortlichen im Bundesamt für Migration und Flüchtlinge meines Erachtens für den Erstschrifterwerb dringend Konzepte zur simultanen oder sukzessiven Alphabetisierung zu eruieren, die den Schrifterwerb in Übereinstimmung mit den diesbezüglichen Empfehlungen der UNESCO zur Alphabetisierung in der Erstsprache entweder als eigenständiges Ziel oder aber zumindest als Brücke zum Schrifterwerb in der Zweitsprache Deutsch nutzen. Insbesondere für die drei häufigsten Herkunftssprachen von Alphabetisierungskursteilnehmenden – Kurdisch (22,4 %), Arabisch (14,1 %) und Türkisch (11,0 %) – bietet sich ein solches Vorgehen dringend an, denn im Vergleich zu Alphabetisierungskursteilnehmenden mit russischer Sprache (9,8 %) sind vergleichsweise viele von ihnen nicht Zweitschriftlernende mit guten Lese- und Schreibkompetenzen in der Erstsprache, sondern totale oder funktionale Analphabetinnen bzw. Analphabeten in der Erstsprache (vgl. Rother 2010, 23). In diesen Fällen ist zu erwarten, dass die Förderung phonologischer Bewusstheit und die Vermittlung erster Einsichten in die Funktionsweise von Schrift in der Erstsprache den zweitsprachlichen Alphabetisierungsprozess effektivieren. Es ist also gerade nicht davon auszugehen, dass – wie häufig befürchtet – die Lese- und Schreibkompetenz im Deutschen durch eine solche Vorgehensweise verzögert würde, sondern es ist im Gegenteil mit einer Beschleunigung des zweitsprachlichen Lernprozesses zu rechnen. Dies mag Verantwortlichen, die noch nicht mit der Situation konfrontiert waren, in einer unbekannten Sprache das Lesen und Schreiben zu lernen oder zu lehren, zwar im Einzelfall kontraintuitiv erscheinen, ließe sich jedoch bei der Weiterentwicklung unseres Alphabetisierungskurssystems ggf. vergleichsweise schnell empirisch überprüfen.

5. Auch die im BAMF-Konzept vorgesehene kontrastive Alphabetisierung hat bisher zu wenig Verbreitung gefunden.

Die Einrichtung (erstsprachlich homogen zusammengesetzter) zweisprachiger Alphabetisierungskurse oder erstsprachlicher Fördergruppen als Ergänzung zu heterogen zusammengesetzten zweitsprachlichen Lernangeboten wird zweifellos in ländlichen Regionen und mit Blick auf bestimmte Sprachen auf Grund zu geringer Lernendenzahlen bei der praktischen Umsetzung an Grenzen stoßen. In diesen Fällen gewinnt die im BAMF-Konzept (Feldmeier 2009, 103ff.) skizzierte kontrastive Alphabetisierung besondere Bedeutung, bei der die Kursteilnehmenden im Rahmen sprachheterogener Kurse nach Möglichkeit in ihrer Erstsprache gefördert werden. Die bisher vorliegenden Alphabetisierungsmaterialien beziehen solche Überlegungen jedoch noch so gut wie gar nicht ein und bieten den Kursleitenden praktisch keine Hilfestellung bezüglich dieser sehr anspruchsvollen Aufgabe, die nicht nur gute linguistische Kenntnisse und umfassende Erfahrungen mit binnendifferenzierendem Unterricht erfordert, sondern auch die Bereitschaft, Kursteilnehmenden als erstsprachlichen Expertinnen und Experten im Kurs den entsprechenden Raum zu geben. Eine interessante Überlegung zur Überwindung des diesbezüglichen Materialmangels besteht darin, eine enge Kooperation von Kursleitenden im Inland mit Kolleginnen und Kollegen zu suchen, die im Rahmen des Ehegattennachzugs illiterate Deutschlernende im Ausland zur Vorbereitung auf den Test *Start Deutsch 1* unterrichten und dabei auf Grund der weitgehend sprachhomogenen Ausgangssituation auch deutschsprachige Alphabetisierungsmaterialien mit dem jeweiligen Erstsprachenbezug entwickeln. Mit der Einrichtung einer länderübergreifenden – auch kontrastiven – Materialdatenbank für eine (mehrsprachigkeitsorientierte) Alphabetisierung in Deutsch als Zweit- oder Fremdsprache könnten hier möglicherweise gute Fortschritte erzielt werden.

6. Der für Alphabetisierungskursteilnehmende inadäquate DTZ-Sprachtest ist durch angemessenere Verfahren zu ersetzen.

Ausgesprochen problematisch erscheint mir, dass entgegen aller Empfehlungen der im Arbeitskreis Alphabetisierung des BAMF vertretenen Expertinnen und Experten der skalierte A2/B1 *Deutsch-Test für Zuwanderer (DTZ)* als Sprachprüfung am Ende des Alphabetisierungskurses etabliert wurde. Die Validität dieses Tests, der für schriftkundige Sprachlernende entwickelt wurde, ist mit Blick auf die Erfassung mündlicher Rezeptions-, Interaktions- und Produktionsleistungen illiterater Lernender problematisch, weil er im diesbezüglichen Testverfahren Lese- und Schreibkenntnisse voraussetzt. Als geradezu unhaltbar betrachte ich seinen Einsatz bezüglich der Überprüfung der schriftlichen Rezeptions-, Interaktions- und Produktionsleistungen illiterater Lernender, da zahlreiche Berichte aus der Praxis darauf hindeuten, dass das Lernselbstbewusstsein der Alphabetisierungskursteilnehmenden durch die Erfahrung des Scheiterns an diesem Test in vielen Fällen nachhaltig Schaden nimmt. Solange diese ernst zu nehmenden Befürchtungen nicht auf der Basis empirischer Untersuchungen ausgeschlossen werden können, ist von der derzeitigen Testpraxis meines Erachtens Abstand zu nehmen. Bisher hat das Bundesamt für Migration und Flüchtlinge meiner Kenntnis nach noch keine Zahlen dazu vorgelegt, wie viele Alphabetisierungskursteilnehmende diese Prüfung bestehen, und auf die aus der Praxis vorgetragenen Berichte zur Problematik des DTZ für Alphabetisierungskursteilnehmende nur mit dem Hinweis auf die Notwendigkeit dieser Prüfung auf Grund der Gesetzeslage reagiert. Ein verantwortungsvoller Umgang mit illiteraten Lernenden erfordert meines Erachtens jedoch, im Rahmen der gesetzlichen Vorgaben zur Prüfung der Sprachkenntnisse für sie angemessene Testverfahren zu entwickeln und zur Anwendung zu bringen.

7. Angesichts der hohen Anforderungen erscheinen Fort- und Weiterbildungsangebote für Kursleitende von Integrationskursen mit Alphabetisierung essentiell.

Kursleitende in Integrationskursen mit Alphabetisierung sind in der Regel im Bereich Deutsch als Zweitsprache qualifiziert und verfügen über Berufserfahrung bezüglich des Sprachunterrichts; ein Qualifikationshintergrund in der Alphabetisierung ist dagegen vergleichsweise selten. So stellt Rother in ihrer Befragungsstudie fest, dass von den Kursleitenden in Integrationskursen mit Alphabetisierung „33,3 Prozent [...] wenig oder kaum Erfahrung in Alphabetisierungskursen [haben], 13,0 Prozent mehr als 6 Monate, 24,1 Prozent mehr als ein Jahr, 14,8 Prozent mehr als drei Jahre und weitere 14,8 Prozent mehr als fünf Jahre." (Rother 2010, 16) Diese Befunde unterstreichen die Bedeutung hochwertiger Fort- und Weiterbildungsangebote für die Qualitätsentwicklung der Integrationskurse mit Alphabetisierung. Erfreulich ist in diesem Zusammenhang, dass im neu eingerichteten MA-Studiengang „Alphabetisierung und Grundbildung" an der PH Weingarten ein Modul Fragen der zweitsprachlichen Alphabetisierung gewidmet ist; weniger erfreulich erscheint dagegen die Entwicklung, dass nach der Einstellung der Finanzierung von Weiterbildungslehrgängen zur zweitsprachlichen Alphabetisierung durch das Bundesamt für Migration und Flüchtlinge im Sommer 2010 der allergrößte Teil der entstandenen Weiterbildungsangebote nicht fortgesetzt werden konnte.

8. Fragen der Grundbildung sollten im Integrationskurs mit Alphabetisierung nicht länger ausgeblendet werden.

Auch wenn viele Kursleitende im Rahmen der bestehenden Möglichkeiten fraglos lebensnahe Themen im Integrationskurs mit Alphabetisierung behandeln, so spielt die Grundbildung im entsprechenden BAMF-Konzept bisher jedoch keine nennenswerte Rolle. Dies lässt sich zwar vor dem Hintergrund erklären, dass sich die Kurse aus dem auf Deutsch als Zweitsprache fokussierten Integrationskurssystem und nicht aus der Alpha-Szene heraus entwickelt haben, es erscheint aber nichtsdestoweniger als unhaltbarer Zustand, da das Angebot zum Deutschlernen allein das Recht auf Bildung nicht erfüllt. So hat Motakef (2009, 30) auf der Fachtagung Alphabetisierung in Leipzig 2008 deutlich auf das Recht auf Bildung als „empowerment right" hingewiesen – mit Verweis auf eine Auslegung des Menschenrechts auf Bildung durch den UN-Sozialpaktausschuss: „Als ein Recht, das auf die Befähigung zur Selbstbestimmung abzielt, ist die Bildung das Hauptinstrument, mittels dessen wirtschaftlich und sozial ausgegrenzte Erwachsene und Kinder die Armut überwinden und sich die Mittel zur vollen Teilhabe an ihren Gemeinwesen verschaffen können." (Deutsches Institut für Menschenrechte, zit.n. Motakef 2009, 30)

Vor diesem menschenrechtlichen Hintergrund ist die Zuständigkeit der Integrationskurse mit Alphabetisierung für Fragen der Grundbildung zu klären bzw. ggf. über die Integrationskursangebote hinaus ein entsprechendes Grundbildungsangebot zu entwickeln, das das Recht auf Bildung einlöst und damit neben den Deutschkenntnissen eine weitere wichtige Voraussetzung für Integration und Partizipation schafft.

9. Partizipation ist nicht nur als Ziel von Integrationskursen mit Alphabetisierung, sondern auch als Prinzip dieser Kurse umzusetzen.

Nicht zuletzt erscheint es mir wichtig, dass die Anstrengungen in den Integrationskursen mit Alphabetisierung Partizipation nicht nur als Ziel verfolgen, sondern auch bereits während des Unterrichtsgeschehens als Prinzip umsetzen. Angesichts der vielen Herausforderungen, die diese Kurse an alle Beteiligten stellen, ist die Fachdiskussion und die Materialentwicklung in weiten Teilen noch stark auf technische Aspekte des Lesens und Schreibens beschränkt und vernachlässigt bisher die wichtigen Fragen danach, wie sich gesellschaftliche Partizipation bereits im Alphabetisierungskurs anbahnen und wie sie sich als Lernchance für den Zweitspracherwerb nutzen lässt. Damit sind Fragen offener Unterrichtskonzepte, selbstbestimmten Lernens und der Autonomieförderung sowie auch soziokultureller Aspekte des Schriftspracherwerbs und des Zweitspracherwerbs illiterater Personen angesprochen, die bisher weitgehend unbeleuchtet bleiben, für die Ziele der Integration und der gesellschaftlichen Teilhabe jedoch zentral erscheinen.

Literatur

BUNDESAMT FÜR MIGRATION UND FLÜCHTLINGE (2010): Bericht zur Integrationskursgeschäftsstatistik für das erste Halbjahr 2010. Abfragestand 01.10.2010. Nürnberg: Bundesamt für Migration und Flüchtlinge, Referat 222 (Statistik, Verbesserung der Erkenntnislage im Migrationsbereich). Verfügbar unter: http://www.bamf. de/SharedDocs/Anlagen/DE/Downloads/Infothek/Integrationskurse/Kurstraeger/ Statistiken/2010-integrationskursgeschaeftsstatistik-halbjahr-de.pdf?__blob=publica tionFile [Abruf am 31.03.2011].

BUNDESAMT FÜR MIGRATION UND FLÜCHTLINGE (2011): Liste der zugelassenen Lehrwerke in Integrationskursen. Stand: Februar 2011. Nürnberg: Bundesamt für Migration und Flüchtlinge. Verfügbar unter: http://www.bamf.de/SharedDocs/Anlagen/DE/Downloads/Infothek/Integrationskurse/Lehrkraefte/liste-zugelassener-lehrwerke.pdf?__ blob=publicationFile [Abruf am 31.03.2011].

FELDMEIER, Alexis (2009): Konzept für einen bundesweiten Alphabetisierungskurs. Überarbeitete Fassung für 945 UE. Nürnberg: Bundesamt für Migration und Flüchtlinge. Verfügbar unter: http://www.bamf.de/SharedDocs/Anlagen/DE/Downloads/Infothek/ Integrationskurse/Kurstraeger/KonzepteLeitfaeden/konz-f-bundesw-ik-mit-alphabet. pdf?__blob=publicationFile [Abruf am 23.03.2011].

MOTAKEF, Mona (2009): Das Menschenrecht auf Alphabetisierung. In: BUNDESVERBAND ALPHABETISIERUNG UND GRUNDBILDUNG E.V./BOTHE, Joachim (Hrsg.): Wie kommen Analphabeten zu Wort? Analysen und Perspektiven. Alphabetisierung und Grundbildung 3. Münster/New York/München/Berlin: Waxmann, S. 28-36.

PALEIT, Dagmar (1989): Sprachkurse mit Alphabetisierung. In: Materialdienst Alphabet, Nr. 4, S. 1-5.

ROTHER, Nina (2010): Das Integrationspanel. Ergebnisse einer Befragung von Teilnehmenden zu Beginn ihres Alphabetisierungskurses. Working Paper 29. Nürnberg: Bundesamt für Migration und Flüchtlinge. Verfügbar unter: http://www.bamf.de/SharedDocs/Anlagen/DE/Publikationen/WorkingPapers/wp29-integrationspanel-alphabetisierungskurse.pdf?__blob=publicationFile [Abruf am 23.03.2011].

Fünf Jahre Integrationskurse mit Alphabetisierung – Erfolge, Schwierigkeiten, Ausblick

Podiumsgespräch mit Alexis Feldmeier, Peter Hubertus und Karen Schramm

Dieses Gespräch fand am letzten Tag der Fachtagung Alphabetisierung 2010 im Anschluss an den Vortrag von Prof. Dr. Karen Schramm (siehe voriger Beitrag) statt. Abgedruckt ist eine gekürzte und sprachlich leicht bearbeitete Fassung des Gesprächsmitschnitts.

Peter Hubertus:

Ich möchte mich einleitend auf Punkte beziehen, die im Vortrag von Karen Schramm angesprochen wurden. Ich bin ja selbst seit vielen Jahren in der Alphabetisierung tätig, auch als Kursleiter und in Sachen Fortbildung – für die deutschsprachige Alphabetisierung. Aber ich kann mich auch sehr gut an viele Veranstaltungen erinnern, die damals zum Beispiel vom Sprachverband Deutsch für ausländische Arbeitnehmer durchgeführt wurden, kollegiale Gespräche, Fortbildungsveranstaltungen, an denen ich auch beteiligt war. Damals hieß es immer: „Wir sind ja noch gar nicht so weit in unserem Bereich, wir sind auch bei der Qualifizierung von Kursleiterinnen und -leitern erst am Anfang, wir brauchen auch die Konzepte aus der deutschsprachigen Alphabetisierung." Ich habe mich immer etwas unwohl gefühlt, Konzepte aus der deutschsprachigen Alphabetisierung vorzustellen. Ich hoffe, dass diese Inputs immer so angekommen sind, dass die Kollegen und Kolleginnen aus der Alphabetisierung mit MigrantInnen diese so verstanden haben, dass sie selbst überlegen und entscheiden müssen, was für sie wichtig ist, was adaptierbar ist und was abgewandelt werden muss, damit es für ihren Arbeitsbereich passend ist.

Es gibt ja gravierende Unterschiede zwischen der Alphabetisierungsarbeit mit Deutschen und der mit Migrantinnen und Migranten: Deutschsprachige Erwachsene lernen lesen und schreiben vor dem Hintergrund einer gescheiterten Lerngeschichte. Sie haben es schon in der Schule versucht und probieren es erneut. Für die Migrantinnen und Migranten, die lesen und schreiben lernen, kommt eine andere Problematik zum Tragen, nämlich dass sie vor der schwierigen Situation stehen, eine Fremdsprache zu lernen und zum ersten Mal eine Schriftsprache: Deutsch als Fremdsprache und gleichzeitig Deutsch als Erstschrift. Aus der Alphabetisierungsarbeit mit deutschen Erwachsenen wissen wir, wie wichtig es – auch in methodischer Hinsicht – ist, die mündliche Sprache immer als Bezugsrahmen zu betrachten: Welches Wort – oder welche Aussage – will der Lerner notieren? Der Lerner kennt das Wort, kann die Aussage mündlich formulieren und überlegen, wie Wort oder Satz notiert werden. Ich kann mir nur schwer vorstellen, wie primäre AnalphabetInnen lesen und schreiben lernen sollen in einer Fremdsprache, die sie gleichzeitig erwerben müssen. Hier muss – auch aus methodischen Gründen – eine Änderung der Konzepte für die Alphabetisierungsarbeit für Migrantinnen und Migranten erfolgen: Es muss möglich werden, dass zumindest die Anfänge im

Lesen- und Schreibenlernen auch in der Muttersprache erfolgen. Gerade primäre Analphabetinnen und Analphabeten benötigen einen bekannten Bezugsrahmen – die mündliche Sprache, die ihnen vertraut ist. Um zu verstehen, wie Sprache und Schrift aufeinander bezogen sind, sollte mit einer muttersprachlichen Alphabetisierung begonnen werden.

Ein zweiter Punkt, der mir wichtig ist: Das Konzept, das den Integrationskursen mit Alphabetisierung zu Grunde liegt, ist bezogen auf einen abschlussbezogenen Lehrgang. Das Konzept und der ihm folgende Kursverlauf müssen deshalb darauf angelegt sein, dass alle prüfungsrelevanten Themen im Unterricht vermittelt werden. Nur so besteht die Chance, sich die Kompetenzen anzueignen, die prüfungsrelevant sind. Aber es muss ganz zwingend eine durchlässigere Lernmöglichkeit für diejenigen bestehen, die die Prüfung nicht schaffen werden. Auch diese müssen das Unterrichtskontingent, das ihnen zur Verfügung steht, als Lernmöglichkeit nutzen können und dürfen nicht abgehängt werden, weil sie dem Lerntempo nicht entsprechen können.

Der dritte Punkt, den ich noch benennen möchte: Viele Migrantinnen und Migranten, die einen Integrationskurs besucht haben und die das Kontingent an Unterricht, das ihnen zusteht, erschöpft haben, können danach immer noch nicht ausreichend lesen und schreiben. Für diese müssen neue Konzepte entwickelt werden, die jenseits der BAMF-Kurse stattfinden. Die Kurse müssen nicht so zeitintensiv sein. Aber wir brauchen anschließende Lernangebote, damit weiter Möglichkeiten bestehen, die deutsche Sprache, aber auch die Schriftsprache, besser kennenzulernen und zu nutzen. Auch für MigrantInnen müssen Möglichkeiten des Lebenslangen Lernens geschaffen werden.

Alexis Feldmeier:
Zu dem Hinweis, dass es sehr schwierig ist, in einer Sprache lesen und schreiben zu lernen, die man selbst nicht beherrscht: Das ist offensichtlich, das müsste natürlich geändert werden. Es ist im Konzept so angelegt, dass man die Muttersprachen einbeziehen kann und sogar sollte. Aber was zurzeit versucht wird, ist eben nicht die Alphabetisierung in der Muttersprache der Teilnehmenden, sondern – was aus meiner Sicht noch interessant ist und vielleicht eher machbar –, dass sozusagen die Vermittlung von Deutschkenntnissen im mündlichen Bereich vorgeschaltet wird. Das heißt, dass man den Weg zur schriftsprachlichen Vermittlung ebnet, indem man beispielsweise hundert Stunden oder zweihundert Stunden erst einmal mündlich grundlegende Kenntnisse vermittelt. Es wird trotzdem natürlich sehr schwierig bleiben, diese Menschen so zu unterrichten. Es ist allerdings auch ein Problem mit den Teilnehmer-Muttersprachen und mit den Lehrkräften: Muttersprachliche Alphabetisierung zu finanzieren, das heißt nicht nur, Geld zur Verfügung zu stellen, sondern auch, Lehrkräfte zu haben, die das auch machen können, oder – was bis jetzt fehlt – die Community zu aktivieren und zu gucken: Brauchen wir dann für die Alphabetisierung in der Muttersprache der Teilnehmenden tatsächlich universitär ausgebildete Lehrkräfte im Idealfall oder können wir doch vielleicht Nachbarn zu Lehrkräften fortbilden? Das muss gut überdacht werden, es ist nicht so einfach, glaube ich. Es hat Vor- und Nachteile, ich denke, es muss eine Mischung sein, die die Muttersprache immer stärker einbezieht, die Community immer stärker einbezieht. Es wäre wünschenswert, wenn es eine politische Vorgabe gäbe, in der Muttersprache

der Teilnehmenden alphabetisieren zu können. Das wäre zukunftsweisend. Dies würde aber dazu führen, dass die Lehrkräfte zum Teil aus der Community kommen und pseudo-professionell sind.

Aus dem Publikum:

Dass man immer vierzehn von einer „Sorte" zusammenkriegt, wie die Bestimmungen sind, das ist vielleicht in Berlin möglich und in München, aber schon bei uns in Heilbronn sehe ich das als großes Problem. Wir haben jetzt zurzeit drei Alpha-Kurse nebeneinander laufen, aber zu einem Zeitpunkt dann vierzehn Kurden, vierzehn Türken, vierzehn aus Sri Lanka oder so schon gar nicht denkbar, das würde an den Bestimmungen oder den Vorgaben des BAMF wahrscheinlich schon an dem Punkt scheitern – sodass wir dann gar keine Alpha-Kurse mehr hinkriegen.

Karen Schramm:

Es ist ja noch gar nicht so lange her, dass wir zahlreiche muttersprachliche oder koordinierte Alphabetisierungskurse angeboten haben und dafür sehr qualifizierte und engagierte Kursleiterinnen und -leiter, vor allem mit türkischer Muttersprache, gewinnen konnten. Wenn wir heute praktisch nur noch zweitsprachliche Alphabetisierungsangebote machen, dann liegt das meines Erachtens nicht so sehr daran, dass uns die entsprechenden Akademiker(innen) mit Kompetenzen in den Herkunftssprachen der Teilnehmer(innen) fehlen, sondern daran, dass die erstsprachliche Alphabetisierung im Moment politisch überhaupt nicht erwünscht ist. Zumindest im Rahmen der Integrationskurse ist dies nicht der Fall, weil der Integrationskurs ausschließlich dazu angeboten wird, um Deutsch zu lernen und in diesem Rahmen auch Deutsch lesen und schreiben zu lernen. Da viele Teilnehmerinnen und Teilnehmer an Integrationskursen mit Alphabetisierung jedoch nur über sehr geringe mündliche Deutschkenntnisse verfügen, nimmt man auf diese Weise systematisch die Erfahrung des Scheiterns in Kauf, indem man das Lesen- und Schreibenlernen nur in der Zielsprache anbietet, in der es ohne den vorherigen mündlichen Zweitspracherwerb nicht gelernt werden kann. Diese für viele Kursteilnehmer(innen) quasi vorprogrammierte Erfahrung des Scheiterns ist auch dadurch gegeben, dass man sie einen Test absolvieren lässt, der eben nicht auf analphabetische Lernende ausgerichtet ist. Das heißt, aus meiner Sicht nehmen wir hier ganz systematisch – das wäre jetzt die provokante These – in Kauf, auch dieser migrantischen Zielgruppe die Erfahrung des Scheiterns, die die funktionalen Analphabetinnen und Analphabeten mit Deutsch als Erstsprache in der Schule gemacht haben, zuzumuten. Wir verschärfen möglicherweise mit unseren teilweise inadäquaten Lernangeboten ungewollt das Problem, anstatt es zu lösen. Ich denke, dass es in den Großstädten durchaus möglich ist, wie auch in der Vergangenheit Angebote mit akzentuiertem Bezug zur Erstsprache zu machen, nur ist dies eben leider nicht im Rahmen der Integrationskursfinanzierung gewünscht, das ist der politische Aspekt. Was die praktische Machbarkeit betrifft, gebe ich Ihnen natürlich Recht: Es ist sicher in vielen Städten oder gar Gemeinden nicht möglich, vierzehn Personen – eine Zahl, über die wir ja sicher auch nochmal bei der kritischen Bilanz sprechen sollten – vierzehn Personen einer Erstsprache in einem Kurs zusammenzuführen. Aber es wären doch Kurse denkbar, in denen beispielsweise Farsi-, Urdu- und Arabisch-

Sprecher(innen) gemeinsam lernen. Schließlich erleben wir in unseren DaZ-Kursen, dass die TeilnehmerInnen sich in der Regel über die Grenzen dieser Sprachen hinweg untereinander mündlich verständigen können. Im Mehrsprachigkeitsbereich könnten wir noch eine Menge Kreativität entfalten, um Materialien und adäquate Lernangebote für die Alphabetisierung zu entwickeln. Und das tun wir nicht, weil es diese politischen Setzungen gibt, die in der Hoffnung auf schnelles Deutschlernen zu Zwecken der Integration einfach gesetzt werden, ohne grundlegende Einsichten aus der Alphabetisierungsforschung zur Kenntnis zu nehmen und zu prüfen, ob der Weg zur Schrift über die Erstsprache nicht auch das Deutschlernen schneller und erfolgreicher gelingen lässt. Die von der UNESCO für die weltweiten Alphabetisierungsanstrengungen ausgesprochene Empfehlung für die erstsprachliche Alphabetisierung von Minderheiten findet im Rahmen unserer Integrationsdebatte auf politischer Seite keine offenen Ohren und diese politische Setzung wird dann in den Kursen weitgehend unhinterfragt übernommen.

Aus dem Publikum:
Sie sagten, es wird möglich sein, in den Großstädten solche Kurse zu etablieren. Das mag sein, genau darauf wollte ich hinaus. Ich komme von einer zwar großstädtischen Volkshochschule, aber am Niederrhein gelegen, wo es so ambitioniert, wie Sie es hier vorschlagen und wie ich es in der Theorie auch ohne Weiteres teilen kann, praktisch nicht umsetzbar sein wird. Um ein Beispiel zu sagen: Wir haben mit viel Mühe *einen* Kurs zu Stande gebracht, in dem sind Teilnehmerinnen aus dem Irak, aus Libanon, aus afrikanischen Ländern, und es ist irre schwierig, Fortschritte zu erzielen. Keiner der Teilnehmer wird das B1-Ziel erreichen, das ist jetzt schon absehbar nach knapp 900 Stunden. Ich stehe ein wenig ratlos hier, denn bei aller Sympathie für die sehr ambitioniert vorgebrachten Thesen – ich sehe nicht für meinen Bereich, und ich denke, da spreche ich für viele ländliche Volkshochschulen oder mittelstädtische, dass das machbar ist. Und die Tendenz geht bei mir eher in die Richtung: Bevor wir da Stückwerk machen, lassen wir die Finger davon. Womit aber auch keinem geholfen wäre, das ist mir auch klar.

Peter Hubertus:
Ich will meine Forderung präzisieren: Ich schlage nicht vor, dass Lesen und Schreiben ausschließlich in der Muttersprache erfolgt, sondern ich plädiere dafür, dass die Anfänge im Lesen und Schreiben darauf bezogen sind. Sobald ich weiß, wie Laute und Buchstaben – oder genauer: Phoneme und Grapheme – aufeinander bezogen sind, sobald ich erste einfache Wörter in meiner Muttersprache lesen kann, muss *spätestens* die Alphabetisierung in der deutschen Schrift erfolgen. Ich denke auch, etwas anderes ist politisch überhaupt nicht durchsetzbar. Aber ich bin überzeugt, dass MigrantInnen eine bessere Chance haben, gut lesen und schreiben zu lernen, wenn am Anfang die Muttersprache die Grundlage ist. Es muss auch nicht immer separate Gruppen für verschiedene Muttersprachen geben oder KursleiterInnen, die diese Sprachen kennen. Aber ich kann mir technische Möglichkeiten vorstellen, z.B. Sound-Dateien oder Video für besonders häufige Sprachen.

Alexis Feldmeier:

Vielleicht noch ein Hinweis, der mir wichtig scheint: Ich denke, dass es auch gefährlich ist, jetzt das Ganze um 180 Grad in die andere Richtung gehen zu lassen und jetzt müssen wir von Anfang bis Ende in den Muttersprachen unterrichten. Das ist sicherlich nicht notwendig. Zu der Frage der Organisation ist es so, dass es immer schwieriger wird, Muttersprache einzubeziehen, wenn man den Komplettunterricht nimmt. Das heißt, wenn man jetzt überlegt: Ich brauche eine muttersprachlich homogene Gruppe, bestehend aus sechzehn kurdischen Teilnehmenden beispielsweise, um überhaupt in der Muttersprache Kurdisch unterrichten zu können, dann ist das vom Frontalunterricht her gedacht. Hat man beispielsweise Werkstattunterricht, dann ist es durchaus denkbar, einzelne Stationen zu entwickeln für die Muttersprache Kurdisch, Arabisch, Thai – welche Sprache auch immer – und immer wieder zwei, drei Teilnehmende dort arbeiten zu lassen. Das heißt, ich brauche keine muttersprachlich homogene Gruppe, sondern ich brauche die Unterrichtsmaterialien und dann muss ich die Unterrichtssituation so ändern, dass tatsächlich eine muttersprachliche Förderung möglich ist. Nur: Dann ist es eben *ein Teil* vom Alphabetisierungsunterricht und der erfolgt in *der* Station zu *diesem* Zeitpunkt für nur drei Teilnehmende in der Muttersprache. Der zweite Punkt, der mir wichtig ist: Wir müssen natürlich überlegen, was es bedeutet, in der Muttersprache zu fördern. Es bedeutet *nicht* notwendigerweise – es wäre sicherlich sehr wünschenswert –, in der Muttersprache lesen und schreiben zu lernen bis zum Bereich funktionaler Alphabetisierung. Sondern es kann auch schon beginnen in der phonologischen Bewusstheit. Wenn ich frage: „Welches Wort beginnt mit ‚m'?", dann kann auch ein Wort erfunden werden oder auch ein Wort der Muttersprache gewählt werden, das ist kein Widerspruch zum Alphabetisierungskurs in der Zweitsprache Deutsch. Und genauso wären solche Ansätze denkbar: Kann ich denn Arabisch schreiben lassen mit lateinischer Schrift? Man muss durchaus sehen, solche Vorschläge gibt es und natürlich hat es Vor- und Nachteile, aber es ist durchaus denkbar. Und dort wird dann die Muttersprache aktiviert und zur Grundlage der Alphabetisierungsarbeit. Und das ist eher möglich. Das heißt, die Gefahr ist, dass man sich zu sehr versteift und denkt: Ich brauche jetzt eine sprachlich homogene Gruppe und ich muss 100 % in der Muttersprache alphabetisieren. Das ist so nicht. Das ist sicherlich eine Entwicklung, man muss gucken, was möglich ist, auf dem Land, in der Stadt und so weiter. Die Beispiele, die in der Literatur vorliegen, sind tatsächlich für die Alphabetisierung in der Muttersprache Türkisch. Also, was hier wichtig ist und im Vortrag auch deutlich wurde: Es ist durchaus denkbar, dass man auf Grund der Teilnehmerstruktur – Kurdisch, Arabisch, Türkisch, Russisch als die wichtigsten Gruppen offensichtlich –, dass man dort verstärkt Materialien entwickelt und vielleicht dort auch ganz andere Möglichkeiten hat als bei den muttersprachlichen Randgruppen, die nicht so oft vorkommen.

Aus dem Publikum:

Vielleicht habe ich das Programm falsch gelesen, aber im Programm steht „Fünf Jahre Integrationskurse mit Alphabetisierung – Versuch einer Bilanz" und die Diskussion zielt jetzt ja doch sehr in eine spezielle Richtung. Mein Problem in der Praxis als jemand, der Integrationskurse von Anfang an erlebt hat und auch sehr kritisch begleitet hat, ist: Kann ich ab morgen noch einen Alphabetisierungskurs so, wie ich es für eine Zeit lang konnte, durchführen? Das, was bis vor kurzem noch möglich war, wird leider immer wieder durch Briefe aus Nürnberg unmöglich gemacht. Zweitens: Ich höre immer wieder: die Lehrenden, die Lehrenden ... Die Lehrenden sind nicht das Problem, das Problem sind die Institutionen und das Problem für die Institutionen ist die Bundesregierung und wir haben es hier mit einer verlogenen Politik zu tun, die Integrationsdefizite beklagt, aber gleichzeitig Menschen, die bei uns Deutsch lernen wollen, die Tür zumacht. Drittens, und den Punkt finde ich sehr, sehr hilfreich: Ich habe all die Herrschaften schon bei verschiedenen Veranstaltungen erlebt: Es ist Zeit zusammenzuführen. Es geht nicht, dass wir Alphabetisierung in der Muttersprache Deutsch, in der Zweitsprache Deutsch, in der Muttersprache der Teilnehmer separat voneinander haben, dass das Goethe-Institut so tut, als würde es die Alphabetisierung neu erfinden. Es wird Zeit, diese Ressourcen zu bündeln.

Karen Schramm:

Das war auch genau mein Anliegen, da stimme ich Ihnen sofort zu. Ich bin besorgt, dass die Alphabetisierung von Migrantinnen und Migranten in dem Moment, in dem sie nicht die erhofften schnellen Erfolge vorweisen kann, möglicherweise nicht mehr die notwendige Finanzierung erhält. Nachdem in die Integrationskurse mit Alphabetisierung aus Sicht des Bundesamtes viel Geld investiert wurde, wird auch Bilanz gezogen werden. Und dabei könnte, so befürchte ich zumindest, der Blick insbesondere darauf liegen, wie viele Personen den skalierten A2/B1-Test auf den entsprechenden Niveaus bestanden haben. Bei der Beratung des Bundesamtes im Arbeitskreis Alphabetisierung haben alle gefragten Expertinnen und Experten sehr deutlich erklärt, dass der skalierte A2/B1-Test, der *nicht* auf illiterate Lernende zugeschnitten ist, unverantwortlich und unangemessen ist; dennoch wurde er entgegen der Expertenberatung mit dem Hinweis auf die Absicht des „Förderns und Forderns" ganz einfach gesetzt. Damit war die Expertenmeinung ignoriert und die politische Entscheidung getroffen und meine Befürchtung ist, dass in der Zukunft nun die finanziellen Investitionen in die Alphabetisierungsangebote mithilfe dieses unangemessenen Instruments beurteilt werden könnten. Ich befürchte, dass man auf Grund der ausbleibenden Testerfolge, die meines Erachtens bei der gegebenen Sachlage zu erwarten sind, im Hinblick auf die finanziellen Investitionen ein Scheitern verbuchen wird. Das heißt, mein Plädoyer ist – und ich meine, im Anliegen ist dies sehr ähnlich wie Ihres –, dass es allerhöchste Zeit ist, sich zusammenzuschließen und von Seiten des Bundesverbandes Alphabetisierung und Grundbildung zu diesen Fragen deutlich Stellung zu beziehen. Meine Befürchtung ist, dass der gesamte Bereich Integrationskurse mit Alphabetisierung auf Grund der unangemessenen Evaluationsinstrumente nicht die notwendige Qualitätsentwicklung durchlaufen wird. Wir merken ja schon, dass hier deutliche Einsparungen in allen möglichen Bereichen vorgenommen worden sind, was die Ausstattung der Kurse betrifft, was die Möglichkeiten der Weiterbildung betrifft. Hier sind wir dringend darauf angewiesen, uns mit einer klaren Position und Argumentation Gehör zu verschaffen, wenn wir nicht hinter das Erreichte zurückfallen wollen.

Aus dem Publikum:

Wenn ich den Vorträgen vorhin richtig gefolgt bin, ist es ja so, dass seit Ende 2008 die Bundesregierung gefordert hat – und es ist auch durchgesetzt worden –, dass Menschen aus bestimmten Herkunftsländern – ich zähle die jetzt nicht alle auf oder die ausgeschlossenen – alle mit dem A1-Zeugnis kommen. Ich komme von einer großstädtischen Volkshochschule, die eigentlich aber trotzdem sehr klein ist und auch seit über fünf Jahren die Integrationskurse hat. Warum biete ich überhaupt noch Alphabetisierungskurse an, wenn die Menschen mit A1 kommen? Die Realität ist die, dass ich wirklich 1200 Stunden benötige und jemand zum A2 oder *unter* A2 führen kann nach 1100 Stunden. Da muss sich die Bundesregierung doch auch mal überlegen: Was ist in den Herkunftsländern mit dem A1-Zeugnis? Ferner habe ich noch keine Statistiken, ob dieses überhaupt erhoben wird, weil man das gar nicht erheben will. Und das ist auch meine Frage.

Karen Schramm:

Ja, in diesem Bereich fehlen uns wirklich belastbare Zahlen; das sind dringende Forschungsdesiderata. Alle Praxisberichte deuten darauf hin, dass die angestrebten Ziele mit den bisher vorliegenden Konzepten und Materialien mit den allermeisten Erstschriftlernenden nicht erreichbar sind, aber es liegen bisher so gut wie keine diesbezüglichen Untersuchungen vor. Ich hatte eben die Dissertation von Elena Kukharenko kurz angesprochen, die jetzt an drei Einzelfällen verfolgt, wie sich der Schriftspracherwerb über die Dauer des Integrationskurses mit Alphabetisierung entwickelt, und zwar insbesondere die Kompetenz zur Benutzung von Schrift im sozialen Alltag. Neben dieser entstehenden ethnographischen Studie liegt vor allem die empirische Erhebung von Rother 2010 vor, die vom Bundesamt für Migration und Flüchtlinge durchgeführt wurde. Diese hat bei einer repräsentativ ausgewählten Stichprobe von Alphabetisierungskursteilnehmenden Auskünfte zu den Kompetenzen zu Beginn des Alphakurses erfragt. Der Fortschritt der Teilnehmenden soll über den Kursverlauf verfolgt werden, aber das steht noch aus, da muss noch die Nachfolgestudie durchgeführt werden. Und wir werden dann sehen, wie die Ergebnisse interpretiert werden. Da könnte es naheliegen, sich nicht einzugestehen, dass man wichtige Hinweise aus der Zweitsprachdidaktik überhört hat, sondern zu dem Schluss zu kommen, dass die Investitionen in die Kurse sich nicht rentieren.

Alexis Feldmeier:

Also zunächst einmal: Ich sehe die Zukunft gar nicht so negativ. Erstens glaube ich wirklich, dass Analphabetinnen und Analphabeten immer eine Rolle spielen werden in unserer Arbeit. Ob sie jetzt nun unter dem Titel „Alphabetisierungskurs/ Integrationskurs" laufen oder als andere Kurse, sie werden immer da sein. Ich glaube auch nicht, dass durch diese Vorgabe, das A1-Niveau im Ausland erreichen zu müssen, dann keine Analphabetinnen und Analphabeten mehr in Deutschland sein werden. Es kommen ja noch ganz andere Zielgruppen aus ganz anderen Gründen nach Deutschland, bei denen wir davon ausgehen können, dass die nicht alle im ausreichenden Maße lesen und schreiben können. Um ganz konkret ein Beispiel zu geben: Sogenannte Quereinsteiger aus dem schulischen Bereich in Bielefeld, zwei Alphabetisierungskurse mit Sechzehn-, Vierzehn-, Fünfzehnjährigen aus dem

Irak, die eigentlich in diesen Integrationskurs erst einmal nicht direkt hineinpassen. Das heißt, wir haben andere Gruppen. Solche Gedanken, es werde bald keine Analphabetinnen und Analphabetinnen mehr geben, gab es schon in den achtziger Jahren: „Durch bestimmte politische Vorgaben werden wir dafür sorgen, dass es keine Analphabeten mehr gibt und dann hat sich das Ganze erübrigt." Was das Testverfahren betrifft: Es ist tatsächlich sehr ärgerlich, dass dieses Testverfahren sozusagen über den Köpfen der Teilnehmenden, der Lehrkräfte und Einrichtungen schwebt. Allerdings muss man sagen, dass das Ziel B1 formal betrachtet laut Konzept nicht erreicht werden kann. Ich weiß, dass im Konzept das B1-Ziel explizit steht, aber: Die Zielbeschreibungen gehen nur bis A2. Das heißt: Es ist formal unmöglich, das B1-Ziel zu erreichen. Insofern wird eine Studie, die belegt, dass die Teilnehmenden das B1-Ziel nicht erreicht haben, nichts anderes feststellen als das, was formal eh nicht möglich war. Da werden wir gemeinsam darauf hinweisen müssen, dass dieses Ziel überhaupt nicht erreichbar war. Es wird nur bis A2 beschrieben und nicht weiter.

Peter Hubertus:
Einen weiteren Aspekt möchte ich noch ansprechen, der auch noch einmal etwas mit dem Thema „Bilanz" zu tun hat: Die Integrationskurse mit Alphabetisierung sind gut ausgestattet, auch was Umfang und Finanzierung betrifft. Immerhin stehen bis zu 1245 Stunden zur Verfügung. Diese Messlatte sollte es auch für muttersprachliche Alphabetisierung von Deutschen geben. Bei einem üblichen Alphabetisierungskurs mit 2x2 Unterrichtsstunden in der Woche benötigt ein Lerner sechs Jahre, um dieses Lerndeputat zu erreichen. Hier geht es um *politische* Entscheidungen und wir müssen darauf auch *politisch* reagieren.

Karen Schramm:
Ich denke, dass wir uns in einer Phase befinden, die meine Kollegen Jürgen Erfurt und Gabriele Budach mit Blick auf den kanadischen Raum als „bürokratische Phase der Alphabetisierung" beschrieben haben. Wir haben im Arbeitsfeld Deutsch als Zweitsprache in den achtziger und neunziger Jahren eine emanzipatorische Alphabetisierungsbewegung erlebt, die von den Bedürfnissen der Teilnehmenden ausging. Und zurzeit erleben wir eine Top-down-Steuerung durch das Bundesamt und dadurch eine sehr starke Bürokratisierung dieser Prozesse. Das führt dazu, dass nicht mehr die individuellen Bedürfnisanalysen Ausgangspunkt für didaktische Entscheidungen sind, sondern politische Zielsetzungen. Beispielsweise ist in einem Integrationskurs mit Alphabetisierung kein Platz für das Erlernen der Grundrechenarten, weil das Deutschlernen im Vordergrund stehen soll. Man argumentiert also überhaupt nicht aus der Sicht der Lernbedürfnisse, sondern es wird ein gesellschaftlicher Bedarf konstruiert, der von außen an die Teilnehmer(innen) herangetragen wird – das ist dieses „Fordern", die Aufforderung, Deutsch zu lernen, über die die Förderung der Einzelnen mit ihren jeweiligen Lernbedürfnissen aus dem Blickfeld gerät. Und darin sehe ich eine Gefahr, dass es uns in dieser bürokratischen Phase nicht hinreichend gelingt, das emanzipatorische Moment der Alphabetisierung in dem Maße aufrechtzuerhalten, wie man es sich für die Eröffnung von Partizipationsmöglichkeiten für die einzelnen Kursteilnehmenden wünschen würde.

Alexis Feldmeier:

Ich würde gerne auf die Frage eingehen: Wie kann man diese Bereiche zusammenführen? Welche Potentiale sind dort? Ich denke natürlich, dass das Thema „Familie" viel Potential für eine Zusammenführung beinhaltet und dass beispielsweise das Konzept der „Family Literacy" als Dreiteilung in Elternzeit, Kinderzeit und gemeinsame Zeit auch durchaus interessant wäre für die Alphabetisierung von Menschen mit Muttersprache Deutsch und Menschen mit einer anderen Muttersprache, so etwas wie deutsche Zeit, nicht-deutsche Zeit und gemeinsame Zeit. Man sollte also gucken: Was können Muttersprachler(innen) den Nicht-Muttersprachler(inne)n vermitteln und was können Nicht-Muttersprachler(innen) den Muttersprachler(inne)n vermitteln? Was letztendlich wichtig ist, ist die Finanzierung. Irgendwo anzuklopfen und zu sagen: „Wir brauchen eine Finanzierung für eine *gemeinsame* Alphabetisierung, wir brauchen eine Finanzierung für dies und jenes", das klappt aus meiner Erfahrung nicht so gut. Zunächst einmal muss man tatsächlich etwas vorlegen, das in der Praxis funktioniert. Das ist eine Arbeit, die wir tatsächlich leisten müssen, möglicherweise mit Mischfinanzierungen, mit Projektfinanzierungen, mit einer anderen Art von Finanzierung. Wir müssen erst wirklich Erfolge vorlegen, um wirklich – und das erscheint mir wichtig – nicht nur bei den Finanzierungsstellen anklopfen zu können, sondern auch bei den Praktikern. Denn ich sehe, beispielsweise am Thema Alphabetisierung in der Muttersprache, dass selbst auf der Seite derjenigen, die das Ganze umsetzen müssen, die Überzeugung zum Teil gar nicht da ist. Man denkt: „Moment, aber *das* klappt nicht und *das* klappt nicht und *das* klappt nicht und wie soll *das* funktionieren?" Es ist so, dass sich das Bundesamt für Migration und Flüchtlinge – zumindest aus meiner Wahrnehmung – schon sehr darum bemüht hat, eine Meinung aus der Praxis einzuholen, nicht nur durch die Expertinnen und Experten, die eingeladen wurden, sondern auch durch Gäste beispielsweise. Das heißt, wenn auch in der Basis Bedenken bestehen: Kann man überhaupt in der Muttersprache alphabetisieren? Kann man überhaupt Muttersprachler(innen) des Deutschen und Nicht-Muttersprachler(innen) des Deutschen in bestimmten Bereichen zusammenbringen? Oder sind die Unterschiede so groß, dass das eh nicht möglich ist? Wenn dort auch schon der Glaube gar nicht da ist und das Wissen, dass es funktionieren kann, wenn dort nicht die Erfahrung gemacht wurde, in welchen Bereichen es funktionieren kann und was für eine Schwerpunktsetzung man da braucht, dann wird es oft noch schwieriger, die Finanzierungsstellen zu überzeugen. Es muss in beiden Bereichen etwas passieren, sowohl bei der Finanzierung als auch beim Nachdenken über bestimmte Möglichkeiten an der Basis.

Berichte und Auswertungen zur Tagung

Fachtagung Alphabetisierung Weinheim, 28. bis 30. Oktober 2010

Lerngruppe Vogelsbergkreis

Die Teilnahme an der Fachtagung war für uns ein besonderes Erlebnis. Schon die Vorbereitung und Planung verursachte eine allgemeine Nervosität und Unruhe. Zum ersten Mal verreisen in einem ICE, zweimal umsteigen und zum Glück stand Horst am Bahnhof in Mannheim und leitete uns sicher zum Tagungshotel in Weinheim. Großer Hunger hatte sich eingestellt und so wurde erst einmal ausgiebig gevespert.

Das große Hotel und die vielen Teilnehmenden verwirrten uns am Anfang, aber als die Zimmer zugewiesen waren und wir uns mit den Örtlichkeiten ein wenig vertraut gemacht hatten, kehrte eine gewisse Ruhe ein.

Schon begann die Begrüßung, bei der wir auch Tim-Thilo Fellmer wiedersahen, der uns schon im Vogelsbergkreis besucht hat. Die Kennenlernrunde „Kugellager" gefiel uns sehr gut und es beeindruckte uns, dass Lernende einzelne Seminare selbständig leiteten.

Wir besuchten die Workshops „Lernspiel ‚Winterfest'" und „Schrift in der Familie". Das Spiel hat jetzt bereits Einzug in unseren Kurs gehalten und wird zukünftig Bestandteil unseres Unterrichtes sein. Den Austausch mit anderen Lernenden zu unserer Lernersituation fanden wir sehr interessant und motivierend und wenn es zu viel wurde, zogen wir uns ins Lerner-Café zurück. Das Programm am Abend wurde von uns gerne wahrgenommen, aber ein Teilnehmer bevorzugte die Ruhe im Hotelzimmer.

Auf der Rückreise legten wir einen kurzen Zwischenstopp in Frankfurt ein und schauten uns die Hochhäuser im Bankenviertel an, nach einem kurzen Imbiss kehrten wir vergnügt und wohlbehalten nach Hause zurück.

Wir würden weitere Tagungen und Aktionen gerne unterstützen.

Fachtagung Weinheim

Sabine Ehresmann

War das ein Erlebnis, diese Fachtagung in Weinheim. Sie war so ganz anders als die anderen Fachtagungen, bei denen ich mitmachen durfte. Da gab es ja so viel zu erledigen und zu helfen, vor allen den neuen Lernern-Teilnehmern, die so mutig waren mitzumachen, obwohl sie erst ein paar Tage in einem Schreib-Kurs und das erste Mal mit dabei waren. Ich kam kaum zum Luftholen. Und nun soll es keine neue Fachtagung geben? Weil kein Geld mehr da ist. Das geht doch nicht.

Das wäre sehr schade, denn die Fachtagung hat so viel für uns Lernende bewirkt und uns neuen Mut geschenkt. Ich hoffe doch, dass es irgendwie weitergeht.

Wir Lernende hatten viel Eigeninitiative bei dieser schönen Fachtagung in Weinheim. Da war so einiges zu organisieren. Was auch gut geklappt hat. Es gab so viel zu tun, dass der Tag zu kurz war, um allem und jedem gerecht zu werden (leider). Und doch möchte ich diese Fachtagung nicht missen. Ich habe sooooooo viel mitgenommen und gelernt und hoffe, dass ich auch etwas den neuen Teilnehmern davon mitgeben konnte, mit denen ich in Kontakt gekommen bin.

Bevor ich mit den Kursen bei der VHS angefangen habe, hätte ich mich das nicht getraut, so über das Thema Alphabetisierung zu sprechen. Bei dieser Tagung habe ich mich sogar filmen lassen, um auch damit anderen Betroffenen Mut zu machen. Wir müssen kämpfen, dass es weitergeht mit den Kursen und den Fachtagungen, damit wir Lernende nicht ins Vergessen geraten. Nur dort können wir uns auch mit anderen Lernenden und auch mit Professoren austauschen. Besonders diese Gespräche sind mir in Erinnerung geblieben. Sie haben mir Neues, so wie auch neuen Mut zum Weitermachen mit auf den weiten Weg gegeben.

Aber auch unsere Gesprächsrunden-Tische, wo ein oder zwei Lernende andere eingeladen haben und über verschiedene Themen gesprochen haben, waren aufregend und interessant. Uwe und ich haben über unsere Erlebnisse in Namur gesprochen, wo wir uns eine Woche mit 27 Lernenden aus acht europäischen Ländern ausgetauscht haben. So ist man viel stärker mit anderen ins Gespräch gekommen. Man hat auch von ihnen einiges erfahren. Auch unsere Tischbetreuung war ein Erlebnis für sich. Dabei ist man mit vielen in Kontakt gekommen. Es wurden auch noch weitere Fragen gestellt über unser Thema Namur. Doch es war wenig Zeit für weitere Fragen. Für mich war es schon mit Stress verbunden, aber ich hatte nette Mitstreiter an meiner Seite. Das hat geholfen.

Auch ich habe eine Menge mitgenommen und gelernt, unter anderem neue Lernmethoden auch im Internet, so wie auch neue Lern-Mitstreiter kennengelernt.

Gerade jetzt dürfen wir nicht aufhören, auf uns aufmerksam zu machen. Es ereignet sich gerade so viel. Es darf nicht an Kursen gespart werden (davon hatten einige Lernende berichtet) und es darf nicht sein, dass die Fachtagung nicht mehr stattfindet. Es würde so viel verloren gehen. Das geht doch nicht!!!!!

Es gab doch noch so viel zu diskutieren und bereden.

Mit dem Zug nach Weinheim

Ernst L.

Ich hatte Glück, dass ich zur Fachtagung mitfahren durfte. Dafür möchte ich noch Danke sagen. Für mich hat es sich total gelohnt. Ich habe so viele Eindrücke mitgenommen – einfach Wahnsinn. Mein Kopf war total voll, voller Gedanken. Und ich versuche, es aufzuschreiben, es ist aber nicht ganz so einfach für mich.

Wir als Lerngruppe sind zusammengerückt, das konnte man gut spüren. Nicht nur bei den Seminaren, sondern auch bei den Mahlzeiten und bei der Party. Das war einfach supergut. Hat mir sehr viel Spaß gemacht, auch mit Jannes, meinem Zimmernachbarn. Noch ein paar Tage mehr und wir hätten ein gutes Duo abgegeben im Singen.

Am Donnerstag, den 28.10.2010, sind wir angekommen im NH Hotel Weinheim. Alles war toll.

Von 17 bis 19 Uhr gab es für uns Lerner das World-Café. Manuela und ich hatten auch ein Thema vorbereitet: „Wie ging es uns nach der Schulzeit, Beruf, Familie, Kinder …"

Ich brauchte nicht viel sagen, es ging sofort los. Der Funke sprang sofort über. Einige Lerner arbeiten als Hilfsarbeiter, mal hier und da und bekommen Hartz IV. Es gab auch Antworten wie: „In Deutschland bekomme ich mein Geld schon." Eine junge Frau sagte ganz klar: „Meine Eltern haben sich nicht gekümmert." Sie erzählte uns eine sehr traurige Geschichte und trotzdem fällt es immer wieder auf, dass immer wieder die Eltern geschützt werden. Warum auch immer …

Warum schafft man sich Kinder an, wenn man sich dann nicht um sie kümmert? Das kann ich nicht verstehen. Einige sagten, die Eltern mussten viel arbeiten, hatten wenig Zeit. Das darf keine Ausrede sein.

Ein junger Mann lebte zwei Jahre auf der Straße. Er erzählte, dass er seinen Vater kaum gesehen hatte und seine Mutter nur dann und wann mal. So hat jeder seine Geschichte erzählt. Einige Male musste ich ganz schön durchatmen.

Einige sagten auch, die ARGE hat Schuld. Sie muss mehr Geld geben und dies und das machen. Das ist mir zu einfach. Man kann nicht immer alles auf die ARGE abwälzen. Man muss sich auch selbst einbringen und etwas machen.

Meine Fahrt nach Weinheim

Bärbel Kitzing

Die Zugfahrt nach Weinheim war lustig. Das Umsteigen klappte auch. Ich wollte die Zugfahrt filmen, als wir hingefahren sind. Das klappte prima, denn ich vergaß, den Startknopf zu drücken!

Als wir am Bahnhof in Weinheim angekommen waren, gingen wir zur Straßenbahn. Zwei Stationen weiter war das Hotel, ein 4-Sterne-Hotel. Es war schön anzusehen. Wir wurden gleich herzlich begrüßt. An der Rezeption haben wir eingecheckt. Das Zimmer war in Ordnung.

Um 16 Uhr fing dann unser Workshop an. Es waren viele Leute da, an zehn Tischen. Es waren eigensinnige Leute dabei, die sich über das Problem „Druck" nicht gerne unterhalten wollten. Aber Brigitte und ich haben immer versucht, auf das Thema „Druck" weiterzuleiten. Es wurde aber nicht viel darüber geredet, weil viele gesagt haben: „Unter Druck lernen wir nicht." Der Workshop war aber schön.

Am nächsten Tag fing der Workshop um 11 Uhr an. Es war sehr interessant, „Analphabetismus im Alter" von den Seminarleitern Annerose und Jürgen Genuneit.

Um 14:30 Uhr fing das Seminar „Miteinander leben, voneinander lernen – Generationen im Miteinander" an. Die Seminarleiterin hieß Melanie Ruckschat. Es war interessant und hat viel Spaß gemacht.

Um 17 Uhr hatten wir eine Lesung von Lernenden, die Geschichten über ihre Familien geschrieben haben. Die Reaktionen waren von nachdenklich bis begeistert. Danach sind wir zum Essen gegangen. Um 21:30 Uhr sind Brigitte, Ute, Manuela, Hermann, Jannes und ich in die Disco gegangen und haben getanzt. Der Abend ging bis 1 Uhr morgens und danach sind Brigitte und ich ins Bett gegangen.

Samstag war es auch interessant und der Heimweg war kurz und schmerzlos.

Fachtagung 2010 in Weinheim

Brigitte van der Velde

In diesem Jahr hatten wir Oldenburger eine lange Anfahrt und wir sind mit Verspätung in Weinheim angekommen. Wir hatten Hunger und Durst, doch wir mussten uns erst einmal anmelden, die Koffer im Zimmer abstellen und dann weiter, sich orientieren.

Da war ein großes Buffet aufgebaut. Einige von uns Oldenburgern kreisten schon um das schöne Essen und sie waren schon am Kauen. Ein Bediensteter hatte alle Hände voll zu tun, die hungrigen Neuankömmlinge von den Leckereien fernzuhalten. „Das Buffet ist erst eröffnet, wenn die erste Pause nach den Vorträgen beginnt."

Ich habe mich erst einmal weiter umgesehen.

Als ich an die Tür kam, hinter der die Vorträge stattfanden, habe ich vorsichtig hineingeschaut. Eine furchtbare Wärme schlug mir entgegen und alle Plätze schienen besetzt. Ich bin schnell wieder raus. Wenig später war dann auch schon die erste Pause. Ich habe viele Bekannte wiedergesehen und sofort viele Gespräche gehabt.

Donnerstag – das World-Café

Nun standen die nächsten Vorträge oder Seminare an. Ich würde gleich eine von 15 Gastgebern sein. Wir kamen aus ganz verschiedenen Bundesländern und auch aus dem Ausland waren Aktive dabei. Ich hatte mich gut vorbereitet und war auch schon ein bisschen aufgeregt. Auch die anderen Gastgeber wirkten sehr konzentriert. Es gab noch ein paar kurze Absprachen über den Ablauf der nächsten zwei Stunden. Die Spannung stieg an, gleich würde hier etwas ganz Besonderes passieren.

Es stand für uns ein großer Raum zur Verfügung, es war schon alles vorbereitet. Acht oder neun Kreise aus immer zehn Stühlen waren da zu sehen. Es sah aus, als hätte man vergessen, die Tische hinzuzustellen. Es wirkte auf mich wie ein überdimensionaler Gruppentherapieraum, doch das hatte seinen Grund. Wir wollten einander kennenlernen, aufeinander zugehen ohne Ängste oder Hemmungen, sich gegenüber sitzen, keinen Tisch dazwischen haben. So konnte man auch noch ein bisschen zusammenrücken, was sich noch als Vorteil erweisen würde. Langsam kamen immer mehr Lernende.

Aufgeregtheit füllte den Raum, einige schauten ängstlich, andere wirkten sehr laut, wieder andere fragten sich von Einem zum Nächsten durch, was nun wohl auf sie zukommen würde, Unsicherheit und Neugier hielten sich die Waage.

Etwas ganz Besonderes sollte heute passieren, etwas noch nie Dagewesenes würde uns ermöglicht werden.

Ich bin schon sechsmal auf einer Fachtagung dabei gewesen, seit Bernburg vor sechs Jahren, wo die Bernburger Thesen in beeindruckender Weise beschlossen wurden. Da waren – etwas versprengt – ein paar Lernende dabei, kaum einer gab sich zu erkennen. Heute aber war ein ganzer Saal voll mit Lernern und Lernerinnen.

Es sollte unser Tag sein, hatte ich das Gefühl. Als die letzten Lehrenden den Raum verließen und die Tür sich hinter ihnen schloss, hat mich das sehr berührt. Es war offensichtlich. Wir Lernende waren unter uns, Lernende aus dem ganzen Land und darüber hinaus. Das war eine Atmosphäre, die man fast nicht beschreiben kann.

Ich habe sie so empfunden: Wir befinden uns in einem Vulkan kurz vor dem Ausbruch. Man konnte die Emotionen fühlen, da sollte jetzt alles mal zur Sprache kommen. Alles sollte nun gesagt werden und musste raus. Jetzt war es gut, dass es die kleineren Gesprächsrunden gab. Mein Kompliment an alle Gastgeber. Ihre gezielten Fragen an die Gäste dämpften ein bisschen die Aufgeregtheit aller Teilnehmer und es kam etwas Ruhe im Raum auf.

Trotzdem gab es einen unglaublichen Lärmpegel. Hätten wir jetzt alle zusammen gesungen, wären die Fischer-Chöre nichts dagegen gewesen. Nun war es gut, dass wir noch ein bisschen zusammenrücken konnten und nicht noch einen Tisch zwischen uns hatten. Man musste sich so schon laut unterhalten und genau hinhören. Dazu noch die vielen verschiedenen Dialekte.

Es war geplant, dass die Gespräche 20 Minuten pro Runde dauerten. Dann gab es ein Zeichen mit einer Trillerpfeife, ausgelöst von Karl, und die ganze Gruppe wanderte zur nächsten Runde weiter. Nur der eine oder die zwei Gastgeber blieben in ihrem Kreis sitzen. Nachdem alle wieder Platz genommen hatten und ich wieder in erwartungsvolle Gesichter schaute, habe ich mich und Bärbel kurz vorgestellt und unser Thema vorgetragen.

Wir hatten gehofft, dass schnell eine Diskussion in Gang kommt, doch für die meisten standen ihre ganz eigenen Probleme im Vordergrund. Am Ende des Gesprächs waren sich alle einig, mit Druck wollte niemand lernen. Nur eine einzige Person war der Meinung, dass Kinder schon im frühen Alter Druck beim Lernen brauchen. Sie hatte als Kind nie genug Druck beim Lernen bekommen. Diese Art der Aussage war nur einmal zu hören. Zehn Runden mal sechs oder acht neue Gesichter.

Wir – Bärbel und ich – hatten uns sehr bemüht, ein bisschen beim Thema zu bleiben, doch dieses Thema schien nicht anzukommen. Es wurde immer wieder verdrängt oder es entstand eine Gesprächspause.

Dieses Thema war nicht gut angekommen an diesem Tag. Ich finde es schade, denn ich halte es für ein wichtiges Element im Umgang mit dem Lernen. Wir Lernende fürchten den Druck, doch er kann auch positiv angewandt werden.

Wir Gastgeber hatten alle ein Thema vorbereitet. Wir hatten uns überlegt, dass es gut sei, darüber zu sprechen:

1. Wie viel Druck kann ich beim Lernen ertragen?
2. Brauche ich Druck?
3. Wie gehe ich mit Druck um?

Wir hatten noch sechs weitere Fragen vorbereitet, doch in dem kurzen Zeitlimit, was uns zur Verfügung stand, reichten schon die ersten drei Fragen aus. Dazu noch die neu eingebrachten Themen, die zum Teil auch aus der Vorrunde mitgebracht wurden, waren Gesprächsstoff genug.

Ich habe oft die Worte Krankheit, Geldmangel, ARGE, Hartz IV und Regierung gehört. Es sollte eine lockere Atmosphäre herrschen. Bärbel und ich waren uns da einig. Es war äußerst anstrengend gewesen und noch sehr nachhaltig. Wir haben noch lange Zeit danach über diesen besonderen Nachmittag gesprochen. Das war ein intensives Kennenlernen und Verstehen. Gerne würden wir uns noch einmal treffen, aber nicht nochmal so intensiv.

Selbst das schöne Abendessen hat uns nicht mehr die Kraft gegeben, um uns die tolle Band am Abend anzuhören. Das ging nur noch vom Bett aus, man konnte die Musik durchs Fenster hören, es war unsere Gutenachtmusik.

Freitag

Am Freitag wartete ein volles Programm auf uns. Gleich nach dem schönen Frühstück ging es zur ersten Veranstaltung „Was Hänschen nicht lernt, lernt Hans nimmermehr". Uwe und Sabine Boldt stellten sich dem Publikum, das Ganze wurde von Bettina Lübs moderiert. Ich habe Uwe und Sabine sehr bewundert, wie sie dasaßen und aus ihrem Leben berichteten. Bettina stellte ihre Fragen sehr präzise, aber auch in einer lockeren und fröhlichen Art. Es war ganz klar zu sehen, wie gut Bettina die Probleme der lernschwachen Menschen kennt.

Vieles, was Uwe so erzählte aus seinem Alltag, kannte ich von mir selbst. Die quälende Theorie und die Leichtigkeit der Praxis, das ist mir vertraut. Doch als Sabine aus ihrer Sicht berichtete, musste ich ein paar Mal schlucken und ich hatte Mühe, meine Tränen zu verbergen. Es hat mich zutiefst bewegt, was ich da zu hören bekam. Eine Frau unterstützt ihren Mann in seiner Lernschwäche, ganz selbstverständlich, als sei es das Normalste auf der Welt.

Ich war auch einmal verheiratet und hatte mir von meinem Mann Unterstützung gewünscht, doch er schwieg alles tot und ich bin fast daran erstickt. Hier hatte ich ein anderes Bild vor Augen, das hat mich sehr berührt, ich musste einfach weinen. Das Leben kann so viel leichter sein, wenn man den anderen unterstützt. Dieser Beitrag ist mir sehr nahe gegangen. Ich ziehe meinen Hut vor diesem Paar.

Nach einer guten Pause ging es weiter mit einem anderen Paar, was ich nicht weniger bewundere. Besonders an diesem Tag. Ihr Thema war „Analphabetismus im Alter".

In beeindruckender und anschaulicher Weise haben Frau und Herr Genuneit diesen Workshop abgehalten. Im modernen Stil haben wir erfahren und gelernt, was es bedeutet, ohne Schrift alt zu werden.

Wir konnten erfahren, dass es sehr interessante Literatur zu diesem Thema gibt. Wir konnten Fotos betrachten und passende Zitate hören. Es haben sich Lernende, Lehrer und sogar Teilnehmer aus der Politik zusammengefunden. Jeder konnte in ruhiger Atmosphäre über dieses Thema sprechen und sich dazu austauschen.

Sogar unsere jüngeren Teilnehmer aus Oldenburg haben es nicht bereut, in diesen Workshop gegangen zu sein.

Für uns Lernende ist es jetzt einmal mehr wichtig geworden, ausreichend lesen und schreiben zu lernen. Wir wissen aus unserem eigenen Leben, wie schwierig es ist, wenn man nicht ausreichend lesen und schreiben kann. Es wurde nochmal deutlich, wie isoliert alte Menschen leben, wenn das Schreiben und Lesen nicht gegeben ist, wie schwierig es wird und welche Seelenqualen daraus entstehen können.

Aber auch alte Menschen können noch zur Schule gehen und ihren Horizont öffnen, Freude am Lernen haben und neue Kontakte bekommen.

Der Workshop hat uns allen sehr gut gefallen, wahrscheinlich weil uns die Schreib- und Leseschwäche täglich begleitet und wir uns in diesem Beitrag ein bisschen wiedergefunden haben.

Nach der Mittagspause war ich im Workshop „Miteinander leben, voneinander lernen – Generationen im Miteinander". In diesem Workshop sind wir Oldenburger Lernende fast geschlossen gewesen. Das war nicht abgesprochen. Und wie das so ist, haben wir uns erst einmal alle zusammengesetzt. Wie die Hühner auf der Stange saßen wir da. Wir waren gespannt, was jetzt passieren würde.

Etwa zwanzig Personen saßen sich in einem großen Kreis gegenüber. Zwei junge Frauen stellten sich uns vor. Melanie Ruckschat erklärte uns ein Kreisspiel. Es ging auch gleich zur Sache, schnell waren wir alle durcheinander gewirbelt und jeder hatte jetzt einen anderen neben sich sitzen. Ich musste mich erst einmal überwinden mitzumachen – und gleich als Erste. Aber dann hat es viel Spaß gemacht.

Nun bauten sich Ängste und Hemmungen ab, doch es sollte noch spannender und lustiger werden.

Wir lernten einander mehr kennen, wir konnten uns kleine Geschichten erzählen und daraus Rollenspiele entwickeln. Das hat alles unglaublich viel Spaß gemacht und es wurde viel gelacht. Man konnte sich selber einmal in einem anderen Licht sehen. Es war sehr beeindruckend, das habe ich so noch nie erlebt. Für mich war das der beste Workshop.

Anschließend fand ein Forschungs-Praxis-Forum statt. Hier war eine große Ausstellung von Projekten mit Büchern und Konzepten aller Art im Rahmen der Alphabetisierung zu sehen. Viele interessante Stände und Menschen waren zu sehen. Es wurde geschaut, geredet, diskutiert, Kaffee getrunken. Es war ein Kommen und Gehen. Ich hatte das Gefühl, immer und überall war irgendwo in jedem Raum etwas los.

Ich hatte auch noch etwas Großes vor. Zum ersten Mal in meinem Leben würde ich mit meinem Lehrer Achim Scholz eine Lesung machen. Vorlesen vor einem großen Publikum. Wir hatten kleine Geschichten von meinen Mitschülern und mir, alles zum Thema „Familie". Das war schon ganz schön aufregend für mich und ich hatte ein bisschen Angst, dass ich mich blamiere. Doch es ging alles gut, der Raum war voller guter Geister. Meinen Lehrer neben mir, meine Mitlernenden alle in der ersten Reihe – was konnte mir schon geschehen? Ich habe es gut geschafft.

Später wurde ich ab und zu darauf angesprochen und gelobt, das machte mich sehr stolz, denn ich mühe mich schon seit Jahren, um irgendwann einmal ganz selbstverständlich in die Masse der Alphabetisierten einzugehen, ohne aufzufallen, und ein ganz normales Leben zu haben. Dies war wieder ein Meilenstein dorthin.

Samstag

Nirgendwo auf der ganzen Welt hätte ich mich so schonend ausprobieren können wie hier. Die Möglichkeit, in so schwieriger Lebenslage zu bestehen und geachtet zu werden, erfahre ich auf einer Fachtagung wie dieser. Umso mehr trifft es mich zutiefst, dass wir Lernende auf dieser Fachtagung in Zukunft nicht mehr dabei sein können.

Seit wir dabei sein durften, war ich dabei. Ich habe mich selbst mit eingebracht, so wie viele andere es auch taten. Viele wirken mit großem Engagement auch darüber hinaus. Man hat nicht nur über uns, sondern auch mit uns geredet. Das hat uns Mut gemacht.

Man war dabei, uns eine Lobby zu geben und wir waren voller Hoffnung, als funktionale Analphabeten einen anerkannten Platz in dieser Gesellschaft zu bekommen. Doch nun schlägt man uns die Tür vor der Nase zu. Wir alle sind schockiert und unendlich traurig über diese Entwicklung. Deshalb haben sich alle Lernenden aus ganz Deutschland und aus dem Ausland am Samstagmorgen noch einmal zusammengefunden, um zu überlegen, was wir tun können und wie wir uns dagegen wehren können.

Das war ein sehr emotionaler Morgen. Betroffenheit, Enttäuschung, Wut und Tränen, aber auch Kampfeslust standen im Raum. Wir wollen das nicht so hinnehmen. Das kann man mit uns doch nicht machen. Wir waren uns einig, wir wollen uns wehren.

Unsere Haltung haben wir auch noch einmal in der Abschlussversammlung der Fachtagung deutlich gemacht. Mitten in der Veranstaltung sind viele Lernende zur gleichen Zeit aufgestanden, schweigend, aber mit aller Deutlichkeit: Hier sind wir und wir haben ein Gesicht und wir wollen uns nicht mehr verstecken. Uns gibt es auch!

Ich habe viel Schönes auf dieser Fachtagung erlebt, doch der Abschluss war sehr bedrückend – nicht nur für mich. Das konnte man deutlich spüren.

Bericht zur Fachtagung

Tina F.

Ich heiße Tina und ich habe das erste Mal eine Reise mit einem ICE gemacht.
Mein Gott, war das aufregend! Ich konnte es kaum erwarten, endlich anzukommen.
Ich (wir) war(en) endlich am Ziel.
Mann, war das voll Menschen, aber ich habe bald Heike entdeckt.
Die Begrüßung war gut, nur der Raum war etwas stickig.
Ich denke, dass man nach so einer Fahrt erst einmal auf sein Zimmer gehen sollte, um sich frisch zu machen, damit man voll und ganz bei der Sache ist.
Die Aufregung stieg.
Kaum Luft geholt, ging es los.
Nur die Lernenden waren in einem Raum.
Es war anstrengend, da wir ständig neue Themen hatten.
Das Buffet war für mich kompliziert, aber sehr lecker.
Der Aufenthalt in dem Hotel war gut und angenehm.
Die Schlüsselkarten fand ich merkwürdig, da ich erst nicht wusste, wie sie funktionieren.
Zwei Kollegen und ich haben uns auch die Innenstadt angeschaut.
Wir haben uns verlaufen, aber irgendwann haben wir den richtigen Weg gefunden.
Wir waren aber erst um 19:30 Uhr wieder im Hotel.
Der Leiter der Veranstaltung hat alles gut organisiert.
Die Themen der Fachtagung waren sehr interessant, aber auch zu viel Information, die man nicht so schnell behalten konnte.
Die Abende in der Lobby waren sehr gemütlich.
Man traf sich auf ein Bier oder einen Wein und lernte noch andere Menschen kennen.
Ich hoffe, dass es wieder eine Fachtagung gibt und ich wieder dabei sein kann.
Ich möchte mich hiermit bei allen bedanken, die es unserem Verein möglich gemacht haben, an dieser Fachtagung teilzunehmen.

Keine Fachtagung mehr?

Ingo Hartmann

Wir brauchen diese Fachtagung in Deutschland, damit die Lerner zusammenarbeiten und sich austauschen können. Und wenn die Fachtagung nicht mehr da ist, fände ich das nicht gut. Die Politik kann das Geld für eine Brücke zahlen, aber für die Bildung nicht. Ich finde es nicht gut: Die Politiker sagen, dass wir arbeiten sollen, aber wenn keine Bildung da ist, können wir auch nicht arbeiten. Wenn wir lesen können, dann können wir auch arbeiten, aber nicht ohne Bildung.

Die Fachtagung in Weinheim

Hermann Fickenfrers

Vom 28. bis 31.10.2010 waren wir in Weinheim zur Fachtagung. Wir waren mit acht Schülern und mit zwei Lehrerinnen und einem Lehrer da.

Am frühen Abend fand das World-Café statt. Da haben sich alle Lerner getroffen und haben miteinander geredet. Es gab mehrere kleine Gruppen und jede Gruppe hatte ein anderes Thema.

Ich hatte eine Gruppe mit Ute zusammen. Wir hatten das Thema „Wir brauchen mehr Zeit zum Lernen! Wie bekommen wir sie?" Es war nicht einfach, die Gruppe zu leiten. Die Leute haben Fragen gestellt, z.B. wer einen Kurs bezahlt. Das ist nicht überall gleich. Wir haben auch über das Outen bei der Arbeit gesprochen. Da gab es unterschiedliche Meinungen. Die Leute haben auch erzählt, wie oft sie in der Woche einen Kurs besuchen. Die Zeit ging ganz schnell rum. Wir haben viel geredet, aber die Zeit war einfach zu kurz.

Am Freitag war ich bei Andreas Brinkmann. Er erklärte uns den Umgang mit Medien. Das hat mich interessiert, weil ich selbst auch schon damit zu tun hatte. Ich weiß jetzt besser, wie ich auf Fragen von Journalisten reagiere.

Bei Herrn Hubertus konnte man darüber reden, wie man behandelt wurde, wenn man jemandem erzählte, nicht lesen und schreiben zu können.

Ich war schon drei Mal bei einer Fachtagung dabei und ich finde es schade, dass keine mehr stattfinden wird. Bei jeder Fachtagung gab es etwas Neues und ich fand gut, dass wir mit anderen Lernern in Kontakt kamen. Und dass wir auch selbst was machen konnten. Bei den Fachtagungen ging es ja schließlich um uns. Das war gut.

Ein Lerner kann etwas erreichen! Viele Lerner erreichen mehr!
Lerner-Workshop Fachtagung Alphabetisierung Weinheim am 28.10.2010

Selbsthilfegruppe Analphabeten Ludwigshafen

Bei der Besichtigung des Tagungshotels in Weinheim beschloss Horst Uhrig von der Selbsthilfegruppe Analphabeten Ludwigshafen, in diesem Jahr alle Lerner zu einem großen Lerner-Treffen zusammenzurufen.

Seit der ersten Fachtagung im Rahmen der UN-Weltalphabetisierungsdekade 2003 in Bernburg, wo Lerner aus Deutschland mit Lernern aus den Niederlanden in einem ersten Workshop für Lernende zusammentrafen, kamen jedes Jahr Lernende zur Tagung; im Jahr 2009 kamen mehr als 60 Lernende nach Hannover. Mehrere Lernende führten eigene Workshops durch, mit Unterstützung durch ihre Kursleiter, aber auch völlig selbständig.

Bei den Tagungen entwickelten sich enge Freundschaften, auch zwischen Lernenden aus weit entfernten Städten. Aber es gelang diesen nicht immer, alle anwesenden Lernenden kennenzulernen. Viele, vor allem Neulinge, blieben während der gesamten Tagung eng bei ihrer vertrauten Gruppe, in der Nähe ihrer Kursleiterin oder ihres Kursleiters.

Diesmal sollte das anders sein. Gleich am Anfang sollten alle Lernenden die Gelegenheit bekommen, sich kennenzulernen. Der Organisator der Tagung, Herr Bothe, unterstützte den Vorschlag sofort und entwickelte ein spezielles Programm für den ersten Tag. Nach der Begrüßung und dem Einführungsvortrag für alle Tagungsgäste wurden verschiedene Vorträge und Workshops für Kursleiter, Wissenschaftler und Lernende angeboten.

Sofort begannen in der Selbsthilfegruppe die Planungen zu dem großen Lernertreffen. Wie schafft man es, alle Lerner zusammenzubringen, und vor allem, wie schafft man es ohne die Kursleiter? Es musste also eine Idee her, die die Lernenden nicht abschreckt und die es ermöglicht, dass sich jeder traut, etwas zu sagen, auch die Neulinge.

Die Lösung war das „World-Café". Diese Methode hatte die Selbsthilfegruppe bereits bei einer Projekt-Tagung ausprobiert. Dort hatten sie an ihrem Tisch mehrere Gruppen von Kursleitern zur Nutzung des Computers im Alpha-Kurs informiert.

Beim „World-Café" gibt es in einem größeren Raum mehrere Tische mit einem oder mehreren Gastgebern, die zu einem bestimmten Thema zum Gespräch einladen. Es sollten insgesamt nicht mehr als acht Leute an einem Tisch sitzen, damit ein vernünftiges Gespräch zu Stande kommen kann. Nach 25 Minuten wechseln die Gäste den Tisch, um sich am nächsten Tisch zum nächsten Thema auszutauschen.

Als Herr Bothe von dem großen Ansturm der Lernenden auf die Tagung berichtete, war schnell klar, dass die Selbsthilfegruppe Unterstützung brauchte. Also fuhren sie zu ihren Kolleginnen und Kollegen nach Oldenburg, luden noch das Alpha-Team aus Hamburg dazu und schon hatten sie begeisterte Helfer mit im Boot.

Die Gastgeber konnten ihr Thema selbst wählen, aber das zentrale Thema sollte sein: Die Lerner müssen aktiv werden und ihre Sache selbst in die Hand nehmen.

Die Gastgeber und ihre Themen waren:

Horst Uhrig	Wir müssen gemeinsam aktiv werden, damit nach 2012 die Alphabetisierung weitergeht.
Thorsten Böhler	Nur wenn wir uns zeigen, wird sich in uns und in der Gesellschaft etwas ändern.
Tim-Thilo Fellmer	Was macht einen starken Lerner aus?
Uwe Boldt, Sabine Ehresmann	Erfahrungen aus dem EU-Lernerworkshop in Namur, Belgien
Ana Vogel	Mit der Lernplattform am modernen Leben teilnehmen
Manuela Janssen, Ernst L.	Wie ging es uns nach der Schulzeit (Beruf, Familie, Kinder …)?
Bärbel Kitzing, Brigitte van der Velde	Wie viel Druck kann ich beim Lernen ertragen? Brauche ich Druck? Wie gehe ich damit um?
Hermann Fickenfers, Ute Göcken	Wir brauchen mehr Zeit zum Lernen! Wie bekommen wir sie?
Ingo Hartmann	Einsatz und Erfahrungen mit der Karte „Können Sie mir helfen?"
Hannie de Heus, Theo van Kessel	Was machen Botschafter in Holland?

Der Workshop sollte zwei Stunden dauern und mit 80 Gästen durchgeführt werden. Das war eine große Herausforderung. Die große Sorge der Selbsthilfegruppe war, dass im Saal eine große Unruhe entstehen könnte oder Einzelne, die gerne reden, andere nicht zu Wort kommen lassen. In ihren Workshops bei den vorangegangenen Tagungen hatten sie entsprechende Erfahrungen gemacht. Also entwickelten sie genaue Regeln, an die sich alle halten sollten.

An dem Workshop durften keine Kursleiter, Begleiter oder Beobachter teilnehmen. Es waren auch keine Kameras oder Mikros erlaubt. Die Lernenden wollten ganz unter sich sein.

Es gab zehn Tischrunden mit je einem Gastgeber oder Gastgeberpaar und höchstens sechs Gästen. Das waren Stuhlkreise ohne Tisch, damit man näher zusammenrücken konnte. Dadurch sollte die Lautstärke etwas gedämpft werden. Ein Lerner aus der Selbsthilfegruppe übernahm die Moderation. Er begrüßte und steuerte den Wechsel der Tischrunden.

Bei der Begrüßung wurden die Gastgeber, aber nicht die Themen vorgestellt, um Anstürme auf einzelne Tische zu vermeiden. Die Gastgeber empfingen also ihre sechs Gäste, stellten kurz ihr Thema vor und moderierten eine Gesprächsrunde. Wichtig dabei war, „neue", „ängstliche" Lerner zu ermutigen, auch etwas zu sagen. Um fleißige Redner etwas zu bremsen, wurden von der Selbsthilfegruppe einige mögliche Einwände formuliert, die man dafür verwenden konnte:

- „Vielen Dank für deinen tollen Beitrag. Darüber sollten wir unbedingt noch ausführlicher während der Tagung sprechen. Jetzt würde ich gerne noch eine andere Meinung hören."
- „Super, was du gerade gesagt hast. Heute Abend sollten wir ausführlicher darüber reden."
- „Sorry. Wir müssen uns kurz halten, damit jeder etwas sagen kann."

Nach jeweils 25 Minuten gab der Moderator das Signal zum Wechsel. Die Gäste mussten schnell zum nächsten Gastgeber wandern, möglichst nicht gemeinsam, um neue Leute kennenzulernen. Das klappte sehr gut, auch wenn Stühle zu anderen Tischen gerückt wurden. Da innerhalb von zwei Stunden nicht alle Tische besucht werden konnten, stellte der Moderator zum Schluss noch einmal alle Gastgeber und ihre Themen vor. So konnten die Lernenden auch während der folgenden Tage zu den verschiedenen Themen ins Gespräch kommen. Er wies auch auf den Stand der Lernenden während der Messe am nächsten Tag hin, wo man weitere Informationen zu den Themen finden konnte.

Insgesamt wurde der Workshop als gelungen beurteilt. Die Form des „World-Café" kam sehr gut an. Die Gastgeber fühlten sich ihrer Aufgabe in den kleinen Tischrunden gewachsen und auch die Gäste fassten schnell Zutrauen und beteiligten sich intensiv. Lediglich die Lautstärke im Raum empfanden einige Gastgeber als etwas anstrengend.

„Ich war sehr berührt, wie die anderen Lerner auf meine Karte und die Tasche reagiert haben."
(Ingo Hartmann, Gastgeber)

„Der Wechsel hat gut geklappt. Ich war überrascht. Einmal war eine Dozentin da. Die habe ich wieder rausgeschickt."
(Karl Lehrer, Moderator)

„Die Lerner an meinem Tisch waren begeistert. Aber meine Stimme war langsam weg. Es war doch sehr laut."
(Uwe Boldt, Gastgeber)

„Am Anfang waren sie nicht so locker. Zuerst haben Einzelne nur mit mir geredet, aber dann haben sie auch miteinander gesprochen. Alle waren sehr bei der Sache."
(Thorsten Böhler, Gastgeber)

„Man hat gut miteinander reden können. Das war super. Mal ohne Lehrer und Fachleute."
(Erich Hammer, Gast)

„Die kleine Runde war nicht beklemmend, sondern die Leute haben schnell die Scheu verloren und sich aktiv beteiligt."
(Ana Vogel, Gastgeberin)

„Die Runden waren unterschiedlich. Ich habe die Ideen der Lerner aus der letzten Runde in die nächsten eingebracht. Das war auch sehr interessant für mich. Ich finde, das hat gut funktioniert."
(Tim-Thilo Fellmer, Gastgeber)

„Die Art des Workshops war goldrichtig. Die Lerner waren viel freier. Sie haben schnell miteinander kommuniziert. Auch die Stilleren konnte man integrieren."
(Horst Uhrig, Gastgeber)

Das Fazit für die Tagung: Der Plan ist aufgegangen. Diesmal hat man alle Lernenden kennengelernt. Auch die Neulinge unter den Lernenden beteiligten sich aktiv an den folgenden Vorträgen und Workshops. Ein spontaner Aufruf für ein Treffen am letzten Tag, bei dem Adressen zum Ausbau eines Lernernetzwerks gesammelt wurden, brachte noch einmal alle Lernenden zusammen.

Autorinnen und Autoren

Ulrike Arnold
Projektreferentin im BMBF-Forschungsprojekt „Verbleibsstudie/Praxisentwicklung"
beim Deutschen Volkshochschul-Verband e.V., Bonn

Sabine Boldt
Kinderpflegerin, Lüneburg

Uwe Boldt
Hafenfacharbeiter, Lüneburg

Joachim Bothe
M.A. Soziologie/Kommunikationswissenschaft/BWL, Leiter der Fachtagung Alphabetisierung, Bundesverband Alphabetisierung und Grundbildung e.V., Münster

Dr. Britta Büchner
Diplom-Psychologin, Lerntherapeutin in eigener Praxis, wissenschaftliche Leiterin
des Online-Projekts „LegaKids.net", München

Prof. Dr. Peter Büchner
Bis 2007 tätig als Universitätsprofessor für Erziehungswissenschaft mit dem Schwerpunkt Soziologie der Erziehung und des Bildungswesens, Institut für Erziehungswissenschaft, Universität Marburg

Tina Byrne
Research Officer, National Adult Literacy Agency (NALA), Dublin, Irland

Barbara Cramm
Soziologin, E-Learning-Didaktikerin, Referentin im BMBF-Forschungsprojekt
„Alphabit", Deutscher Volkshochschul-Verband e.V., Bonn

Heike Drewelow
Freiberufliche Künstlerin und Germanistin, leitet Zeichen- und Druckkurse und un-
terrichtet funktionale Analphabetinnen und Analphabeten im Verein Lesen und
Schreiben e.V., Berlin

Sabine Ehresmann
Alpha-Team Hamburg, Hamburger Volkshochschule – Zentrum Grundbildung und
Drittmittelprojekte, Tierpflegerin, umgeschulte Floristin, Reiki-Meisterin

Tina F.
Lernende im Verein Lesen und Schreiben e.V. in Berlin-Neukölln

Alexis FELDMEIER
Wissenschaftlicher Mitarbeiter im Fachbereich Deutsch als Fremdsprache, Fakultät für Linguistik und Literaturwissenschaft, Universität Bielefeld, Dozent im Lehrerfortbildungsbereich für Deutsch als Zweitsprache und Alphabetisierung, Bielefeld

Hermann FICKENFRERS
Lernender im Intensivkurs „Lesen, Schreiben und Rechnen" des A.B.C.-Projekts der VHS Oldenburg

Annerose GENUNEIT
Langjährige Alphabetisierungspädagogin in Bernburg/Sachsen-Anhalt, mehrere Lehraufträge an der PH Reutlingen, Stuttgart

Jürgen GENUNEIT
Gründungs- und ehem. Vorstandsmitglied im Bundesverband Alphabetisierung und Grundbildung e.V., Stuttgart

Ingo HARTMANN
Alpha-Team Hamburg, Hamburger Volkshochschule – Zentrum Grundbildung und Drittmittelprojekte, angelernter Tischler, begeisterter Heimwerker

PD Dr. Markus HÖFFER-MEHLMER
Diplompädagoge, Diplomsozialpädagoge (FH), Leiter des BMBF-Forschungsprojekts „Alphabetisierung und Bildung (AlBi)", Mainz

Peter HUBERTUS
Geschäftsführer und Gründungsmitglied des Bundesverbandes Alphabetisierung und Grundbildung e.V., Münster

Brigitte JACOBI
M.A. Germanistik/Geschichte/Philosophie, Dozentin für DaF-, DaZ- und Alphabetisierungskurse (VHS), Integrationskurse und Alpha-Integrationskurse beim USS in Heilbronn

Ute JAEHN-NIESERT
Dipl.-Psych., Psychologische Psychotherapeutin, Ausbildung in Familientherapie/ Systemtherapie, Tiefenpsychologisch fundierter Psychotherapie und Körperpsychotherapie, Teilprojektleiterin im BMBF-Forschungsprojekt „AlphaFamilie", Arbeitskreis Orientierungs- und Bildungshilfe (AOB) e.V., Berlin

Annette KENTENICH
Lehrerin Sek.I, Englisch/Deutsch, Deutsch als Fremdsprache, Kursleiterin VHS Essen, Zertifikat Alphabetisierung/Grundbildung

Bärbel KITZING
Mutter von vier Kindern, Lernende in einem Kurs „Lesen und Schreiben" der VHS Oldenburg

Ernst L.
Vater von zwei Kindern, Lernender im Intensivkurs „Lesen, Schreiben und Rechnen" des A.B.C.-Projekts der VHS Oldenburg

LERNGRUPPE VOGELSBERGKREIS
VHS-Kurs „Lesen und Schreiben von Anfang", läuft seit 2006, jeweils zwei Semester pro Jahr, zwei Treffen pro Woche, ein Teilnehmer aus der Lerngruppe seit 2006 dabei, alle anderen später dazugekommen, aktuell neun Teilnehmende

Bettina LÜBS
Hauptamtliche pädagogische Mitarbeiterin an der VHS Lüneburg (1989-2008), Referentin Grundbildung/Alphabetisierung beim Deutschen Volkshochschul-Verband e.V. (2002-2009), selbständige Weiterbildungsberaterin (www.grundfit.de) und wissenschaftliche Mitarbeiterin beim Archiv und Dokumentationszentrum für Alphabetisierung und Grundbildung, Bundesverband Alphabetisierung und Grundbildung e.V., Münster

Prof. Dr. Nele MCELVANY
Professorin für Empirische Bildungsforschung, Institut für Schulentwicklungsforschung (IFS), TU Dortmund, Arbeitsschwerpunkte „Entwicklung und Förderung von Lesekompetenz" und „familiäre und soziale Konstituenten von Bildungserfolg"

Christiane MÖLLER-BACH
Sonderpädagogin, Projektleitung des Projekts „Text-Checker" bis Februar 2011, Amt für Schule – Bildungsbüro, Stadt Bielefeld

Brigitte MUNDT
Sonderpädagogin, Projektleitung und -koordination des Projekts „Text-Checker", Amt für Integration und interkulturelle Angelegenheiten – RAA, Stadt Bielefeld

Maik NEUDORF
Sozialwissenschaftler, Referent im BMBF-Forschungsprojekt „Alphabit", Deutscher Volkshochschul-Verband e.V., Bonn

Prof. Dr. Sven NICKEL
Juniorprofessor für Grundschulpädagogik/Didaktik Deutsch (und DaF), Freie Universität Berlin, Leiter des BMBF-Forschungsprojekts „AlphaFamilie"

Christina NOACK
Wissenschaftliche Mitarbeiterin im BMBF-Forschungsprojekt „AlphaFamilie", Dozentin im Fortbildungsbereich für Lehrende im „Leipziger Lehrgang für DaZ-Lehrkräfte in Alphabetisierungskursen", Kursleitertätigkeit in Integrationskursen mit

Alphabetisierung und in Alphabetisierungskursen für funktionale AnalphabetInnen mit psychischer und geistiger Behinderung

Therese SALZMANN
Primarlehrerin, Studium der slawischen Literaturwissenschaft und osteuropäischen Geschichte, Mitarbeit bei verschiedenen Projekten im Bereich interkultureller Kinder- und Jugendliteratur, seit 2006 Mitarbeiterin und Projektleiterin am Schweizerischen Institut für Kinder- und Jugendmedien SIKJM in Zürich

Prof. Dr. Karen SCHRAMM
Professorin für Deutsch als Fremd- und Zweitsprache, Herder-Institut, Universität Leipzig, Projektleiterin des „Leipziger Lehrgangs für DaZ-Lehrkräfte in Alphabetisierungskursen" und Partnerin im Projekt „EU-Speak"

Heidrun SCHUMACHER
Grundschullehrerin, Lehrkraft im Projekt Alpha BeO, Projektmanagende und Lehrkraft in den Projekten BEQ und LEGA bei RE/init e.V., Recklinghausen, Casemanagerin im Projekt GELO bei Ruhr/init e.V., Gelsenkirchen

Katharina SCHUSTER
Projektleiterin Lernportale in den Projekten „Ökonomische Grundbildung/ich-will-lernen.de" und „ich-will-deutsch-lernen.de" beim Deutschen Volkshochschul-Verband e.V., Bonn

SELBSTHILFEGRUPPE ANALPHABETEN LUDWIGSHAFEN
Thorsten Böhler, Tim-Thilo Fellmer, Erich Hammer, Karl Lehrer, Horst Uhrig, seit 2000 Öffentlichkeitsarbeit mit dem Bundesverband Alphabetisierung und Grundbildung e.V., seit 2003 Beteiligung an der Fachtagung Alphabetisierung, seit 2008 Mitarbeit im BMBF-Forschungsprojekt „Alphabetisierung und Bildung (AlBi)"

Rabia SPRENGER
M.A., Fachbereichsleiterin Deutsch als Zweitsprache und Alphabetisierung, VHS Essen, zuständig für Programmentwicklung und Umsetzung im Bereich Deutsch als Zweitsprache, Alphabetisierung und zielgruppenspezifische Angebote (z.B. Elternkurse) sowie für die konzeptionellen Entwicklungen im Bereich niederschwellige Angebote und Alphabetisierung

Eva STEFFENS-ELSNER
Dipl. Sozialpädagogin und Botschafterin für Alphabetisierung, verantwortlich für die Lese- und Schreibförderung am Kerschensteiner Berufskolleg Bethel, Bielefeld

Galina STÖLTING
Wissenschaftliche Mitarbeiterin im BMBF-Forschungsprojekt „AlphaFamilie", Studium Deutsch als Fremdsprache und Interkulturelle Pädagogik, langjährige Kursleitertätigkeit im Bereich Deutsch als Fremd- und Zweitsprache und Alphabetisierung

Katrin STOFFELN
Sonderschulpädagogin, Lehrkraft in den Projekten Alpha BeO, BEQ und LEGA bei RE/init e.V., Recklinghausen

Bettina TWRSNICK
Dipl. Bibliothekarin, leitet seit 1989 die Phantastische Bibliothek Wetzlar mit ihren Abteilungen *Zentrum für Literatur* und *Forum Sprache & Literacy,* ausgebildete Multiplikatorin Sprache und Literacy des Hessischen Bildungs- und Erziehungsplans

Brigitte VAN DER VELDE
Lernende in einem Kurs „Lesen und Schreiben" der VHS Oldenburg, Preisträgerin des Literaturwettbewerbs „wir schreiben" 2005

Aline WENDSCHECK
Wissenschaftliche Mitarbeiterin und Projektkoordinatorin im BMBF-Forschungsprojekt „AlphaFamilie", Studium der romanischen Literatur- und Sprachwissenschaft, Zertifikat für „Zusatzqualifizierung von Lehrkräften im Bereich Deutsch als Zweitsprache", Kursleitertätigkeit in Integrationskursen mit Alphabetisierung

WAXMANN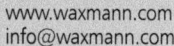

Münster • New York • München • Berlin | www.waxmann.com
info@waxmann.com

Birte Egloff, Anke Grotlüschen (Hrsg.)

Forschen im Feld der Alphabetisierung und Grundbildung

Ein Werkstattbuch

2011, 242 Seiten, br., 29,90 €
ISBN 978-3-8309-2463-0

Grundlagentheoretische Forschung im Bereich der Alphabetisierung und Grundbildung ist nach wie vor notwendig, da wir trotz 30 Jahre Alphabetisierungsarbeit immer noch recht wenig über die Zielgruppe der funktionalen Analphabetinnen und Analphabeten wissen.

Mit der Frage, was aus (ehemaligen) Teilnehmerinnen und Teilnehmern an Alphabetisierungskursen geworden ist, welche möglichen Veränderungen sich mit dem Besuch eines Alphabetisierungskurses für die Alltags- und Lebensbewältigung ergeben, wie sie diese Veränderungen selbst wahrnehmen, inwiefern von einer „Nachhaltigkeit" der Kurse gesprochen werden kann, setzt sich die „Verbleibsstudie" auseinander, in der fünf Teilprojekte in qualitativen wie quantitativen Zugängen die aktuelle Lebenssituation von Kursteilnehmer/innen erhoben und analysiert haben. In diesem Band gewähren sie einen reflektierten, teilweise selbstkritischen und mehrperspektivischen Einblick in die konkrete Forschungspraxis. Neben der Beschreibung des Feldzugangs und der dabei aufgetretenen Schwierigkeiten gibt es umfassende Beschreibungen zur Lebenslage von Kursteilnehmenden, zur Akzeptanz diagnostischer Instrumentarien sowohl bei Kursleitenden als auch -teilnehmenden, zur biographischen Bedeutsamkeit des Kursbesuchs, zum Zusammenhang zwischen Kursbesuch und Lernfortschritten, zum Einfluss regionaler Besonderheiten sowie Überlegungen zur Umsetzung der Erkenntnisse in der Alphabetisierungspraxis.

Das Buch wendet sich an Erziehungswissenschaftler/innen und Praktiker/innen, die im Feld der Alphabetisierung/Grundbildung tätig sind.

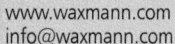

WAXMANN
Münster • New York • München • Berlin

www.waxmann.com
info@waxmann.com

Anke Grotlüschen, Rudolf Kretschmann,
Eva Quante-Brandt, Karsten D. Wolf (Hrsg.)

Literalitätsentwicklung von Arbeitskräften

Alphabetisierung und Grundbildung, Band 6
2011, 240 Seiten, br., 29,90 €
ISBN 978-3-8309-2471-5

Nicht lesen und schreiben zu können, ist für die Betroffenen eine Belastung, die häufig zu gesellschaftlicher Exklusion und damit zu massiver Einschränkung von gesellschaftlicher Teilhabe führt. Bei Jugendlichen im Übergang von der Schule zum Beruf und bei Erwachsenen kommt zudem das Problem hinzu, dass ihre Lernvoraussetzungen sehr divers sind und es keine empirisch abgesicherten förderdiagnostischen Instrumente gibt, die adäquat auf diese heterogene Zielgruppe abgestimmt sind.

Das Projekt lea. – Literalitätsentwicklung von Arbeitskräften, ein vom BMBF geförderter Projektverbund aus sechs Teilprojekten, hat sich dieser Problematik angenommen. In der Dokumentation werden die theoretischen Grundlagen, die empirische Vorgehensweise, die praktische Umsetzung sowie die Ergebnisse des lea.-Projektes umfangreich und gut nachvollziehbar beschrieben. Aus dem Projekt ist der lea.-Diagnostik-Ordner, ein berufsbezogenes, pädagogisches, erwachsenengerechtes förderdiagnostisches Instrument, entstanden, welches sowohl die Erfahrungen aus den sonderpädagogischen Arbeitsfeldern als auch die Erkenntnisse aus der Arbeit mit jungen Erwachsenen und der allgemeinen Erwachsenenbildung integriert. Hier wird nun der Entwicklungsprozess dieses Diagnostik-Instruments vorgestellt. Zudem wird die Konzeption der lea.-Fördermaterialien präsentiert sowie die Gestaltung eines dialogorientierten, reflexiven förderdiagnostischen Prozesses untersucht. Das entwickelte Instrument wird als Self- und Peer-Assessment eingesetzt und zur Breitennutzung digital aufbereitet, wobei auch der Vorgang der multimedialen Implementation in diesem Band dokumentiert ist. Schließlich wird der Status quo von Kompetenzfeststellungsverfahren anhand von Beispielen aus Bremen kritisch beleuchtet und Aspekte erwachsenengerechten Prüfens werden vor dem Hintergrund der Forderungen nach Standardisierung und Qualitätssicherung diskutiert.

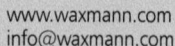

WAXMANN

Münster • New York • München • Berlin | www.waxmann.com
info@waxmann.com

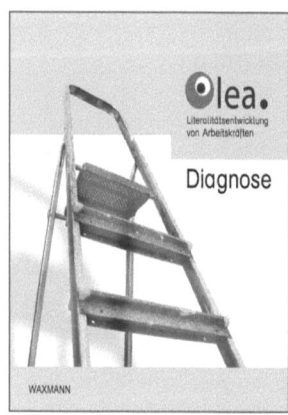

Anke Grotlüschen (Hrsg.)

lea. – Literalitätsentwicklung von Arbeitskräften

Diagnose

2010, 212 Seiten, br., 49,90 €
ISBN 978-3-8309-2465-4

„lea. – Literalitätsentwicklung von Arbeitskräften" ist ein durch
das Bundesministerium für Bildung und Forschung (BMBF)
gefördertes Verbundprojekt. Das Ziel des Verbundvorhabens ist
die Entwicklung einer erwachsenengerechten Förderdiagnostik
mit Arbeitsweltbezug. Das System wird als Self- und Peer-
Assessment eingesetzt, zur Breitennutzung digital aufbereitet
und in die Bremer Beratungsstruktur integriert. Die Ergebnisse
wurden zunächst im Pilotraum Bremen mit Beschäftigungs- und
Bildungsträgern abgestimmt, nun liegen sie in publizierter Form
vor und werden online zur Verfügung gestellt. Ziel ist weiterhin
die Förderung der Transparenz innerhalb der diagnostischen
Analysen (junger) Erwachsener, die vom beruflichen Neigungs-
test über das „Zertifikat Deutsch" bis zum Assessment-Center
der Arbeitsagenturen reichen. Die Instrumente wurden erhoben,
klassifiziert und mit den Einrichtungen abgestimmt.